Antonio Gramsci em contraponto

FUNDAÇÃO EDITORA DA UNESP

Presidente do Conselho Curador
Herman Jacobus Cornelis Voorwald

Diretor-Presidente
José Castilho Marques Neto

Editor-Executivo
Jézio Hernani Bomfim Gutierre

Conselho Editorial Acadêmico
Alberto Tsuyoshi Ikeda
Áureo Busetto
Célia Aparecida Ferreira Tolentino
Eda Maria Góes
Elisabete Maniglia
Elisabeth Criscuolo Urbinati
Ildeberto Muniz de Almeida
Maria de Lourdes Ortiz Gandini Baldan
Nilson Ghirardello
Vicente Pleitez

Editores-Assistentes
Anderson Nobara
Henrique Zanardi
Jorge Pereira Filho

Giorgio Baratta

Antonio Gramsci em contraponto
diálogos com o presente

Tradução
Jaime Clasen

© 2010 Editora Unesp
© 2008 Carocci editore S.p.A., Roma
Título original: *Antonio Gramsci in contrappunto*

Fundação Editora da Unesp (FEU)
Praça da Sé, 108
01001-900 – São Paulo – SP
Tel.: (0xx11) 3242-7171
Fax: (0xx11) 3242-7172
www.editoraunesp.com.br
www.livrariaunesp.com.br
feu@editora.unesp.br

CIP – Brasil. Catalogação na fonte
Sindicato Nacional dos Editores de Livros, RJ

B181a

Baratta, Giorgio
    Antonio Gramsci em contraponto: diálogos com o presente / Giorgio Baratta; tradução Jaime Clasen. – São Paulo: Ed. Unesp, 2011.

    Tradução de: Antonio Gramsci in contrappunto
    ISBN 978-85-393-0180-5

    1. Gramsci, Antonio, 1891-1937. 2. Ciência política – Filosofia – História – Séc. XX. I. Título.

11-6033.
                                                              CDD: 320
                                                               CDU: 32

Editora afiliada:

Asociación de Editoriales Universitarias de América Latina y el Caribe

Associação Brasileira de Editoras Universitárias

Sumário

Prefácio
Marcos Del Roio XI

Apresentação
Giorgio Baratta 1

Prólogo
Diálogo *real maravilhoso* entre Eric J. Hobsbawm
e Antonio Gramsci 5

Introdução
Dialética, tradutibilidade, contraponto 9

Primeira parte
Humanismo da convivência

I – Humanismo e democracia 25
1.1 Pós-colonial 25
1.2 "O que é o homem?" 28

1.3 América 29
1.4 Antinomias do humanismo 30
1.5 "Revolução passiva" 32
1.6 Um novo conformismo 35
1.7 Hegemonia e democracia 37
1.8 Dialética do fundamentalismo 39
1.9 Uma nova democracia progressiva/inclusiva 43

II – Filologia viva 49
2.1 "Humanismo" 49
2.2 O nosso Vico 55
2.3 Povo e cultura 58

III – A música e o perfume da terra 65
3.1 História e geografia 65
3.2 Velho e novo 68
3.3 Realidade e representação 70
3.4 O som da criação 72
3.5 Dialética e "forma sonata" 74
3.6 *Silence* 76
3.7 Silêncio e som dos subalternos 77
3.8 O perfume da terra 80

Segunda parte
Keywords

IV – Cultura 85
4.1 Miscelânea 85
4.2 Problemas de método 88
4.3 "Estudos Culturais" 89
4.4 Vencendo fronteiras 91
4.5 Cultura geral, cultura mundial 93
4.6 Contraponto de culturas 96
4.7 Uma alta cultura popular 99
4.8 Cultura e produção 102
4.9 Primórdios 105
4.10 "Temas de cultura" 107

4.11 Sinopse   111
4.12 Uma "cultura leiga" para um humanismo
técnico-científico   114

V – Americanismo e fordismo   117
5.1 A expressão   117
5.2 Hegemonia   120
5.3 Americanismo   122
5.4 Desenvolvimento e atraso   125
5.5 Fordismo   128
5.6 "Questão sexual"   130
5.7 Taylorismo   132
5.8 Luta de classe   134
5.9 Os *Cadernos* e *O capital*   137
5.10 Teoria crítica   140
5.11 Americanismo e fascismo   146
5.12 *Ordem nova*   147
5.13 Humanismo   149

VI – Subalternos   151
6.1 Os textos: subalternidade e folclore   151
6.2 O povo dos subalternos   153
6.3 Operários e camponeses   156
6.4 Subalternidade e fordismo   157
6.5 Marginalidade e folclore   160
6.6 Uma filosofia molecular   162
6.7 Os subalternos podem falar?   165
6.8 Hegemonia e autonomia   167
6.9 A política dos subalternos   170

VII – Senso comum   173
7.1 Uma "coisa em si"?   173
7.2 Espontaneidade e direção consciente   178
7.3 "Espírito popular criativo"   182

VIII – Folclore e filosofia   187
8.1 2007   187
8.2 Estática e dinâmica   189

8.3 Idealismo? 192
8.4 "Para outros" 198
8.5 Contraponto 202

Terceira parte
Retrato

IX – Um sardo no mundo grande e terrível 209
9.1 "Todo sardo é uma ilha na ilha" 209
9.2 "A palavra 'comunidade' é das mais difundidas no dialeto sardo" 211
9.3 "Que teus filhos suguem todo o sardismo que quiserem" 214
9.4 Autonomia 219
9.5 Um "tríplice ou quádruplo provinciano" 222
9.6 "Sou um sardo sem complicações psicológicas" 223
9.7 *"Faghere a pezza"* 226
9.8 "Todas as ghilarzas do mundo" 232

X – Prosa e poesia nas *Cartas do cárcere* 235
10.1 Senhor e escravo 235
10.2 A língua da vida 239

XI – O construtor 245
11.1 Romance 245
11.2 No estado nascente 246
11.3 Sentido 248
11.4 A linguagem das pedras 249
11.5 Dentro e fora 251
11.6 Pensar junto 252
11.7 A práxis dos pequenos 253

XII – O educador educado 257
12.1 Língua e dialética 257
12.2 "O velho morre" 260
12.3 Democracia 262

12.4 Hegemonia 264
12.5 Práticas de conhecimento 266
12.6 Pedagogia 267
12.7 "A escola dos jogos" 271
12.8 Práticas de liberdade 275

Quarta parte
Trânsitos e moradas

XIII – Terra Gramsci 281
13.1 Terra (de) Gramsci 281
13.2 Trânsitos e moradas 285

XIV – Companheiro de viagem: Stuart Hall 291
14.1 Intelectual orgânico, pensador "ocasional" 291
14.2 Estruturas do sentir, organização do saber 293
14.3 Identidade e diáspora 296
14.4 Questão de método 298

XV – O mistério de Nápoles 301
15.1 Os não mandriões 301
15.2 O mistério do mundo 307
15.3 "Filosofia do roto" 313
15.4 Gramsci entre Nápoles e Bahia 316

XVI – Para os *European Cultural Studies* 319
16.1 Introdução: compromisso e vanguarda 319
16.2 Comunismo do capital 320
16.3 Mosaico Europa 321
16.4 Um humanismo anticolonial 323
16.5 "Conversação civil" 325
16.6 Povos-nações 326
16.7 O príncipe pós-moderno 331

XVII – *Nuestra América*: Gramsci e a Venezuela 335
17.1 *Nuestra América*, nosso mundo 335
17.2 Chávez, leitor de Gramsci 341

XVIII – Gramsci e o Brasil   347
    18.1 A Europa e as raízes do Brasil   347
    18.2 Quando as periferias são centro   353
    18.3 Dialética da cultura   355
    18.4 A questão americana   358
    18.5 O "sentimento da dialética"   360

XIX – Corpo-música: ritmo e resistência no
    Brasil anticolonial   363
    19.1 Escravo e senhor   363
    19.2 Música, corpo, resistência   365
    19.3 O samba na consciência nacional-popular
       do Brasil   367
    19.4 A metáfora antropofágica   370
    19.5 "De um lado esse carnaval, de outro
       a fome total"   373

    Intervalo – *Tropicus Mundi*   377
    1. (Para um) manifesto contra-antropofágico
      europeu   377
    2. *Tropicus Mundi*: 10 teses   379
    3. *Tropicus* hino   383

Conclusões
    Da Sardenha para o mundo, do mundo para a Sardenha   387

Posfácio
    As rosas e *os Cadernos* em contraponto
    Fábio Frosini   393

Referências bibliográficas   399

Índice onomástico   409

Prefácio

Marcos Del Roio[1]

A trajetória de Giorgio Baratta expressa um capítulo muito especial da difusão da obra de Antonio Gramsci pelo Brasil. Essa particularidade se manifesta no seu empenho de ser "gramsciano" para além da racionalidade presente nos textos. Para Baratta, era essencial que o encontro de Gramsci e dele próprio com o Brasil se completasse com um retorno enriquecido para a Itália. Daí o seu interesse, a sua curiosidade intensa, a disposição para aprender de tudo e de todos em cada momento que veio ao Brasil ou mesmo do encontro com brasileiros na Itália. Giorgio fez muitos amigos no Brasil, fez muitos contatos e interlocuções, sempre querendo saber da formação histórica do país, da cultura brasileira, do cinema e da música em particular.

Foi assim que no arco de cerca de uma década ele se aproximou de alguns intelectuais brasileiros que se dedicavam ao

---

1 Marcos Del Roio é professor de Ciências Políticas da Faculdade de Filosofia e Ciências da Universidade Estadual Paulista "Júlio de Mesquita Filho" (FFC-Unesp), *campus* de Marília.

estudo de Gramsci, tal como Carlos Nelson Coutinho – o principal difusor da obra de Gramsci no Brasil – e se apaixonou pelas expressões culturais de Salvador e do Rio de Janeiro. Estendeu os seus contatos a Caetano Veloso e Gilberto Gil, com Nelson Pereira dos Santos. Leu e se encantou com Sérgio Buarque de Holanda e com Alfredo Bosi. Não foram poucas as iniciativas culturais de Giorgio no seu empenho permanente de fazer dialogar Brasil e Itália. Houve uma dedicação enorme na aproximação entre Salvador e Nápoles, e isso por conta de significativas analogias sociais e culturais que faziam essas cidades dignas de "gemelamento". Com Gramsci, tratou de pensar a "tropicalidade" brasileira, uma forma de questão meridional. Com Gramsci, refletiu sobre as relações do Brasil com o "americanismo", sempre dialogando com intelectuais brasileiros a fim de buscar as respostas para as suas indagações. Notável o esforço de Giorgio Baratta, já não tão jovem de se expressar em português e se fazer entender pelos jovens estudantes ávidos de aprender alguma coisa a mais de Gramsci.

Entre Salvador e Rio de Janeiro, um cantinho especial no coração de Giorgio coube à cidade de Marília, onde está o *campus* da Faculdade de Filosofia e Ciência da Unesp. Nesse local, Giorgio participou e contribuiu para organizar vários eventos marcantes sobre a obra de Gramsci e encontrou novos amigos e colaboradores. (Eu mesmo o conheci em Buenos Aires, em 1999, exatamente quando da realização de um seminário sobre Gramsci. A partir disso teve início uma colaboração que se estendeu até o momento do falecimento do autor de *As rosas e os Cadernos*.)

Giorgio Baratta defendeu na teoria e na prática o diálogo entre as culturas do mundo. Creio que esse enamoramento com o Brasil foi o penúltimo episódio de sua trajetória, pois o último estava localizado na região de origem de Gramsci, a Sardenha, aquela que Giorgio chamava de "Terra Gramsci", o seu último investimento cultural (e político).

Mas essa história vem de longe e no início não se via Giorgio próximo a Gramsci. Giorgio participou na juventude da chamada esquerda extraparlamentar e não veio, portanto, dos quadros do Partido Comunista italiano. Estudou na Alemanha e lá conheceu Guisela, uma jovem apaixonada e envolvida com a música erudita, com quem passaria o resto da vida. O casal teve um filho músico seduzido por Villa Lobos e uma filha aficionada do teatro. Uma família de artistas que ajuda muito a entender as preocupações de Giorgio com as culturas do mundo e a entender também a abordagem que fez dos escritos de Gramsci. O título do livro que agora o leitor tem consigo indica esse aspecto com toda a clareza, dado que o contraponto é parte da linguagem musical (matemática e música são as línguas mais universais!).

Giorgio foi professor de Filosofia Moral na Universidade de Urbino, mas o seu encontro com Gramsci ocorreu relativamente tarde. Nos anos 1980, quando a crise do PCI alcançava também a cultura de esquerda na Itália e muito já se falava em crise da própria classe operária, inteiramente contra a maré, Giorgio promoveu um seminário denominado "Tempos Modernos", no qual se abordou a reflexão gramsciana sobre o americanismo e o fordismo. Da enorme crise que afetou o Instituto Gramsci no início dos anos 1990, tomou-se a decisão de fundar a International Gramsci Society, uma iniciativa de Giorgio Baratta, de Valentino Gerratana e do maltês-americano Joseph Buttigieg.

Para conhecer o ambiente americano mais de perto, Giorgio viajou para a América, onde entrevistou pessoas de destaque intelectual como o próprio JB e Edward Said. Com Said foi o começo de um diálogo intelectual duradouro e produtivo. Ainda que Said não fosse "gramsciano" ou mesmo marxista, as suas elaborações sobre a cultura imperialista e a sua defesa da causa palestina o aproximaram das áreas mais à esquerda do cenário americano. Assim como Gramsci faz o "contraponto" entre o americanismo e a questão meridional italiana no *Caderno 22*, em particular, usando a linguagem audiovisual, Giorgio apresenta o tema no seu utilíssimo documentário *Nova Iorque e o mistério de Nápoles: viagem ao mundo de Gramsci narrado por Dario Fo.*

Da América à Nossa América, Giorgio passou a se interessar pela América Latina e pela difusão de Gramsci por essa vasta área do mundo, pelo Brasil, em particular. Em 2001, a International Gramsci Society realizou um grande seminário no Rio de Janeiro. Desse acúmulo de experiência, de conhecimento, de estudo, Giorgio produziu, sobre Gramsci, o livro *As rosas e os Cadernos*, cuja edição brasileira inclui uma homenagem a Carlos Nelson Coutinho. Trata-se da articulação e da reelaboração de vários ensaios escritos em precedência. O método de exposição lembra o do próprio Gramsci: é como se fosse uma articulação melhor e mais aprofundada de algo antes pensado, mas sem alcançar o estágio do sistemático, que cortaria a abertura do pensamento aberto e sempre em progressão.

Com a aposentadoria, Giorgio Baratta passou a dedicar-se quase exclusivamente a iniciativas culturais, exercitando a sua enorme criatividade e inventividade. Vivia em Roma, muito perto do Instituto Gramsci, local que acolhe os originais de Gramsci, além de vasta documentação sobre o PCI, entre outros acervos. Foi colaborador na Universidade de Roma – 3 e principalmente na Universidade de Nápoles. A partir de Nápoles, Giorgio pôde abraçar a questão meridional em toda a sua amplitude a atualidade: como novo Sul da Itália, como sul da Europa, como mediterrâneo, como sul do mundo, como *tropicus mundi*, para lembrar um seminário realizado na Unesp, *campus* de Marília.

Em 2007, a International Gramsci Society decidiu realizar um grande encontro na Sardenha para lembrar os setenta anos da morte de Gramsci. Em meio ao seminário, Giorgio fez questão de visitar escolas sardas afastadas e ouvir as crianças. Lembrou em muitas ocasiões o depoimento de um velho companheiro de lutas de Gramsci, que o identificava como o dirigente revolucionário que sabia ouvir. Aqui Giorgio já começava a implantar o seu derradeiro projeto de peso que foi o Terra Gramsci. Nesse momento, Giorgio estava por finalizar o livro que o leitor agora se prepara para ler. O título teve de enfrentar as restrições da companheira Guisela, que não achava apropriada a metáfora musical, mas Giorgio insistiu que essa era a linguagem mais adequada para dar conta da difícil missão de fazer Gramsci vivo no século XXI, nesse "mundo grande e terrível", para usar expressão recorrente em Gramsci e que a Giorgio agradava repetir.

A preocupação de Giorgio era a de fazer Gramsci vivo no novo século, mas, para isso, seria necessário dialogar com as condições do presente, tanto com a realidade do capitalismo como com os problemas enfrentados pelos intelectuais, fossem ou não marxistas. Era (e é) notório o exílio de Gramsci na cultura e na política italiana de hoje, mas é também visível como Gramsci continua a se difundir pelo mundo, sendo hoje um autor importante em campos como o dos estudos culturais e o das relações internacionais. Giorgio se preocupou então em ler Gillroy e Spivak, por exemplo, pois o mundo dito "pós-colonial" seria importante demais no tema gramsciano da questão meridional, na questão do sul do mundo.

Decerto, o interlocutor privilegiado foi Said, cujo humanismo sugeria a Giorgio uma possibilidade de luta política pela paz e pelo convívio entre os povos da Terra que sempre foi o objetivo do comunismo. Mas com Hobsbawm e Stuart Hall também encetou a ação dialógica que era própria de Gramsci. Com Hobsbawm fez uma emocionante entrevista[2] na qual o ancião historiador inglês – do alto dos seus mais que 90 maravilhosos anos – presta uma sentida homenagem a Gramsci.

Giorgio se debruça sobre algumas palavras-chave do universo categorial de Gramsci, escorregadio e móvel, como se sabe. Essa foi a sua contribuição ao cuidadoso trabalho que a International Gramsci Society da Itália vem fazendo no seu empenho de organizar um léxico gramsciano. Desse universo de palavras organizado como música, em contraponto, Giorgio

---

2 Ver p.5.

fala do personagem, de uma vida que se exprime em linguagens e em práticas.

Ao fim trata da viagem de Gramsci, da Sardenha, terra de Gramsci pelo mundo, mas principalmente pela Nossa América e pelo Brasil, um verdadeiro *tropicus mundi*, para depois retornar a Sardenha. Este, o último contraponto de uma viagem feita de diálogo e de busca de passagens para um futuro para a humanidade hoje mergulhada numa crise crucial para a sua própria sobrevivência enquanto espécie. Giorgio Baratta morreu em janeiro de 2010, vencido pela doença, mas até o fim manteve a mente cheia de ideias e planos, de otimismo e crença no melhor das pessoas, dos povos, da arte.

*Para Valentino Gerratana, Carmelo Lacorte e Antonio Pigliaru
testemunhas e intérpretes de luzes e paixões da "questão meridional
e das ilhas".*

Caro Valentino, consegui finalmente publicar um livro e tenciono escrever outro que, se você consentir, lhe dedicarei. Não é narcisismo, mas dívida. Elegeram-me indignamente seu sucessor para a presidência desta gota-d'água no oceano do planeta que leva o nome de International Gramsci Society Italia. Sou consciente das minhas responsabilidades, que também são importantes porque, e talvez exatamente por isso, a esquerda parece cambalear num vazio tal que Heiner Müller talvez tivesse razão quando, depois da queda do Muro, profetizou que ser de esquerda ou de direita significaria para o "senso comum", por numerosos anos, o mesmo que decidir entre comer uma salsicha com mostarda em vez de com maionese.

Gosto de lembrar de você, Valentino, com seu sorriso nos lábios e depois colocando a mão na frente da boca, como que para se proteger ou defender de seu próprio sorriso. Porque você, como Gramsci, era um homem bom, e também passava pela sua cabeça um espírito irônico que até o fim o sustentou nas provas tremendas que a vida reservou para você, para sua vida leiga e comunista neste "mundo grande, terrível, complicado".

Crítica Marxista, 2001

Notava-se a presença de stalinismo (ou talvez duas) no (nosso) 1968, e nós a compartilhávamos consigo, você era o nosso mestre, indiscutido e "totalitário". Em tantos (muitos) tínhamos reprimido Gramsci, recalcado sobre a categoria do *togliattismo*. Mas você tinha Gramsci no DNA, e antes de morrer, em 1982, você me disse: faz muito bem, nos servem todos os dois, Sartre e Gramsci. Lembro-me de você assim: o mestre que se torna aluno. A razão que se casa com a paixão, o saber com o senso comum. A alegria que se torna sal da vida. O espírito crítico que o acompanha dia e noite. A luta companheira da verdade e vice-versa. A capacidade de suportar. E, em suma, Gramsci reprimido... recalcava Stálin, mas você nos fez ver a tempo os frutos desse percurso.

Você nos indicou os caminhos de um novo meridionalismo consciente, aguerrido e impiedoso, em primeiro lugar, consigo mesmo. Passamos noites despertos com Ciccio Busacca, *o último cantador de histórias siciliano*, algumas vezes era Dario Fo. Tocávamos o mundo com o dedo. Regávamos o *espírito popular criativo* com canções como *Avola* e vinhos do Sul e do Norte.

"Carme(lino) dito *Monsieur*", página de diário, 2002

Na noite em que, em Austis, tínhamos fundado Terra Gramsci-IGS Sardegna, iniciando uma viagem através do coração da ilha (Ghilarza, Austis, Sorgono, Abbasanta, Santulussurgiu, Gavoi, Ales...), Benedetto Meloni me presenteou com o *Codice Barbaricino* de Antonio Pigliaru: a *vendetta* como ordenamento jurídico para os pastores miseráveis e deserdados da Barbagia. Li o seu prefácio e o livro todo de uma tirada e tive alguns calafrios. Entendi como por encanto aquilo sobre o que meu irmão Alessandro tanto insistia e sobre o que fizemos, há alguns anos, em Urbino, um breve e iluminador seminário junto com Milena Petters Melo e Gianni Tomasone: mas por que vocês gramscianos se ocupam tão pouco com o direito? Como fazer entender o Estado, e a sua unidade-distinção com a sociedade civil, sem entrar na dinâmica contraditória, material e formal do ordenamento jurídico?

Guido Melis, Salvatore Mannuzzu, Antonio Deias e tantas amigas e amigos iniciaram-me na descoberta de Pigliaru, espírito inabalável e generoso, que levou Gramsci, intelectual europeu, a uma dimensão que é também *anterior à Europa*, assim como Edward Said nos escancarou os territórios de uma *Europa além da Europa*.

Apresentação

"Todos os homens são filósofos" é a linha de base, o baixo contínuo na polifonia dos *Cadernos*. Mas, então, todos os humanos estão em contraponto com os outros, porque a filosofia é um hábito lógico--dialógico, relacional, um instrumento de unificação além, ou melhor, através das diferenças de línguas e linguagens em que os humanos falam, consigo e entre eles, e também quando se ignoram, ou são ignorantes, como era Sócrates, que a cidade condenou à morte.

Giorgio Baratta

A gênese

Escrever um livro sobre o pensamento de um autor que nunca escreveu um livro pode levantar uma interrogação: como entrar em sintonia com um estilo que, neste caso particular, de Antonio Gramsci, se apresenta como a transcrição de um fluxo orgânico de pensamentos, colhidos em seu movimento de interação relacional?

O contraponto que se tenta aqui é a busca de uma modalidade de pensar, mais que sobre Gramsci, com ele: ou, melhor, com ele, além dele, até o nosso presente.

Daí o caráter reticular do volume, nascido do desenvolvimento de plantinhas já desabrochadas no jardim de *As rosas e os Cadernos*: explorações de diálogo do pensamento de Gramsci com expressões avançadas da cultura contemporânea que revelam um interesse real por tal diálogo, ou testemunham a sua necessidade.

Alguns capítulos deste livro são versões, mais ou menos reelaboradas, de contribuições que apareceram em volumes ou revistas. Agradeço aos editores por sua disponibilidade.

Agradecimentos

São muitos os amigos e as amigas com os quais entrei em contraponto ao escrever este livro. Se quisesse nomear a todos(as), certamente esqueceria mais de um. Por isso, limito-me a um grupo restrito: a Eric J. Hobsbawm, Lea Durante, Maria Lai e Nereide Rudas, que aceitaram o desafio de dialogar com Gramsci; a Antonio Gramsci, que me faz lembrar de meu avô; a Franco Consiglio, que tinha dividido comigo a descoberta e agora me ajudou na redescoberta desse nosso avoengo; a Fábio Forsini, que conheci como um sobrinho vivaz e hoje às vezes me parece um tio sábio; a Luiz Sérgio Henriques, que me iniciou ao Brasil como música; a Alberto Gianquinto, *concordia discors* [concórdia discordante]; a Mimmo Boninelli, Derek Boothman, Renato Caputo, Ludovico De Lutiis, Raul Mordenti, Giuseppe Prestipino, Marianna Scarfone e Giovanni Semeraro, que junto com Franco tiveram a paciência, preciosíssima para mim, de ler o trabalho e fazer as necessárias anotações; a toda a International Gramsci Society, a mundial e a italiana, que me fizeram saborear os frutos daquele pensamento; às amigas e aos amigos da Casa

Gramsci de Ghilarza, da Casa Natal de Ales e da Terra Gramsci, que me revelaram as raízes; a Sandra Dugo, que com frescor e competência me ajudou no âmbito técnico e de conteúdo; à minha esposa Gisela e aos meus filhos Martina e Vladi, que acompanharam com sorriso no rosto (serenidade resignada) as dores do parto; à minha sobrinha Silvia, "o peixinho", que junto com as meninas e os meninos de Austis pretenderam e assim inventaram o "Gramsci das crianças".

Segunda redação

Alguns capítulos reproduzem ou reelaboram: artigos publicados em *Crítica Marxista* (Introdução e capítulo 3), e em *Nae* (capítulo 9); as introduções aos volumes de Hall e de Said, publicados pela editora Saggiatore (Capítulos 2 e 14); contribuições a volumes sobre a "cultura planetária" e sobre a relação entre Gramsci e Said, editadas pela Meltemi (capítulos 1 e 6); contribuições ao livro sobre Labriola e Gramsci, editada pela Palomar (capítulo 10); e contribuições a *As palavras de Gramsci*, publicado pela editora Carocci (capítulo 5).

Advertência

Os *Cadernos do cárcere* são citados com base na edição crítica do Instituto Gramsci, organizada por Valentino Gerratana em quatro volumes (Torino: Einaudi, 1975). São fornecidos em sucessão os números do caderno, da nota (em itálico) e da página. A presença de um número romano depois do número do caderno indica a bipartição deste. Em alguns casos, é indicada a distinção entre textos de primeira redação (A), de redação única (B) e de segunda redação (C).

As *Cartas do cárcere* são citadas, em nota, com a indicação do destinatário e da data, seguidos do nome do autor e do título da obra. A edição de referência é: Gramsci, *Lettere dal carcere*. A. A. Santucci (org.), Palermo: Sellerio, 1966, 2 vol.

Giorgio Baratta

Prólogo
Diálogo *real maravilhoso* entre
Eric J. Hobsbawm e Antonio Gramsci

Londres, 10 Nassington Road, 23 de março de 2007, hora 12

Caro Nino,

Faz setenta anos que você faleceu, mas eu o conheço bem. Conheço você pelos retratos que lhe foram tirados, pelo que disseram escritores e historiadores que estudaram sua vida e, sobretudo, pelas suas palavras. Você nasceu no mesmo ano que meu pai, e isto também é uma ligação entre nós. Mas eu não o imagino como um pai, pelo contrário: imagino-o como um companheiro de luta, um companheiro de pensamento, um companheiro de análise da vida. Conheço pouco a sua Sardenha. Estive pouco tempo na Barbagia, mas é realmente difícil entender a natureza do ambiente no qual você nasceu e cresceu. No entanto, conheço bem as regiões que são ao mesmo tempo nacionais e periféricas, ligadas ao centro e simultaneamente oprimidas pelo centro, porque venho, também eu, de um velho império e de um país plurinacional, que não é só dos ingleses, mas também dos galeses... Quando estou na minha casinha em

Gales, país semiperiférico, entendo um pouco o que sentem os sardos em relação à Itália e ao mundo maior.

Nino, você é muito mais que um sardo, mas sem a Sardenha é impossível compreendê-lo. Li primeiro as suas comoventes *Cartas do cárcere* e continuo a tentar conhecê-lo, porque você está vivo para todos os intelectuais do mundo, e está vivo para todos aqueles que querem um mundo melhor, mais justo, um mundo onde os pobres tenhamos a possibilidade de nos tornar verdadeiros seres humanos. Em setenta anos, houve progressos, pelo menos na Europa. Mas no mundo grande sempre há – e você sempre foi consciente do mundo global – uma ampla maioria de pessoas que são como as da sua infância. Você, que se identificou com elas, que sustentou o interesse por elas, sempre soube o que fazer para mudar a sorte delas, o destino delas. Nós também esperamos continuar a fazê-lo.

De longe o saúdo e espero que a sua Sardenha nunca o esqueça. Também estou convencido de que ela sempre se lembrará deste filho, o maior sardo do último século.

Eric J. Hobsbawm

Lugar irrealmente maravilhoso, 9 de junho de 2007, hora imprecisa

Caro Eric,

Um fio condutor liga as nossas experiências: o seu País de Gales, a minha Sardenha; os seus rebeldes, os meus subalternos; a sua história total, o meu historicismo absoluto; o meu comunismo, o seu; a minha filologia, a sua fidelidade ao particular; a minha paixão por Dante, a sua por Shakespeare; a nossa cautela ao falar de conceitos como "povo" e "democracia"; o seu humor alegre, a minha traquinice irônica; a minha secura sarda, o seu rigor britânico; o nosso amor comum pela vida...

Belíssima a mensagem que você enviou a mim e à minha Terra Natal. Eu, com os amigos de Terra Gramsci, da Sardenha ao Brasil e à Venezuela, da Europa às Américas, à Ásia e à África, me junto a você neste dia de festa para lhe dizer: o planeta está atravessado por uma capacidade de raciocínio amadurecida no tempo, provada e confirmada, mas também arrefecida, descolorida, desencarnada, exposta às seduções da tecnologia e dos meios de comunicação. Você e eu, Eric, sabemos bem, como disse Max Weber, que a modernidade é desencanto e destruiu espíritos animalescos e impulsos vitais que, tal como eram, nunca mais voltarão, nem nós temos desejo ou saudade deles; mas sabemos também que a modernidade queimou uma enorme quantidade de energias criativas que aqueles mesmos espíritos e impulsos transmitiram aos "tempos modernos" em formas... ainda informes, que ficaram no estado embrionário e potencial, formas escravizadas, desvitalizadas pela "revolução passiva". Nós não nos resignamos, e resistimos. Eu também penso, como você, que tudo o que de elementar sobrevive na vida moderna ressurge irresistivelmente. Por isso continuamos a raciocinar com a linguagem da paixão e da luta, além de com o intelecto e a análise.

Você escreveu uma vez que a minha pessoa é dádiva que o campo fez à cidade. Sinto-me honrado. Escrevi que o Sul da Itália é uma imensa desagregação social que se apresenta, em comparação com o Norte, como um grande campo em confronto com uma grande cidade. Você sustenta que esse paralelo manteve algo de verdadeiro, raciocinando em termos mundiais. Estou morto e por isso não posso julgar. Muito me interessa o que você escreveu recentemente a propósito da "grande desordem mundial" proveniente hoje daquela América sobre a qual eu, não obstante minha análise cruelmente crítica a respeito da qualidade cínica e brutal daquele americanismo, mantive algumas ilusões. Quando jovem, via surgir personalidades como Walt Whitman numa América sadiamente democrática, capaz de generosidade e pureza.

Há cinquenta anos você trabalhava em seu esplêndido livro sobre os *Rebeldes*, no qual sublinha como "muitos grupos sociais e regionais do mundo moderno" assemelham-se aos camponeses da Itália meridional de 1920, dos quais falei e escrevi. Cita um pensamento meu: "Eles estão em perene efervescência, mas incapazes, como massa, de dar uma expressão unitária às próprias aspirações e às próprias necessidades". Para isso, era e é preciso haver intelectuais críticos lembrados do comunismo, desde que sejam realmente próximos das massas.

Há cem anos eu frequentava o ginásio, indo e vindo entre Ghilarza e Santulussurgiu, sob um céu imenso, maravilhoso, num campo riquíssimo de luzes, aromas e cores. Foi então que comecei a me apaixonar por aqueles que eram, foram e serão os rebeldes e os revolucionários do mundo grande, terrível, complicado. Hoje esse seu mundo pode considerar-se feliz que haja almas como a sua, que nunca cessou de olhar com senso crítico e ativo para a cidade futura.

Continuo a admirá-lo, caro Eric, por aquele espírito guerreiro que não o abandona; desejo a você que nunca se canse, do alto dos seus 90 anos, ainda rugientes.

Introdução
Dialética, tradutibilidade, contraponto

Diverse voci fanno dolci note.

Dante[1]

A atração que a leitura de Gramsci exerce hoje, a força de agregação que ela demonstra, a simpatia quanto à autoridade que suscita, têm algo de misterioso. Sua obra, sua vida, sua imagem exalam um perfume que inebria um pouco, mas corre o risco de criar uma espécie de exotismo.

Talvez Gramsci toque na má consciência de tantos ex-militantes. Talvez se reconheça nele os vestígios de um passado que não quer morrer. Talvez seu pensamento continue a aderir ao mito de um heroísmo de sua personalidade.

Ou talvez haja algo de real e de atual, e, também, de problemático, que valha a pena investigar.

---

1 Dante, *A divina comédia*, Paraíso, canto VI, 124. [Do italiano: "Vozes diversas fazem doces notas" – N. T.]

Valentino Gerratana falou do método do pensamento, Raul Mordenti insistiu na forma da escrita. Os dois temas são inseparáveis.

Na carta escrita a Júlia, em 9 de fevereiro de 1929, dia seguinte à redação da primeira página do *Caderno 1* – seguida singularmente por vários meses de interrupção, com o "exercício relaxante" de traduções –, Antonio comunica a contenção em sua escrita e a atribui à "falta de meios de expressão" adequados à "formação mental moderna". Depois lembra que está, hoje como ontem, obcecado pelas "formas fossilizadas e ossificadas" da linguagem tradicional. É um *punctum dolens* [ponto doloroso], mas também o estímulo da aventura.

O "ritmo do pensamento" que Gramsci persegue exige a invenção (no sentido latino de *inventio,* inventário e descoberta mais do que criação) de uma forma de escrita que, nas condições em que ele vive, adquire um sentido pregnante de *realidade* (Pasolini falava, a propósito do cinema, de "escrita da realidade"). Na linguagem de Gramsci se manifesta um *fluxo* de ideias e imagens que responde de maneira evidente a um desejo de realidade ou de vida.

A hipótese é que Gramsci no cárcere, obrigado a "suspender", a pôr entre parênteses o existente, inicie um experimento de pensamento, como dizia Merleau-Ponty, "no estado nascente". A escrita restitui um monólogo-diálogo apenas esboçado, em busca de identidade, rico de rigor (*Cadernos*) e de frescor (*Cartas*), imerso num percurso de verdade móvel e experimental, reavivado por um amor irredutível, incorrupto, que não (se) sabe se e o quanto correspondido, à forma. Nessa experiência, ele encontra um apoio nos estudos juvenis da linguagem.

A imagem toma corpo e nos toca: lembro-me de ter conversado polidamente com Paolo Volponi sobre uma comparação, *mutatis mutandis*, entre a luta empreendida nos *Cadernos* contra os fósseis da escrita então hegemônicos e aquela combatida por ele no momento da gestação de seu romance *Corporale* [Corporal].

A questão da forma assim entendida é política. Se é verdade que a linguagem do poder, como foi dito (Luperini), identifica-se sempre mais com o poder da linguagem, é também verdadeiro que a esclerose (há quanto tempo!) da linguagem de oposição vale como esclerose da crítica, da negação, da dialética.

É fato que às formas fossilizadas e ossificadas da escrita do pensamento se sobrepuseram aquelas formas com fluxo muito vivo, mas também as esqueléticas e banais da escrita multimedial. Nem uma das duas nos interessa, mas, no entanto, são dominantes. A deformação da linguagem é uma catástrofe, porque comporta o primado desmedido da informação e a perda de sentido ou de realidade da forma e da formação. A degradação de uma atenção difusa para com a qualidade da linguagem torna particularmente precário, exposto aos conteúdos mais sombrios ou manipuláveis, o senso comum das pessoas.

O perfume da língua de Gramsci perde o mistério e o exotismo se for relacionado com a sua capacidade formativa. Gramsci educa. Gramsci agrada. Educa-nos e agrada-nos porque responde àquela insatisfeita "necessidade que não tolera desagravos", da qual falou Adorno, chamando-a de "sentido formal".[2]

O ensaio de Adorno, no qual aparece essa expressão, é um texto límpido, com o título "O problema da forma na nova música" (1965), que o organizador do volume fez bem em publicar junto com "A função do contraponto na nova música", que é de 1957. Estão em jogo significado e extensão da forma "sonata" que, no auge de 350 anos de domínio da tonalidade, se apresentara como "a linguagem normal da música", "em que fala a língua da música", que deste modo se torna objetiva.

Em que sentido a forma "sonata" é forma? Num sentido duplo, sustenta Adorno: como conjunto de todos os elementos sensíveis pelos quais se realiza o conteúdo de uma obra de arte e,

---

2 Adorno, Il problema della forma nella nuova musica. In: *Immagine dialettiche*, p.301.

portanto, no sentido estético geral, e como esquema peculiar de um gênero artístico determinado que, de modo diferente dos outros, não conhece um conteúdo objetual tirado do mundo externo. Daqui o "conteudismo latente" de uma forma que é síntese de forma e conteúdo, ou melhor, representa o desenvolvimento da tensão entre forma e conteúdo em vista de sua conciliação, expressa pelo classicismo de Haydn, Mozart e Beethoven. Se "forma" aqui – enquanto "integração no tempo" do conteúdo, ou seja, das figuras musicais singulares – exprime tensão entre momento universal e particular da composição, é possível entender como Adorno pode afirmar que a forma "sonata" representa "a tipologia formal fundamental da modernidade".

Ainda hoje, em salas de concerto, grandes e pequenas, de boa parte do mundo, permanecem os vestígios (ideologia e prazer) do "espírito revolucionário", fonte incansável de audazes cromatismos e variações formais, que gerou aquele entrelaçamento de tensão, conflito e desenvolvimento, mas sempre com uma perspectiva positiva,[3] pelo qual a forma "sonata" é afirmada como emblema sublime da normalidade burguesa; e, ao mesmo tempo, por isso, como expressão da "harmonia entre os interesses individuais e coletivos, teorizada pelo liberalismo", escreve Adorno. Esse teórico ainda acena para um paralelo entre Beethoven e Hegel, entre forma "sonata" e dialética, entre língua musical e linguagem da modernidade, que também conduz para sua análise da divisão dessa forma moderna – na música como na sociedade – da qual lentamente nasce a *neue Musik* [nova música] (erroneamente traduzida para o italiano, português... como "música moderna") como, em geral, a necessidade difusa de uma "nova cultura".

Vamos sair da metáfora musical. Em grandes linhas, espantando as sofisticações da pós-modernidade, e considerando a história material e intelectual do mundo e não apenas a do Ocidente,

---

3 Barenboim; Said, *Paralleli e paradossi*, p.50.

poderemos dizer que nas primeiras décadas do século passado, explodido ou implodido que seja o eurocentrismo, passou a época moderna sem que se delineasse com evidência uma era nova, e por isso uma nova forma. No *Caderno 3*, na aurora dos anos 1930, Gramsci usou uma expressão feliz, retomada por Polanski no início de um de seus célebres filmes: "A crise consiste exatamente no fato de que o velho morre e o novo não pode nascer".

A consideração do nascimento falho (aborto?) do "novo" nos ajuda a aprofundar o sentido da metáfora. O século XX parece caracterizado pela desagregação da dialética, pelo menos da velha dialética (mas existe outra?) expressa pela forma "sonata", que tinha representado a integração progressiva do "diverso" (dos diversos, das periferias) na identidade sintética de um *centro* – figurado pela materialidade física e social do homem rico e branco do Ocidente – e a gestação revolucionária de um novo sentido formal, que, porém, foi sempre se desenvolvendo sobre si mesma: uma gestação que não pariu, que não gera nada. Que coisa mais esquisita, não?

Não tivemos uma nova forma: nem a nova música, nem a nova cultura, nem a nova sociedade – não obstante tantas esperanças e ilusões – realmente nunca nasceram. O que aconteceu?

Adorno considerou que, esvanecida a velha "universalidade pré-ordenada" e na falta de uma nova totalidade formal, capaz de reduzir à unidade os elementos diversificados da composição, a pesquisa musical, não sendo mais capaz de viajar sobre harmônicos binários seguros, não podia senão basear-se numa relação recíproca universal das vozes na sua multiplicidade, determinando a volta ao "predomínio radical do contraponto".[4]

Historicamente, a *ideia* do contraponto é expressa cabalmente por Josquin Des Prés e por Bach. A música do primeiro está em busca constante, às vezes dramática e de qualquer modo essencialmente expressiva, de um precário equilíbrio entre auto-

---

4 Adorno, op. cit., p.203.

nomia e interdependência das vozes individuais. Bach nos parece como um autor sempre e estruturalmente polifônico também nas composições monódicas, ao ponto que uma linha melódica sozinha resulta da combinação de mais linhas sobrepostas. Para ambos, mas sobretudo nas modulações de Josquin, o valor das "suspensões" (expectativas e interrogações) aparece muitas vezes superior ao das "soluções" (ou conclusões).

Voltemos aos tempos mais próximos: a retomada do contraponto, ou seja, da simultânea conduta e conexão de vozes relativamente independentes, como princípio construtivo, representou uma grande aquisição formal que o século XX maduro deixou como herança para o novo século.

Mas as coisas não são tão simples. Na música tonal, elaboração temática e devir da música se completavam – diz Adorno – num "espaço garantido, por assim dizer, independente". Superado tal sistema de referência, a "perspectiva" sonora – ou seja, o espaço musical, que deve dar unidade a tudo o que se apresenta simultaneamente e garantir um nexo funcional aos eventos simultâneos na sua sucessão – não é mais o pressuposto, e sim o resultado do evento. Exatamente dessa situação nasce a organização contrapontística da *neue Musik*, que do andamento polifônico, do movimento das vozes faz nascer diretamente a forma, que assim se torna função do contraponto de um modo que não tem precedentes depois de Bach. Mas aqui, na tensão entre passado e presente, um abismo se abre. As premissas do velho cosmo contrapontístico, vale dizer, as condições materiais do canto a mais vozes, eram as de uma sociedade relativamente homogênea, estruturada como comunidade. Com o novo contraponto, ao contrário – sobre cujas determinações formais, a partir do "contraponto normativo" de Schönberg, Adorno se detém analiticamente –, nasce um cosmo social que progressivamente vai se desestruturando.[5]

---

5 Ibid., p.193-215, passim.

É mérito de Edward W. Said ter retomado e ampliado o *leitmotiv* do contraponto até fazer dele um princípio metodológico para a análise seja dos nexos internos dos textos literários, seja das relações entre literatura (cultura) e sociedade, num horizonte estruturalmente internacional e transdisciplinar. A obra de Said poderia ser entendida como a realização, no plano crítico, daquilo que Adorno chama de "exigência do contraponto", que nasce do imperativo de transferir os centros da composição para a periferia e assim fazê-los emergir renovados em um nível fenomênico.[6]

Segundo Said, à forma "sonata" é congênito "o princípio do desenvolvimento" como fator temporal, dinâmico e unificante, no tempo, dos elementos diversos da composição, a partir dos termos muito frequentemente contrastantes da "exposição". Ele "tende por sua natureza a incorporar e sintetizar". Para Said, o grande pensador marxista que elaborou num sentido moderno o princípio do desenvolvimento e da forma "sonata" foi Lukács.[7] A Said interessa sobretudo um tipo diverso de consideração histórica: aquela para a qual o imperialismo e o eurocentrismo (conceitos sob vários aspectos complementares) praticam politicamente a metáfora da forma "sonata", autoconcebendo-se como princípios unificadores, ou identidades totalizantes, que pretendem "incorporar" e "sintetizar" o diverso, o não europeu. Imperialismo e eurocentrismo são cegos: ou seja – o que é a mesma coisa –, não percebem a própria diversidade nem a identidade do outro. Estão deslumbrados pela própria identidade e, em última análise, pelo mito da identidade: não veem o entrelaçamento, o contraponto e, por isso, a relatividade de cada identidade.

Do ponto de vista de Said, Adorno não olhou suficientemente nem buscou a Europa fora da Europa prestando atenção ao olhar dos outros. Por isso escapou-lhe aquele nó

---

6 Ibid., p.200 et seq.
7 Cf. item 3.1.

de relações multiculturais estudado por Said em obras como *Orientalismo* e *Cultura e imperialismo*, que abriram as dimensões espaço-territorial e geopolítica à análise das formas literárias e artísticas. Somente o deslocamento sistemático do olhar desde o centro para as periferias e depois a volta ao velho centro rico com a experiência periférica, que acaba relativizando aquela mesma distinção – é isto, na sua generalidade, o contraponto –, permitem enfrentar adequadamente os destinos inacabados da modernidade, a paralisia do desenvolvimento. O fim do "breve século" parece, sob alguns aspectos, levar a situação do planeta aos seus inícios.

O oximoro gramsciano da "revolução passiva" é inadequado nesse horizonte de sentido. As categorias historiográficas funcionam como esquemas mentais aptos a simplificar e resumir conceitualmente a variedade de outra maneira ingovernável dos acontecimentos. "Revolução passiva" é uma categoria complexa: significa "revolução-restauração", processo de transformação à partir do alto que leva à conservação, ou seja, ao contrário do que se presumia dever ser o êxito da "revolução", como abertura real e crítica ao "outro".[8] Ou talvez, como sugeriu recentemente Giuseppe Prestipino, se volta a um significado que está de acordo com a história etimológica da *re-volutio*, como retorno às origens ou ao princípio.[9] É fato que o fim da modernidade (um fim aparente?) aparece caracterizado por uma série de processos de modernização/inovação, todos complementares ao congelamento – involução, distorção, perversão – daquele glorioso "novo" político que a Revolução de Outubro tinha desencadeado.

A terminologia do pensamento crítico sofre um solavanco. Franco Fortini – que pôs em destaque o feio fim multimedial,

---

8 Voza, Rivoluzione passiva. In: Frosini; Liguori (orgs.), *Le parole di Gramsci*, p.189-207.

9 Prestipino, Idee e parole gramsciane: riforme o rivoluzioni?, *Nae*, n.18, p.43-48.

de maneira alguma britanicamente revolucionário, do "surrealismo de massa" – gostava de repetir o refrão brechtiano sobre a superioridade do "novo mau" em relação ao "velho bom". Mas com a "revolução passiva", invertendo o dito gramsciano sobre o velho e o novo, é o "novo bom" que parece nascer permanentemente, como uma espécie de eterno retorno do "sempre igual" (novo que se torna velho ao nascer, portanto, nada de novo), enquanto o novo da "revolução contra o capital" parece ficar precipitado na categoria do "velho mau". O novo morre e o velho não pode nascer? Ai da "revolução passiva" vencedora, que dá caminho livre para as permanentes novidades restauradoras do capitalismo global!

"Territórios que se sobrepõem, histórias que se entrelaçam": assim Said, em *Cultura e imperialismo*, define e delimita a área de realidade coberta pela metáfora do contraponto.[10] O intento é ambicioso, mas está com a força da verdade. Trata-se de restaurar a lógica ou dialética do choque (luta de classes, imperialismo), mas ao mesmo tempo valorizar a lógica hegemônica do confronto (contraponto de povos, culturas, territórios) no lugar de tantos fundamentalismos que fomentam descaradamente os "choques de civilizações". Os dois processos se mantêm distintos, mas vivem (convivem) juntos.

Gramsci está aqui à espreita. Os *Cadernos do cárcere* – eles mesmos inspirados no princípio dialógico do contraponto – podem constituir um terreno de verificação para a passagem, em termos gerais, da forma "sonata" ao contraponto ou, também se poderia dizer, usando a sua terminologia, para a reconsideração da dialética à luz da tradutibilidade: tradutibilidade das linguagens e das culturas. "Passagem" não significa abandono de um polo para abraçar o outro, mas percurso de transição, que chega ao outro para voltar ao primeiro, num vaivém contínuo.

---

10 Said, *Cultura e imperialismo*, título da parte I.

O mesmo raio luminoso passando por prismas diversos dá refrações de luz diferentes [...] Encontrar a identidade real sob a diferenciação e contradição aparentes, e encontrar a diversidade substancial sob a aparente identidade, é o mais delicado, incompreendido e no entanto essencial dote do crítico das ideias e do historiador do desenvolvimento social.[11]

Dá o que pensar esse trabalho permanente de Gramsci – na vida e na obra, antes que no pensamento – entre "unidade" e "espírito de divisão" (e de distinção). Primeiramente, com referência a esse trecho citado emblemático, consideremos o pêndulo entre realidade e aparência da identidade: quando a identidade é real, ela está escondida, quando ela aparece, esconde algo. Quando a identidade está escondida, aparecem diferenças e contradições. Quando ela esconde, o que se esconde é a diversidade. Por que Gramsci não fala de contradições, mas de diversidades "substanciais"? Na primeira parte da citação, "contradição" verifica-se como complementar a "diferença", mas em nível de aparência. Nem a contradição nem a diferença são reais?

Na passagem citada, contradições e diferenciações *aparecem*, escondendo e ao mesmo tempo revelando identidades e diversidades reais ou substanciais. Delineia-se uma forma de essencialismo? Não é assim. É antes verdade que a dicotomia fundamental, ou irredutível, entre o um e os muitos – entre o "raio" e os "prismas" – não é necessariamente dialética, mas fenomênica ou fenomenológica. É o movimento da realidade que determina se e quando os muitos (diferentes) se estruturam segundo contradições, que dão lugar a conflitos, também violentos, ou segundo diferenças, passíveis de competição hegemônica, geralmente (mas não só) pacífica. Podemos, com Prestipino, falar de oposições-contradições e de oposições-distinções: duas expressões com um termo comum, o que nos faz pensar no

---

11 Gramsci, *Quaderni del carcere* 24, 3, p.2268.

caráter metodológico da sua diversidade. A realidade implica sempre uma combinação das duas formas.

Pode-se sustentar que entre dialética (contradição) e tradutibilidade (diferença) há um limite preciso, mas móvel, dentro de um espaço mais amplo que comodamente identificamos com o contraponto. Para se ter uma ideia do raciocínio de Gramsci, poderia-se recorrer a Mao Tsé-tung, quando este fala da passagem possível das "contradições antagonistas" para as "contradições dentro do povo" (diferenças) e vice-versa.

A fenomenologia da história exige uma abordagem maleável e flexível, compatível com o peculiar empirismo filológico ("filologia viva") que Gramsci defende com paciência e energia.[12] O difícil em seu arsenal conceitual é a contiguidade, até à osmose, senão à simbiose, entre categorias diferentes. Como se sabe, ele reivindica para a filosofia da *práxis* a qualidade de teoria das contradições, contra a diluição a que Croce a submeteu. No entanto, defende que só a filosofia da *práxis* pode pensar a fundo a distinção, e que esta só pode ser adequadamente pensada à luz da tradutibilidade. Dialética e tradutibilidade se excluem, e reclamam âmbitos conceituais específicos. Mas também não se excluem, e reivindicam copresença e complementaridade.

Antes ainda que entre culturas, países, territórios, grupos sociais e individuais, o *contraponto* que inspira e motiva o discurso de Gramsci se dá exatamente entre dialética e tradutibilidade. Por isso a questão do método, como dizia Gerratana, é central para a compreensão desse discurso.

Como disse uma vez Étienne Balibar, Gramsci no cárcere pensava em Marx, mas também pensava neste sempre em diálogo ("à mesa") com o diabo. O jovem Marx, já com as *Teses sobre*

---

12 Carmelo Lacorte, de Ostuni, filósofo marxista, mestre e ao mesmo tempo filho de 1968, filólogo vivo, conhecido estudioso de Hegel, sustentava que o "sistema" hegeliano representa *também* uma tradução, na forma dialética, da instância mais moderna do empirismo humeano. Lacorte é autor de *Il primo Hegel* (1959) e de *Kant* (1969).

Feuerbach – fundadoras para a gênese do pensamento maduro de Gramsci –, travou uma luta sem trégua para conseguir *traduzir* o "lado ativo" da realidade histórica, teorizado pela dialética idealista, na linguagem, ou seja, na *práxis* do materialismo histórico. Daí parte também Gramsci, que tem diante de si Croce, além de Hegel, tornando a refletir sobre o conceito de *práxis* e sua centralidade por meio da elaboração de categorias inovadoras (hegemonia, catarse) ou do repensar de categorias tradicionais (liberdade, criatividade). Como Marx, Gramsci identifica na unidade de teoria e práxis[13] o foco da superação definitiva de todo idealismo (solipsismo).

A originalidade de Gramsci está em ter desenvolvido, com a mudança nas condições históricas, a tradução do ato/ação/atividade idealista na *práxis* materialista, reivindicando a necessidade de pôr em obra uma teoria-práxis específica da tradução e da tradutibilidade. São dois os pontos decisivos dessa passagem. Por um lado, a *novidade* da situação do mundo impõe a transição conceitual da "revolução" para a "revolução passiva", que corre o risco de tornar-se uma "revolução passiva" a partir de baixo. Por outro, o fim agora iminente do euro(Ocidente)centrismo – registrado por Gramsci, ainda que de modo inevitavelmente ambíguo – abre um horizonte pluralista e contrapontístico, que determina antes de tudo um modo diverso, diferenciado, de pensar a Europa e o próprio Ocidente; de maneira mais geral, estimula um olhar abrangente do mundo grande, terrível, complicado, de modo a (começar a) pôr em discussão o nexo tradicional entre centro e periferias ou, em linguagem gramsciana, entre o "raio" e os "prismas".

Já recordamos a expressão do *Caderno 3*: "o velho morre e o novo não pode nascer". Esse "novo" que "não pode nascer" não é

---

13 Usamos "práxis", em redondo, para traduzir a palavra italiana *prassi*, em oposição à "teoria". Quando *práxis* vem em itálico, ela traduz o termo italiano de grafia idêntica, que também recebe destaque pelo próprio autor. (N. T.)

outro que o socialismo, o qual, com a transformação das relações econômicas, cria os pressupostos para novas formas de convivência: "progresso intelectual de massa e não só de escassos grupos de intelectuais"; internacionalismo ou "cosmopolitismo de tipo moderno", por meio do qual nação e consciência nacional não representam mais fatores de separação ou de exclusão e se tornam princípios abertos, interrogativos; "colaboração entre todos os povos", que encaminha e prefigura a "unificação do gênero humano".

Surge aqui o significado de "americanismo" e "americanismo e fordismo". Assim como esta é a resposta avançada, moderna e inovadora, no âmbito do capitalismo, para a existência objetiva de uma "economia programática", da qual nasce a precisão-necessidade do socialismo, também representa um laboratório para a satisfação – ao seu modo, isto é, nas condições do velho modo de produção – das mesmas formas de convivência congênitas à gênese e construção (falha ou pelo menos bloqueada) do socialismo. Tudo isso se resume na expressão de época "revolução passiva". Esta é uma traição ao estabelecer a passagem de um idealismo ativo, como o dialético, filho da Revolução Francesa, para um anti-idealismo ativo a partir do alto, mas passivo em sua base, como o americanismo-pragmatismo, ou para um idealismo simplesmente passivo, ou seja, conservador e restaurativo, como o croceanismo, ambos expressões, de modos diferentes, do capitalismo monopolista.

Dialética, tradutibilidade, contraponto. A teoria da tradutibilidade recíproca das linguagens e culturas apresenta diversas articulações, em particular:

- tradutibilidade (predominantemente teórica) das linguagens de filosofia, política e economia;
- tradutibilidade (sobretudo prática) de diferentes culturas nacionais *em* ou *de* um mesmo contexto histórico.

É nesse espaço conceitual que surgem as categorias de "distinção" e "diferença", as quais devem combinar-se com "contradição" e "oposição", e é também nesse espaço que se afirma toda a espessura da problemática da "hegemonia" e da "luta hegemônica", que determina uma articulação complexa da questão da democracia em conexão com os conflitos econômicos e sociais.

"Contraponto", como se sabe, não é uma expressão gramsciana. Para repensar, hoje, a filosofia da *práxis*, ela pode tomar o valor ou o significado de uma metáfora, que nos ajuda a transferir ou traduzir no contexto atual um núcleo ainda fecundo do método de pensamento e da forma de escrita de Antonio Gramsci.

PRIMEIRA PARTE

Humanismo da convivência

Para Said

Quando se pensa em judeus e palestinos não separadamente, mas como partes de uma mesma sinfonia, é algo incrivelmente majestoso. Uma história muito rica, também muito trágica e, sob muitos aspectos, desesperada, uma história de extremos – de opostos, no sentido hegeliano – que ainda deve obter o justo reconhecimento. Estamos diante de uma espécie de grandeza sublime: uma sequência de tragédias, perdas, sacrifícios, dores que exigiria a mente de um Bach para conseguir recompô-la.

Edward W. Said[1]

---

1 Said, *Il mio diritto al ritorno* [O meu direito à volta], entrevista com Ari Shavit, em *Ha'aretz Magazine*, Tel Aviv, 2000.

I
Humanismo e democracia

1.1 Pós-colonial

Setenta anos após a morte de Gramsci, sua presença parece ganhar nova vida.

Faz pouco mais de vinte anos que – exauridos os últimos anseios da luz, acesa por Togliatti, que o raio da "Obra do cárcere"[1] tinha irradiado durante um longo pós-guerra pela constelação nacional – evidenciou-se, no clima da Perestroica e de um cenário internacional que parecia ainda aberto a êxitos progressivos, aquilo que Valentino Gerratana, autor da edição crítica dos *Cadernos do cárcere*, denominou como a "enorme difusão espontânea" da recepção de Gramsci em tantos países do mundo.[2]

---

1 "Os *Cadernos* deveriam ser lidos em *contraponto* com as *Cartas*, como *duas* vozes de um *mesmo* escrito de Gramsci, que proponho intitular em conjunto como a *Obra do cárcere*, dado que a correspondência epistolar de Gramsci contém, por sua vez, elementos de *ensaios*, de *conto*, de *diário*, de *polêmica jornalística*, de *autobiografia* etc." Mordenti, *Gramsci e la rivoluzione necessaria*, p.157.

2 Gerratana, Gramsci nel mondo, *Emigrazione, Filef*, p.5.

Tudo mudou com o extraordinário e terrível 1989. A queda do Muro de Berlim abalou elementos básicos do pensamento crítico dos séculos XIX e XX. Conceitos como marxismo, comunismo e revolução pareceram obsoletos.

A passagem de século brindou-nos com o desastre histórico do Onze de Setembro e com ele a hegemonia de um par perverso: fundamentalismo e pensamento único. O fim da Guerra Fria provocou uma retomada maciça do colonialismo, do imperialismo e do terrorismo, ao passo que a gestão da ordem (desordem) mundial é reivindicada pelo país que pratica, como escreveu Hobsbawm, "a política mais impopular jamais exercida por qualquer outra grande potência".[3]

Há um antídoto: a globalização política e cultural, de Mandela em diante, possibilitou um contraponto entre povos e linguagens, entre valores e perspectivas, estimulando, contra a corrente, cada civilização individualmente a buscar a própria identidade fora de si.

A nova constelação tem dimensão planetária. Uma de suas expressões é o chamado pensamento pós-colonial, estreitamente ligado aos "estudos culturais" e "subalternos", hoje finalmente difundidos também na Itália. Tal pensamento nasce do diálogo entre algumas correntes de pensamento europeias e correntes "outras", que a partir da Ásia, da África e das Américas desorganizaram certezas de princípio, arranjos disciplinares, santuários e refúgios da tradição ocidental, obrigando um pouco todas e todos a se fazerem novas interrogações, a começar pelo sentido da chamada modernidade e pós-modernidade. Numa paisagem tão incomum e recortada, talvez haja apenas um clássico do marxismo e, em sentido mais amplo, do pensamento crítico do século XX, que a própria cultura pós-colonial reconhece cada vez mais – embora ainda o conheça pouco – como interlocutor, senão como mestre: Antonio Gramsci.

---

3 Hobsbawm, *Imperialismi*, p.50 et seq.

Entre os possíveis terrenos de encontro entre a Velha Europa e o Novo Mundo, mediados por Gramsci, não hesitarei em propor um patrimônio "do nosso país", ainda que filtrado e direcionado contra sua tradição: o humanismo. Gramsci reconheceu ambiguidades e contradições da figura histórica do humanismo, até fazer dele objeto de críticas generalizadas; no entanto, este aparecia tão rico de civilização, paixão e razão que se podia oferecer renovado, ou renovável à lógica do mundo. É uma ideia partilhada e traduzida, num contexto totalmente diferente, pelo saudoso grande crítico palestino-americano Edward W. Said, um dos principais inovadores da tradição gramsciana: um intelectual crítico e político, que dedicou a vida à causa palestina, no duplo sentido da resistência contra a opressão israelense e da busca de uma "conversa civilizada" entre árabes e judeus.

Poder-se-ia ver, no espírito do pensamento de Gramsci e de Said – que falou de "humanismo crítico ou democrático" –, um *humanismo da convivência*, que se opõe tanto à exploração como ao choque de civilizações e ultrapassa as fronteiras europeias e ocidentais visando abrir novos horizontes, na época da globalização, ao internacionalismo, tão singularmente em desuso na esquerda.

Pode parecer, e realmente é uma via de escape, em relação à transformação revolucionária do mundo, o horizonte humanista defendido pelo mesmo movimento do qual provém Gramsci. Os *Cadernos do cárcere* desenham um cenário no qual a perspectiva de uma revolução mundial – em cujo horizonte de atualidade pensava e agia o seu autor ainda poucos anos antes de acabar no cárcere – aparece inscrita na agenda da história e, contudo, é enviada a um tempo futuro, muito distante, indeterminado.

Retomando o tema, recorrente nos *Cadernos*, de uma reflexão capaz de ler junto "passado e presente", julgamos poder reconhecer na realidade tanto das coisas como do pensamento argumentos a favor da continuidade entre *comunismo* (ontem e amanhã) e *convivência* (hoje).

1.2 "O que é o homem?"

A crise que a consciência europeia sofre reflete a ambivalência profunda de toda a história e cultura do velho continente, cuja vocação cosmopolita está dividida entre universalismo e colonialismo.

Gramsci tinha uma visão clara das antinomias da tradição humanista, que se encontrava então diante da dificuldade de determinar ou orientar o sentido da "colaboração de todos os povos" e da "unificação do gênero humano" que a história mundial – dramática e contraditoriamente – estava realizando. No entanto, sentia uma profunda necessidade de repensar o abc do humanismo à luz daquela que ele considerava "a pergunta primeira e principal da filosofia", ou seja, "O que é o homem?": homem de uma visão não antropocêntrica, intimamente diferenciado na sua estrutura e organicamente ligado à animalidade e a toda a natureza.

O humanismo – como o naturalismo, o idealismo, o materialismo etc. – tem o defeito de absolutizar seu próprio conceito-base, neste caso, o *homem*. Gramsci tinha plena consciência desse perigo. Quando ele se pergunta "O que é o homem?", imediatamente a pergunta sobre o ser se modifica em uma sobre o devir: "O que o homem pode se tornar?" A ontologia se traduz em moral, a filosofia em política, o substantivo em verbo. Não se trata da primazia kantiana da razão prática – uma competição disputada na casa da razão *pura* –, embora, no caminho aberto por Marx desde as *Teses sobre Feuerbach*, da renúncia radical e definitiva da filosofia da pretensão de autofundação do discurso teórico sob o guarda-chuva da garantia de Deus ou do *cogito*: dialética entre teoria e práxis que, em suma, significa racionalidade entre "interpretação" e "transformação" do mundo.

O espectro que ameaça todo humanismo leigo ou materialista é a tradição antropocêntrica. *Império*, de Michael Hardt e Antonio Negri, além de curvaturas irracionalistas insustentáveis, teve o mérito, entre outros, de ter reivindicado, com Foucault e Althusser, a perspectiva – que tem o seu nume em Spinoza – de um "humanismo anti-humanista (ou póstumo)".[4]

É possível ou legítimo o humanismo após a "morte do homem" nietzschiana?

1.3 América

Retornar, a partir de uma perspectiva do futuro, à tradição humanista significou para o Gramsci prisioneiro realizar escavações nas contradições da história e da realidade, as quais lhe ditavam o difícil e complexo contraponto entre pessimismo da inteligência e otimismo da vontade. As energias da práxis deviam medir-se com uma situação marcada por profundas ambivalências e, portanto, aberta a êxitos imprevisíveis, ainda que iluminada pelo horizonte da revolução. A grande novidade histórica inaugurada pelo Outubro soviético restringiu-se a precariedade e atrasos do socialismo num único país. No entanto, o sistema capitalista – de modo diferente do "aprodecimento" a que parecia nesse momento condenado, segundo Lênin – estava conhecendo, nos moldes do "americanismo e fordismo", um novo florescimento destinado a irradiar-se pelo planeta.

Abria-se, assim, a necessidade de um diálogo ou contraponto entre filosofia *europeia* – que Gramsci impelia a um corpo a corpo com o idealismo de Hegel e de Croce, apoteose e, ao mesmo tempo, túmulo da tradição humanista desde os gregos – e pensamentos *outros* que têm origem e se desenvolvem em modalidades múltiplas no "mundo grande e terrível".

O próprio Gramsci introduziu esse diálogo – aqui está a sua grande energia que transborda o horizonte marxiano-leniniano –, iniciando a questão da luta hegemônica a partir da análise em

---

4 Hardt; Negri, *Impero*, p.97.

termos científicos e políticos daquele *monstrum* das mil faces, que ainda agora segue e persegue a história do mundo na passagem "de um século ao outro", chamado "americanismo".

A reflexão sobre o americanismo e seu corolário, que é a luta hegemônica entre América e Europa, como entre Ocidente e Oriente, e entre Norte e Sul do mundo, é o imprescindível polo dialético da reconsideração do humanismo europeu no seu projetar-se, superar-se e possivelmente tornar-se real fora da Europa. O "novo industrialismo" americanista, que destruiu o tradicional "humanismo do trabalho" ("quando toda a personalidade do trabalhador se refletia no objeto criado"), constituía de fato para Gramsci o canteiro de obras vivo de "uma nova tipologia de homem", de um novo modo de viver e de trabalhar. O confronto crítico-hegemônico com o americanismo – atravessado totalmente pelo "cinismo" e pela "brutalidade" e, no entanto, campo objetivo de progresso – era explícito e tinha-se por objetivo pensar realisticamente numa "nova cultura", num "novo humanismo", num "novo homem" na perspectiva de uma "sociedade regulada", expressão do empenho teórico e prático do "filósofo democrático". A formação de uma "nova ordem, não de marca americana", podia nascer apenas da superação dialética (que implica conservação dos traços progressivos) do próprio americanismo.

1.4 Antinomias do humanismo

Da América se pode falar de vários modos. Há a América ianque. Mas há também uma "nossa América", para usar a expressão fascinante do cubano Martí, que ultrapassa os limites da América do Norte e corre para a América Latina – com aquele "gigante paralelo" aos Estados Unidos que é o Brasil (como Caetano Veloso o chama) – e aspira a pôr-se em diálogo ou em contraponto com outras histórias e outros territórios, como o Oriente e o Oriente Médio de Said.

O pequeno volume póstumo de Said, *Humanismo e crítica democrática*, surgiu com a intenção de abrir um espaço para o discurso sobre o humanismo entre o público americano. O ensaio de Said é audaz sob dois aspectos: instaura uma tensão dialética entre duas categorias não propriamente afins, *humanismo e democracia*, e tenta uma crítica radical de todo fundamentalismo à luz de uma metodologia que poderia parecer mil milhas distante da política: a filologia.

Gramsci é igualmente audaz quando fala de "filologia viva" e funda uma relação orgânica entre filologia e filosofia da práxis entendida como "a história mesma na sua infinita variedade e multiplicidade", sustentando também: "a filologia é a expressão metodológica da importância de que os fatos particulares sejam averiguados e precisados na sua inconfundível 'individualidade'".[5]

As palavras parecem, na ótica dos *Cadernos*, como indivíduos vivos, a quem se deve consideração e respeito: palavras-indivíduos que dão vida, saussurianamente, àquele organismo coletivo que é a língua. Os textos, cujo estudo está fundado na filologia, têm origem nesse organismo, e podem ser abordados com espírito dogmático e autoritário ou de maneira crítica e democrática.

A filologia, por causa de sua etimologia, implica "amor às palavras", as quais são portadoras de realidade: uma realidade escondida, enganosa, resistente, difícil. Desse ponto de vista, a ciência da leitura parece primária para uma "consciência humanística". A Said não escapam a problemática e as ambivalências da tradição humanística, a começar por aquela "eurocêntrica" e por aquilo que ele chama "humanismo americano". Ele bem sabe que o humanismo assumiu tantas e contraditórias formas. Há ou pode haver um humanismo "crítico" e "democrático", como há e pode haver um humanismo puramente "liberal", ou um "teológico" e até um humanismo "militar". Said sublinha como se desenvolveu na Europa e fora dela, sob as bandeiras do humanismo, um "nacionalismo difuso e protetor com o risco de tendências xenófobas".

---

5 Gramsci, *Quaderni del carcere*, 11, 25, p.1429.

Também Gramsci, que auspiciava o surgimento de um "neo--humanismo" leigo e democrático, é consciente da contradição dessa tradição em função de razões históricas bem precisas. Na reconstrução gramsciana, o humanismo, como em particular se afirmou historicamente na Itália renascentista da segunda metade do século XV e no século XVI (em formas pomposas e aristocráticas), é filho da derrota do primeiro Renascimento na época comumal, que tinha um caráter "popular" e "dialetal", não "nacional, mas de classe", portador de "elementos embrionários de uma nova cultura".

O fato é que o primeiro Renascimento tinha colocado as bases, segundo Gramsci, de um humanismo diverso – do qual o representante máximo será Nicolau Maquiavel –, tendente a uma síntese entre alta cultura e senso comum, precursora de um desenvolvimento nacional-popular e estatal da Itália moderna, que nunca se realizará, não obstante a unificação ainda que tardia do país, e cuja ausência é premissa essencial para o advento do fascismo.

Pode-se sustentar que o neo-humanismo leigo gramsciano, solidário com o humanismo crítico e democrático saidiano, é expressão do projeto de uma "nova cultura" esboçado no primeiro Renascimento, mais tarde revirado ou distorcido segundo um processo cuja tipologia antecipa a das "revoluções passivas", que tanto peso têm na análise histórica gramsciana. A audácia teórica de Gramsci, que se combina singularmente com sua implacável prudência filológica e sobriedade de escrita, se manifesta em grandiosos saltos para o passado e depois de novo para o presente, que seguem o mesmo passo na comparação geográfica e geopolítica, verdadeira alma espacial da filosofia da práxis.

1.5 "Revolução passiva"

Uma "nova cultura" de massa aparece como uma miragem se relacionada à modalidade da cultura mediática estudada por

Said – com evidentes influências gramscianas – na última parte de sua obra-prima *Cultura e imperialismo*, na qual se assiste a um simultâneo processo de crescimento do peso da cultura e de esvaziamento da política no tecido social estadunidense.

À despolitização de massa e ao conexo "culturalismo" corresponde um incremento poderoso do economicismo, representado por um reforço (no que se refere ao modelo de americanismo descrito por Gramsci) do nexo hegemonia-produção (embora se trate de produção não mais de mercadorias em geral, mas, sobretudo, de dinheiro). A simbiose entre culturalismo e economicismo traz consigo um empobrecimento da política e, consequentemente, da democracia e do Estado, o qual na linha que vai de Thatcher a Bush tende a configurar-se como Estado mínimo = Estado força. À autoridade e ao autoritarismo do Estado "mínimo" parecem contrapor-se a liberdade e o liberalismo da sociedade civil, mas esvaziados de conteúdos públicos e especificamente sociais. Estamos nos antípodas da ampliação do "Estado integral", descrito por Gramsci como linha de tendência e/ou de planejamento da sociedade moderna. O processo em ato não é, porém, unívoco. O crescimento da cultura e da atuação dos intelectuais poderia também ser invertido numa tendência oposta que Gramsci definia programaticamente como "construir um bloco intelectual-moral que torne politicamente possível um progresso intelectual de massa".[6] Aqui se evidencia a grande e atual questão da involução simultânea da noção de democracia e da potencialidade de desenvolvimento de um *humanismo democrático*.

É difícil não reconhecer no exemplo americano de hoje a fonte mais direta dessa involução lembrada. A democracia é empobrecida tanto na forma como no conteúdo quando se exaltam os percursos que presidem o pleno desenvolvimento da democracia que Gramsci, como lembramos, chamava de "revolução passiva".

---

6 Ibid., 11, *12*, p.1385.

"Revolução passiva" é o processo pelo qual, no âmbito da dialética histórica, a *tese* (expressão do bloco histórico dominante) se mostra capaz de neutralizar, incorporar, absorver, em suma, exaurir a *antítese* (expressão das forças que visam constituir um bloco histórico alternativo ao dominante). Numa tal situação não é a *negação* expressa da antítese que se torna portadora de uma nova *síntese*, mas a própria *afirmação* expressa pela tese. Gramsci define a "revolução passiva" como uma "revolução-restauração".

O que conta são os caracteres evidentes, empiricamente constatáveis, com os quais se pode descrever a "revolução passiva". Dois estão na lista: transformismo e *novismo*.

Transformismo representa brutalmente o escoamento gradual das energias sociais e políticas alternativas; ou seja, a anulação tendencial da antítese, que mantém, sim, traços e cores compatíveis a esta, mas que na substância se aproxima sempre mais da realidade da tese.

Novismo significa que a conservação do estado de coisas existente se apresenta com os caracteres daquilo que é *moderno* (transformações produtivas e comunicacionais de massa, sobre o que Gramsci já refletia), *novo* (as assim chamadas reformas), *revolucionário* (tecnologias).

Gramsci é uma vítima do fascismo, ou seja, da forma de poder mais abertamente autoritária e violenta assumida pelo capitalismo. Ele analisa com agudeza a superioridade tanto econômica como política do liberalismo sobre o fascismo. Na terminologia gramsciana se poderia simplificar a questão dizendo que o fascismo tende a anular as condições da "luta hegemônica" (onde se disputam sem vínculos autoritários os pressupostos da coesão social e do consenso), ao passo que o liberalismo é obrigado, ainda que em certos casos contra sua vontade, a manter e defender pelo menos formalmente essas condições.

Há uma qualidade fortemente problemática que Gramsci colhe na fase histórica marcada pela "revolução passiva". Trata-

-se do fato de que este tipo de revolução é *passiva* do lado das massas, ou seja, da multidão social em que prosperam ou deveriam prosperar as energias ativas da antítese (ou da alternativa). A "revolução-restauração" domina e hegemoniza as massas do alto, as enjaula com processos por meio dos quais necessidades, urgências e desejos são comprimidos ou perturbados pela lógica do lucro.

O fato é que, em sentido estrutural (usamos aqui "estrutura" numa acepção bastante ampla, que compreende as próprias superestruturas), as razões reais, historicamente determinadas, da antítese não faltaram absolutamente: estão apenas suspensas, congeladas, encapsuladas.

A "revolução passiva" – a argumentação gramsciana conduz a isso – é fundamentalmente antidemocrática, se assumirmos a democracia numa acepção que se aproxima muito da noção de hegemonia e de luta hegemônica.

1.6 Um novo conformismo

A dinâmica da hegemonia nasce do quê?

A resposta a essa pergunta é dada por graus. O "grau zero" poderia ser indicado com uma expressão que foi comum por um tempo na literatura política, hoje menos afortunada: *participação*.

Gramsci via com muita agudeza os percursos que fizeram do americanismo a praxe ideológica mais adequada a uma sociedade de massa com gerência capitalista. Sociedade de massa significa, em primeiro lugar, "conformismo". É um termo indicativo nos escritos de Gramsci, e ele não lhe dava um significado inevitavelmente negativo. Trata-se de analisar os conteúdos deste ou daquele conformismo de massa.

O verdadeiro problema do americanismo, nascido numa sociedade que não conheceu uma construção a partir de baixo – e que não conhecia sequer o modelo ou a energia formativa, como aquela que, segundo Gramsci, é para a Europa o resultado da Revolução Francesa –, é o desinteresse em relação à participação *política* dos indivíduos. A grande força cultural, além da econômica, do americanismo estava na nova modelagem do tecido social em uma base de "composição demográfica racional" a partir das exigências de uma "economia programática", que deixava para trás o "individualismo econômico".

Como manter a atuação, as necessidades, os direitos do indivíduo *depois do individualismo*? Lembremos que, segundo Gramsci, na época da sociedade de massa, por "indivíduo" deve-se entender não só um homem singular, mas também um determinado "grupo social".

Pressionado por dois mecanismos devoradores, como a "estadolatria" soviética (segundo Gramsci, dívida inevitável, mas muito pesada, que a revolução socialista tinha pago para poder ser realizada num país apenas e atrasado) e o "coletivismo" americanista, Gramsci estuda os processos possíveis de um "novo conformismo" capaz de indicar os caminhos de um socialismo construído através do consenso "ativo e direto" dos indivíduos. Ouçamo-lo:

> É uma questão vital não o consenso passivo e indireto, mas o ativo e direto, portanto, a participação dos indivíduos, mesmo que isto provoque uma aparência de desagregação e tumulto. Uma consciência coletiva, ou seja, um organismo vivo, não se forma senão depois que a multiplicidade foi unificada através do atrito dos indivíduos: nem se pode dizer que o "silêncio" não seja multiplicidade. Uma orquestra que faz o ensaio, cada instrumento por sua conta, dá a impressão da mais horrível cacofonia; no entanto, esses ensaios são a condição para que a orquestra viva como um só "instrumento".[7]

---

7 Ibid., 15, *13*, p.1771.

À luz dessa metáfora musical – não incomum para o imaginário gramsciano – não surpreende que ele escreva:

> Toda relação de "hegemonia" é necessariamente uma relação pedagógica e se verifica não só dentro de uma nação, entre as diversas forças que a compõem, mas dentro do campo internacional e mundial, entre conjuntos de civilizações nacionais e continentais.[8]

Descrever todas as relações intersubjetivas, desde as "relações recíprocas" entre mestre e aluno (segundo Gramsci, "todo mestre é sempre aluno e todo aluno mestre") até à relação entre nações e continentes, como uma *escola* viva, cada vez maior, soa aos nossos olhos como uma mensagem utópica. No entanto, este é Gramsci: um *educador*, que concebia a vida política – a partir das lutas também bastante ásperas, até violentas, dentro de seu próprio partido – como um processo pedagógico capilar.

1.7 Hegemonia e democracia

É mérito de Giuseppe Vacca, em seu livro *Appuntamenti con Gramsci* [Encontros com Gramsci], ter demolido a insinuação social-democrata – que surgiu na metade dos anos 1970 em polêmica com o Partido Comunista Italiano (PCI), então no governo – que tendia a estabelecer a incompatibilidade entre hegemonia e democracia. Forçando os termos de uma famosa conferência de Bobbio, dizia-se de modo apressado: democracia é pluralismo, ao passo que hegemonia é um princípio autoritário. É antes verdadeiro, como Said e o próprio Vacca acentuaram, que hegemonia – Gramsci o considerava o conceito mais "apropriado" de democracia – é um princípio dialógico de luta voltado para a "elaboração dos contrastes e da complexidade numa

---

8 Ibid., 10 II, 44, p.1331.

situação permanente de pluralismo que não se pode suprimir".[9] É necessário sublinhar que "luta hegemônica" – que pode ser e é exercida segundo Gramsci nos mais diversos níveis, entre classes ou grupos sociais bem como entre nações ou grupos de nações, mas também entre indivíduos e até no interior da personalidade de cada indivíduo – é exatamente o oposto do *hegemonismo*, com o qual um senso comum malévolo e de modo interesseiro muitas vezes tendia e ainda tende a confundir a noção gramsciana de hegemonia. Hegemonismo é sinônimo de conquista da supremacia, custe o que custar, com meios pacíficos ou violentos. Luta hegemônica, ao contrário, é a articulação das diferenças e dos conflitos em termos essencialmente políticos e culturais, ou políticos enquanto culturais, ou culturais enquanto políticos ou, se se quiser, em termos ideológicos, no sentido que Gramsci dá ao conceito de ideologia. Luta hegemônica é sinônimo de competição pacífica e não violenta tanto entre aliados como entre adversários, mas combina-se, ou pode combinar-se, com os aspectos antagônicos e militares da luta política e social.

É inegável que se torna sempre mais consistente, no curso do tempo, o risco do esvaziamento do conceito de democracia. O sentido mais apropriado de sua associação com a hegemonia talvez esteja na prevenção desse risco.

Gramsci deixou escapar uma vez a expressão "os desastres da democracia", entendendo os perigos que ameaçam a democracia parlamentar e liberal na época das revoluções passivas. A manifestação mais devastadora da "revolução passiva" é a banalização extrema a que pouco a pouco a democracia corre o risco de se aproximar. Ao transformismo social se junta o transformismo cultural e civil. A passividade das massas – congênita à "revolução passiva" – abre o caminho para degenerações ideológicas como autoritarismo e racismo, que acabam convivendo tranquilamente com um quadro institucional liberal.

---

9 Vacca, Egemonia e democracia: introduzione. In: *Appuntamenti con Gramsci*. Cf. também capítulo VI.

"O que fazer?" É preciso ter em mente que o efeito mais deprimente da "revolução passiva" é o sofrido pela, assim chamada por Gramsci, "tendência de esquerda", ou seja, a própria realidade de uma cultura ou de uma intelectualidade crítica.

É preciso repetir, em condições e com perspectivas diversas, o que fez Gramsci quando arregaçou as mangas e começou, no cárcere, a redesenhar pacientemente os *valores*, ou seja, os horizontes da sociedade civil e do movimento operário e socialista. Gramsci não absolutiza a democracia: ele a tematiza e a persegue através da concepção, central em seu sistema de pensamento, de hegemonia e luta hegemônica. Hegemonia-democracia implica convivência; no fundo, é a própria convivência enquanto um valor político e social adquirido. A enorme dificuldade de garantir formas e regras eficientes e estáveis no quadro democrático obedece à necessidade de formular realisticamente as modalidades de uma convivência pacífica entre humanos, que são diversos e diversamente ativos e podem opor-se uns aos outros.

O princípio da convivência é dinâmico: estimula indivíduos e grupos sociais a verificar com cuidado se e quando determinadas contradições, que à primeira vista parecem "antagônicas", podem ser levadas "ao seio do povo", ou seja, traduzidas em conflitos que podem ser travados com as armas da democracia.

Toda forma de totalitarismo – ou de fundamentalismo – aponta para uma síntese dialética vazia de hegemonia e luta hegemônica. Se não é aceitável uma dialética sem hegemonia, tampouco o é uma hegemonia sem dialética, esta última sendo a ilusão do pacifismo genérico ou abstrato.

1.8 Dialética do fundamentalismo

O mundo vive hoje, em termos gramscianos, uma "crise de autoridade", que é também uma "crise de hegemonia", mais global que a globalização.

Antes ainda de "elementos do socialismo", trata-se de conquistar ou reconquistar "elementos da democracia". Até a *palavra* "democracia" está em perigo. Esta terá o mesmo fim que a palavra "povo", cujo uso Brecht, em função dos usos equivocados fomentados pelo nacional-socialismo, sugeria que fosse suprimido?

Numa passagem conhecida, Gramsci escreveu que "entre os tantos significados de democracia, o mais realista e concreto me parece que pode ser obtido em conexão com o conceito de hegemonia", com referência em particular à "passagem [molecular] dos grupos dirigidos ao grupo dirigente".[10] Esta breve anotação é desenvolvida na nota 36 do *Caderno 13*, que retoma passagens do *Caderno 9*.

Na era da globalização, o principal adversário da democracia – por definição, democracia leiga – é o fundamentalismo, sob qualquer aspecto que possa se apresentar (para ficar mais claro: americanista, islamita, sionista etc.). O fundamentalismo tende a reduzir, senão a eliminar, os espaços de democracia que, com as palavras de Gramsci, exigem

> uma adequação contínua da organização ao movimento real, uma moderação dos ímpetos de baixo com o comando do alto, uma inserção contínua dos elementos que brotam da profundeza da massa na moldura sólida do aparato de direção.

O fundamentalismo, ao contrário – agitando o estandarte combinado da fé e das armas –, oprime as condições da luta hegemônica, impedindo os "partidos que representam grupos socialmente subalternos" e estes mesmos grupos de atuar

> para garantir a hegemonia não a grupos privilegiados, mas aos elementos progressivos, organicamente progressivos em comparação com as forças afins e aliadas, mas compostas e oscilantes.[11]

---

10 Gramsci, *Quaderni del carcere*, 8, *191*, p.1056.
11 Ibid., 13, *36*, p.1634.

Poder-se-ia também inverter os termos do problema sustentando que a maior cilada para a vida política é hoje representada por uma concepção fundamentalista da democracia, ou seja, pelo fundamentalismo democrático, que consiste na redução do processo democrático a um conjunto puramente formal de regras institucionais, cujo funcionamento implicaria a hegemonia econômica do "livre mercado". Deste modo, democracia se torna sinônimo daquilo que Gramsci chama "centralismo burocrático", o qual pressupõe ou provoca "deficiência de iniciativa e responsabilidade a partir de baixo", ou seja, "primitivismo político das forças periféricas, também quando elas são homogêneas ao grupo territorial hegemônico". O centralismo burocrático, por sua íntima constituição, sustenta o *status quo*, contrapondo-se ao "centralismo democrático, que é um centralismo em movimento", isto é, voltado ao desenvolvimento e à mudança da direção política e cultural da sociedade.

Compreende-se bem o motivo pelo qual o nexo democracia-hegemonia recebeu oposição sistemática tanto por parte dos que interpretaram o pensamento de Gramsci como antidemocrático, como dos que buscaram alterar esse pensamento em termos social-democrata ou até liberal-democrata. A riqueza de determinações desse nexo e sua pertinência em relação à política das classes subalternas podem ser resumidas assim: a democracia dos subalternos é a expressão mais pregnante para definir a hegemonia, assim como a hegemonia dos subalternos o é para definir a democracia.

Unidade do diverso, ou seja, identidade na diversidade e diversidade na identidade: esta, que foi a bússola da ação política do Gramsci dirigente do partido e da Internacional, foi também, de modo diferente, a bússola do trabalho teórico na oficina dos *Cadernos*. É essa inspiração que, junto com a intuição genial da "filologia viva", sustentada pelo espírito empírico-pragmático, anima a concepção do "centralismo democrático":

O centralismo democrático oferece uma fórmula elástica, que se presta a muitas encarnações; ela vive enquanto é interpretada e adaptada continuamente à necessidade: ela consiste na busca crítica daquilo que é igual na aparente deformidade e que é distinto, e até oposto, na aparente uniformidade, para organizar e ligar estreitamente o que é semelhante, mas de modo que a organização e a conexão pareçam uma necessidade prática e "indutiva", experimental e não o resultado de um processo racional, dedutivo, abstrato, ou seja, próprio dos intelectuais puros (ou puros asnos).[12]

Como deve ser entendido e o que pode representar hoje o "centralismo", mesmo se acompanhado pelo adjetivo "democrático", é uma questão complexa e aberta. A metáfora do "raio" e dos "prismas" é provavelmente a dilatação máxima que Gramsci se concede no esforço de alargar a atuação e a energia das periferias em relação à instância do centro de um processo de agregação. À metáfora gramsciana se poderia *opor* aquela do contraponto, cara a Said, que radicaliza a diversidade constitutiva da unidade, renunciando definitivamente à dicotomia centro-periferia e, por isso, à necessidade do "centralismo democrático".

Deixemos em suspenso esta alternativa. Olhemos antes para o "experimentalismo" gramsciano, o qual chega até a verificar, à luz da prática induzida por uma situação concreta, alternativas "tradicionais" como aquela entre unidade e federação. O que conta é a capacidade de buscar e encontrar uma motivação unitária a partir de uma realidade específica, em nível territorial.

A nota 36 do *Caderno 13* conclui dando asas à democracia-hegemonia dos subalternos:

Esta intensa atividade contínua para discernir o elemento "internacional" e "unitário" na realidade nacional e local é, na realidade, a ação política concreta, a única atividade produtiva de

---

12 Ibid., 13, *36*, p.1635.

progresso histórico. Ela exige uma unidade orgânica entre teoria e prática, entre camadas intelectuais e massas populares, entre governantes e governados. As fórmulas de unidade e federação perdem grande parte de seu significado desse ponto de vista, ao passo que conservam o seu veneno na concepção burocrática, para a qual acaba não existindo unidade, mas pântano estagnado, superficialmente calmo e "mudo", e não federação, mas "saco de batatas", ou seja, justaposição mecânica de "unidades" singulares sem nexo entre elas.[13]

1.9 Uma nova democracia progressiva/inclusiva

Edward W. Said e Stuart Hall compararam Gramsci e Foucault a propósito de uma questão decisiva: o laço indissolúvel entre "discurso", "saber" e "poder". Tanto Said como Hall sublinham como Gramsci, ao contrário de Foucault, tinha concebido esse laço à luz do caráter *dinâmico*, pela estrutura das relações inter-humanas, da "luta". Sem a universalidade deste caráter não se poderia explicar a centralidade, no discurso de Gramsci, da "hegemonia". Said disse: "A hegemonia não é um fato normal ou natural da vida, mas é um produto histórico, em torno do qual se trava continuamente uma luta". E acrescentou: "quem faz parte das classes subalternas tem o dever político e intelectual de arrancar a hegemonia das classes dominantes".[14]

Para reconduzir essa afirmação de Said a uma antiga expressão, hoje em desuso, poderemos dizer que a elaboração da hegemonia é uma forma de luta voltada para a construção de uma *nova democracia progressiva/inclusiva*. As classes dominantes desdenham ou desacreditam a reflexão sobre a hegemonia por-

---

13 Id.
14 Said, Gramsci e l'unità di filosofia, politica, economia. In: Baratta; Catone (orgs.), *Tempi moderni*, p.355.

que, para elas, exercer a hegemonia parece – fetichisticamente – uma realidade "normal ou natural" e, exatamente por isso, compatível com o logro e a violência. O aprofundamento ou a radicalização de tal processo conduzem ao que Gramsci chama "os desastres da democracia", ou seja, à ameaça iminente de uma banalização ou inutilização da democracia, algo que hoje está à vista de todos.

Oposta a uma rica democracia da consciência social da luta hegemônica – e, por isso, a uma "nova democracia" –, corresponde àquela degeneração que fez Franco Fortini exclamar, durante uma manifestação na época craxiana: "Estamos chegando ao que nunca acreditei que pudesse assistir: ao fascismo democrático".

Democracia exige como sua condição vital e essencial a participação dos indivíduos na formação da vontade coletiva, no nexo entre hegemonia e poder. Sobre esse ponto de vista é oportuno lembrar aqui uma passagem, que tem um movimento rítmico *clássico*, do discurso que Valentino Gerratana pronunciou no cinquentenário da morte de Gramsci no país do socialismo agonizante:

> Enquanto para a hegemonia de uma classe, que tende a ocultar o antagonismo dos interesses, é suficiente obter um consenso passivo e indireto – e é esta a forma normal do consenso político nos regimes democrático-burgueses ou autoritários –, na perspectiva da hegemonia do proletariado "é uma questão vital" – escreve Gramsci – "não o consenso passivo e indireto, mas *o ativo e direto*, portanto, a participação dos indivíduos, mesmo que isto provoque uma aparência de desagregação e tumulto".[15]

Na ótica gramsciana, a articulação da hegemonia é essencial para a formação do tecido democrático de uma sociedade. Uma *sociedade* é *civil* se garante, ou melhor, se exige o desenvolvimento máximo de luta hegemônica permitido pelas formas e regras da

---

15 Gerratana, *Gramsci*, p.126.

competição democrática entre partidos, aparatos ideológicos e organismos do consenso. Mas não pode existir uma luta hegemônica sadia e produtiva, fonte de política (hoje se diria: de uma cidadania ativa), sem o seu complemento na luta social.

A humanidade hoje, no contexto mundial, como, e talvez ainda mais que, no tempo de Marx e depois no de Gramsci, vive uma realidade social antagônica. Estamos na presença de uma perigosíssima involução das relações de força e dos conflitos sociais, em nível internacional, em termos não só de violência, mas também de crueldade. O mundo está cada vez mais unificado pelas necessidades e pela dinâmica da economia, e cada vez mais dividido em estratificações sociais que – como Gramsci tinha começado a indagar por meio da "questão meridional" – tendem a fundir-se com articulações territoriais de amplitudes diversas, às vezes enormes. É cada vez mais necessária uma análise dialética econômica, mas também uma *análise dialética territorial*. À análise dialética (econômica e territorial) Gramsci aproximou a análise *hegemônica* porque o desenvolvimento da distinção social e cultural, que ele chama "Oriente e Ocidente" – e que inclui o aprofundamento de outras distinções, como aquela, no contexto do Ocidente, entre Europa e América –, exigia uma abordagem capaz de analisar e valorizar *politicamente* a oposição-distinção, o entrelaçamento, o contraponto entre povos e culturas, entre linguagens e territórios.

A intuição de Said, na esteira deixada por Gramsci, é a necessidade de reatar o nexo entre questão territorial, luta hegemônica e democracia, sendo esta última entendida como única *práxis* em condições de opor resistência aos fluxos gigantescos dos fatos e das ideias defendidos por fundamentalismos opostos, anunciadores de violência, de guerra e de terrorismo.

A democracia se encontra em suspenso entre *regressão* e seu ressurgimento, possível apenas numa perspectiva *progressiva* e *inclusiva*. A involução da democracia está ocorrendo por causa da hegemonia de uma cultura política que, esvaziando progressivamente de conteúdos sociais a configuração do Estado e a sua dinâmica, tende tanto a relegar a vontade popular às engrenagens puramente burocrático-institucionais da máquina eleitoral, como, por outro lado, a despolitizar a formação do consenso. Trata-se daquela dimensão que o jamaicano-britânico Stuart Hall, entusiasta dos *Cultural Studies*, definiu na época do thatcherismo triunfante como "populismo autoritário". Desde então, tal tendência predominou no Ocidente, embora não sem antídotos e alternativas.

O *humanismo da convivência* é uma ideologia de "nova democracia", destinada a opor-se a uma realidade factual que tende a impedir o livre desenvolvimento, em escala tanto política como cultural, daquele contraponto das ideias que, numa época bem diferente, Leon Battista Alberti e Giordano Bruno definiram como "diálogo civil".[16]

---

16 "Conversação civil", como emblema do processo democrático na época hipermoderna, pode parecer e é uma dissonância, que, no entanto, pode combinar com a harmonia abrangente do contraponto. Pode ser estimulante retomar, *cum grano salis*, exatamente temas e problemas da cidade-estado para ver melhor temas e problemas do estado-nação e, hoje, de uma configuração política internacional. Não são poucos os pensadores que souberam dar, sem nenhuma regressão, moderníssimos saltos no passado. Com esse espírito Gramsci atualizou a Reforma e o Renascimento. A "questão" do humanismo – como diálogo entre pessoas, linguagens, culturas – impele-nos a levantar paradoxalmente uma pergunta: depois da derrota (porque a atual ordem mundial é fruto de uma derrota histórica das forças do progresso), os atores em campo são para sempre, como disse Gramsci no dia seguinte ao biênio vermelho [1899-1920], "homens de carne e osso", ou somos todos transformados, ao contrário, em *fantasmas eletrônicos*? R. A. Dahl, em *La democrazia e i suoi critici* (p.513) escreveu que "na falta de um esforço consciente e resoluto para usar a nova tecnologia das telecomunicações em favor da democracia, aquela poderia ser utilizada para prejudicar esta": o que hoje, na minha opinião, acontece sobretudo naquela que Dahl chama "sociedade MDP (moderna, dinâmica, pluralista)". Em que consiste ou pode consistir o "esforço consciente e resoluto" do qual se fala? É interessante e preciosa a rica e complexa argumentação de Dahl. Se não estou errado, os pilares de suas "propostas para um país democrático" são: (a) ligação entre compe-

tência e soberania popular; (b) ligação entre conquista da igualdade política e disposição organizada das estruturas sociais, econômicas e políticas. Em termos gramscianos se poderia dizer que o item *a* estimula a atenção para a questão dos intelectuais e do (novo) senso comum; e o item *b* para a temática da hegemonia e da luta hegemônica. Dissociando-se historicamente das teorias das elites do tipo de Michels, Mosca e Pareto, Dahl se empenha por uma teoria que revitalize o "bem comum" da democracia, como um processo capaz de *incluir* progressivamente porções sempre mais amplas de cidadãos, também na consciência das enormes dificuldades que objetiva e subjetivamente se apresentam para cada passagem em tal processo. Cita Gramsci a propósito da luta que os trabalhadores devem realizar para conquistar o poder contra "a hegemonia cultural e intelectual" das "crenças e dos valores que os ligaram ao capitalismo". E chega à nova proposta de um "público atento", do qual falava nos anos 1950 Gabriel A. Almond, que hoje se pode encontrar nas várias articulações da sociedade civil, como *"minipopulus"*, espécie de ponte entre competência dos intelectuais e soberania popular. Ideias como estas podem levantar dúvidas e perplexidades. Mas é verdade que poucos temas e problemas hoje parecem suscitar percursos tortuosos e aporéticos como "povo" e "democracia". Gramsci não tematizou de modo problemático e articulado a "questão democrática", mas deu uma contribuição preciosa para tratar dela através de sua elaboração da "hegemonia". A referência a Dahl nos pareceu útil para indicar um percurso inverso e simétrico, que pressiona de dentro para a "questão hegemônica" e conduz para os problemas levantados pelo *Humanism*, o testamento espiritual de Said, que se apresenta como um "esforço consciente e resoluto" para conjugar em termos atuais democracia e hegemonia.

II
Filologia viva

2.1 "Humanismo"

Nas universidades estadunidenses sopra um vento nacionalista e antimodernista que tende a apresentar a democracia americana como o melhor dos mundos possíveis, guardião do "cânone humanístico" da cultura ocidental-universal. Edward W. Said toma posição contra tal corrente num excelente pequeno volume póstumo, último trabalho idealizado por ele antes de seu falecimento: *Humanismo e crítica democrática*.

A intenção de Said é "criticar o humanismo em nome do humanismo", o que significa criticar sua tradição aristocrática e elitista, mas também os usos e os abusos que visam cada vez mais um cosmopolitismo elitista ou um obtuso nacionalismo, um eurocentrismo, colonialismo e imperialismo, e oferecer, em vez disso, um núcleo sadio e fecundo para a retomada e o desenvolvimento por parte de uma consciência nacional--internacional crítica e democrática. Delineia-se uma norma bem diversa, inspirada na forma musical do contraponto, capaz de abrir a tradição humanística clássica para a contribuição de etnias, culturas, grupos sociais do mundo todo.

O foco do ensaio de Said é a valorização do espírito filológico, entendido como um antídoto à distorção dos textos – sagrados e profanos, expressões da alta cultura bem como da cultura popular – que a linguagem do poder sustentador de um solipsismo mediático de massa nos submete diariamente.

Filologia é "amor das palavras", estas tratadas por Said como se fossem indivíduos vivos, aos quais se deve consideração e respeito. Percorrer de novo a história das civilizações à luz da filologia, como ciência crítica da leitura, significa reconstruir os emaranhados, os enxertos, os compartilhamentos que caracterizaram e caracterizam as relações entre culturas diversas, que se quer em conflito irredutível, como tradições e concepções de vida árabe, judaica e cristã.

É singular a força de atualidade – também no sentido de um "humanismo americano" amigo do mundo – que o discurso de Said, homem de pensamento e de ação, infunde em seus mestres de filologia, passados e presentes, como Vico, Auerbach, Spitzer e Poirier.

Para a cultura italiana, esse texto oferece a oportunidade de ser confrontado, para além dos formalismos acadêmicos e das presunções intelectuais, com uma tradição complexa que parece remota ou afastada.

Nas páginas de Said pulsa um otimismo da vontade puro e irredutível. "Nós, cidadãos desta república particular", entendemos o humanismo "como democrático, aberto a todas as classes e a todas as proveniências, e como um processo de revelação e descoberta sem fim, um processo de autocrítica e de libertação".[1]

Nos Estados Unidos, "humanismo" está estreitamente correlacionado com as *Humanities*, como conjunto disciplinar

---

1 Said, *Umanesimo e critica democratica*, p.51.

universitário; é prudente, todavia, sublinhar o caráter predominantemente literário do *humanism* – que remonta à notável difusão da cultura humanista e renascentista italiana na Inglaterra do século XVII – em comparação com o caráter mais articulado e diferenciado das *Humanities*, de qualquer modo mais amplo que o nosso conceito "Ciências Humanas". De fato, a primeira abordagem que Said faz da questão do humanismo tem um caráter prático e diz respeito, antes de tudo, a uma determinada organização do saber e do ensino superior, antes mesmo de iniciar um discurso mais geral, atinente à dimensão das ideologias e das concepções do mundo. Apresentam-se ao autor dois inimigos a derrotar, opostos entre eles; por um lado, o descrédito ou a marginalização dos estudos humanistas na universidade e uma sociedade sempre mais marcadamente tecnocrática e eficiente; por outro, o entrincheiramento de elites pequenas, mas poderosas, numa concepção fechada e aristocrática, exclusivamente ocidental, do patrimônio humanístico da cultura universal (o chamado "cânone das disciplinas humanistas").

Said foi um docente extremamente rigoroso e comprometido, um intelectual apaixonado nos confrontos a respeito da função e dos destinos da universidade. Ele considerava o espaço universitário, não obstante todas as deficiências e regressões, um *locus* de utopia concreta no sentido de que nenhuma outra instituição no mundo consentiria hoje semelhantes potencialidades, ainda que meramente ideais, de internacionalismo e democracia. A identificação que Said tinha com sua universidade, a Columbia, era plena e motivada, a começar pela instituição desde 1937 de um curso formativo de "disciplinas humanistas" (mais tarde "disciplinas humanistas ocidentais") ao qual era particularmente afeiçoado. Em *Humanismo e crítica democrática*, Said recorda com afeto, apesar das diferenças de visão, o seu famoso colega Lionel Trilling.

Said acreditava na necessidade de uma retomada, mas também de uma reforma do saber humanista nas universidades.

Era um grande e estimado acadêmico. No entanto, ao chegar à conclusão de sua exitosa carreira universitária, teve de constatar como a sua posição tornou-se cada vez mais incômoda e perigosa. No clima de degeneração intelectual e moral que se seguiu ao Onze de Setembro, sua personalidade de docente, assim como suas obras, foram objeto de ameaças disciplinares e de censura. No segundo ensaio de *Humanismo e crítica democrática*, Said constata como as ideias reacionárias e atrasadas difundidas pelos chamados *New Humanists* nos anos 1930, retomadas no final dos anos 1980 por Allan Bloom e depois por William Bennett e Samuel Huntington, acabaram prevalecendo. Nas universidades estadunidenses tinha se afirmado um "humanismo canônico" apropriado – no nível mais geral da sociedade civil – a um nacionalismo autoprotetor e carola, culturalmente eurocêntrico, fanaticamente identitário, expressão do "antimodernismo americano", como o chamara T. J. Jackson Lears.

O nexo entre *humanism* e *humanities*, para o qual se acenou, explica o interesse que Said demonstra pela "prática humanista": uma expressão que, considerando a persistente predileção pela abstração e a evasão acadêmica, ressoa na Itália como uma dissonância. Não se trata apenas de articulação didática e científica na organização das universidades. Já em *The World, the Text, and the Critic* (1983), a questão da modalidade organizativa do saber parece essencial para a definição da abordagem crítica no estudo dos textos. A denúncia da hiperespecialização, separada de uma formação interdisciplinar de base, no âmbito circunscrito (mas não só) das disciplinas humanistas, combina-se com a recusa do formalismo e da autorreferencialidade na análise literária e linguística.

Não é possível considerar o compromisso humanista de Said fora do seu modo de entender a destinação social e a organização interna da universidade. De tal ponto de vista, a "utopia", ou melhor, "protopia" saidiana de um humanismo crítico e democrático, pode ser considerada inspiradora do horizonte geral do projeto nacional-internacional de uma Universidade Nova,[2] segundo uma concepção antisseletiva, fortemente interdisciplinar, autônoma e livre de hipotecas empresariais ou de mercado. Central para essa concepção parece ser a inversão da própria ideia de "cânone" proposta por Said, que a relacionava a uma dimensão aberta e interdisciplinar do saber de base (talvez se devesse dizer "adisciplinar" ou até "indisciplinada" com referência ao processo de "disciplinamento" pesquisado por Foucault). Isso nos remete a sublinhar a alusão de Said à tradição musical do "cânone", como "forma de contraponto" a mais vozes, que exprime "movimento, jogo, descoberta e, no sentido retórico do termo, invenção".[3]

Poder-se-ia sustentar que nesse texto Said põe em obra – em miniatura – toda uma filosofia da práxis, inspirada na gênese daquilo que Gramsci chamava, com o olhar voltado para o futuro

---

2 A proposta da *Universidade Nova*, promovida pelo reitor da Universidade Federal da Bahia, Naomar de Almeida Filho, inspira-se nos princípios de "educação democrática" e "educação progressiva" elaborados pelo pedagogo brasileiro Anísio Teixeira (1900-1971). O projeto propõe restaurar a estrutura curricular das universidades brasileiras por meio de bacharelados interdisciplinares (BI), com três anos de duração, que constituirão o primeiro de três ciclos de instrução. O objetivo dessa estrutura – que recebeu viva atenção do governo Lula e suscitou vivos debates – visa tornar a dar crédito, dentro da universidade, a uma cultura geral de base, desenvolvida em três eixos (humanístico, artístico e científico-tecnológico), favorecendo um contínuo intercâmbio entre aprendizado e formação, entre cultura humanística, cultura científica e cultura artística, entre aprendizado e cidadania. Não podendo entrar aqui na especificidade "técnica" do projeto, acho significativo sublinhar o espírito com que ele tem sido promovido. As perguntas de fundo que motivam a sua gênese são: como a produção e transmissão universitária do saber se diferenciam da padronização típica dos bens industriais? O que significa autonomia da universidade? Como construir uma universidade que "não seja de marca norte-americana"? A ideia guia pode ser assim resumida: o conhecimento não é uma mercadoria, é uma rede complexa de métodos e objetos (cf. <http://www.universidadenova.ufba.br>, acesso em jul. 2011).

3 Said, *Umanesimo e critica democratica*, p.54.

(o olhar de Said também permaneceu voltado para o futuro), o "pensador coletivo" ou "filósofo democrático".

Gramsci é citado em *Humanismo* uma única vez, em forma adjetiva. No entanto, sua sombra paira sobre o texto. A "volta à filologia" defendida por Said parece um elogio da "filologia viva", na acepção particularíssima, ao mesmo tempo textual e social, com que Gramsci introduziu essa expressão nos *Cadernos*.

Gramsci escreve que os tempos modernos são caracterizados pela passagem de uma forma individual e carismática para uma forma coletiva e partidária de organização da política e de "padronização dos sentimentos populares". A participação dos indivíduos num organismo, em particular no Estado, *pode* agora acontecer "por 'coparticipação ativa e consciente', por 'com--passionalidade', por experiência dos particulares imediatos, por um sistema, que se poderia dizer, de 'filologia viva'".[4] *Humanismo e crítica democrática* pode ser entendido como a tradução da democracia filológica gramsciana numa filologia democrática e crítica, proposta aos leitores numa perspectiva decididamente anti pós-moderna.

Said fala do "heroísmo filológico" de Vico. Quem são aqui os heróis? Em última análise, as *palavras*: palavras-indivíduos, palavras-ações, nascidas da pena de um ou mais escritores, num determinado contexto de "mundo" (fio condutor na terminologia saidiana), que a crítica tem a tarefa de ativar para uma nova vida num tempo e num lugar diversos, mas também feitos de mundo e de história, de humanidade. A vida plena e rica das palavras é ameaçada por toda parte: pela arrogância do poder que a quer sujeitar aos usos e consumos do controle das ideias; pela alquimia dos *media* que a mancha e banaliza com citações sempre fora do contexto e fora do mundo ou até disparadas como bombas sobre a imaginação que se acredita estar prisioneira; por um

---

4 Gramsci, *Quaderni del carcere*, 11, 25, p.1430.

senso comum educado pelos novos folclores metropolitanos, que tende a torcer o significado das palavras e, sobretudo, a restringir até o inverossímil o espaço no qual estiveram ou ainda possam estar vivas e operantes. Said cita Nietzsche, que considerava as palavras "portadoras de realidade", e propõe uma relação de coparticipação ativa e consciente entre o leitor e o autor, em cuja posição o primeiro deve pôr-se, reatualizando sua "necessidade de tomar uma série de decisões e de fazer uma série de escolhas depois expressas em palavras". Como Williams nos ensinou, as obras são ricas de contradições que hoje as atravessam, mas também daquelas que determinaram uma relação dialética, nunca verdadeira ou definitivamente resolvida, com as estruturas e os ambientes de que nasceram.

As palavras dos textos da *Weltliteratur* [literatura mundial] são vividas e vivem no contraponto de territórios que se sobrepõem e de histórias que se entrelaçam. A ciência da Literatura é por definição comparada, porque os textos literários testemunham mais que qualquer outro a circularidade que desde sempre houve entre civilização e culturas diferentes. Uma consciência assim, decisiva para compreender o passado, o é ainda mais para orientar-nos no presente, fugindo das tentações dos nacionalismos e dos encerramentos sectários.

2.2 O nosso Vico

A intenção de Said é, em primeiro lugar, científica e crítica, e não política, ou melhor, não imediatamente política. O capítulo mais importante de *Humanismo e crítica democrática*, a nova introdução de Said a *Mimesis* de Auerbach, é uma joia, um dos pontos altos e orgânicos de toda a sua produção. É um contraponto, no sentido que ao reconstruir por meio da gênese e da estrutura de *Mimesis* a biografia intelectual do seu autor, Said percorre outra vez implicitamente a biografia da sua própria formação. O que ele entende por humanismo, tanto do ponto de vista da história como do planejamento, emerge aqui em toda a sua importância.

Viquianamente convencido da centralidade para os seres humanos da história que eles mesmos fazem, Said declara insustentáveis a presumida coerência e a autofundamentação, mas em sentido bem diferente do autofundacionismo da linha que desde Lyotard e Foucault chega a Derrida. (Se tal linha representasse também um anti-humanismo, como Said parece propenso a crer, poderia valer a pena discuti-la exatamente a partir da proposta gramsciana e saidiana de um novo humanismo.) Se um paralelo pode ser tentado, ainda que possa parecer bizarro, se poderia pensar num contexto totalmente diferente a demonstração fornecida por Gödel de que nenhum sistema lógico ou matemático pode ser em si formalmente coerente. Said sustenta que a concepção da história e, portanto, do humano, de Vico e Auerbach seja estruturalmente antinômica, o que torna o humanismo totalmente não harmônico, tanto que Said ousa usar em suas comparações, e nos conceitos principais envolvidos, o termo "trágico". Para ser mais preciso: é a própria ideia auerbachiana, audaz e grandiosa, de *mimesis*, como representação da realidade histórica e social – na qual pode encerrar-se o sentido do ideal humanístico –, que Said vê votada a uma "imperfeição inevitável, trágica".

É o homem, em primeiro lugar, que é imperfeito, porque é *corpo*. A precariedade e a provisoriedade do corpo correspondem também à sua energia, que o faz ser pensamento ou linguagem *no estado nascente*, para usar uma expressão do filósofo francês Merleau-Ponty, em conformidade com a concepção viquiana da linguagem e da poesia. Esse conceito não é diretamente tematizado na análise que Said faz de Auerbach, mas é um evidente pressuposto desta.

Humanismo e crítica democrática pode ser lido junto com *Reflexões sobre o exílio e outros ensaios*, coletânea publicada três anos antes do primeiro, cujo ensaio de abertura, de 1967, é dedicado a Merleau-Ponty ("Labirinto de encarnações"), ao passo que o oitavo, de 1976, é intitulado "Vico on the Discipline of Bodies and Texts". Neste último, Said mostra como a *Ciência Nova* faz nascer a viagem da historicidade pelo movimento corpóreo, o qual pode ser "disciplinado" à medida que se deseja, mas que permanece opaco e fundamentalmente inconsciente. Vico constitui, portanto, o fundamento material não removível do caminho da criatividade e da inteligência que *inventa* as disciplinas humanistas e se aventura para praias mais seguras, nunca, porém, inteiramente livres da marca da gênese atávica. Said põe-se em guarda contra a ilusão de se considerar compatíveis e complementares os dois movimentos, a *gênese* e o *desenvolvimento*; convida antes a enfrentar o fardo da contradição, sem o qual seria fácil cair nos braços de um humanismo desencarnado.

Como Vico, escreve Said, em *Humanismo e crítica democrática*, que Auerbach era "um autodidata [...] professor e aluno de si mesmo".[5] Auerbach é um mestre do pensamento: depois dele não é mais possível um olhar fixo sobre as coisas.

Na sua extraordinária capacidade de resumir o sentido de uma civilização das letras grande e complexa, Auerbach parece fundamentalmente solitário: sua solidão é a de um exilado, que tem uma visão profunda da comunidade dos humanos e que, no entanto, judeu-alemão numa época de ruínas, percebe a pátria, da qual está longe não apenas fisicamente, bem como a humanidade atravessada por uma ameaça mortal.

O objetivo de Auerbach não é filosofar sobre a existência, mas aprender e ensinar a ler os textos. Aqui está a sua grandeza: em ter perseguido implacavelmente, nas articulações e nos detalhes dos matizes, a lógica interna de um texto, sem nunca cair nas tentações do formalismo, ou seja, sem nunca esquecer a *mundanidade*, como a chama Said, ou a "filologia viva" de um texto, quer dizer, a sua historicidade, materialidade, corpo-

---

5 Said, *Umanesimo e critica democratica*, p.154.

reidade. O olhar de cada autor, assim como o de seu crítico, é situado. As situações são diversas. O crítico deve esforçar-se, a partir da própria situação, por atualizar a situação do autor estudado, procurando relacionar novamente a produção deste com as "lutas humanas" das quais surgiu. Por meio da análise dos textos se percorre de novo a "representação da realidade" que estes induzem ou determinam. Não se trata de um reflexo. A realidade é uma trama de relações, assim como os textos, que são, por sua vez, parte da realidade. Para Auerbach, do mesmo modo que para Vico, "o próprio mundo dos humanos é um texto, e vice-versa".[6]

2.3 Povo e cultura

No último capítulo de *Humanismo e crítica democrática*, Said aprofunda sua reflexão sobre os intelectuais, tema das suas célebres *Reith Lectures* de 1993, publicadas em italiano com o título *Dire la verità* [Dizer a verdade].[7]

O caminho percorrido por Said nos dez anos seguintes às *Lectures* é relevante. Em busca de uma determinação positiva da atuação pública do intelectual, ou da função social do intelectual público, Said recorda "tentativas heroicas" como aquelas do escritor Salman Rushdie e do crítico Fredric Jameson; sobretudo, delineia um sentido plausível daquilo que Gramsci chama "pensador coletivo", e Bourdieu, que cita Gramsci, chama "intelectual coletivo", partidários de uma "invenção coletiva" (a entender, diz Said, não como "criação a partir do nada", mas como "descoberta ou composição de elementos precedentes"). Em *Humanismo*, como já nas *Lectures*, e sobretudo no *opus magnum* com o

---

6 Ibid., p.16.

7 Em português, o livro foi publicado com o título *Representações do intelectual: as Conferências Reith de 1993*. (N. E.)

título revelador *Cultura e imperialismo*, Said parece traduzir numa análise magistral do neoamericanismo hegemônico a intuição desenvolvida por Cesare Cases, que em 1967 sublinhou como a moderna cultura dos meios de comunicação de massa se tornara "um puro instrumento de domínio", expressão invertida e "caricatural" daquilo que Gramsci tinha auspiciado por meio do advento de uma nova cultura promovida por "intelectuais orgânicos" em relação dialética com o partido e as massas.[8] Também Said, que reivindica a energia não aplacada de uma inventividade que circula nos poros da sociedade civil organizada, alimentada pela natureza nômade e amadora de uma determinada produção intelectual, vê o capitalismo maduro como terreno de cultivo – como dizia Cases – do "intelectual orgânico reacionário".[9]

Antes das conclusões de *Humanismo e crítica democrática*, Said discorre sobre a fundação do Ibdaa Cultural Center (na Cisjordânia, em 1999, e que visava à realização informática do projeto Across Borders), que foi destruído por uma ação vândala de interesses ainda desconhecidos, mas depois rapidamente reconstruído. Trata-se de um episódio exemplar daquele "mapa de experiências" em que se desenvolve, segundo Said, o não indiferente "potencial emancipatório" induzido pelo caráter reticular e informal (além de informático) da expressão/comunicação globalizada. O testemunho com o qual ele propõe um balanço da atividade *crítica*, mas também uma abertura de novos "palcos itinerantes" e de "máquinas oratórias" (para retomar, como ele faz jocosamente, conceitos sarcásticos de Jonathan Swift) – ainda impensáveis há vinte anos –, induz a um cauteloso otimismo da vontade.

Edward W. Said, assim como Stuart Hall, sublinha a importância que as linguagens e as tecnologias de imagem e som assumiram não só na constelação dos meios de comunicação,

---

8 Cf. Rossi (org.), *Gramsci e la cultura contemporanea*, p.293.
9 Ibid., p.294.

mas no seu contrário, que é a produção crítica. Esta última deve saber e poder lutar tanto fora como dentro do caldeirão multimediático.

Said concede certa primazia às linguagens da palavra escrita. É uma passagem delicada que mostra também a atenção vivíssima de Said que, enquanto intelectual de um país árabe, ele não pode deixar de dar aos espinhosos problemas políticos do nexo língua-nação-democracia.

Seja como for, a questão dos escritores intelectuais e dos intelectuais críticos e democráticos é uma questão *pública*. A perspectiva de Said parece não dar muito crédito à noção clássica do "intelectual orgânico", pelo menos no sentido de que ele não vê a qual tipo específico de organismo a atividade crítica deveria fazer, diretamente ou em primeiro lugar, referência. Ele sublinha antes a necessidade/possibilidade de formação de *redes*, também informais e virtuais, de atividades intelectuais críticas e democráticas, capazes de rebelar-se e de beneficiar os movimentos de oposição aos poderes constituídos. Isso não significa querer a anarquia; nem desconfiar da ou subestimar a formação de organismos capazes de construir alternativas de poder: partidos e organizações de massa.

Said não fala explicitamente, como fazem Cornel West e Stuart Hall, de *classe*. Mas a sua posição não concede nada, exatamente nada, ao culturalismo – pelo contrário. Já que a imbricação entre cultura e imperialismo, entre linguagem e poder, tornou-se tão estreita, ele sublinha a necessidade/possibilidade de engajar-se em uma derrocada dialética da cultura burguesa de massa, segundo um processo que não é outra coisa senão aquilo que Gramsci chamava de "reforma intelectual e moral". "Orgânica", hoje, apenas pode realmente ser uma reforma capilar da sociedade, que deve estender-se a todos os nódulos da vida civil, da política à ética, da educação ao direito, do esporte à diversão.

Said sustenta que às poucas "enormes multinacionais" que "controlam a maior parte dos canais de difusão de imagens e notícias" pode se opor e se opõe, ainda que em "estado embrionário", uma "comunidade concreta" de intelectuais independentes, "fisicamente separados uns dos outros, no entanto ligados de vários modos a um grande número de comunidades de ativistas negligenciados pelos principais meios de comunicação".[10]

Said declara explicitamente que seu objetivo é fornecer instrumentos críticos para a discussão sobre o "humanismo americano", mesmo considerando que estes instrumentos possam servir também em situações diferentes. Os Estados Unidos parecem hoje fomentar mais "campos de batalha" do que "campos de coexistência". Isso é humanismo? Antes de responder a tal pergunta, evidentemente retórica, podemos perguntar-nos: o que leva Said, no terreno duplo da questão americana e da questão palestina, e eventualmente os italianos, num terreno nacional e europeu, e ambos, em nível planetário, a propor uma *volta* ao humanismo? Com referência à história nacional italiana, afloram dois testemunhos que poderiam servir de modelos: o de Garin, que dedicou uma extraordinária energia em seus estudos à evidenciação do caráter facetado e múltiplo da cultura humanista, sublinhando os seus aspectos mundanos (diria Said) e progressivos, os quais configuram uma herança atualizável dessa tradição; e o de Gramsci, que mergulhou nas contradições do humanismo e do Renascimento, atento às qualidades populares e libertadoras do primeiro humanismo comunal, mais tarde retomadas por Maquiavel, mas atropeladas pela afirmação de uma cultura renascentista aristocrática e socialmente reacionária; e, todavia, falo novamente de Gramsci, defensor de um projeto de um novo humanismo, leigo, crítico, democrático, componente essencial de uma luta hegemônica para o socialismo.

Não importa aqui examinar se se deve manter Said, cujas fontes para a apropriação da tradição humanística são evidentemente bem diferentes, mais perto da reconstrução histórica de

---

10 Said, *Umanesimo e critica democratica*, p.153.

um modelo ou de outro. É certo que, como Gramsci, o último Said faz do humanismo uma bandeira crítica e política. A pergunta que nos fizemos diz respeito, neste sentido, tanto a Said como a Gramsci.

Vamos considerar a pergunta do ponto de vista de Said, destacando a dupla cidadania palestina e americana deste último.

Pode-se falar de humanismo palestino, no sentido da luta de um povo pela sua libertação nacional, numa situação de opressão colonial nos territórios ocupados e de exílio de massa para milhões de pessoas. A cruz de Said, mas também seu campo de batalha pessoal, foi a necessidade de militar ao mesmo tempo pela resistência civil e militar dos palestinos contra os israelenses e pela reconciliação moral e intelectual entre palestinos e judeus. Não era possível, segundo ele, uma militância sem a outra e vice-versa. Tal entrelaçamento – o verdadeiro grande contraponto – apareceu na contracorrente. Com o coração voltado para a Palestina, Said morreu amado por muitos, mas politicamente isolado.

Enquanto americano, Said revelou um sentimento nacional que acho que posso definir como puro. Assim como Gramsci, pensador italiano que enfrentou o chauvinismo fascista, Said teve de sustentar o seu ser americano contra a arrogância nacionalista dos governos estadunidenses. Sua luta acadêmica e cultural para a abertura do cânone visava não isolar os americanos brancos, homens e abastados, beneficiários do cânone humanista tradicional, e, com isso, oferecer-lhes a chance de uma coexistência pacífica e ativa com as mulheres, as pessoas de cor, os migrantes, os estrangeiros, de modo mais geral, com o "povo".

A expressão "humanismo da convivência" não é de Said. Foi formulada em conjunto por Gerardo Marotta, Mario Martone, Lidia Curti, Iain Chambers e Patrizio Esposito, por ocasião do *Contraponto entre Gramsci e Said*, organizado em Nápoles, em 2005, pelo Instituto Italiano para os Estudos Filosóficos e pela Universidade "L'Orientale".

Said gostava de falar, assim como Gramsci, da "unificação do gênero humano" como de um processo aberto tanto no espaço como no tempo. Contradições e conflitos atravessam o sentido comum da história, iluminado pelo único comunismo do planeta. O *humanismo da convivência* é o nosso horizonte. A ambição é que ele possa estar em conformidade com a memória viva de um homem que se embrenhou no labirinto do mal e da dor, sem nunca perder a bússola da humanidade.

III
A música e o perfume da terra

3.1 História e geografia

Estamos distantes do tempo em que foi lançada a crítica de espiritualismo a Gramsci por Timpanaro.[1] Said escreve:

> Não há redenção no mundo de Gramsci, o qual, fiel a uma relevante tradição italiana de materialismo pessimista (Vico, Lucrécio, Leopardi), é um pensador profundamente leigo.[2]

As páginas dedicadas ao nosso materialista no ensaio "History, Literature and Geography" estão entre os mais altos e inovadores escritos sobre Gramsci nos tempos recentes.

Como Hall já tinha feito,[3] Said faz a ligação teórico-prática das reflexões gramcianas com o caráter (segundo Hall, de manei-

---

1 Timpanaro, Gramsci e Leopardi. In: *Antileopardiani e neomoderati nella sinistra italiana*, p.287-313; cf. Baratta, *Le rose e i Quaderni*, p.43, nota.

2 Said, History, Literature, and Geography. In: *Reflections on Exile and Other Essays*, p.467 et seq.

3 Cf. Hall, *Gramsci's Relevance for the Study of Race and Ethnicity*.

ra muito excessiva) "situado" que elas manifestam e que, na interpretação do crítico palestino, explica pelo menos em parte "a qualidade radicalmente ocasional e fragmentária" dos *Cadernos*.

O ser situado é caracterizado em primeiro lugar pela peculiar "contingência física" da escrita naquele determinado espaço e tempo, a qual lhe impõe nunca completar, nunca fechar de algum modo, "não resolver na forma de um sistema", isto é, na forma de uma "prisão", o discurso todavia sempre orgânico que flui sob a "ponta da pena que arranha".

Situação e contingência são as condições estruturais dessa escrita do pensamento, expressão de uma multiplicidade de "atos disjuntivos" orientada para a compreensão da "história proveniente de uma geografia descontínua".

Com alusão evidente a uma metáfora utilizada estrategicamente por Gramsci, Said define a sua linguagem como "obrigada a uma expressão prismática".

Até certo ponto – e aqui estou especulando – a qualidade radicalmente ocasional e fragmentária dos escritos de Gramsci se deve, em parte, às condições difíceis em que trabalha e à sua consciência dessas dificuldades. Pode ser atribuída, além disso, a algo que Gramsci prezava muito, sua consciência crítica, que, para ele, creio, significava não ser cooptado por nenhum sistema; também pode estar relacionada ao fato de estar na prisão, ou ao sistema determinado pela história e à densidade dos seus escritos anteriores, às posições enraizadas nele, aos interesses consolidados e assim por diante. A nota, o artigo de jornal, o fragmento de meditação, o ensaio ocasional, todos têm uma natureza constitutiva que pode ser referida a duas direções opostas. Por um lado, seus escritos enfrentam um problema imediato e tangível em toda a sua complexidade, como conjunto articulado de relações. Por outro, e afastando-se da situação externa e indo em direção àquela do escritor, esses atos ocasionais e disjuntivos sublinhavam a dramática contingência física de sua pessoa, os impedimentos que derivam da precariedade de sua situação, do pouco tempo que tem à disposição para escrever e que, portanto, lhe impõe que se exprima de modo "prismático". Por isso Gramsci escolheu essas formas textuais que lhe permitiam nunca terminar o enunciado, nunca concluir o discurso, numa palavra, lhe permitiam não comprometer seu trabalho conferindo-lhe a dignidade de "texto" – para si e para os leitores –, isto é, apresentando-o como um corpo de ideias sistemáticas dotadas de forma precisa e definitiva, que teria subjugado ele e seus leitores.[4]

Não há nenhum preconceito pós-moderno na consideração de Said, que estava totalmente ocupado em distinguir a novidade do contraponto gramsciano num horizonte teórico que vira a página – porque foi, em primeiro lugar, a realidade que virou a página – em relação a uma dominância "temporal" da reflexão histórico-literária na linha Hegel-Auerbach-Lukács.

O "forte sentido *geográfico*", ou seja, o "sentido espacial de descontinuidade" testemunhado pela mente de Gramsci, "complica e torna muito menos eficaz do que antes a possibilidade de correspondência, congruência, continuidade e reconciliação entre diferentes áreas da experiência".[5]

A "consciência geográfica" de Gramsci forma um espírito crítico apto a analisar com coerência

> formações e experiências disjuntivas, tais como a história das mulheres, a cultura popular, materiais pós-coloniais e subalternos que não podem ser assimilados com facilidade, nem apropriados ou enquadrados num esquema geral de correspondências.[6]

Gramsci, segundo Said, move-se em sentido oposto em relação tanto a todo determinismo filosófico e socioeconômico

---

4 Said, History, Literature, and Geography. In: *Reflections on Exile and Other Essays*, p.466.
5 Ibid., p.458.
6 Ibid.

como à "função temporalizadora e homológica" de toda concepção que tenda a "reduzir a equivalências" especificidades e identidades territoriais.

O Gramsci desenhado por Said não é um antidialético, mas é certamente um pensador que vai *além de* Hegel e da dialética, se

> a dialética hegeliana, não é preciso dizê-lo, funda-se numa sequência temporal, seguida por uma resolução entre aquelas partes da sequência cuja relação estava inicialmente baseada na oposição, contradição, antítese. A oposição é sempre destinada à reconciliação, desde o momento que deva ser instaurado um processo lógico correto.[7]

A fineza crítica de Said, da qual *cum grano salis* [com parcimônia] se obtêm rápidas aproximações funcionais do sentido da dialética, poderia ser melhor considerada se tivéssemos aqui a possibilidade de tratarmos também de sua interpretação de Lukács, o qual Said considera "o herdeiro" consequente do "esquema fundamental" da dialética hegeliana, mas também aquele que abre "a noção de *dissonância* como elemento central da consciência moderna",[8] um Lukács de maneira alguma sepultado, que mostra a irredutível presença da dialética também quando a história se tornou refratária a ser dominada.

3.2 Velho e novo

A dialética nasce, vive e morre, se morre, na Europa. Não há forma de pensamento mais idônea para representar o eurocentrismo – a hegemonia da Europa no mundo – que a dialética.

---

7 Ibid.
8 Grifo meu.

Gramsci é pensador da crise dessa hegemonia e, por isso, também da dialética. Certamente, não só ele. Sua força está em pensar *além* da crise, evitando qualquer regressão (tem havido tantas) e mantendo-se solidamente (não podia fazer de outro modo) numa área de tensão dentro e fora dela: "O velho morre e o novo não pode nascer".

Gramsci realça em duas direções o que há ou pode haver *além*. Uma direção, com todas as contradições que desencadeia, é o desenvolvimento, por assim dizer, fisiológico da Europa e do eurocentrismo: a América/americanismo, que *incorpora* esses dois desenvolvimentos, prefigurando uma civilização de pensamento com matriz pragmática ou pragmatista, na qual Hegel poderia não mais encontrar lugar.[9] A outra direção é mais complexa, chama-se socialismo e internacionalismo: um modo de ser possível do mundo futuro, por meio do qual a "colaboração de todos os povos" se emanciparia do predomínio da guerra e da força, abrindo o caminho para uma sociedade planetária "regulada" por formas pacíficas (o que não significa sem conflito) de convivência. Mas Gramsci, como Marx, pensa muito pouco acerca do futuro. A ele interessa antes "o que fazer" na prisão do presente.

A dilatação espacial permite a Gramsci um olhar temporal e espacial clarividente. "O homem moderno", diz ele, "deveria ser a síntese" de três "características nacionais: o engenheiro americano, o filósofo alemão e o político francês" e acrescenta que deste modo se recriaria "o homem italiano do Renascimento, o tipo moderno de Leonardo da Vinci que se tornou homem-massa ou homem coletivo, mas mantendo sua forte personalidade e originalidade individual".[10]

A ideia de um engenheiro americano compenetrado pela produtividade lógica do pragmatismo, mas também capaz de

---

9 Gramsci, *Quaderni del carcere*, 1, *105*, p.97.
10 Carta de Gramsci a Giulia, 1/8/1932. In: Gramsci, *Lettere dal carcere*.

dialogar com as instâncias críticas da filosofia clássica alemã, de referir-se à tradição iluminista-revolucionária da política francesa e, enfim, de reencontrar um modelo ou uma inspiração no artesão-artista do Renascimento italiano... eis desenhada em toda a sua riqueza cultural e civil aquela "forma de 'americanismo' cara à classe operária" que Gramsci recorda nos *Cadernos* como um tema recorrente entre as companheiras e os companheiros da *Ordem Nova*.[11] Ele sabe bem que um americanismo assim anunciaria na realidade um "sistema de vida 'original' e não de marca americana".[12] Ele é um pensador irredutivelmente dialético nisto: em desenvolver em toda sua energia a potência do negativo, ou seja, a presença da antítese, que prefigura uma síntese revolucionária oposta àquela conservadora-restauradora potencialmente inscrita na tese ("revolução passiva").

O nexo Europa-América, embora atormentado e aberto a êxitos diferentes, pode ser bem enquadrado por meio de uma forma de pensamento que resulte da combinação entre dialética e pragmatismo. Tudo somado, segundo Gramsci, a América é "um prolongamento orgânico da Europa". O que é verdadeiramente difícil – porque *novo* e ainda não pensado – é o que pode resultar em termos de pensamento do nexo entre Euramérica, ou seja, Ocidente, e mundo: mundo outro, mas *outro* em modo diverso daquele, a seu modo grandioso e potente, concebido por Hegel por meio da identidade entre identidade e não identidade.

3.3 Realidade e representação

Said é mais dessacralizador do que Gramsci em relação a Hegel. O *Anti-Croce* representava por força das coisas, sob di-

---

11 Gramsci, *Quaderni del carcere*, 22, 2, p.2146.
12 Ibid., 22, *15*, p.2179.

versos aspectos, também uma volta a Hegel. Mas os termos do confronto, para os nossos dois personagens, são muito distantes.

É possível considerar *Orientalismo, livre de chevet* [livro de cabeceira] de Said, como um enorme desafio ou provocação em relação a Hegel. *Orientalismo* não se limita a tematizar a representação do Oriente por parte do Ocidente: explica como sem essa representação, que nada tem a ver com a realidade do Oriente, o próprio Ocidente não existiria conceitualmente. O esquema poderia parecer assimilável à dialética hegeliana do reconhecimento entre o escravo e o senhor: o Oriente é o "outro" do Ocidente, que assim é idêntico à síntese entre si e a sua negação. Mas na pesquisa de Said há uma diferença, uma disjunção entre realidade e representação, que nenhum esforço de pensamento (nenhuma hegemonia ou dialética) poderia preencher.

O domínio colonial – como quer o materialismo histórico na versão marxista-gramsciana – gera a hegemonia cultural. É aquele que determina esta, e não o contrário. Mas a distinção é metódica. Domínio e hegemonia nascem e crescem juntos. A forma decisiva de domínio/hegemonia é o espezinhamento da qualidade autônoma de quem é dominado, a tentativa (vã, mas consequente) de redução da realidade deste à representação do dominante. A capacidade hegemônica dos colonizados aparece nula ou anulada. Esta apenas se torna realmente possível, como historicamente aconteceu, por meio de um ato radical de revolta, que comporta a destruição física do domínio e dos dominadores. A violência anticolonial dos *condenados da terra* – condição necessária como ponto de partida, mas não suficiente, antes passível de transformar-se no seu contrário, e todavia imprescindível – é o pressuposto de um mundo não colonial. Este é um *leitmotiv*, inspirado em Fanon, de *Cultura e imperialismo*, que integra o percurso de *Orientalismo* colocando-se do ponto de vista dos e dando, portanto, a palavra aos "orientais", pondo assim na ordem do dia a questão da *realidade* de Oriente e Ocidente (bem como de Sul e Norte).

3.4 O som da criação

Elemento constitutivo da *crítica da hegemonia* é a análise das formas do discurso (entendendo esse termo na riqueza expressiva libertada por Foucault). Said abre a questão do "som" e do "silêncio" como materiais determinantes do discurso.

Na parte inicial do ensaio "From Silence to Sound and Back Again: Music, Literature, and History", contido também em *Reflexões no exílio e outros ensaios*, Said realiza uma reconstrução sutil do percurso fortemente dramático que vai de Beethoven a Wagner e, por fim, a Schönberg.[13] O testemunho, que o primeiro cede ao segundo, é a equivalência de "vida e invenção musical" assim como, por outro lado, de "morte, ou prisão, e silêncio".

> Assiste-se a uma tentativa extraordinária, por parte de dois grandes musicistas e suas imaginações musicais, de impedir o silêncio, reativar a encenação da criatividade e do otimismo humanista, fazendo recuar – ou antes garantindo – as fronteiras dentro das quais o silêncio ameaça invadir o palco onde reinam aquelas músicas.[14]

Wagner se refere à *Nona* de Beethoven como a "redenção da música", "chave" de entrada no "drama universal", além do qual (assim como para a filosofia hegeliana da história) "nenhum passo ulterior é possível".

"A explosão da voz e da palavra na textura musical, [...] a abertura do reino da linguagem para ampliar a expressão musical", no espírito da *Nona* (Said constata aqui a repressão wagneriana do *Fidelio*), abre o caminho para o "som de Bayreuth". Para Wagner este é a revelação de um "novo mundo", que oferece a possibilidade de "participar no ato da criação". Numa modalida-

---

13 Said, From Silence to Sound and Back Again: Music, Literature, and History. In: *Reflections on Exile and Other Essays*, p.507-26.
14 Ibid., p.512.

de que pode levar a pensar, não obstante a distância infinita, no sortilégio de Sheherazade nas *Mil e uma noites*, "o som contínuo da voz humana funciona como uma garantia de continuidade da vida", como exorcismo do silêncio, o qual é ameaça de morte. Mas a morte e o silêncio, infelizmente, continuam ameaçando.

Schönberg está perto. Adrian Leverkühn, o compositor fruto da fantasia de Thomas Mann, que estipula um pacto fatal com o diabo, "revoga", nas páginas finais do *Doutor Fausto*, a *Nona* de Beethoven. O júbilo, na sua triunfante sonoridade, é substituído pelo lamento, expresso sobriamente por uma série cromática de doze sons. O declínio do som corresponde ao declínio de uma Alemanha que se encaminha para a catástrofe. É a liquidação final do humanismo. A música nova marca o fim da breve vida daquele "novo mundo". A música se retira da dialética social. A desumanização parece a única modalidade sua de salvação. O preço a pagar, com respeito às ambições dos inícios, é altíssimo: a "nova música" (como explica Adorno, lembrado por Said) não pode mais ser escutada, e assim se retrai da escuta, entregando-se ao "ouvido absoluto". A música não tem mais nada a dizer: "seu curso invertido na direção do silêncio torna-se sua razão de ser, sua cadência final".

Said reflete com Adorno, levando o raciocínio à conclusão lógica. Adorno tinha falado de "envelhecimento da nova música". Mas ele mesmo, segundo Said, se dera conta de que estava em jogo algo mais radical: "impossibilidade de desenvolvimento", "autodissolução", entrega de si mesma "ao silêncio, sem apelo".

Na passagem dos anos 1960 para 1970, um protagonista dos cursos de verão de Darmstadt, fundador da Nova Consonância – Franco Evangelisti – praticou e teorizou o resultado consequencial da *neue Musik*: o silêncio, como cessação do compor.[15]

---

15 Evangelisti, *Dal silenzio a um nuovo mondo sonoro*.

3.5 Dialética e "forma sonata"

Numa passagem da *Estética*, Hegel fixa com grande clareza o sentido do sistema tonal, uma vez que corresponde à essência da música e se manifesta na sonata:

> Numa obra musical, um tema, à medida que se desenvolve, faz nascer outro e, assim, ambos se sucedem, se entrelaçam, se possuem mutuamente e se transformam, sumindo e aparecendo alternadamente como vencidos e vencedores, e é graças a estas complicações e peripécias que um conteúdo chega a ser explicado com toda a precisão das suas relações, oposições, conflitos, contrariedades e resoluções.[16]

O princípio do desenvolvimento – movimento, transformação, dilatação, retorno – é aquilo em que convergem decididamente dialética e forma "sonata". O "esquema", tanto de uma como da outra, é construtivo e tranquilizador, mas sabemos a quanta superficialidade e aberrações este tinha dado lugar. A genialidade dos grandes é manter-se no esquema violando permanentemente sua "esquematicidade". "O início é o resultado": e assim se sabe ou se deveria saber aonde vai acabar. Mas naquela que José M. Wisnik chamou de "sonata dialética",[17] ou que também podemos chamar de "dialética sonata", reina o imprevisto. Toda vez que se escuta uma música, como a *Quinta*, ela parece sempre nova; a cada leitura, a *Fenomenologia do espírito* revela novos tesouros. Por força dessa energia e criatividade, dialética e forma "sonata" constroem admiravelmente a descoberta-conquista do "outro".

Embora nem sempre esteja escrito em claras letras, a correspondência entre Hegel e Beethoven aparece como uma

---

16 Hegel, *Aesthetik* apud Wisnik, *O som e o sentido*, p.152.
17 "Sonata dialética" é o título do capítulo 5 da parte III da obra citada de Wisnik.

equivalência de base na construção do discurso de Said, em que a música atua como um porto seguro, do qual sempre parte e sempre volta o barco do seu engenho. A metáfora da viagem é adotada por Said, que, nos atraentes *Paralelos e paradoxos* de seu diálogo com Barenboim,[18] faz uma comparação corajosa "entre as explorações de Beethoven e as de Homero", considerando a forma "sonata" uma *Odisseia* moderna. "O mito da casa, da descoberta e da volta" – tema recorrente na história da literatura – adquire uma pregnância particular como alegoria da "sonata", porque permite fixar, num esquema visivelmente simples, a densidade extraordinariamente rica de variedades e transformações de uma forma musical que caracteriza uma época inteira. Barenboim entra na mesma frequência de onda de Said ao falar de uma "psicologia da tonalidade", na qual "se trata de criar o sentido de uma casa, de um ponto de partida, e, depois, de penetrar num território desconhecido e, enfim, de fazer o retorno".[19]

Pode-se alongar o discurso, como Said nos convida a fazer, realçando em tal ótica tanto a "filosofia da história" hegeliana como a "literatura universal" goetheana. A "casa" é a Europa ou o Ocidente; a descoberta e a assimilação do mundo desconhecido é a grande aventura que a viagem determina ou permite; a modernização incessante é a volta, que significa na realidade uma nova partida possível, porque – como diz Said – sempre "se sente como se algo de novo pudesse ser começado". Do ponto de vista musical, essa consciência de potencialidades ulteriores a aceitar aquela "espécie de histeria" (pensar na *Quinta* ou no final do *Fidelio*, recorda Said) em razão da necessidade de "afirmar algo no fim". Reaparece, assim, o fantasma ameaçador do silêncio.

---

18 Barenboim, *Paralleli e paradossi*, p.55 et seq.
19 Ibid., p.54 et seq.

3.6 *Silence*

Com o livro de John Cage, *Silence* – fruto do encontro entre a "natureza insurrecional" desse musicista e as questões epocais surgidas no final da Segunda Guerra Mundial (já abordadas, de modo mais tradicional, por Adorno e Mann) –, assistimos, segundo Said, a uma "consistente desvalorização dos privilégios da arte", à recuperação de uma circularidade entre arte, humanidade e natureza e, do ponto de vista musical, à anulação de qualquer fronteira entre som, rumor e silêncio. "A produção e a organização do som e do silêncio – de alguma coisa e de nada – se tornam formas experimentais, abertas, sem limites".[20]

Proust – recorda Said – já falara da obra de arte como um *"enfant de silence"* [filho do silêncio].[21] Mas o que agora interessa é o clima de uma "antiestética", capaz de libertar a música não só da "ânsia" beethoveniana de "proteger a música contra o silêncio envolvente", ou do "autoritarismo" de Wagner e Schönberg, reforçado pela "refinada coercitividade de Webern", mas capaz também de libertá-la em geral de qualquer pretensão de "controle formal na composição".[22] Desse ponto de vista, parece significativa a ruptura entre Cage e Boulez a propósito da valorização do "acaso" e do "aleatório". Boulez concebia o aleatório, como compositor, como um "modo para perturbar os estereótipos", ao passo que para Cage representa "uma indeterminação exuberante que permite combinar alegremente natureza, história e política com critérios estéticos e musicais".[23]

A proposta de Cage brota de sua formação nos anos 1940 e 1950 quando, às experimentações de fontes de produção sonora

---

20 Said, From Silence to Sound and Back Again. In: *Reflections on Exile and Others Essays*, p.519.

21 Said, *Musical Elaborations*, p.72 et seq.

22 Said, From Silence to Sound and Back Again. In: *Reflections on Exile and Others Essays*, p.520 et seq.

23 Ibid., p.521.

como pianos programados, gravadores, rádio, sons naturais, ele associava a aquisição de técnicas combinatórias tiradas do jazz, do zen, do *Livro das mutações*, da matemática. Said fala sobre o ano que ele passou junto com Cage – e o seu "humor anárquico" – entre 1967 e 1968, sublinhando ter compreendido como a nova perspectiva sobre o silêncio aberta por Cage deve estar ligada *dialeticamente* com a sua ilimitada "aceitação de todos os fenômenos audíveis como materiais apropriados à música".[24]

A agudeza de Said mede-se pela sua capacidade extraordinária de reportar-se à problemática fundamentalmente *política*, e por isso gramscianamente *adisciplinar*, que está em jogo aqui, por meio de um raciocínio que passa sem uma solução de continuidade da arte para a sociedade, do passado para o presente e para o futuro.

Para Said, parece que o "silêncio" de Cage – ele lembra o *4' 33"*, obra na qual um pianista vai ao palco e se senta ao piano em absoluto silêncio por 4 minutos e 33 segundos – desperta neste o interesse por outro silêncio, mais antigo (ao qual Wagner teve cuidado de prestar atenção): o de Florestan no *Fidelio*, encarcerado porque tinha pronunciado uma verdade inaceitável e, por isso, condenado a um total silêncio num cárcere secreto.

3.7 Silêncio e som dos subalternos

Com referência ao *Fidelio*, Said resgata Beethoven de seu sequestro por parte de Wagner. Mas resgata sobretudo o "silêncio na história" enquanto constitutivo "daquilo que Gramsci chama de fenômeno dos subalternos". Tal silêncio ter-se-ia tornado agora, depois de Thompson, estudioso da "eloquência" da classe operária na Inglaterra,

---

24 Ibid., p.520.

tema central na pesquisa dos historiadores, em particular dos estudiosos pós-coloniais, cujo novo estilo é alimentado pela pertença a movimentos, revoluções, classes ou povos inteiros condenados ao silêncio em regimes que exercem autoridade ou poder para desfigurar, desumanizar ou simplesmente ignorar o valor do silêncio.[25]

O ensaio de Said em exame é provavelmente o momento crucial, embora indireto, do confronto entre Gramsci e Foucault que às vezes aflora em seus escritos.

Said apresenta o "determinismo" de Foucault – evidente na modalidade de análise do nascimento da prisão produzida pela "sociedade disciplinar" – como "resultado de uma espécie de desespero político", expressão e veículo de uma "solidão" sem escapatória. Embebido do "caráter sádico da lógica sempre vitoriosa" posta em campo "em formas intensas e precisas" pelas autoridades sociais, Foucault (lembrando que a crítica de Said a esse autor é movida por um reconhecimento muito amplo de seus méritos) não teria deixado espaço ou alternativa em sua consideração da "disputa" evidenciada por Benjamin (e por Gramsci) no modo de fazer história. Que a história seja escrita do ponto de vista dos vencedores representaria não uma "tendência" hegemônica na historiografia, como sustentava Benjamin, mas um fato absolutamente objetivo. Daí o "determinismo" de Foucault.

Três autores são citados por Said, por motivos diversos, entre os que analisaram e contestaram a condenação dos subalternos ao silêncio, abrindo alternativas à hegemonia da sociedade disciplinar:

- Aimé Césaire, cujo *Discurso sobre o colonialismo* desmascararia posições racistas contra "a irracionalidade primitiva, violenta e sem cultura" dos não brancos por parte de

---

25 Ibid., p.523.

intelectuais e estudiosos da categoria de Ernest Renan, Jules Romains, Octave Mannoni;
- Renajit Guha, fundador dos *Subaltern Studies*, que se esforça gramscianamente por desenterrar do silêncio – imposto pelas classes dirigentes, pelos historiadores do regime e pelos nacionalistas oficiais – a "força revoltosa dos subalternos", parte integrante da história indiana;
- Michel-Rolph Trouillot, que, com *Silencing the Past*, livro sobre a revolta vitoriosa dos escravos haitianos iniciada em Santo Domingo em 1791, põe em destaque como "os efeitos da rebelião foram a tal ponto insólitos, inesperados e chocantes, que esta se tornou praticamente impensável para os europeus": tal revolução parecia para eles "impossível".[26]

Referindo-se não por acaso à análise da narrativa de Marlow na obra-prima de Conrad, autenticamente fundante para sua metodologia crítica, Said apresenta Guha como tentativa de perceber, nos "interstícios" dos "discursos", a presença dos "nativos rebeldes, ainda que silenciosos".[27]

Num texto estratégico, ao qual tanto Guha como Said se referem, Gramsci convida "o historiador integral" a considerar e estudar "todo traço de iniciativa autônoma por parte dos grupos subalternos".[28] À luz da experiência feita depois de Gramsci por

---

26 Ibid., p.525 et seq.
27 Ibid., p.524 et seq.
28 Gramsci, *Quaderni del carcere*, 25, 2, p.2282. M. Scarfone, em sua monografia de graduação *La ricezione del pensiero di Gramsci nei "Subaltern Studies"*, sublinha apropriadamente como os Subaltern Studies identificam "um grau maior de autonomia e coesão interna nos modos de pensamento e ação dos grupos sociais subalternos [da Índia colonial e pós-colonial]", em relação à concepção gramsciana. Lembre-se de que Gramsci negava drasticamente à "massa dos camponeses" a possibilidade de formarem "intelectuais 'orgânicos' próprios" ou de assimilar "intelectuais 'tradicionais'". Gramsci, *Quaderni del carcere*, 12, *1*, p.1514.

intelectuais de diversos países, dedicados a "dizer a verdade ao poder e a rejeitar o discurso oficial da ortodoxia e da autoridade", obrigados na maioria dos casos a sobreviver "por meio da ironia e do ceticismo, combinado com a linguagem dos *media*, do governo e do dissenso", propensos a "articular o testemunho silencioso do sofrimento vivido e da experiência sufocada", Said acaba reivindicando, mais que a "possibilidade de falar", a dignidade, a energia e a potencialidade do silêncio dos subalternos.[29]

Melhor *esse* silêncio que o sequestro da linguagem, nota dominante da nossa época.

3.8 O perfume da terra

Pavese dizia: "Uma terra é necessária". Quem mais do que Gramsci, que chegou a sentir-se "um ponto de interrogação no espaço infinito",[30] poderia partilhar tal refrão?

Os tempos mudaram. Na época das identidades migrantes e das vidas descentradas, às quais é dedicado o ensaio de Said "Reflexões sobre o exílio",[31] toda fronteira entre o nacional e o cosmopolita, entre o familiar e o estrangeiro, entre o que um grande fotógrafo comprometido chama de "estadias" e "trânsitos"[32] resiste, mas parece passageira e desfocada.

Escutemos Said:

> Chegaram a pensar que a ideia de casa foi superestimada. Há muito sentimentalismo no conceito de "terra natal", e isto não me agrada [...]. Tenho a sensação de que a identidade é um conjunto

---

29 Said, From Silence to Sound and Back Again. In: *Reflections on Exile and Others Essays*, p.526.

30 Carta de Gramsci a Giulia, 11/5/1924. In: Gramsci, *Forse rimarrai lontana*, p.88.

31 Said, Reflections on Exile. In: *Reflections on Exile and Other Essays*, p.173-86.

32 Esposito, *Tropico mediterraneo*.

de correntes, de fluxos, mais que um lugar fixo ou um conjunto definido e estável de objetos. É o que provo certamente também em relação a mim mesmo.[33]

Somos todos nômades?

A partir – para marcar algum divisor de águas – dos *"mille plateaux"* [mil platôs] de Deleuze e Guattari, o risco de "sentimentalismo", com todo o respeito e o reconhecimento de multiplicidade e *rizomada*, começou na realidade a passar para o outro lado. Logo se passou a considerar todos os cidadãos do mundo exilados ou estrangeiros na pátria, nômades por vocação.

É uma questão de equilíbrio.

No item 3.1 lembramos como Said, com referência à "expressão prismática" do *mundo* de Gramsci, sublinhara o caráter "descontínuo" da experiência deste autor e a *nossa* do espaço, fonte daquelas "experiências discordantes" e "atos disjuntivos" mais gerais que encontramos no fundamento de *Cultura e imperialismo*.

A alteridade invade a identidade, mas de modo contínuo e perturbador, de maneira que não permite *mais* qualquer garantia dialética de mediação entre o específico e o geral, entre o singular e o universal. Said "usa" Gramsci para reencontrar, a partir da análise do espaço e do território, o fio da meada.

Aflora a grande lição de "método contrapontístico" oferecida, segundo Said, por "Alguns temas da questão meridional".[34] O contraponto, de modo diferente da dialética, não conhece por princípio contradições-oposições, mas apenas oposições--distinções. As contradições concretas – analisadas em *Cultura e imperialismo* – nascem da combinação de umas (com o seu caráter estrutural, ou seja, econômico e social) com as outras (de natureza territorial ou geográfica, e cultural). O fato é que dialética

---

33 Barenboim, op. cit., p.22 et seq.
34 Cf. Said, *Cultura e imperialismo*, p.74 et seq.

e contraponto, história e geografia, não vão imediatamente de braço dado e requerem a capacidade de saltar com agilidade e despreocupação, e, além disso, com rigor e método, de uma para outra. Ou, pelo menos – como explica exaustivamente Said –, é uma certa geografia hegemonizada por uma certa história, isto é, uma geopolítica tradicionalmente domesticada pelo eurocentrismo (e agora americocentrismo) que, desconhecendo todas as virtudes e as potencialidades do "contraponto", impôs uma visão parcial e limitada da dialética.

As "experiências discordantes" e os "atos disjuntivos", de que fala Said, são na realidade passagens metódicas aptas a recompor mentalmente a unidade de um mundo dilacerado pelas pretensões de hegemonia e domínio.

Depois de Gramsci e de Said não é mais possível fechar os olhos diante da lógica histórica do eurocentrismo. Desse ponto de vista, nem a goetheana *Weltliteratur* nem o beethoveniano *Hino à alegria* podem reivindicar inocência, mesmo se Said, dialogando com Barenboim, tenha sustentado que "Beethoven representa a resistência [...], uma forma de oposição à desumanidade, à injustiça".[35] É preciso aceitar como legítimos tanto o grande débito que é ou pode ser reconhecido a Beethoven como a consciência de sua objetiva adesão ao "império".

Gramsci descobriu teoricamente o espaço, segundo Said. Mas da cela do cárcere de Turi ele escreveu: "o espaço não existe mais para mim". Provavelmente não teria sido possível para o Gramsci prisioneiro sua aventura mental entre os espaços do "vasto mundo" sem a memória viva da sua terra de origem, daqueles espaços luminosa e criativamente infinitos.

O perfume das rosas que ele com tanto amor procurou cultivar no pequeno pátio da prisão o ajudou a resistir. Talvez tivesse podido ajudar, nos dias escuros, também o Florestan do *Fidelio*, que tanto agradava a Edward W. Said.

---

35 Barenboim, op. cit., p.144 et seq.

SEGUNDA PARTE

Keywords

Adorno sustenta que no século XX a ideia de casa terá passado de moda. Creio que parte da minha crítica ao sionismo seja dirigida exatamente ao fato de ele atribuir importância demasiada à casa, ao fato de afirmar "nós precisamos de uma casa" e "faremos qualquer coisa para obtê-la, ainda que isso signifique tirá-la de outros". Por que você crê que eu esteja tão interessado no Estado binacional? Porque desejo um tecido social de tal modo rico que ninguém possa inteiramente compreendê-lo e ninguém possa possuí-lo totalmente. Nunca compreendi a ideia de "este é o meu lugar e você fique fora dele". Não gosto de voltar à origem, à pureza. Penso que os maiores desastres políticos e intelectuais tenham sido provocados por movimentos redutivos que tentavam simplificar e purificar. Que diziam: "Devemos levantar tendas ou *kibutz* ou exércitos e começar do zero". Não creio em nada disso. Não desejaria isso nem mesmo para mim. Mesmo se fosse judeu, me oporia a isso. E não durará. Creia em mim, Ari. Guarda minha palavra. Sou mais velho que você.

Não ficará memória disto.

Edward W. Said

O que você diz parece muito judeu.

Ari Shavit

Certamente. Eu sou o último intelectual judeu. Não conheço outros. Todos os outros intelectuais judeus hoje em dia são pequenos proprietários provincianos mesquinhos. De Amos Oz a todos estes aqui na América. Portanto, sou o último. O único verdadeiro continuador de Adorno. Digamos assim: sou um judeu-palestino.

Edward W. Said[1]

---

1 Said, *Il mio diritto al ritorno* [O meu direito à volta], entrevista com Ari Shavit, em *Ha'aretz Magazine*, Tel Aviv, 2000.

IV
Cultura

O que significa "cultura" neste caso? Significa indubitavelmente uma coerente, unitária e nacionalmente difundida "concepção da vida e do homem", uma "religião leiga", uma filosofia que se tenha tornado exatamente "cultura", ou seja, tenha gerado uma ética, um modo de viver, uma conduta civil e individual.

Antonio Gramsci[1]

4.1 Miscelânea

O "caso" ao qual Gramsci se refere nessa passagem é a atitude assumida por De Sanctis "contra a arte e a vida". Pode parecer singular o fato de que a abertura máxima da "cultura" à dimensão filosófica e ética, e ético-política, apareça num caderno – um dos últimos – dedicado à "Crítica literária". Trata-se, na verdade, de um sinal evidente do constante e progressivo processo

---

1 Gramsci, *Quaderni del carcere*, 23, *1*, p.2185-6.

de imbricação de assuntos e áreas temáticas que caracteriza a evolução do pensamento carcerário de Gramsci, a partir do *Caderno 1* estruturalmente mesclado.

Todos os cadernos, substancialmente, são mesclados, inclusive todas as notas e apontamentos que os compõem, e mesmo aqueles cadernos que são chamados "especiais" porque dizem respeito a uma área temática específica. Nos *Cadernos*, a forma de miscelânea, ainda mais que a mistura recíproca, é a caracterização dos assuntos individuais, enfrentados por Gramsci segundo uma lógica decididamente interdisciplinar, ou melhor, sem disciplina. O que mais conta não é a presença simultânea, por assim dizer, estática de temas e problemas, mas a sua combinação dinâmica. Se os "assuntos principais", enunciados na primeira página do *Caderno 1*, se apresentam sob a forma de simples lista (a "cultura geral" é o 14º tema), o "ritmo do pensamento" os entrelaçará cada vez mais no andamento de um contraponto, no qual o termo "cultura" realiza um percurso extremamente significativo.

Reconstruir a miscelânea dos entrelaçamentos é uma das tarefas mais importantes, e ao mesmo tempo mais gratificantes, de um estudo gramsciano de Gramsci ("filologia viva").

A cultura extravasa continuamente para fora de si mesma, para outros territórios, sendo que os mais próximos são: língua, intelectuais, povo, nação, sociedade e sociedade civil, hegemonia, filosofia e ciência, senso comum e bom senso, política, produção e economia, literatura e arte, educação e formação do homem. Em certo sentido, porém, tudo nos *Cadernos* é ou *se torna* cultura, circunscrevendo ou pondo em discussão a sua autonomia, ou fundindo-a numa dimensão anfíbia – não mais apenas cultural, ou mesmo, não mais cultural – determinada pelo contato contaminante com as outras áreas temáticas.

Pode-se descrever esse fenômeno também de modo diferente: tudo o que pertence à "esfera" da cultura remete a algo que reaparece em outras esferas, em particular do mundo produtivo e do político. Vale para o conceito de "cultura" o que Gramsci reivindica para a "língua" – que é o fundamento primeiro, material da cultura, e da luta pela "hegemonia cultural":

> Toda vez que aflora, de um modo ou de outro, a questão da língua, significa que está se impondo uma série de outros problemas: a formação e a ampliação da classe dirigente, a necessidade de estabelecer relações mais íntimas e seguras entre os grupos dirigentes e a massa popular-nacional, ou seja, reorganizar a hegemonia cultural.[2]

Não se trata apenas de analogia. A concepção gramsciana da língua faz dela um parente próximo da cultura. A língua é um "fenômeno cultural":[3] é e produz cultura, para ser, por sua vez, novamente comprimida nela. No entanto, todo "fenômeno cultural" é sempre um fato linguístico porque, como a língua, é um momento de "expressão e contato recíproco"[4] entre indivíduos, grupos sociais e povos-nações.

Na família dos conceitos, o outro parente privilegiado da cultura é a filosofia. A história da cultura "é muito mais ampla que a história da filosofia".[5] Contudo, todo fenômeno cultural está sempre impregnado de filosofia, se entendermos esta última de maneira gramsciana em um sentido amplo, ou seja, não apenas como elaboração teórica dos pensadores *ex professo* e/ou "ocasionalmente" filósofos, mas como concepção do mundo implícita ou espontânea de indivíduos ou grupos sociais. A vida dos humanos em todas as suas manifestações tem um aspecto cultural-filosófico.

Está em jogo um nó central da "filosofia da práxis" e da tradutibilidade/contraponto entre teoria e práxis. *De baixo*, a

---

2 Gramsci, *Quaderni del carcere*, 24, *1*, p.2259.
3 Ibid., 29, *5*, p.2347.
4 Ibid., 24, *1*, p.2259.
5 Ibid., 16, *9*, p.1861.

língua, *do alto*, a filosofia invadem a cultura chegando quase a dissolvê-la como campo específico separado, liberando o fermento daquele novo território – concepção da vida e do homem à luz da luta hegemônica por uma "sociedade regulada" – que vê surgir no horizonte uma "nova cultura", por sua vez diferente daquela que é gerada nos desenvolvimentos avançados do capitalismo: tão diferente que essa nova "nova cultura" será apenas à distância reconhecível como "cultura", enquanto resultado de uma integração orgânica, quase utópica, entre espontaneidade e direção consciente, entre povo e intelectuais, entre senso comum e filosofia, entre cultura e sociedade.

4.2 Problemas de método

Questões essenciais que dizem respeito aos *Cadernos* em seu conjunto se tornam densas no uso do termo "cultura". Polissemia, mobilidade e caráter relacional, assim como, por outro lado, metáfora e perda de sentido dos conceitos atingem aqui uma dimensão tal que tornam ambíguo e ambivalente o significado de "cultura" nos *Cadernos*.

Nessa questão, o legado de Gramsci, sobretudo mais recentemente, é pivô de uma batalha. O interesse muito vivo dos *Cultural Studies* por Gramsci, que às vezes parece paradoxalmente chegar ao excesso, favoreceu não apenas um positivo enriquecimento e inovação de seu quadro interpretativo, mas também uma tendência a forçar e mudar o pensamento de Gramsci numa direção *culturalista*, absolutamente alheia ao horizonte desse autor. A controvérsia é política. O desenho do triângulo categorial no qual se pode resumir a contribuição inovadora de Gramsci como pensador dialético e marxista (hegemonia-cultura-sociedade civil)[6] foi interpretado e usado como expressão de uma ideologia

---

6 Kebir, *Antonio Gramscis Zivilgesellschaft*.

social-democrata, senão até liberal. Na realidade, essa articulação gramsciana é parente próxima e consciente daquela entre "cultura, política e hegemonia", que Frosini verificou ao longo de toda a evolução do pensamento de Lênin, em particular em sua última fase.[7]

A situação é enfrentada com rigor e delicadeza. O *que* da cultura, que circunscreve uma esfera de atividade, é distinto do seu *como*, que descreve um aspecto fenomênico presente também em outras esferas. São reconhecidos e pesquisados a linha de continuidade entre o *que* e o *como* e também o nexo de ambos com o *quem* opera e produz cultura.

4.3 "Estudos Culturais"

Um grande desafio provocado e produzido pelos "Estudos Culturais"[8] destinado, esperamos que também na Itália, a incidir profundamente na enciclopédia acadêmica do saber é a radical discussão da sistematização disciplinar: não tanto ou não só no sentido de promover de modo sério e construtivo os momentos de intersecção entre as disciplinas, mas também no sentido mais complexo de pôr em discussão o "disciplinamento" do saber – pensamos em Foucault –, que é a base genética e estrutural das nossas universidades e institutos de pesquisa. Um *livre de chevet* para o movimento de 1968, *O capital monopolístico* de Paul A. Baran e Paul M. Sweezy iniciava-se com a epígrafe hegeliana "A verdade é tudo", para sublinhar os resultados desastrosos da hiperespecialização dominante nos Estados Unidos e, portanto, na cultura ocidental.[9]

---

7 Cf. Frosini, *Gramsci e la filosofia*, p.95 et seq.
8 Hoje, também na Itália, a literatura a esse respeito é muito ampla. Limito--me aqui a citar Cometa, *Dizionario degli studi culturali*. A principal "fonte" é Stuart Hall, *Politiche del quotidiano*; Id., *Il soggetto e la differenza*.
9 Baran; Sweezy, *Il capitale monopolistico*.

Enfrentando o tema "cultura" na obra de Gramsci, a referência a tais problemáticas parece imprescindível. As considerações que acabamos de fazer visam iniciar uma comparação com a contribuição mais técnica ou estrutural, por assim dizer, que os *Cadernos do cárcere*, a partir das múltiplas tematizações dos fenômenos ligados de vários modos à "cultura", podem trazer para a organização e o desenvolvimento dos *Cultural Studies*.

Sendo assim, é obrigatório acrescentar que o panorama dos estudos parece apenas em parte responder às exigências aqui descritas.

A situação dos estudos gramscianos poderia ser comparada com aquela que Sartre verificava em 1957 a propósito dos estudos sobre Marx: a esclerose completa das interpretações só podia ser enfrentada por uma abordagem capaz de valorizar a contribuição das "mediações e das disciplinas auxiliares".[10] Da Linguística à Antropologia, da Economia Política à Sociologia, da Crítica Literária à Psicologia e assim por diante, é necessário hoje examinar o pensamento de Gramsci em relação à crise dos fundamentos das Ciências Humanas. A necessidade de um confronto metodológico brota também dos temas emergentes no panorama das pesquisas como, para dar um exemplo: uma "biografia científica", "antropologia e linguística", as "raízes", a "forma do pensamento", "cultura e produção" etc. Só uma abordagem desse tipo, muito articulada no plano temático e disciplinar, pode permitir a retomada da discussão, de modo adequado aos nossos tempos, das categorias clássicas das pesquisas gramscianas relativas ao mundo da política, da filosofia e da história. De tal ponto de vista, a questão da "cultura" tem um significado, além de especialista (como é justo que seja), transversal e, se me é permitido, estruturalmente contrapontístico.

---

10 Sartre, *Critica della ragione dialettica*, v.1, p.15-139.

4.4 Vencendo fronteiras

Produtores de cultura são os intelectuais que exercem "funções organizativas em sentido amplo, seja no campo da produção, seja no campo da cultura, seja no campo administrativo-político".[11] Portanto, é uma classe específica de intelectuais que age e organiza "no campo da cultura". A referência às "funções organizativas" e "conectivas"[12] é decisiva: determina a diferenciação entre intelectuais profissionais e intelectuais em sentido amplo, pois, segundo Gramsci, todos somos intelectuais ("todos os homens são filósofos", "todos os homens são intelectuais"); mas também entre produção espontânea de cultura (ou daquele aspecto cultural que encontramos em qualquer atividade de relação humana) e cultura como "esfera", "campo" ou "mundo" estruturado.

A cultura confina tanto com a produção em sentido econômico como com a política e a administração. Os limites estão bem delineados, mas também são instáveis, pois são móveis, se é verdade que "só quando se cria um Estado é verdadeiramente necessário criar outra cultura",[13] o que adquire ainda mais importância na transcrição desta nota: "Só depois da criação do Estado, o problema cultural se impõe em toda a sua complexidade e tende a uma solução coerente".[14] Isso significa: a cultura está sempre em relação com a política, mas numa sociedade socialista as duas esferas começam a se sobrepor. Do mesmo modo, uma coisa é a hegemonia como luta hegemônica numa sociedade dividida em classes, outra é a hegemonia como "sistema hegemônico" numa sociedade em que "existe democracia entre o grupo dirigente e os grupos dirigidos".[15] O *triângulo* cultura-

---

11 Gramsci, *Quaderni del carcere*, 1, *43*, p.37; cf. Ibid., 19, *26*, p.2041.
12 Ibid., 12, *1*, p.1519.
13 Ibid., 4, *3*, p.425.
14 Ibid., 16, *9*, p.1863.
15 Ibid., 8, *191*, p.1056.

-hegemonia-sociedade civil *entra* ou deveria entrar com força na formação e articulação do Estado socialista.

A imbricação dos temas, de que se falava no item 4.1 – intimamente ligada com a mobilidade e o caráter relacional dos conceitos –, torna-se mais cerrada na evolução do pensamento. É relevante o fato que entre as variantes inovadoras da nota 1 do *Caderno 12*, que transcreve as notas 49-50 do *Caderno 4*, dedicadas respectivamente aos "Intelectuais" e à "Escola unitária", seja introduzido o conceito de "nova cultura" na qualificação criativa da empresa capitalista: "O empresário capitalista cria consigo o técnico da indústria, o cientista da economia política, o organizador de uma nova cultura, de um novo direito etc.".[16]

Observe-se que em diversas transcrições do *Caderno 1*, a relação orgânica estabelecida entre o tema dos intelectuais e o da escola unitária faz com que esta última adquira uma centralidade decisiva para um "projeto de organização do trabalho cultural". Aliás, desde o *Caderno 1* "o trabalho educativo-formativo" aparece como a primeira tarefa que deve realizar "um centro homogêneo de cultura".[17] O horizonte do raciocínio de Gramsci é muito amplo. Ele está apresentando "uma centralização e um impulso da cultura nacional que seriam superiores aos da Igreja católica". A conclusão do raciocínio delineia um conjunto complexo de elementos culturais, socioeconômicos e políticos que desemboca na "constituição também do mais elementar e primitivo centro de cultura, que deveria ser concebido como um embrião e uma molécula de toda a estrutura mais maciça".[18]

O nexo mais consistente entre cultura e política, mas também entre cultura e produção, é a *organização*, fio condutor do pensamento de Gramsci. À medida que organiza e se organiza, a cultura assume características que determinam (utilizando uma

---

16 Ibid.,12, *1*, p.1513.
17 Ibid., 1, *43*, p.34; cf. Ibid., 24, *3*, p.2268.
18 Ibid., 12, *1*, p.1539.

terminologia que vai diminuindo na diacronia dos *Cadernos*) os contornos estruturais das superestruturas.

Estão em jogo dois percursos diferentes. De um lado, atua aqui o militante-dirigente que nos *Cadernos*, refletindo sobre luzes e sombras do passado, derrama *dentro* da concepção do partido a esperança da *Ordem Nova* e verdadeiramente afirma que uma nova *Ordem Nova*, qual revista-tipo, representa uma antecâmara imprescindível para a refundação do partido.

Do outro lado, atua o pensador que intui e antecipa um processo destinado a tornar-se histórico, aquele que está todos os dias diante de nossos olhos: a transformação da cultura (como já ocorre com a ciência no tempo de Marx) em força produtiva quase principal. Estamos além da ultrapassagem de fronteiras [*sconfinamento*]. É uma enxurrada que vê os rios da cultura e da língua (linguagem) desembocarem no oceano onde confluem os grandes mares da produção (economia) e do poder.

4.5 Cultura geral, cultura mundial

Gramsci faz valer uma noção muito ampla de cultura, o que se reflete na concepção daquilo que é "em cada indivíduo humano a cultura geral ainda indiferenciada, a potência fundamental de pensar e saber orientar-se na vida".[19] Gramsci exerce uma grande maestria teórica para fixar os elementos mais largos deste conceito geral de cultura, ou de cultura geral "ainda indiferenciada", em relação ao mundo determinado que a cultura em sentido mais diferenciado representa. Esta tensão de generalidade e especificidade, própria da (nova concepção da) cultura, tem uma incidência importante nos campos limítrofes, a partir – como temos visto – da filosofia: a qual, invadida pela cultura – entendida como "comportamento civil e individual" –, cede a

---

19 Ibid., 4, *49*, p.483; cf. Ibid., 12, *1*, p.1530.

esta aspectos fundamentais da própria especificidade (como se deduz da epígrafe ao presente capítulo), recebendo em troca um elemento de universalidade e também de proximidade da vida que nem a filosofia nem a cultura tradicionalmente possuem.

Verifica-se uma contaminação temática entre cultura e filosofia. A nota 61 do *Caderno 15*, intitulada "Introdução ao estudo da Filosofia", articulada em oito pontos, o primeiro dos quais começa com a "hegemonia da cultura ocidental sobre toda a cultura mundial", é uma expressão consciente e acabada dessa contaminação. A meta é a "filosofia da práxis" entendida como "resultado e coroamento de toda a história precedente [...] historicismo absoluto e humanismo absoluto".

Aparece nessa nota a manifestação mais radical do *eurocentrismo* gramsciano, que se abre, porém, com igual decisão, para a reviravolta em seu contrário. Gramsci lembra que "outras culturas [...] tiveram valor universal à medida que se tornaram elementos constitutivos da cultura europeia". A Europa é (foi), portanto, guia do "processo de unificação 'hierárquica' da civilização mundial".[20]

Como sabemos, Gramsci é, todavia, bem consciente de que, nos dias de hoje, como ele cita a partir de um artigo de revista, "a Europa perdeu sua importância e a política mundial depende mais de Londres, Washington, Moscou, Tóquio do que do continente".[21] E então?

Surge a pergunta: é possível, e como o é – no horizonte gramsciano –, um processo de unificação *não* hierárquico, e, portanto, antieurocêntrico, anticolonial e anti-imperialista, da civilização mundial? Um problema desses tem uma caracterização dupla e reciprocamente conexa, filosófica e geocultural. Do ponto de vista *filosófico*, o raciocínio de Gramsci é o seguinte: a unificação existente, a que conhecemos e que continua a im-

---

20 Ibid., 15, *61*, p.1825-7.
21 Ibid., 2, *24*, p.181.

perar, hegemonizada pela cultura ocidental – euramericana –, "culminou em Hegel e na crítica do pensamento de Hegel". A unificação futura é preparada por "um novo processo cultural" iniciado com a "decomposição do hegelianismo". Esse processo é "diferente dos anteriores", é caracterizado por "uma luta tanto teórica como prática" e pode ter "o seu berço" também "em obras filosóficas medíocres". A evolução desse processo, de fato,

> não é mais reservada aos grandes intelectuais, aos filósofos profissionais, mas tende a tornar-se popular, de massa, com caráter concretamente mundial, modificando (embora com resultado de combinações híbridas) o pensamento popular, a mumificada cultura popular.[22]

Quem alimenta uma dúvida sobre o caráter substancial, objetivo, mas também conscientemente ambivalente dos conceitos de "povo" e de "popular" em Gramsci, está bem servido! Aqui ele desenha um grandioso, no momento apenas germinal, processo de "destruição-criação", no qual o aspecto teórico e filosófico é indissociável do aspecto prático e geográfico. Complexa, e talvez absolutamente desconcertante, é a noção "popular, de massa, com caráter concretamente mundial", que deixa decididamente para trás a "mumificada cultura popular" (e definitivamente, em perspectiva, a própria cultura "nacional-popular").

Do ponto de vista *geocultural* se pode sustentar que a articulação hierárquica de matriz europeia – de dominância nacional – começa a ser sucedida (estamos nos inícios) por um *contraponto* de culturas em nível mundial. Muda – mudará – assim o sentido do que é "histórica e concretamente universal".

---

22 Ibid., 15, *61*, p.1826.

4.6 Contraponto de culturas

Ainda mal se começou a analisar com paciência a descrição iniciada por Gramsci do amplo leque daquilo que ele chama de "outras culturas" em relação à ocidental.[23] Além de delinear as especificidades nacionais das culturas europeias, ele começa a esboçar as características de culturas (ou civilizações) extraeuropeias em múltiplas notas, que quase sempre apresentam um título específico. Uma primeira aparição, bastante extensa, dessa temática ocorre na nota 49 do *Caderno 4*, referida na nota 1 do *Caderno 12*. Mas já as seções precedentes, em particular o *Caderno 2*, são ricas de referências "geopolíticas" – ver a nota 39 dessa obra – de culturas europeias. É preciso observar que na nota 90 do mesmo caderno, intitulada "A nova evolução do islã", em que Gramsci elabora a hipótese de que "a civilização moderna na sua manifestação industrial-econômica-política acabará triunfando no Oriente",[24] fica manifestamente subentendido que por "civilização moderna" se deve entender o Ocidente; no entanto, não é certamente casual que ele use uma expressão geograficamente neutra, e abstrata, para qualificar a modernidade. Aqui se anuncia o paradoxo do processo de "unificação do gênero humano": por um lado, determinado ou marcado pela matriz europeia e ocidental dos tempos modernos; por outro, exposto, exatamente pela sua extensão e generalização, a uma qualificação de "mundialidade" que coloca em crise, e começa a corroer, aquela mesma matriz.

As "culturas" que Gramsci toma em consideração são a chinesa, a japonesa, a asiática, a islamita, a árabe, a norte-americana, a sul-americana e a indiana.

---

23 Boothman, Gli appunti del 1930 sulla geopolitica. In: Medici (org.), *Gramsci, il suo il nostro tempo*, p.13-46; Id., Las notas de Gramsci sobre el Islam. In: Kaoussi (org.), *Gramsci en Rio de Janeiro*.

24 Gramsci, *Quaderni del carcere*, 2, *90*, p.247.

A natureza dessas reflexões é predominantemente descritiva e analítica. Um *leitmotiv* pode ser identificado na diversa configuração da relação entre povo e cultura, entre massas e intelectuais, em alguns casos com uma acentuada atenção para a questão da língua e/ou da religião. A perspectiva, em sentido lato, é política.

Gramsci mostra clara consciência de que, no plano tanto geopolítico como geocultural, o mundo se torna *hoje* subalterno à hegemonia americana. Já na nota 61 do *Caderno 1*, onde aparece a temática do americanismo, Gramsci tinha oposto à modernidade americana a "estagnação da história" verificável na China e na Índia,[25] mesmo que depois, no *Caderno 2*, comece a realçar um hipotético deslocamento do eixo central do desenvolvimento do Atlântico para o Pacífico em consequência de uma possível modernização desses dois grandes países.[26]

Gramsci identifica em geral "americano" com "estadunidense", mas nem sempre. A nota 5 do *Caderno 3* considera o continente inteiro e intitula-se "América". Há de se destacar que, retomando uma expressão pregnante usada em "Alguns temas da questão meridional" a propósito do Sul da Itália, Gramsci vê os Estados Unidos "exercerem um grande peso" por meio de "uma rede de organizações e movimentos guiados por eles" para manter a "desagregação" e o "grande fracionamento" da "latina [...] América central e meridional".[27]

É significativo que no *Caderno 1* Gramsci sublinhe que "a relação cidade-campo entre Norte e Sul pode ser estudada nas diversas formas de cultura".[28]

---

25 A análise da China, mas sobretudo da Índia de Gandhi, tem desenvolvimentos bastante interessantes nos *Cadernos*. Cf. Boothman, Gli appunti del 1930 sulla geopolitica. In: Medici (org.), *Gramsci, il suo il nostro tempo*, p.35 et seq.

26 Gramsci, *Quaderni del carcere*, 2, *78*, p.242.

27 Ibid., 3, *5*, p.290.

28 Ibid., 3, *5*, p.290.

Embora acentuando toda a novidade do americanismo, considera a América como "prolongamento e intensificação" da civilização e da cultura europeias. Desse ponto de vista, não existe mais um eurocentrismo puro. Aparece, antes, algo de inédito, que é "a necessidade de união europeia",[29] objetivo evidentemente político, mas também de "nova cultura" no sentido gramsciano.

Numa das notas importantes em que enfrenta a questão da "tradutibilidade" recíproca das "culturas nacionais" e das "linguagens de tradição diversa" que prevalecem numa cultura ou em outra, a conclusão (ausente na primeira redação) reza: "O progresso real da civilização acontece pela colaboração de todos os povos, por "impulsos" nacionais, mas tais impulsos quase sempre dizem respeito a determinadas atividades culturais ou grupos de problemas".[30]

A "colaboração de todos os povos" – que conhece uma gama extremamente diferenciada de modalidades, que vai desde a cooperação e conflito econômico até o exercício da força e a guerra, as expressões da necessidade de religião e de filosofia, a harmonia da produção artística, a luta de hegemonias e de ideologias – implica uma visão da civilização e da cultura consciente de que "todas as histórias particulares vivem só no quadro da história mundial".[31] O horizonte do discurso é aquela concepção da "tradução" ou "tradutibilidade" que, segundo Gramsci, "só na filosofia da práxis [...] é orgânica e profunda".[32]

Aqui se vê bem como "cultura" atua no pensamento de Gramsci mais como uma concepção progressiva, "alta", de política. Exprime uma trágica ironia da história o fato de que o aceno à "colaboração de todos os povos" seja o resultado de um raciocínio

---

29 Ibid., 6, *78*, p.748.
30 Ibid., 11, *48*, p.1470.
31 Ibid., 29, *2*, p.2343.
32 Ibid., 11, *47*, p.1468.

construído, poucos anos antes do estouro da Segunda Guerra Mundial, sobre o exemplo de "duas culturas nacionais, expressões de civilização fundamentalmente semelhantes" que *creem que são diversas, opostas, antagônicas*":[33] a alemã e a francesa.

4.7 Uma alta cultura popular

Segundo Kate Crehan, uma das principais aquisições do pensamento de Gramsci é a superação da dicotomia tradição--modernidade, graças ao surgimento da oposição subalternidade-hegemonia.[34] As consequências de tal mudança para a concepção da cultura são importantes. Muda em primeiro lugar a relação entre tempo e espaço, entre história e geografia. Para o senso comum, "tradição" se refere ao *velho* e "modernidade" ao *novo*. Em particular, a cultura popular (folclore) entraria no velho-tradicional, seria até a sua expressão exemplar, ao passo que a cultura de massa (com todas as suas contradições e deficiências) seria o novo-moderno. Um autor como Pasolini, por exemplo, construiu toda uma filosofia em torno dessa dicotomia.

Sustento que a tese de Crehan, embora capte um aspecto essencial do pensamento de Gramsci, tem o defeito do esquematismo ou rigidez. Gramsci concebeu antes uma combinação complexa entre as duas dicotomias do que duas dicotomias alternativas, tal como propõe Crehan.

O ponto central aqui é a ideia de "modernidade", como se exprime no "tema principal" "Americanismo e fordismo", que desde o *Caderno 1* é indicação de uma luta teórica – no horizonte da prática – para conquistar uma concepção não unilateral e, portanto, dialética da modernidade, que capte e valorize as suas contradições. O fim da tradicional oposição, ou até da incom-

---

33 Ibid., 11, *48*, p.1470. Itálico meu.
34 Crehan, *Gramsci, Culture, and Anthropology*.

patibilidade, entre cultura hegemônica e subalterna, ou seja, a superação da condição mesma de subalternidade, o surgimento de uma hegemonia rica com as instâncias objetivas e subjetivas das "grandes massas populares", é a alma de uma nova modernidade irmã do socialismo. O espaço teórico dentro do qual se enquadra a temática aqui tocada de leve é, portanto, desenhado pelo triângulo hegemonia-subalternidade-modernidade. A tradição fica no fundo, como corolário do par relacional-dicotômico "passado e presente", que tem evidentemente uma relação de intersecção com aquele triângulo.

O livro de Crehan tem muitos méritos. Para o leitor italiano, ele chama a atenção para uma velha corrente *nossa* de estudos antropológicos e etnológicos – sobre a qual voltaremos –, que provavelmente está no início de uma nova florescência.[35]

O horizonte da filosofia da práxis é, junto com a abolição da exploração de classe, a conquista de um "progresso intelectual de massa", o que inclui o desaparecimento da "separação entre cultura moderna e cultura popular ou folclore" e, por isso, o advento de uma *alta cultura popular*.

Utilizamos aqui um conceito que Gramsci não usa, mas que nos parece apropriado, com consciência de seu caráter fundamentalmente *político* e *ideológico*. Muitos, talvez a maioria dos intérpretes não levaram suficientemente em conta o cuidado de Gramsci em distinguir, e de convidar a distinguir, entre o nível político-ideológico e o nível científico da análise, estabelecendo a ligação entre eles apenas depois da distinção. A presença simultânea de teses aparentemente contraditórias entre si – como entre a que condena a "cultura popular mumificada" e aquela que, ao contrário, convida a considerar, a estudar e a promover, nos institutos de pesquisa e nas escolas, o conhecimento de uma "coisa muito séria" como o folclore enquanto "reflexo das condições de vida cultural do povo" – se explica com a tensão

---

35 Cf. capítulo VIII.

fortíssima e produtiva, mas também complexa e delicada, entre *política* (e ideologia) e *cultura* (e ciência).

Sublinhamos muitas vezes as cautelas que Gramsci adota e que nós devemos fazer nossas ao falar de "povo" e de "cultura popular". Já dissemos que se trata de conceitos móveis e relacionais, que são considerados no âmbito de um pensamento ao qual interessa fundamentalmente um tipo de práxis "que modifica essencialmente tanto o homem como a realidade externa (isto é, a cultura real)".[36] É evidente que uma coisa é a "cultura popular" enquanto expressão simplesmente de um mundo cultural inevitavelmente incoerente e fragmentário, e outra coisa enquanto dela se diz que "a cultura moderna não consegue elaborar uma cultura popular",[37] a qual representa, por isso, um dos dois polos de um organismo em tensão, como Gramsci sublinha: "A filosofia da práxis é o coroamento de todo esse movimento de reforma intelectual e moral, dialetizado na oposição entre cultura popular e alta cultura".[38]

O ponto essencial é a perspectiva de um processo de superação da diferença entre as "duas culturas". Tal processo envolve a desancoragem da cultura popular de... si mesma, como de todas as formas residuais de populismo, expressão do *velho* povo.

O único, e fundamental, modo de desembaraçar-se de todas as formas de populismo (pelo menos para o sentido que essa expressão acabou tendo no Ocidente) é sublinhar tudo o que Gramsci nos convida a levar em consideração:

> O próprio povo não é uma coletividade homogênea de cultura, mas apresenta estratificações culturais numerosas, combinadas de maneiras variadas, que em sua pureza nem sempre podem ser identificadas em determinadas coletividades populares históri-

---

36 Gramsci, *Quaderni del carcere*, 22, *5*, p.2152.
37 Ibid., 4, *3*, p.423.
38 Ibid., 16, *9*, p.1860; cf. Ibid., 4, *3*, p.424.

cas: certamente, porém, o maior ou menor grau de "isolamento" histórico dessas coletividades indica a possibilidade de uma certa identificação.[39]

Sucede, em suma, para a "cultura popular" o que, como veremos, acontece para o "senso comum": ambos são o ponto de partida imprescindível para uma análise cultural-filosófica do materialismo histórico ou da filosofia da práxis. De *baixo* para o *alto*: é o abc de uma abordagem histórico-materialista. O *baixo*, porém, está prenhe de contradições, insídias, diferenciações, estratificações, que é dificílimo captar e do qual é possível apenas "uma certa identificação". Quem não tiver a paciência de se aproximar devagar de tal *riqueza* complexa e quiser cultivar feliz apenas as pequenas hortas das altas zonas da sociedade, que o faça, como, aliás, a grande maioria dos intelectuais está habituada a fazer. A filosofia da práxis não é feita para esses.

4.8 Cultura e produção

Na *Crítica ao programa de Gotha*, Marx escreve que "o direito nunca pode estar acima da formação econômica – e do desenvolvimento cultural determinado por esta – da sociedade".[40] Tal formulação está bastante longe da metáfora de estrutura e superestrutura, embora conserve uma referência espacial ou arquitetônica (o que está no alto e embaixo). Deve-se acentuar aqui o uso estratégico da expressão "desenvolvimento cultural" [*Kulturentwicklung*], o qual aparece situado num nível intermediário entre economia e direito.

Embora usando aquela metáfora com mais frequência do que Marx, Gramsci faz uma bem mais radical e provavelmente defini-

---

39 Ibid., 5, *156*, p.680.
40 Marx, *Kritik des Gothaer Programms*, p.21.

tiva crítica imanente da relação "dialética" estrutura-superestrutura. É corroída a *estática* hierárquica dos níveis, que teria algo no fundamento, na base, mais embaixo ou viria antes de outro, mas também a *estaticidade* de uma relação que para Gramsci só tem sentido numa luz dinâmica, no movimento da história. Na realidade, o próprio Marx, que no *Capital* qualifica como "histórico-moral" o valor da força-trabalho – categoria-chave do nexo entre desenvolvimento das forças produtivas e relações de produção –, tem (contrariamente a uma linha interpretativa hegemônica) uma concepção absolutamente não mecanicista da relação entre materialidade produtiva e historicidade político-cultural do processo social. Gramsci, em correspondência com as transformações históricas, introduz uma virada na análise dessa integração, que representa uma espécie de novo início. Nele, o papel principal diz respeito à "cultura" e ao nexo inseparável desse conceito com o crescimento "inaudito" da função dos intelectuais.

Gramsci conhecia e sabia ponderar bem aquilo que ele chama de "o peso implacável da produção econômica".[41] No entanto, também sabia que, de modo muito peculiar, no novo capitalismo "de marca americana", aquele peso implacável tem a ver com a composição demográfica da sociedade capitalista, com a racionalidade tecnológica, com as formas da hegemonia "nascida da fábrica", com a formação dos intelectuais orgânicos na produção e, sobretudo, com o "nexo psicofísico" que caracteriza o operário-massa, ou seja, com "a necessidade de elaborar um novo tipo humano, conforme o novo tipo de trabalho e de processo produtivo" (que, no entanto, "está apenas na fase inicial"),[42] enfim, com o "novo modo de vida", expressão daquela "nova cultura" – prolongamento, porém, da "velha cultura europeia" –,[43] na qual se resume o sentido do americanismo e

---

41 Gramsci, *Quaderni del carcere*, 22, *15*, p.2178; cf. Ibid., 3, *11*, p.296.
42 Ibid., 22, 2, p.2146.
43 Ibid., 22, *15*, p.2178; cf. Ibid., 3, *11*, p.296.

do fordismo. A ciência econômica deve indagar as leis objetivas, que são fundamentalmente leis tendenciais, do desenvolvimento econômico. Mas a ciência econômica mesma é, enquanto ciência, expressão de uma atividade intelectual e de uma cultura; ela deve também ajustar as contas – parece banal dizer isto – com a vida econômica e produtiva, que por sua vez não é descritível de modo imediato ou puramente material, porque tem raízes e desenvolvimentos na sociedade civil, a qual apresenta constitutivamente uma qualificação cultural articulada e diferenciada.

Quando Gramsci escreve, em referência ao seu projeto de trabalho, "esta pesquisa sobre a história dos intelectuais não será de caráter 'sociológico', mas dará lugar a uma série de ensaios de 'história da cultura' (*Kulturgeschichte*) e de história da ciência política",[44] pode-se observar que ele está opondo à sociologia, ou seja, a um exame separado ou setorial da sociedade, uma abordagem mais complexa, em que "sociedade", "produção" e "cultura" não podem mais ser isoladas, mas existem e aparecem apenas em sua relação recíproca.

Verificamos precedentemente da parte de Gramsci uma subdivisão do trabalho organizativo dos intelectuais nos campos da produção, da cultura e da política (e administração). Na última passagem citada, "cultura" tematiza um campo de atividade que, assim como o trecho citado de Marx, mostra uma posição intermediária entre produção (economia) e política. Mas também verificamos o transbordamento a que a cultura tende aos campos limítrofes a ela. Contornos, barreiras e delimitações se esvaecem, a paisagem social se enriquece com elementos comuns que não anulam, mas tornam mais complexas as distinções.

A articulação primária, de tipo metodológico, que se verifica na totalidade social – por sua vez ligada e reforçada na totalidade natural-social –, é entre "produção" e "cultura". É uma distinção que precisa e define, em termos, eu diria, mais modernos, aquela

---

44 Ibid., 12, *1*, p.1515.

distinção tradicional entre estrutura e superestrutura. Se for permitida uma simplificação, pode-se afirmar que tanto *A ideologia alemã* e *O capital* como os *Cadernos do cárcere* operam, embora com usos e acentos bastante diferentes, com a mesma articulação.

Na *Ideologia alemã*, Marx distingue a esfera da "produção material da vida" (mais modernamente se diria da "produção e reprodução da vida") da "consciência", que Gramsci, com mais riqueza, denominará "cultura" e que tem o seu fundamento na "língua". Marx, porém, revigorado por sua crítica da "ideologia" alemã e da aquisição de um ponto de vista histórico-materialista, tinha começado a delinear um novo ponto de vista sobre a produção de consciência, como processo cultural, a partir da "língua" entendida como "consciência prática que começa realmente a existir para os outros e, portanto, também para mim [...] nascida da necessidade de relação com os outros".[45]

4.9 Primórdios

O termo "cultura" e os seus derivados aparecem com grande frequência nos *Cadernos*. Nas *Cartas*, ao invés, estão quase ausentes. É significativo. Não se fala de *cultura* quando se descreve ou se conta, mas fala-se desta *a propósito* do descrever e do contar. *Cultura* é substancialmente um princípio de mediação intelectual, e é por isso que tem um papel tão incisivo nos *Cadernos*. Os intelectualistas, que se fecham em si mesmos, fecham-se também na esfera da cultura. Não é o caso de Gramsci, que tem sempre e em toda parte um grande faro, além de uma grande necessidade, da vida. Nesse sentido, ele, nos *Cadernos*, teve de sublinhar a continuidade de sua posição, a partir do movimento reconciliatório, com respeito a pontos que qualificam como a concepção da política e, de modo mais indireto, da

---

45 Marx; Engels, *L'ideologia tedesca*, p.20 et seq.

cultura.[46] Numa nota do *Caderno 9* ele lembra a "polêmica, antes de 1914, entre Tasca e Amadeo [Bordiga]", censurando explicitamente o primeiro de "oportunismo culturalista", o outro de "extremismo economicista" e conclui: "Na realidade nem um nem o outro eram 'justificáveis' e nunca o serão. Mas servirão para 'explicar' realisticamente enquanto dois aspectos da mesma imaturidade e do mesmo primitivismo".[47]

O artigo "Socialismo e cultura", que apareceu em *Il Grido del Popolo* [O grito do povo], assinado por Alfa Gamma, onde o jovem Gramsci toma posição sobre essa discussão que tinha envolvido também Pietro Silva e Gaetano Salvemini, é de 29 de janeiro de 1916. Gramsci cita alguns mestres: Sólon e Sócrates, Vico, Voltaire, Alembert e Diderot, Novalis, De Sanctis e Rolland. Nele vem à tona uma inspiração romântico-idealista ("o homem é, sobretudo, espírito, isto é, criação histórica, e não natureza"), temperada, porém, pela reabilitação, compartilhada por De Sanctis, do iluminismo como "magnífica revolução". Tal inspiração desaparece nos *Cadernos*.

As características essenciais que Gramsci atribui nesse artigo à cultura poderiam facilmente ser encontradas nas páginas dos *Cadernos*: "organização" e "disciplina do próprio eu interior".[48]

Um estudo evolutivo da concepção da cultura no pensamento de Gramsci, desde os primeiríssimos escritos, seria certamente bem-vindo. Evidentemente, a grande virada tem a ver com a inversão do seu juízo em relação ao *Manual* de Bukharin,[49] utilizado por ele em 1925 para a primeira parte do curso da "escola interna do partido", mas considerado nos *Cadernos* como expressão de materialismo primitivo e de economicismo, defensor, portanto, da dissociação entre política e cultura.

---

46 Cf. Gramsci, *Quaderni del carcere*, 3, *48*, p.328 et seq.
47 Ibid., 9, *26*, p.1112.
48 Id., *Scritti*, v.1, 1980, p.99-103.
49 Bucharin, *Teoria del materialismo storico*. Cf. também item 15.3.

4.10 "Temas de cultura"

Até hoje, pouca atenção foi dada aos títulos de muitas das notas e apontamentos que caracterizam os *Cadernos*.[50] Um aprofundamento da ligação estreita entre *gênese* e *estrutura* dessa obra[51] deveria levar em consideração comparativamente, juntamente com os "assuntos" do projeto de trabalho indicados por Gramsci várias vezes nas *Cartas* e nos *Cadernos*, a multiplicidade e o andamento dos títulos das notas, alguns dos quais reaparecem como autênticos *leitmotiven*. Aparecem expressões-mãe, como "passado e presente", que não têm correspondência nos títulos dos "cadernos especiais". Outras expressões se cruzam, porém, com esta última. Aduzo os exemplos de "Maquiavel" e, em relação ao nosso assunto, de "temas de cultura", que dá título aos cadernos 16 (1933-34) e 28 (1935), com o acréscimo, respectivamente, de "1º" e "2º". Destaque-se que o uso desse título cresce, quantitativa e qualitativamente, na história evolutiva das notas. Exatamente em suas primeiras aparições, no entanto, se revelam algumas características essenciais.

Depois de ter aparecido pela primeira vez na nota 150 (B) do *Caderno 2*, "temas de cultura" dá o título à nota 49 (B) do *Caderno 3* (com o acréscimo "Material ideológico") e à nota 60 (A) do *Caderno 4*. Nesses dois últimos casos o organizador adverte que ele "substitui o título original, depois cancelado, de

---

50 Renzo Martinelli cuidou do Índice completo dos *Cadernos* para o Instituto Gramsci Toscano, que foi publicado por ocasião da "Mostra nazionale" na Biblioteca Nacional Central de Firenze, em janeiro de 1978. O Índice foi proposto de novo por Dario Ragazzini no CD-ROM anexado à *Unità*, de 27 de janeiro de 2007.

51 O trabalho de Frosini e, de modo mais geral, de todo o grupo de trabalho da International Gramsci Siciety-Italia, que deu vida ao *Seminario sul lessico dei Quaderni*, estabeleceu, nessa direção, um novo paradigma nos estudos gramscianos. Cf. a primeira parte de Frosini, *Gramsci e la filosofia*; e Frosini; Liguori (orgs.), *Le parole di Gramsci*.

Riviste-tipo [revistas-tipo]". A incerteza do autor é sinal de uma relação entre (organização da) cultura e jornalismo, evidenciada já no 14º "tema principal" dos elencados por Gramsci na primeira página do *Caderno 1* e que se manterá no decorrer dos anos chegando a caracterizar de modo relevante aquele *plano de trabalho* que a última fase representa – mas também um possível novo início – dos *Cadernos*.[52] Note-se a afinidade de expressão entre "temas de cultura" e "temas principais".[53]

---

52 A última fase de realização dos *Cadernos*, em Formia (1934-1935), leva-nos a registrar uma contradição. Por um lado, a escrita é decididamente mais cautelosa e pouco inovadora, prevalecem textos de segunda redação (chamados textos C), muitas vezes com variantes limitadas, o todo parece, sobretudo, um trabalho de conservação e valorização do que já feito. Por outro lado, esse trabalho sóbrio leva à redação de um grupo de "cadernos especiais" que, na sua combinação, constituem uma espécie de *obra* original, aberta no plano estilístico e formal, conclusa enquanto exposição de um conteúdo homogêneo e capilarmente sistemático, que parece feito de propósito para induzir ao diálogo com a atual cultura pós-colonial. Vai-se do histórico "Americanismo e fordismo" (*Caderno 22*) à introdução a uma linguística comparativa (*Caderno 29*), da crítica corrosiva do lorianismo (*Caderno 28*) à quase afetuosa crítica imanente do folclore (*Caderno 27*) e da cultura subalterna (*Caderno 25*), dos temas de cultura e de crítica literária (*Cadernos 23 e 26*) à apresentação de um programa de trabalho jornalístico, anunciador de uma nova *Ordem Nova* (*Caderno 24*). Uma trama sutil mantém juntos os fios do discurso. Para quem começar hoje o estudo dos *Cadernos*, poder-se-ia sugerir iniciar exatamente com essa singular *sinfonietta* final.

53 Encontramos "temas de cultura" (às vezes "problemas de cultura" ou "cultivo") no *Caderno 4* (notas 60, 89, 92) e no *Caderno 7*, nota 61. A explosão se verifica com o *Caderno 8* (notas 149, 151, 153, 156-159) e o *Caderno 9* (notas 6, 7, 13, 23, 25, 27, 39, 44, 72, 74, 95, 121, 132, 137). Depois de começar os "cadernos especiais", a situação muda. Os textos, todos de redação única (B), do *Caderno 14* (notas 11, 12, 19, 63, 67, 69) e do *Caderno 15* (notas 13, 68, 75) – escritos nos primeiros meses de 1933 – são considerados na perspectiva do "caderno especial" 16 (1934), composto quase inteiramente de textos de segunda redação (C), que retomam também notas dos *Cadernos 4, 8 e 9*, mais raramente, dos *Cadernos 1 e 15*. O *Caderno 16* é o coração da elaboração gramsciana dos "temas de cultura". Por sua vez, as repetições (textos B) do *Caderno 17* (notas 9, 10, 12, 17, 19, 21, 25, 43, 52, 53) são examinadas em relação com o "caderno especial" 26.

Cá e lá estão em jogo temas e problemas que dão vida aos dois percursos complementares que ora se alternam, ora confluem no labirinto dos *Cadernos*: um é o percurso teórico ou histórico-filosófico, *für ewig* [para sempre], o outro é o percurso pragmático de um projeto hipotético de organização político-cultural (e de partido) a partir de uma revista (uma nova *Ordem Nova*) inspirada no conceito de "jornalismo integral". Desse entrelaçamento nasce uma tensão produtiva inevitavelmente não resolvida entre a eternidade do pensar e a contingência do "Que fazer?".

Como já foi indicado, todo o desenvolvimento dos "temas de cultura" (bem como das questões, enfrentadas em outras notas, ligadas à "difusão" e "organização" da cultura) é posto em confronto e em relação com o *Caderno 24* intitulado "Jornalismo". Um nexo ulterior, não negligenciável, é identificado com o último caderno, o *29* ("Notas para uma introdução ao estudo da gramática").

Considerando o conjunto tanto das notas como dos cadernos que levam o título em questão, podemos elencar a seguinte tipologia dos "temas de cultura" tratados:

(a) em primeiro lugar, esclarecimentos lexicais ou histórico-conceituais (enfrentados, em forma mais esquelética, também por outras notas intituladas "Noções enciclopédicas");

(b) questões de método e de instrumentação (também bibliográfica) na atividade de pesquisa, em particular no estudo da gênese ou estrutura da filosofia da práxis, e da história;

(c) questões geoculturais, mais raramente geopolíticas ou geoeconômicas (discutidas também por numerosas outras notas que levam no título "cultura", sem a especificação "temas", e por outras, de caráter variadamente geográfico, que não concernem de modo direto a cultura).

Giorgio Baratta

É sintomático que no *Caderno 16* apareçam, chegando quase a tocarem-se, observações penetrantes sobre o estudo individual ("o autodidata") e sobre a formação de uma "consciência" e de um "organismo" coletivos.

Como expressão exemplar da abordagem pragmática das reflexões gramscianas, podemos citar um texto de segunda redação (C) tardio (1934), no qual se especifica o projeto de organização político-cultural do qual se falava há pouco. Tal projeto pressupõe

> que exista, como ponto de partida, um grupamento cultural (em sentido lato) mais ou menos homogêneo, de certo tipo, de certo nível e especialmente com certa orientação geral, e que sobre tal grupamento se queira apoiar-se para construir um edifício cultural completo, autárquico, começando exatamente pela... língua, ou seja, pelo meio de expressão e de contato recíproco.[54]

Note-se que o termo "cultural", que ocorre duas vezes nesse trecho, está ausente no texto correspondente da primeira redação (A). Em geral, na última fase dos *Cadernos* se verifica uma insistência mais acentuada de Gramsci em sublinhar a importância da "cultura" e da "organização da cultura".

Um "centro homogêneo" ou "centro unitário de cultura", construído com consciência da difícil, mas imprescindível, relação entre cultura e política, mais exatamente entre atividade cultural e partidária,[55] como entre unidade da intenção e diversidade dos componentes, é um objetivo concreto que Gramsci

---

54 Gramsci, *Quaderni del carcere*, 24, *1*, p.2259; cf. Ibid., 14, *66*, p.1725-6. Estamos num território de fronteira entre "organização unitária de cultura" (Ibid., 1, *35*, p.26, A) ou "organismo unitário de cultura" (segunda redação correspondente: Ibid., 1, *24*, p.2263, C) e partido, evidentemente renovado de cima embaixo.

55 Ibid., 6, *120*.

deixa como herança aos seus leitores empenhados no diálogo com o seu pensamento.

4.11 Sinopse

Pode-se tentar, como conclusão do discurso, distinguir entre usos e significados principais do termo "cultura" nos *Cadernos*.

Em *primeiro lugar* – e fundamentalmente –, a "cultura" é um campo, uma esfera, uma área, um mundo de atividade intelectual ou, em sentido mais amplo, mental, diverso mas não separado daquele que inicia a atividade (re)produtiva,[56] a qual também tem, evidentemente, um lado intelectual, mas não é realizada especificamente por aqueles que, no âmbito da divisão do trabalho, são intelectuais profissionais "tradicionais" (portadores de "alta cultura"). A fortíssima atenção direcionada por Gramsci à linguagem, a qual é contraditoriamente "uma coisa viva e ao mesmo tempo um museu de fósseis da vida passada", o faz sublinhar a raiz comunicativo-expressiva da atividade intelectual e, portanto, da cultura: "Toda linguagem tornou-se uma metáfora e a história da semântica é também um aspecto da história da cultura".[57]

Enquanto expressão, do mesmo modo que "religião" e "senso comum", de uma "concepção do mundo", e enquanto raiz de qualquer atividade cultural, a linguagem aproxima a cultura daquela dimensão do cotidiano que Williams chamará "estruturas do sentir".[58] Aliás, a história da linguagem é um veículo do nexo bastante amplo, mas não menos substancial,

---

56 Com a terminologia usada tempos atrás por Pietro Clemente, pode-se entender, do ponto de vista marxiano-gramsciano, "a cultura como análogo do modo de produção, ou melhor, da formação econômico-social", Cirese, *Intellettuali, folklore, istinto di classe*, p.125.

57 Gramsci, *Quaderni del carcere*, 4, *17*, p.438.

58 Williams, *La lunga rivoluzione*, p.79 et seq.

que Gramsci estabelece entre história da filosofia e história da cultura, no qual esta última contém de novo a primeira.[59]

Pode-se, além disso, observar como nos *Cadernos* a totalidade histórico-social (ou histórico-social-natural, já que por meio da ciência e da tecnologia a natureza se conecta com a história e a sociedade) se mostra diferenciada "metodicamente" nas grandes áreas temáticas da "produção" e da "cultura"; entre elas não existe uma relação hierárquica ou de subordinação, como entre estrutura e superestrutura; antes, juntas, elas constituem "organicamente" uma unidade (bloco histórico). As diferenças são, no entanto, fenomenologicamente notáveis, como, para dar apenas um exemplo, a maior lentidão e o caráter muito menos "explosivo" dos desenvolvimentos e das mudanças na "esfera da cultura" em relação à técnico-produtiva.[60]

Em *segundo lugar*, "cultura" representa um sistema de vida e de valores, e desse ponto de vista se aproxima às vezes do conceito de civilização, com um forte acento ético,[61] ou moral-intelectual. Em alguns casos, "cultura" evoca, enquanto tal, um valor, como quando, referindo-se a De Santis, Gramsci fala de "luta pela cultura, isto é, novo humanismo"[62] ("luta por uma nova cultura, isto é, por um novo humanismo"),[63] ou "luta pela unificação cultural do gênero humano".[64]

---

59 "Posta a filosofia como concepção do mundo e atividade filosófica não concebida mais [apenas] como elaboração 'individual' de conceitos sistematicamente coerentes, mas, além disso e especialmente, como luta cultural para transformar a 'mentalidade' popular e difundir as inovações filosóficas que se demonstrarão 'histórica verdadeiras' à medida que se tornarão concretamente, ou seja, histórica e socialmente universais, a questão da linguagem e das línguas deve 'tecnicamente' ser posta em primeiro plano [...]. Linguagem significa também cultura e filosofia (ainda que seja no grau do senso comum)", Gramsci, *Quaderni del carcere*, 10 II, *44*, p.1330.

60 Ibid., 1, *43*, p.34; cf. Ibid., 24, *3*, p.2269.

61 Este é um aspecto realmente pouco estudado na obra de Gramsci. Sobre ele insistiu Tortorella, *Il socialismo come idea-limite*, p.120-40.

62 Gramsci, *Quaderni del carcere*, 4, *5*, p.426.

63 Ibid., 23, *3*, p.2188.

64 Ibid., 8, *177*, p.1048.

A interligação de cultura e civilização leva Gramsci a identificar ou analisar muitas qualificações tanto em sentido temporal (da cultura greco-romana à moderna, à americanista etc.) como em sentido espacial (da cultura mundial à dos continentes individualmente ou dos povos-nações, às locais). Distinções como "cultura ocidental" mostram um caráter tanto temporal como espacial.

Enfim, "cultura" está estreitamente ligada com o *lugar* principal da reflexão gramsciana, que é a política e a esfera ideológica. Deste ponto de vista ela é *"expressão* da sociedade" (itálico meu) ou, em sentido mais técnico, da natureza e articulação da sociedade civil. Aqui é oportuna a referência à principal das categorias gramscianas: podemos entender a cultura como forma e organização da luta pela hegemonia.

Tal sinopse tripartida tem uma validade parcial porque a nossa viagem pelo "mundo da cultura" nos *Cadernos*, além de dedicar pouca atenção a aspectos diacrônicos, negligenciou muitos percursos; era inevitável, dada a versatilidade do tema. Penso em particular na reflexão sobre a "cultura popular" e sobre uma "nova cultura"; na relação entre cultura, produção e economia (Gramsci fala também de "mercado cultural");[65] nas considerações sobre a "cultura italiana" e, obviamente, sobre a "cultura nacional-popular"; nos problemas, apenas tocados de leve, da tradutibilidade das culturas e na relação complexa entre línguas nacionais, tradução cultural e história mundial; no taylorismo e nos problemas da especialização no campo intelectual e cultural; nas relações entre cultura e literatura, mais em geral entre cultura, arte e linguagens artísticas;[66] na dimensão

---

65 Ibid., 9, *31*, p.1115.

66 A relação entre linguagens artísticas verbais e não verbais (em particular música e artes visuais) é, segundo Gramsci, uma questão de "substância cultural", mas também dado "o 'sucesso' internacional do cinema modernamente e, anteriormente, do 'melodrama' em particular e da música em

Giorgio Baratta

educativo-formativa da cultura; no caráter público (socialização) da cultura – um dos numerosos temas que Gramsci herda do Iluminismo; no nexo entre cultura, ciência e técnica.

4.12 Uma "cultura leiga" para um humanismo técnico-científico

Afirmo que "ciência" e "técnica" são os grandes ausentes do vasto debate que se desenrolou ao longo do tempo em torno da obra de Gramsci. Em toda a época da fortuna crítica predominantemente italiana de Gramsci, a dupla Togliatti-Geymonat, mesmo desde margens muito diversas (e a essa dupla está associado Timpanaro), de fato impediu uma consideração minimamente fundada na base filológica da análise gramsciana da ciência e da técnica. Em época mais recente, a época da recepção internacional de Gramsci, a partir dos anos 1980, houve alguns episódios importantes, como os de Tagliagambe[67] e Boothman[68]; mas ainda pouco para enquadrar precisamente o problema interpretativo.

Quem quisesse retomar sob todos os aspectos a questão do humanismo no pensamento de Gramsci, não poderia prescindir do seu anelo à superação da dicotomia entre tradição humanista e tradição técnico-científica. Por isso quero dedicar uma curta reflexão conclusiva ao conjunto de questões que, na análise que Gramsci faz da história, da sociedade e da cultura italianas, estreita a relação entre humanismo, ciência, ética e laicismo. Gramsci escreve uma nota dedicada aos "Sobrinhos do padre Bresciani":

---

geral", um tema que requer observações "indispensáveis" e "fundamentais" "para uma política de cultura das massas populares", Gramsci, *Quaderni del carcere*, 9, *132*, p.1193-4.

67 Tagliagambe, *Il marxismo tra Oriente e Occidente*, p.9-55.

68 Boothman, *Traducibilità e processi traduttivi*.

Os leigos falharam na satisfação das necessidades intelectuais do povo: eu creio exatamente por não conseguir representar uma cultura laica, por não ter sabido criar um novo humanismo, adequado às necessidades do mundo moderno, por ter representado um mundo abstrato, mesquinho, demasiado individual e egoísta.[69]

Entre os marxistas "históricos", não poucos pensaram que, na insistência de Gramsci sobre os conceitos aqui em jogo, esconde-se uma defasagem ideológica fora da problemática de classe, uma renúncia à centralidade da economia e das relações sociais de produção. É verdade que Gramsci privilegiou a "cultura" em relação à "produção" em sua abordagem da totalidade histórica, social, natural. A dúvida é se esse privilégio (filosofia da práxis) representa um distanciamento do coração *econômico* do materialismo histórico. Não pretendo responder aqui a tal pergunta; mas parecia-me útil propô-la no momento em que se sublinha erroneamente uma aparente hipertrofia da cultura no discurso de Gramsci e se denuncia (com razão) uma superfetação culturalista no "gramscismo" de certos *Cultural Studies*. O fato é, antes, na minha opinião, que Gramsci enveredou um caminho, essencial *ontem como hoje*, para o pensamento crítico e o marxismo, que consiste em conjugar de modo orgânico – com a consciência da ambivalência das expressões – as "necessidades do mundo moderno" com as "necessidades intelectuais do povo": ou seja, por um lado, a eficiência produtiva, a ciência e a técnica, e, por outro, a aspiração a um "progresso intelectual de massa".

É exatamente isto que nem os filósofos nem os intelectuais em geral mostram querer fazer. E que, ao contrário destes, fez Gramsci, quando propôs uma "cultura leiga", base insubstituível daquele "comunismo leigo" do qual nos falou Valentino Gerratana.[70]

---

69 Gramsci, *Quaderni del carcere*, 3, *63*, p.345; cf. Ibid., 21, *5*, p.2118-9.
70 Zambelli; Tortorell; Frosini; Baratta, Valentino Gerratana, filósofo democrático e comunista laico, *Crítica Marxista*, n.6, p.10-41.

V
Americanismo e fordismo

5.1 A expressão

"Americanismo e fordismo", expressão paradigmática para o pensamento de Gramsci do cárcere, aparece seis vezes nos *Cadernos*, sendo quatro em momentos estratégicos: é o 11º dos "temas principais" elencados no início do *Caderno 1*, título de uma nota densa e resolutiva,[1] "apêndice" à lista dos "ensaios principais" concebidos "para uma história dos intelectuais italianos" no início do *Caderno 8*, título de um "caderno especial", o 22. Aparece outras duas vezes no *Caderno 9*, como título das notas 72 e 74, num contexto mais circunscrito. Consideremos rapidamente essas ocorrências.

A primeira página do *Caderno 1* foi datada pelo autor: 8 de fevereiro de 1929. O 11º dos "temas principais" é precedido pelo 9º, "A 'questão meridional' e a questão das ilhas", e pelo 10º, "Observações sobre a população italiana: sua composição,

---

1 Gramsci, *Quaderni del carcere*, 4, 52, p.489-93.

função da emigração". Há de se notar que, enquanto na primeira carta de planejamento dos *Cadernos*, de 19 de março de 1927, Gramsci não fez referência a essa questão, na missiva de 25 de março de 1929 a Tania ele indica "o americanismo e o fordismo" como um dos "três temas" em que se condensa o seu "plano intelectual". É uma novidade importante, que implica uma modificação desse "plano" desde a primeira germinação em 1927 até o começo da realização em 1929. Entre estas duas datas se coloca um intenso período de "estudos americanos".[2]

Antes de intitular a nota "Americanismo e fordismo", Gramsci, como diz Gerratana na edição crítica,[3] tinha dado a ela o título, depois apagado e substituído, "'Animalidade' e industrialismo", já empregado para a nota 158 do *Caderno 1* e, depois, para a nota 10 do *Caderno 22*. A nota 52 do *Caderno 4*, datável em novembro de 1930, segue (e em menor medida precede) uma não negligenciável série de notas intituladas "Americanismo" e de outras com títulos ou conteúdos ligados a este último. No entanto, não existem notas intituladas exclusivamente "Fordismo".

O *Caderno 8*, cuja primeira parte é dedicada a "Notas esparsas e anotações para uma história dos intelectuais italianos", inicia com uma lista de "ensaios principais" (feita no final de 1930) que termina com a indicação de "americanismo e fordismo"

---

2 Cf. Felice, Libri e articoli indicati da Gramsci. In: Gramsci, *Quaderno 22*, p.121-4. À lista fornecida por De Felice são acrescentadas as traduções francesas de Henry Ford, em colaboração com Samuel Crowther (*Aujourd'hui et demain*) e de dois romances, respectivamente de Upton Sinclair (*Le pétrole*) e de Sinclair Lewis (*Babbitt*); o prefácio de Victor Cambon a *Ma vie et mon oeuvre* de Ford (citada na lista) e os artigos: Bondini, "L'idea Ford"; G. A. Borguese, "Strano interlúdio"; A. Capasso, "Un libro di Daniel Rops". Uma fonte importante para a análise gramsciana do americanismo, não referida na lista, é o número especial de 14 de outubro de 1927, dedicado à literatura dos Estados Unidos, de *Die literarische Welt*, que Gramsci traduziu inteiramente durante o ano de 1929, antes de se preparar para a redação do *Caderno 1* (Cf. Gramsci, *Quaderni del carcere*, 1, *Quaderni di traduzione*, p.41-144).

3 Gramsci, *Quaderni del carcere*, 4, 52, p.489.

como o único "apêndice" previsto.[4] "Americanismo e fordismo" não aparece aqui como um "tema principal" e, contudo, sua posição de "apêndice" ao tema em exame não é absolutamente sem importância, porque fornece o horizonte internacional a uma problemática especificamente italiana.

O *Caderno 22* (datável em fevereiro-março de 1934) inicia com uma densa nota explicativa de segunda redação (texto B); esta enfrenta uma "série de problemas que devem ser examinados sob este título geral e um pouco convencional de 'americanismo e fordismo'".[5] Somos assim advertidos de que nos encontramos na presença de uma expressão não imediatamente evidente e significativa, de certo modo elitista. É verdade que a "série de problemas" indicada parece aprofundar e estender o alcance de "Americanismo e fordismo" em relação ao sentido que tem nos primeiros cadernos. No entanto, a redação do *Caderno 22* mostra – contra as promessas e premissas da nota introdutória – certa pressa e aproximação. Como acontece com os outros "cadernos especiais", ademais (também se de modo menos vistoso que, por exemplo, com o *Caderno 24* sobre o "Jornalismo"), o *Caderno 22* não retoma notas precedentes, embora importantes, que permanecem assim com uma redação única (tipo B).

No tocante às mencionadas ocorrências no *Caderno 9*, observamos que aqui o olhar se volta a um tema particular: os "altos salários pagos por Ford".[6] Gerratana levanta a hipótese de que nas notas 72 e 74 se registra a reação de Gramsci à leitura de um artigo de julho de 1932,[7] o que representa um episódio esporádico em relação à intensa época dos "estudos americanos" anteriores.

---

4 Ibid., 8, *6*, p.935-6.
5 Ibid., 22, *1*, p.2139.
6 Ibid., 9, *72*, p.1143.
7 Id.

Em geral, excluída a nota introdutória, o *Caderno 22* contém quinze notas de segunda redação (tipo C). Elas correspondem – com variantes e ampliações que não modificam a substância da argumentação – a notas de tipo A: oito do *Caderno 1*, duas do *Caderno 3*, três do *Caderno 4*, duas do *Caderno 9* e uma, por fim, na metade entre os *Cadernos 4* e *9*. Considerando a datação presumida fornecida por Gerratana e por Francioni,[8] podemos constatar que a quase totalidade das notas de tipo A (do *Caderno 1* ao *Caderno 4*) foi escrita entre 1929 e 1930. As notas do *Caderno 9* remontam a 1932.

O grosso de "Americanismo e fordismo" entra, portanto, na primeira, ou antes, primeiríssima fase de elaboração dos *Cadernos*. Por isso pode parecer surpreendente o destaque e o que chamamos de "aprofundamento" e "extensão" (quantitativa e qualitativa) com que Gramsci apresenta "Americanismo e fordismo" em 1934.

5.2 Hegemonia

Sob a trama fragmentária e dispersiva, estruturalmente misturada, do *Caderno 1*, emerge, graças ao microscópio da análise temática, uma organização extremamente atenta e consciente.[9]

Poderemos considerar o *Caderno 1* como a exposição do tema da "hegemonia" – um tema por sua natureza interdisciplinar, ou até antidisciplinar – *em estado nascente*.

A nota 61 introduz, depois de sondagens anteriores rápidas, o tema "americanismo". Se a ligarmos com a nota 43 (que, examinada junto com a 44, constitui um verdadeiro tratado histórico-social sobre o *Risorgimento* e a *Questão meridional*) nos

---

8 Utilizamos aqui e em seguida a lista feita por G. Francioni, *L'officina gramsciana*, p.136-46.

9 Buttigieg, *Introduction*. In: Gramsci, *Prison Notebooks*.

damos conta do sentido que tem a colocação acima referida do 11º "tema principal" depois dos dois que o precedem.

A *hegemonia americana* no mundo grande, terrível e complicado – que Gramsci apresenta como a principal novidade do desenvolvimento do capitalismo em relação aos tempos de Marx (e a alguns aspectos de Lênin) – determina de fato, como veremos, a *internacionalização* da "questão meridional", examinada no nível puramente italiano nos *Temas* de 1926. É significativo, a propósito do nexo entre o 11º e o 9º "assunto principal", o fato de que Gramsci, no começo da nota 61, considera "condição preliminar" do "americanismo na sua forma mais acabada" "a racionalização da população"[10] (no *Caderno* 22, "racionalização da composição demográfica").[11] O conceito de "composição" da população nos reconduz a uma questão-chave dos *Cadernos*: a relação entre "povo" ou "população" e "classes".

Associando o termo "americanismo" àquele subentendido "hegemonia americana",[12] pretendemos captar o significado essencial da primeira parte do par de conceitos que constituem o *verbete* aqui estudado; e juntamente exibir a sua ótica, ou seja, a capacidade de investigar:

(a) os nexos geoculturais e geopolíticos entre Itália, Europa, América e mundo;

(b) o aspecto ético-cultural e *antropológico* do modo de produção capitalista na sua determinação técnico-material "fordista";

(c) a surpreendente onda longa que o americanismo representa não só na época do fordismo, estudada por Gramsci, mas também – além dessa época – nos tempos que chegam até nossos dias.

---

10 Gramsci, *Quaderni del carcere*, 1, *61*, p.70.
11 Ibid., 22, *1*, p.2140.
12 Baratta, *Le rose e i Quaderni*, capítulo 8.

5.3 Americanismo

O percurso descrito pela nota 61 é exemplar para o esclarecimento da relação entre americanismo e "hegemonia americana", mas também do nexo entre "hegemonia" e "economia". Aqui, não é harmonicamente evidente – e não o será em nenhuma das notas anteriores, tomadas individualmente, ao *Caderno 22* – como a novidade do americanismo diz respeito de maneira abrangente a uma estruturação do Estado, uma produção cultural e uma determinação antropológica que respondem à "necessidade imanente de chegar à organização de uma economia planejada",[13] e se relacionem, portanto, com a modalidade que o capitalismo elaborou para enfrentar, do seu ponto de vista, os mesmos problemas que incitam no mundo contemporâneo a "necessidade imanente" do socialismo.

Os motivos determinantes (se lermos a nota 61 junto com a nota 135, também esta intitulada "Americanismo") já estão dados. A potência da América tem como premissa a sua "virgindade" histórico-cultural, o que constitui um motivo de fraqueza em relação à riqueza das "tradições" europeias, mas por outro lado poupa-lhe o peso das sedimentações "passivas" e incrustações "parasitárias" ligadas à composição demográfica e de classe da sociedade europeia. À premissa segue-se o resultado, ou seja, uma nova configuração da economia em relação com o Estado, portanto, também uma nova forma de Estado:

> O Estado é o Estado liberal, não no sentido de liberalismo aduaneiro, mas no sentido mais essencial da livre iniciativa e do individualismo econômico, que chegou com meios espontâneos, pelo próprio desenvolvimento histórico, ao regime dos monopólios.[14]

---

13 Gramsci, *Quaderni del carcere*, 22, *1*, p.2139.
14 Ibid., 1, *135*, p.125.

Gramsci tem em mira algo que não é certamente uma descoberta: o capitalismo monopolista de Estado. Sua é a descoberta da questão *hegemônica* ligada a tal formação. A consciência de tal questão chega a uma conclusão dilemática, expressão de um drama histórico totalmente aberto.

Seja-me permitido citar aqui uma anedota. Ercole Piacentini, o fiel companheiro de Turi, contou que certo dia Gramsci, no começo de uma das costumeiras "lições do cárcere", disse, aproximadamente, o seguinte: "Companheiros, hoje falaremos de americanismo e fordismo. Tenham em mente que depois do advento do americanismo tudo mudou. Devemos partir daí se quisermos fazer não como na Rússia, mas como é necessário para construir o socialismo no Ocidente". Tratava-se, portanto, de um problema, ainda antes que o de hegemonia dentro do capitalismo, de hegemonia mundial. Estava em jogo a questão decisiva da revolução. (Não por acaso, Gramsci sublinhava a clarividência da *Ordem Nova*, "que sustentava uma forma de 'americanismo' aceita pelas massas operárias.")[15]

A conclusão dilemática da nota 61 diz respeito – sem perder de vista o dilema mais profundo – ao dilema entre revolução ativa e passiva e se refere ao caso intercapitalista. A novidade do americanismo é que na América moderna "a hegemonia nasce da fábrica e não precisa de tantos intermediários políticos e ideológicos". Racionalidade e modernidade são filhas do industrialismo e de sua capacidade de inovação, desde a esfera imediata da economia até a "elaboração forçada de um novo tipo humano". O problema, enorme, é nesta, que é uma fase "econômico-corporativa",

ainda não se verificou (senão esporadicamente, talvez) uma florescência "superestrutural", portanto, não foi ainda posta a ques-

---

15 Ibid., 22, 2, p.2146; cf. Ibid., 1, *61*, p.72; e Ibid., 1, *57*, p.68.

tão fundamental da hegemonia; a luta chega com armas tomadas do arsenal europeu e ainda degenerado, portanto, parecem e são "reacionárias".[16]

Mas o que significa isso, se a novidade do americanismo consiste precisamente no nascimento da hegemonia pela fábrica? Qual é a "questão fundamental da hegemonia"? O que está acontecendo na Europa? Como ela se relaciona com o que Gramsci mais adiante chamará de "peso implacável da [...] produção econômica"?[17] A problemática aqui evidenciada está situada no contexto de uma questão finamente "filológica" que concerne à relação entre "Americanismo e fordismo" e a evolução do pensamento de Gramsci do cárcere. Vimos que esse "assunto" nasce juntamente com os *Cadernos*. Tem um desenvolvimento rápido, impetuoso, depois se aquieta. É finalmente retomado em grande estilo com o homônimo "caderno especial". Quando redige esse caderno, Gramsci já tinha abandonado, para vantagem de uma concepção madura da hegemonia, algumas características tendencialmente ainda mecanicistas na configuração do nexo entre estrutura e superestrutura.[18] Graças ao aprofundamento do conceito de hegemonia, Gramsci tinha abandonado também certas "ilusões" anteriores, que poderemos definir como *economicistas*, sobre a primazia da América e do americanismo em relação às tradições hegemônicas europeias. No entanto, como demonstram a nota introdutória e a amplitude de articulação do *Caderno 22*, não obstante e em certo sentido por força da queda dessas ilusões residuais, não se atenua, mas antes é exaltada a novidade histórica (econômica, política, cultural, demográfica, antropológica) do americanismo.

---

16 Ibid., 1, *61*, p.72.
17 Ibid., 3, *11*, p.296.
18 Cospito, *Struttura-superstruttura*. In: Frosini; Liguori (orgs.), *Le parole di Gramsci*, p.227-46.

A complexa vicissitude de "Americanismo e fordismo" lança luz sobre um aspecto delicado da evolução global dos *Cadernos*. Certamente, Gramsci amadurece seu pensamento de modo a superar progressivamente concepções não adequadas à novidade da teoria da hegemonia. O tratamento de "americanismo e fordismo" nos primeiros cadernos – 1 e 4 ao 7 – não perde, porém, frescor e originalidade. Ao contrário, junto com o redimensionamento e a correção de alguns elementos contidos nessa questão, permanece intacto seu caráter fundador e em certo sentido *o caráter definitivo* de determinadas aquisições. Mas se as coisas são assim, somos colocados num circuito circular ou labiríntico do percurso dos *Cadernos*, que desse ponto de vista, poderemos dizer, não têm pé nem cabeça, ou seja, nem início nem fim.

5.4 Desenvolvimento e atraso

"Americanismo" é um fenômeno ao mesmo tempo americano (a nova ordem do capitalismo vislumbrado nos Estados Unidos), europeu (necessidade de imitação ou, ao contrário, "onda de pânico") e mundial ("hegemonia americana", imperialismo). Enquanto expressão da "modernidade", o americanismo constitui e promove o incremento da primazia (congênita ao capitalismo) da indústria sobre a agricultura, da cidade sobre o campo. Esses dois primados estão ligados, mas não coincidem. A nota 43 do *Caderno 1* começa a lançar luz sobre cada um destes e sobre a ligação entre eles, que Gramsci considera em nível nacional e internacional.

A problemática econômica, social e política da relação entre cidade e campo, bem como entre indústria e agricultura, entra em contraponto com a análise das diferenças e do contraste territorial entre Norte e Sul, bem como entre Ocidente e Oriente. Trata-se, por sua vez, de distinções específicas e não simétricas que, embora parcialmente, se entrelaçam e se sobrepõem. O resultado é um quadro complexo e diferenciado, um "modelo" no qual parece possível inserir vários fragmentos do processo de mundialização em ato.

Giuseppe Prestipino sustentou que o desenvolvimento das categorias-chave do pensamento de Gramsci – a começar por "hegemonia" e "revolução passiva" – exige e ao mesmo tempo estimula uma "reforma" da dialética fundada, de modo oposto à de Croce (mas recuperando um núcleo seu de racionalidade), numa sábia, articulada e móvel combinação de "contradições" e "distinções".[19] Esquematizando – e interpretando – para o que nos interessa aqui: se "revolução passiva" é a capacidade da tese (capital) de reduzir ou incorporar a antítese (classe operária) num processo que tende a anular sua vontade revolucionária, mas também a utilizar para fins conservadores seus impulsos inovadores, "hegemonia" e "luta de hegemonias" representam a articulação de "distinções" sociais (classes, grupos, territórios) no contexto da "sociedade civil" numa perspectiva para definição contraditória e aberta: vai-se da opressão, por meio da força, do próprio processo de articulação das distinções (destruição das condições da luta hegemônica) até a valorização tendencialmente revolucionária desse processo ("grande política").

Agora deveria ser evidente o valor emblemático de uma nota na conclusão do *Caderno 1* que, embora diga respeito a uma problemática "italiana", pode servir para indicar o sentido profundo com o qual Gramsci analisa a "hegemonia american(ist)a" no mundo:

> A hegemonia do Norte teria sido "normal" e historicamente benéfica, se o industrialismo tivesse tido a capacidade de ampliar com certo ritmo seus quadros para incorporar sempre novas zonas econômicas assimiladas. Então essa hegemonia teria sido a expressão de uma luta entre o velho e o novo, entre o progressivo e o atra-

---

19 Prestipino, Dialéttica. In: Frosini, Liguori (orgs.), op. cit., p.55-73.

sado, entre o mais produtivo e o menos produtivo; ter-se-ia tido uma revolução econômica de caráter nacional (e de amplitude nacional), mesmo se seu motor tivesse sido momentânea e funcionalmente regional. Todas as forças econômicas teriam sido estimuladas e a oposição teria sido sucedida por uma unidade superior. No entanto, não foi assim. A hegemonia se apresentou como permanente; a oposição se apresentou como uma condição histórica necessária para um tempo indeterminado e, portanto, aparentemente "perpétua" para a existência de uma indústria setentrional.[20]

Podemos observar nesse texto um uso ainda imaturo do termo "hegemonia", uma oscilação de sentido entre "direção" e "domínio".[21] Prefiro destacar como Gramsci descreve a abertura e a indeterminação estrutural que caracterizam a hegemonia, a qual pode fechar-se numa "oposição" perpétua que acaba anulando as condições da articulação "progressiva" das diferenças, ou, ao contrário, tornar-se (como pensavam Lênin e Gramsci a partir da aliança necessária entre operários e camponeses) alavanca fundamental de um processo revolucionário.

Podemos agora situar melhor o que Gramsci chama de "mistério de Nápoles", expressão exemplar do *atraso*.[22]

O "mistério de Nápoles" pode ser tomado como símbolo ou metáfora da *realidade* do atraso oposta e complementar à "hegemonia americana" no mundo – fruto de racionalidade demográfica e de modernidade industrial –, magistralmente exposta por Gramsci na nota 61 do *Caderno 1*, em contraponto com aquela realidade.

A Europa opõe à "virgem América" as suas "tradições de cultura". Mas essas tradições, em alguns aspectos ricas e nobres, são igualmente anunciadoras de parasitismo e passividade, de

---

20 Gramsci, *Quaderni del carcere*, 1, *149*, p.131.
21 Coutinho, *Gramsci e i Sud del mondo*.
22 Cf. capítulo XV.

"sedimentações viscosas". A "irracionalidade da composição demográfica" caracteriza, em comparação com a "situação americana", a "situação europeia", que se agrava à medida que nos afastamos do Norte. Nessa perspectiva, o Sul da Itália parece uma espécie de Sul da Europa. Mas o modelo é ainda mais amplo e envolve o mundo inteiro:

> Essa situação não se apresenta apenas na Itália; em medida notável, se apresenta em toda a Europa, mais na Europa meridional, sempre menos em direção ao Norte. (Na Índia e na China deve ser ainda mais anormal do que na Itália, e isso explica a estagnação da história).[23]

A estagnação da história: este é o risco mortal do atraso, se os países atrasados não forem capazes ou não forem colocados em condição de utilizar produtivamente a atividade e a capacidade industrial de seus habitantes. O "mistério de Nápoles" parece assim o símbolo de uma "situação" planetária, onde as *diferenças* ou *distinções* entre desenvolvimento e atraso – sob a "hegemonia americana", mas em presença, ainda que apenas esboçada, da alternativa socialista – poderiam tornar-se fermento vital de uma luta hegemônica progressiva; mas de maneira mais realística, na atualidade, se apresentam como fonte de parasitismo de um lado, de colonialismo e imperialismo do outro.

5.5 Fordismo

Depois de algumas referências significativas a Ford nos *Cadernos 1 a 3*,[24] Gramsci introduz o termo "fordismo", fazendo par com "americanismo", como título da nota 52 do *Caderno 4*,

---

23 Gramsci, *Quaderni del carcere*, 1, *61*, p.71.
24 Ibid., 1, *61*, p.72; Ibid., 2, *57*, p.213; Ibid., 2, *138*, p.275; Ibid., 3, *41*, p.318.

anteriormente designada, como já destacamos, "'Animalidade' e industrialismo". Essa expressão capta um aspecto central daquilo que Gramsci entende por "fordismo" (em seu nexo com o "americanismo"), como realização do processo em que "o industrialismo é uma vitória contínua sobre a animalidade do homem, um processo ininterrupto e doloroso de subjugação dos instintos a novos e rígidos hábitos de ordem, de exatidão, de precisão".[25]

Em relação ao "americanismo", Gramsci fala do "fordismo" de maneira exclusiva muito mais raramente. Em todo caso, é clara a polivalência do conceito: "fordismo" é concretização e princípio de generalização do taylorismo ("organização científica do trabalho") e, neste sentido, um novo modo *material* de produção; é política salarial ("altos salários") para a seleção de um grupo operário capaz de sustentar um ritmo e uma intensidade de trabalho particularmente elevados, funcionais para a manutenção por parte da empresa de uma mais-valia extraordinária ou de um "monopólio de iniciativa";[26] é a busca sistemática de aplicação e extensão dos métodos tayloristas de trabalho ao modo de viver dos operários taylorizados.

A *unidade* entre fordismo e americanismo exprime o fato de que "o novo método de trabalho e o modo de viver são indissolúveis".[27] Às vezes, as duas expressões parecem coincidir. Para identificar melhor o seu nexo, pode-se sustentar que no fordismo se aninham os fatores técnicos ou materiais, geradores daquilo que Gramsci chama, em sentido mais amplo, de "americanismo" ou "fenômeno americano", e isto tanto em sentido econômico:

> A lei tendencial [da queda da taxa de lucro] descoberta por
> Marx estaria, portanto, na base do americanismo, ou seja, do ritmo

---

25 Ibid., 1, *158*, p.138.
26 Ibid., 7, *34*, p.883.
27 Ibid., 4, *52*, p.489.

acelerado no progresso dos métodos de trabalho e de produção e de modificação do tipo de operário;[28]

como em sentido ético-antropológico:

> As pesquisas dos industriais sobre a vida privada dos operários, o serviço de inspeção criado por alguns industriais para controlar a "moral" dos operários, são necessidades do novo método de trabalho. Quem escarnecesse essas iniciativas e visse nelas apenas uma manifestação hipócrita de "puritanismo", negaria a si mesmo todas as possibilidades de compreender a importância, o significado e o *alcance objetivo* do fenômeno americano, que é *também* o maior esforço coletivo [que até agora existiu] para criar, com uma rapidez inaudita e com uma consciência de fim nunca vista na história, um tipo novo de trabalhador e de homem.[29]

5.6 "Questão sexual"

A análise que Gramsci faz da subjugação da animalidade e do controle da sexualidade no fordismo é relativamente ampla e articulada: refere-se tanto à "crise de libertinagem" das classes abastadas, como à "pressão brutal" exercida sobre a massa dos trabalhadores, submetidos à proibição e impelidos para a "mecanização" da função sexual.

Expressão de uma sensibilidade fina e moderna é a consideração que Gramsci traça da "questão feminina", a qual ele examina também em referência à sociedade soviética, onde no conflito entre "ideologia 'verbal'" e "prática 'animalesca'" se verifica ou pode verificar-se "uma situação de grande hipocrisia social totalitária". Enquanto na sociedade capitalista, de fato, a

---

28 Ibid., 7, *34*, p.883.
29 Ibid., 4, *52*, p.489.

classe operária é submetida à coerção por parte da burguesia, e "a hipocrisia é de classe, e não total", num país socialista, "não existindo o dualismo de classe", a hipocrisia torna-se "totalitária"; para fazer frente a esta seria preciso "uma coerção de tipo novo", ou seja, a "autodisciplina" da classe operária, na ausência da qual nascerá alguma forma de bonapartismo ou haverá uma invasão estrangeira"[30] (na transcrição falta a referência ao perigo de bonapartismo e de invasão estrangeira).

No entanto, Gramsci é pessimista acerca da condição da mulher "americanizada". "A indiferença em relação à moral mostra que estão sendo criadas margens de passividade social sempre mais amplas". A "beleza feminina mundial" – através "dos concursos de beleza, do cinema, do teatro etc." – é "posta em leilão". As mulheres dos industriais se tornam "mamíferos de luxo": verifica-se "uma prostituição mal encoberta das formalidades jurídicas". Assim se explica, se for considerada a "moralidade-costume" imposta coercitivamente sobre a classe operária, a forte "indiferença em relação à moral entre a classe trabalhadora e elementos sempre mais numerosos das classes dirigentes nos Estados Unidos".[31]

É evidente a preocupação de Gramsci (sobretudo com referência à União Soviética, que é assim diretamente influenciada pelo americanismo) em relação ao divórcio e à "abolição da prostituição legal". A conclusão do seu raciocínio – que conheceu avaliações também diametralmente opostas – põe um objetivo de fato avançado e prenhe de futuro, como se deduz sobretudo da segunda redação da passagem que citamos agora:

A questão mais importante é a salvaguarda da personalidade feminina: enquanto a mulher não tiver alcançado verdadeiramente uma independência frente ao homem, a questão sexual será rica de

---

30 Ibid., 1, *158*, p.139; cf. Ibid., 22, *10*, p.2163.
31 Ibid., 4, *52*, p.490-1.

características doentias e será preciso ser cuidadoso no tratamento com essa questão e em tirar conclusões legislativas.[32]

A questão ético-civil mais importante ligada com a questão sexual é a da formação de uma nova personalidade feminina: enquanto a mulher não tiver alcançado não só uma independência real frente ao homem, mas também um novo modo de conceber a si mesma e a sua parte nas relações sexuais, a questão sexual permanecerá rica de características doentias e será preciso ser cauteloso em toda inovação legislativa.[33]

5.7 Taylorismo

A primeira referência ao taylorismo nos *Cadernos* não diz respeito ao trabalho operário, mas à "profissão" do intelectual "que tem suas 'máquinas especializadas'" e seu "tirocínio", que tem um "sistema Taylor" próprio, e cuja "capacidade", em primeiro lugar lógica, "é uma 'especialidade', não é um dado do 'senso comum'".[34]

Pode parecer contraditório que o taylorismo dos intelectuais sublinhe a especialização da atividade intelectual, enquanto o taylorismo operário comporta o contrário, ou seja, a mecanização das atividades, a exclusão de toda qualificação especializada, o "desinteresse psicológico", em suma, "o distanciamento entre o trabalho manual e o 'conteúdo humano' do trabalhador". O próprio Taylor – Gramsci lembra citando um livro de Philip[35] – compara o operário ("inserido numa engrenagem mecânica", como escreve Philip) a um "gorila amestrado".[36]

---

32 Ibid., 1, *62*, p.73.
33 Ibid., 22, 3, p.2149 et seq.
34 Ibid., 1, *43*, p.33.
35 Philip, *Le problème ouvrier aux États Unis*.
36 Gramsci, *Quaderni del carcere*, 4, *52*, p.489-93.

É uma contradição real (existente na realidade), não uma incoerência lógica. Marx tinha falado da produção em massa como expressão do *general intellect*. Gramsci não propõe de novo esse conceito, mas sua análise orienta-se, radicalizando-a, na mesma direção. O operário tende a tornar-se um apêndice da máquina. A máquina governa o processo produtivo. Na época de Marx, o *general intellect* é uma potência anônima, em relação à qual a quantidade de pessoas colocadas à frente nas funções de produção e de controle é ainda muito limitada. Na época de Gramsci, em que "a categoria dos intelectuais [...] tinha sido ampliada de modo inaudito",[37] o *general intellect* difundira-se e se dividira, ou seja, tinha se materializado numa "massa de intelectuais" entre os quais o "geral" se particulariza e especializa.

Para usar uma expressão apropriada a Gramsci, usada por Brecht, vivemos "na época científica".[38] O taylorismo-fordismo destruiu o velho humanismo, fundado na relação entre trabalho e arte (artesão). Gramsci partilha com Filippo Burzio a tese de que "a unidade histórica" à qual pertencemos e que nos pertence – mesmo estando "em crise" – "apoia-se em três pilares: o espírito crítico, o espírito científico e o espírito capitalista" (talvez fosse melhor dizer – retifica Gramsci – "industrial"). É verdade que a crise diz respeito precisamente à "consciência crítica", mas no sentido de esta não poder mais se sustentar como uma consciência de elite, mas de dever se traduzir numa consciência difusa, que é o único modo de chegar "a uma nova 'hegemonia' mais segura e mais estável".[39] Encontrar o caminho do "espírito crítico" pode salvar o "espírito científico" de naufragar no oceano positivista com o navio do capitalismo. Mas isso significa senão a necessidade de "construir um bloco intelectual-moral que torne politicamente possível um progresso intelectual de massa e não

---

37 Ibid., 12, *1*, p.1520.
38 Brecht, *Kleines Organon für das Theater*, p. 659-708.
39 Gramsci, *Quaderni del carcere*, 1, *76*, p.83 et seq.

só de escassos grupos de intelectuais".[40] Então será possível um "novo humanismo", um humanismo "leigo" e "científico", ou seja, "um novo intelectualismo", fundado na "educação técnica, estreitamente ligada ao trabalho industrial".[41]

Tornar universal, ou seja, devolver ao "homem-coletivo" o *general intellect*, valorizando a capacidade "criativa", "a possibilidade de pensar" *de todos os homens,* mesmo que esse homem esteja reduzido a um apêndice vivo no sistema maquinal da organização taylorista-fordista do trabalho: este é o desafio que Gramsci, como comunista, espera que o movimento operário esteja em condições de lançar contra o fordismo capitalista, apontando para o "espírito de divisão", que não é apenas divisão ético-política entre a classe operária e a burguesia, mas divisão, e, portanto, para a reapropriação operária da *ciência* e da *técnica* dominadas ou controladas pelo capital.[42]

5.8 Luta de classe

Na nota 61 do *Caderno 1*, o *projeto* americano de "racionalizar a produção" para "colocar toda a vida do país sobre a base da indústria" parece realizável "combinando a força (destruição do sindicalismo) com a persuasão (salários e outros benefícios)".[43] O sindicalismo americano tradicional, corporativo, ou seja, "de ofício", mostra-se como uma incongruência combatida pelos industriais americanos e já superada pelo sindicalismo de tipo europeu, portanto, inevitavelmente destinado a morrer.[44] A "persuasão" salarial, por sua vez, é especificada na nota 52 do *Caderno 4* como pagamento de "altos salários" concedidos a uma

---

40 Ibid., 11, *12*, p.1385.
41 Ibid., 12, *3*, p.1551.
42 Ibid., 9, *67*, p.1137 et seq.
43 Ibid., 1, *61*, p.72.
44 Id., cf. Ibid., 22, 2, p.2146.

"aristocracia operária" por parte da aristocracia industrial que, tendo tido "a iniciativa dos novos métodos" tayloristas de trabalho, gozam de "lucros de monopólio" (aos quais correspondem, portanto, "salários de monopólio").[45] Gramsci anteriormente já tinha feito referência à estratégia fordista de obter tanto "o efeito econômico dos altos salários como também os efeitos sociais de hegemonia espiritual".[46]

Com a nota 72 do *Caderno 9*, o modo de enfrentar a questão se concretiza. Depois de ter discutido a necessidade "objetiva" e o âmbito de aplicação dos "salários altos" e ter sublinhado como a indústria Ford, que os introduziu, possui um operariado altamente "instável", Gramsci chega a uma conclusão e a uma pergunta. A conclusão é que o alto salário, na realidade, "não consegue compensar" a "discriminação" em termos de "consumo de forças [...] mais oneroso" que os operários sofrem, e que, por isso, podem preferir outros postos de trabalho. A pergunta é dramática: Será que o fordismo é "racional"? Ou seja, será

possível [...] que o tipo médio do operário Ford se torne o tipo médio do operário moderno, ou isso seria impossível porque levaria à degeneração física e à deterioração da raça, ou seja, destruiria o operário como tal e todas as forças de trabalho social?[47]

Ao transcrever essa passagem para o *Caderno 22*, Gramsci dá uma resposta positiva à pergunta: "Parece ser possível responder que o método Ford é 'racional', ou seja, deve ser generalizado, mas para isso é necessário um processo longo...". Mas não se trata só de tempo, é necessária uma substancial "mudança das condições sociais e uma mudança dos costumes e dos hábitos individuais". É importante o fato de que tal mudança

---

45 Ibid., 22, *13*, p.2172.
46 Ibid., 2, *138*, p.274 et seq.
47 Ibid., 9, *72*, p.1143 et seq.

não pode acontecer apenas através da "coerção", mas somente com uma moderação da coação (autodisciplina) e da persuasão, sob a forma também de altos salários, ou seja, com a possibilidade de melhor nível de vida, ou talvez, mais exatamente, com a possibilidade de realizar o nível de vida adequado aos novos modos de produção, que exigem um dispêndio particular de energias musculares e nervosas.[48]

A alusão à "autodisciplina" é importante. Gramsci não acredita – já verificamos isso – que a autodisciplina seja realizável numa sociedade dividida em classes; ela pressupõe que a classe operária tenha conquistado a hegemonia e tenha responsabilidade de direção. Parece, portanto, que na necessidade de "um processo longo" surge a exigência de uma forma de "racionalização" não compatível com as condições capitalistas nas quais vivem os operários fordistas, aliás, tão "instáveis". Noutros termos, a resposta positiva à pergunta do *Caderno 9* que definimos como "dramática", que envolve a integridade e a saúde psicofísica dos operários, implica um olhar dirigido *para além* do desenvolvimento do capitalismo.

Fica confirmado o âmago de racionalidade que Gramsci reconhece ao taylorismo e ao fordismo. Sua abordagem a esse respeito é a mesma de Marx em relação ao maquinismo e às máquinas, nos quais ele distinguia um aspecto de racionalidade (a vitória do homem na exploração inteligente, por meio da técnica, dos recursos naturais) e um "uso" capitalista que torcia e invertia aquela "exploração" numa exploração perversa e irracional tanto dos mesmos recursos naturais como da força de trabalho humana.[49]

Aqui é oportuno um esclarecimento sobre o juízo de Gramsci a propósito da "racionalidade" da modernidade american(ist)a. Gramsci não tinha nenhuma ilusão. Deixando de lado o

---

48 Ibid., 22, *13*, p.2173 et seq.
49 Marx, *Il capitale*, v.1, p.486.

"cinismo"[50] ou "cinismo brutal"[51] com que Taylor e o taylorismo exprimem "o fim da sociedade americana", ele tinha plena consciência de que a "crise americana de 1929" tinha "posto à luz [...] a existência de fenômenos irrefreáveis de especulação", a tal ponto que "se pode dizer que 'empresas sadias' não existem mais". A "sociedade industrial" não é mais constituída essencialmente por trabalhadores e empresários, mas também por acionistas "vagantes (especuladores)" aos quais é "irracionalmente" distribuída uma quota de lucro maior que o progresso técnico permite a alguém obter.[52]

Há mais. Uma contradição do moderno industrialismo é o fato de que a agilidade e a eficiência das inovações racionalizadoras são acompanhadas pelo crescimento das "forças de consumo em comparação com as forças de produção". É um fenômeno perverso, para o desenvolvimento industrial, que "uma função parasitária se demonstre intrinsecamente necessária".[53]

Irreversível e ligada a "fenômenos doentios" parecia a Gramsci a "crise orgânica" do capitalismo – bem mais antiga, duradoura e estrutural em relação aos elementos conjunturais da crise de 1929 –, ainda que contida pelo novo florescimento americanista. Ele via surgir no americanismo um terreno novo, mais avançado, em relação ao capitalismo tradicional, de contradições e de luta. É a *racionalidade da luta*, da luta de classe, que lhe interessava e para a qual olhava, teórica e politicamente.

5.9 Os *Cadernos* e *O capital*

Toda a atividade industrial de Henry Ford pode ser estudada deste ponto de vista: uma luta contínua, incessante, para fugir da

---

50 Gramsci, *Quaderni del carcere*, 4, *52*, p.489.
51 Ibid., 22, *11*, p.2165.
52 Ibid., 10 II, *55*, p.1348 et seq.
53 Ibid., 10 II, *53*, p.1343.

lei da queda tendencial da taxa de lucro, mantendo uma posição de superioridade sobre os concorrentes.[54]

Como método para consolidar os superlucros mediante os altos salários, o fordismo se atém à seleção de um grupo de firmas capazes de obter o que Marx chamava de "mais-valia extraordinária"; na passagem citada, porém, o fordismo aparece mais como um método apto a utilizar produtivamente o incremento do que Marx chamava de "mais-valia relativa", que diz respeito a empresas em posição não de monopólio, mas na média social. Esse incremento, segundo Marx, é o processo decisivo que *pode* permitir que a generalidade das empresas se oponha aos efeitos negativos sobre a taxa de lucro do aumento da "composição orgânica" do capital, consequência das inovações tecnológicas. "Pode" significa que só se ao aumento da mais--valia relativa se associa um aumento da "taxa de mais-valia", produzindo assim o efeito de "contratendência" à queda da taxa de lucro. O processo está, portanto, estruturalmente aberto. É determinante o fato de que o aumento da taxa de mais-valia – que incide sobre as modalidades do fornecimento do trabalho e de utilização das máquinas – suceda no mesmo terreno em que se produz a lei da queda da taxa de lucro. Essa lei é "tendencial" exatamente porque está sujeita a "variáveis", que tornam indeterminado – isto é, exposto a "uma luta contínua, incessante" – o resultado do desenvolvimento tecnológico.

Esta é a substância da interpretação "dialética" de Gramsci daquela lei, absolutamente oposta à leitura de Croce, que, ao contrário, a considerava exemplo e prova de uma suposta concepção mecanicista de Marx, o qual parecia assim um teórico do colapso inevitável do sistema.

Simplificamos conscientemente, por razões de clareza, a posição de Gramsci sobre essa questão. Ela é complicada pelo fato

---

54 Ibid., 10 II, *36*, p.1281 et seq.

de que a força do fordismo residiria numa dimensão limítrofe entre a "superioridade sobre os concorrentes" das empresas taylorizadas-fordizadas e a determinação de um novo modelo que elas representam para o "conjunto social" das empresas capitalistas.

> O significado de "tendencial" parece dever ser, portanto, de caráter "histórico" real e não metodológico. O termo serve exatamente para indicar esse processo dialético em que o impulso molecular progressivo leva a um resultado tendencialmente catastrófico no conjunto social, resultado do qual partem outros impulsos singulares progressivos num processo de contínua superação que, porém, não pode ser previsto ao infinito, mesmo se se desagrega num número muito grande de fases intermediárias de medida e importância diversas.[55]

O caráter aberto do "processo dialético" parece até demasiado radical, no sentido de que à indeterminação do efeito do desenvolvimento tecnológico sobre a taxa de lucro global (lei tendencial) se associa a indeterminação do conflito entre tendencialidade "catastrófica" daquela lei *geral* e sua "superação" por meio de "impulsos *singulares* progressivos".[56]

A questão da lei tendencial é considerada por Gramsci como a "base do americanismo", o qual, de tal ponto de vista, se torna assimilável ao fordismo: na introdução ao *Caderno 22* este último é proposto diretamente como "ponto extremo do processo de tentativas sucessivas por parte da indústria para superar" a lei em questão.[57]

Na nota 41 do *Caderno 10 II*, Gramsci escreve:

---

55 Ibid., 10 II, *36*, p.1283.
56 Itálico meu. Cf. Consiglio, Il procedimento scientifico in Marx. In: Geymonat (org.), *Lavoro, scienza, potere*, p.161-81.
57 Gramsci, *Quaderni del carcere*, 22, *1*, p.2140.

Sobre a queda tendencial da taxa de lucro. Essa lei deveria ser estudada com base no taylorismo e no fordismo. Não são esses dois métodos de produção e de trabalho tentativas progressivas de superar a lei tendencial, evitando-a ao multiplicar as variáveis nas condições do aumento progressivo do capital constante?[58]

A passagem citada é de segunda redação (tipo C). A primeira redação se encontrava na conclusão da nota 34 do *Caderno 7*, onde se lê: "A lei tendencial descoberta por Marx estaria, portanto, na base do americanismo, ou seja, do ritmo acelerado no progresso dos métodos de trabalho e de produção e de modificação do tipo de operário".[59]

Pode despertar surpresa que uma questão tão central para "americanismo e fordismo" tenha um papel apenas marginal na redação do *Caderno 22*, no qual, depois de ter sido indicada no ponto 7 da "série de problemas" elencados na introdução, é negligenciada nas páginas seguintes. Gramsci evidentemente se contentava a ter tratado dela no *Caderno 10* dedicado ao "Anti-Croce".

5.10 Teoria crítica

Os "estudos americanos" realizados por Gramsci no período de gestação dos *Cadernos* determinam um repensamento filosófico. Na interpretação de Gramsci, a diferença entre Croce e Gentile é alargada. O atualismo deste último se revela uma tentativa retórica vazia, ao lado de outras difundidas na velha Europa, de ocupar o espaço da "ação real" – prática e teórica – que constitui a novidade histórica introduzida no mundo do "americanismo".

---

58 Ibid., 10 II, *41*, p.1312.
59 Ibid., 7, *34*, p.883.

Na nota 92 do *Caderno 1*, ao rejeitar "a fórmula de Gentile da 'filosofia que não se enuncia em fórmulas, mas se afirma na ação'", Gramsci sublinha a

> diferença entre ação real, que modifica essencialmente a realidade externa (e, portanto, também a cultura real), que é o americanismo, e o espírito gladiador ridículo, que se proclama ação e modifica apenas o vocabulário, não as coisas, modifica o gesto externo, não o homem interior.[60]

É significativo que exatamente a filosofia de Gentile, enquanto "põe a fase (econômico)corporativa como fase ética no ato histórico" e não distingue entre economia e hegemonia, entre sociedade civil e sociedade política – como, ao contrário, Croce faz oportunamente –, tal filosofia aparece não apenas como uma alternativa vã em relação ao americanismo, mas ao mesmo tempo demasiado... americana, ainda que de modo invertido: no sentido de que a hegemonia aqui não "nasce da fábrica", mas diretamente de um Estado tão drasticamente intervencionista na economia, como se deduz da "concepção do Espírito [o maior discípulo de Gentile]", que se pode falar de "uma volta à economicidade pura"[61] – o que é precisamente o motivo de fraqueza do americanismo:

> É interessante notar que nessa concepção está contido o "americanismo", pois a América ainda não superou a fase econômico--corporativa, atravessada pelos europeus na Idade Média, ou seja, ainda não criou uma concepção de mundo e um grupo de grandes intelectuais que dirijam o povo no âmbito da sociedade civil: nesse sentido, é verdade que a América está sob a influência europeia, da história europeia. (Essa questão da forma[-fase] estatal dos

---

60 Ibid., 1, *19*, p.91 et seq.
61 Ibid., 6, *10*, p.692. Essa nota pode ser datada de novembro-dezembro de 1930.

Estados Unidos é muito complexa, mas o âmago da questão me parece exatamente este.)[62]

A Gentile, Gramsci opõe Croce, grande intelectual europeu, que, retomando a velha tradição italiana do Renascimento, pensa em termos "nacionais" só em subordinação à "função cosmopolita" que ele próprio atribui. Nesse sentido, a filosofia de Croce é um termo ideal de comparação para aquela teoria que Gramsci chama, citando uma expressão usada por V. Cambon[63] no prefácio à autobiografia de Ford, e proposta de novo por Carlyle, "teoria americana": aquela "teoria" que "os americanos" construíram em referência a si mesmos, segundo a qual

> em certos períodos as questões práticas absorvem todas as inteligências para sua resolução (em certo sentido, todas as forças humanas são concentradas no trabalho estrutural e não se pode ainda falar de superestrutura) [...] de modo que seria "poesia", isto é, "criação" apenas aquela econômico-prática.[64]

A "questão" é delicada. Não se diz absolutamente que o florescimento superestrutural na América enveredará por um caminho afim ao europeu. No *Caderno 1*, Gramsci apresenta a dúvida se "pode o pensamento moderno [aliás, o materialismo histórico] difundir-se na América, superando o empirismo--pragmatismo, sem uma fase hegeliana?".[65]

Não é por acaso que Gramsci não retoma esse trecho no *Caderno 22*. Um certo "otimismo" americano que, não obstante as cautelas, assoma nos primeiros cadernos, aparece redimensio-

---

62 Ibid., 6, *10*, p.692.
63 Cambon, Prefácio. In: Ford, *Ma vie et mon oeuvre*.
64 Gramsci, *Quaderni del carcere*, 3, *41*, p.318 (nota escrita no verão de 1930); cf. Ibid., 15, *52*, p.1816; e Ibid., 15, *30*, p.1785 (ambas as notas podem ser datadas em 1933).
65 Ibid., 1, *105*, p.97.

nado na evolução de seu pensamento. O juízo sobre o pragmatismo, por exemplo, torna-se decididamente negativo.[66] Permanece intacta, porém, a consciência de algo que pesa sobre o mundo inteiro: o *paradoxo americano*. Trata-se do fato de que a evidente *fraqueza superestrutural* do americanismo – o qual prospera numa "fase inicial e por isso (aparentemente) idílica" da "constituição de uma nova estrutura industrial" e, com esta, da formação de um "novo tipo humano"[67] – demonstra um limite funcional para a *força estrutural* do próprio americanismo.

Vejamos as razões desse paradoxo. Nos Estados Unidos "é de se notar a ausência dos intelectuais tradicionais",[68] o que implica a falta de um patrimônio cultural e o primitivismo no exercício da hegemonia (aqui pesa a distância da sociedade americana em relação à formação das populações europeias, rica com a experiência revolucionária francesa);[69] existem apenas intelectuais "orgânicos", os quais fazem a mediação da irradiação em todos os nódulos da vida social da "nova estrutura industrial" que assim "domina mais imediatamente as superestruturas".[70] Daí que a "teoria americana" segundo a qual

> seria absurdo "censurar" os americanos por não terem grandes artistas [ou grandes intelectuais], quando têm "grandes técnicos", do mesmo modo seria censurar o Renascimento por ter tido grandes pintores e escultores e não grandes técnicos.[71]

Na nota 41 do *Caderno 3*, essa "teoria" é apresentada em confronto significativo com o caráter "universalmente repressivo" daquele tipo de "restaurações" culturais que dão origem

---

66 Cf. Ibid., 17, 22, p.1925 et seq.
67 Ibid., 22, 2, p.2146.
68 Ibid., 4, *49*, p.481; cf. Ibid., 12, *1*, p.1527, onde foi incluído "em certa medida".
69 Cf. Ibid., 1, *61*, p.72.
70 Ibid. 4, *49*, p.481.
71 Ibid., 15, *52*, p.1816.

aos "sobrinhos do padre Bresciani".[72] Na América, ao contrário, verifica-se uma autêntica "inovação", que "é repressiva para os seus adversários, mas desencadeia forças latentes na sociedade, as potencia, as exalta".

O *paradoxo americano* reflete-se numa ambivalência que na mesma nota 41 se exprime numa pergunta sem resposta: em presença de tão grandes "energias" e "forças vitais", dada essa "obra 'criativa' econômico-prática", como se explica que ela "não assuma também formas literárias que a celebrem"?[73] Na transcrição desse trecho na nota 36 do *Caderno 23*, Gramsci torna explícito porque aquela pergunta "permanece sem resposta" levantando "a dúvida legítima de que o americanismo promove energias 'burocráticas',[74] forças não expansivas unilateralmente, mas repressivas e brutais". Mas então, o americanismo é expansivo ou repressivo? Ao sugerir uma resposta que exige distinções claras, Gramsci faz uma afirmação rápida, mas fundamental, que não aparecia no *Caderno 3*: "É de se destacar [...] que certa energia literária, como na América, se manifeste nas resistências à organização da atividade prática que se desejaria fazer passar por 'épica' em si mesma".[75]

Surge aqui um "otimismo" sobre a América *alternativa*, que é alternativo àquele otimismo de que a "teoria americana" é portadora. Em duas notas de redação única[76] essa alternativa tinha encontrado uma significativa determinação, demonstrativa de como, nesse "país em movimento", estava nascendo "uma nova civilização americana consciente de suas forças e de suas fraquezas"; ao mesmo tempo, se tomava distância da onda "an-

---

72 Paladini Musitelli, Brescianesimo. In: Frosini; Liguori (orgs.), op. cit., p.35-54.

73 Gramsci, *Quaderni del carcere*, 3, *41*, p.318.

74 Carta de Gramsci a Giulia, 14/1/1929. In: Gramsci, *Lettere dal carcere*.

75 Gramsci, *Quaderni del carcere*, 23, *36*, p.2231 et seq.

76 Ibid., 5, *105*; e Ibid., 6, *49*. As duas notas podem ser datadas no inverno de 1930-1931.

tiamericanista" (que "é cômica, antes de ser estúpida") numa Europa onde não se encontram *mais* intelectuais críticos.

O fio condutor desse raciocínio – que, não encontrando verificação no *Caderno 22*, foi geralmente negligenciado ao considerar a posição de Gramsci frente ao americanismo – é a avaliação do *Babbitt* de Sinclair Lewis, que não é "um grande livro", mas tem muita "importância cultural" e teve "grande sucesso" também "na Europa". O *Babbitt* é para Gramsci uma prova de "que na América há uma corrente literária realista que começa sendo crítica dos costumes"; uma prova de que nos Estados Unidos "se difunde a autocrítica", o que determina o lado universalmente válido e exemplar, segundo Gramsci, da hegemonia americana sobre a Europa:

> Os intelectuais se destacam da classe dominante para unir-se a ela mais intimamente, para ser uma verdadeira superestrutura, e não só um elemento inorgânico e indistinto da estrutura-corporação.
>
> Os intelectuais europeus já perderam em parte essa função: não representam mais a autoconsciência cultural, a autocrítica da classe dominante; tornaram-se de novo agentes imediatos da classe dominante, ou se separaram completamente dela, constituindo uma casta em si, sem raízes na vida nacional popular.[77]

Numa "pequena nota de cultura americana", não retomada no *Caderno 22*, Gramsci se refere positivamente a um artigo de Borgese, que propõe um significativo paralelo entre americanismo *crítico* e momento decisivo da história europeia: "A observação de que a Inteligência americana tem uma posição histórica como a da Enciclopédia francesa no século XVIII é muito aguda e pode ser desenvolvida".[78]

---

77 Ibid., 5, *105*, p.633-5; cf. Ibid., 6, *49*, p.723.
78 Ibid., 8, *89*, p.993.

5.11 Americanismo e fascismo

A comparação entre americanismo e fascismo (e corporativismo) envolve a relação entre economia e Estado, entre classe operária e novo industrialismo, entre momentos parasitários e racionalização, entre desenvolvimento interno ou externo (superestrutural) e mundo industrial (que é o quinto dos problemas listados na introdução ao *Caderno 22*), e se estende ao confronto mais geral entre América e Europa. Aqui interessa sublinhar como americanismo e fascismo são ambos examinados do ponto de vista tanto da "passagem [...] para a economia planejada"[79] como da "revolução passiva" (terceiro problema da lista):

> Não seria o fascismo precisamente a forma de "revolução passiva" própria do século XX como o liberalismo o foi do século XIX? [...] Assim se poderia conceber que a revolução passiva se verifica no fato de transformar a estrutura econômica "de modo reformista" desde a individualística à economia segundo um plano (economia dirigida).[80]
>
> "Série de problemas" [...] 3. questão se o americanismo pode constituir uma "época" histórica, ou seja, se ele pode determinar um desenvolvimento gradual do tipo, examinado em outro lugar, das "revoluções passivas" próprias do século passado ou se, ao contrário, representa apenas o acumular-se de elementos destinados a produzir uma "explosão", quer dizer, uma reviravolta de tipo francês.[81]

Lembremos que o jovem Gramsci tinha previsto que o eventual fracasso da revolução socialista na Itália abriria o caminho para uma terrível reação,[82] e tenhamos claro como esta previsão, infelizmente profética, se ampliou, nos *Cadernos*, na análise das

---

79 Gramsci recebeu em Formia o volume em miscelânea, organizado pela Escola de Ciência Corporativa da Universidade de Pisa, *L'economia programmatica*, 1933.

80 Id., *Quaderni del carcere*, 8, *236*, p.1089; cf. Ibid., 10 I, *9*, p.1228.

81 Ibid., 22, *1*, p.2140.

82 Gramsci, Per un rinnovamento del Partito socialista. In: *L'Ordine Nuovo*, p.510-17.

concomitâncias ou, melhor, das afinidades problemáticas entre as "grandes mudanças", de sinal contrário, no curso da ação.

Em suma, estamos na presença do "problema dos problemas", que apaixona e atormenta Gramsci nos *Cadernos*: a questão da *alternativa histórica entre revolução ativa e passiva*. Tal alternativa, além de representar o horizonte histórico-teórico de sua reflexão política, torna-se a base de um confronto *espacial-territorial* entre os países e as áreas sobre os quais se fixa seu olhar: Itália, Europa, América, União Soviética. No fundo, sobre o mundo inteiro.

5.12 *Ordem nova*

Se for analisada a estrutura e a articulação do *Caderno 22*, esse exemplar "caderno especial"[83] aflora uma consideração: "Americanismo e fordismo" é uma autêntica mistura, ou seja, uma mixórdia, mas exatamente esse caráter – que de per si, constitutivamente, leva a atenuar ou relativizar a diferença entre "cadernos especiais" e "cadernos miscelâneos" – aparece como a expressão mais própria do *estilo* não disciplinar e relacional (reticular) dos *Cadernos*.

Creio que não há nenhum outro "tema" em todos os *Cadernos* que, do mesmo modo que "americanismo e fordismo", mostre essa natureza tentacular do estilo de pensamento do seu autor. Talvez se pudesse estabelecer um paralelo com Kafka, para citar outro exemplo, embora bem diverso, da apresentação da "América" como ponto de coagulação e de condensação daquilo que Gramsci, no início do *Caderno 22*, chama "as condições contraditórias da sociedade moderna, isto é, que determina as complicações, posições absurdas, crises econômicas e morais de tendência muitas vezes catastrófica etc.".[84]

---

83 Exemplares são também a Introdução e o comentário de Franco De Felice ao *Caderno 22* de Gramsci.

84 Gramsci, *Quaderni del carcere*, 22, *1*, p.2139.

Gramsci estava convencido do caráter "progressivo" do americanismo. Mas é preciso assumir esta expressão no sentido marxiano, reivindicado por Benjamin, de uma concepção não linear da história e, portanto, oposta à *ideologia* burguesa do progresso. O progresso que interessava tanto a Marx como a Gramsci, é o avanço das condições revolucionárias da luta de classe.

A complicação para Gramsci em relação a Marx é a indeterminação do processo revolucionário, preso na contradição ativo-passivo.

O americanismo de Gramsci é um fenômeno complexo. É um desenvolvimento do capitalismo e, nesse sentido, da modernidade (racionalização), mas é também o amadurecer de processos parasitários imanentes àquele mesmo desenvolvimento. Esse parasitismo *dentro* da modernidade é, por sua vez, bem diferente daquele defendido pelos grupos sociais que fazem "resistência" à modernização.

Do mesmo modo que para Marx, desenvolvimento do capital equivale, para Gramsci, a desenvolvimento do proletariado, portanto, da *possibilidade* da revolução. Tudo leva a crer que, apesar dos pesares, talvez exatamente por força da "revolução passiva", a "nova ordem" determinada pelo americanismo pode iniciar uma "inversão da práxis", da qual virá à luz a "ordem nova". O que hoje se chama americanismo é em grande parte um fenômeno de pânico social, de dissolução, de desespero dos velhos estratos que serão exatamente esmagados pela nova ordem: é em grande parte "reação" inconsciente e não reconstrução: não é dos estratos "condenados" pela nova ordem que se pode esperar a reconstrução, mas da classe que cria as bases materiais dessa nova ordem, e que deve encontrar o sistema de vida para transformar em "liberdade" o que hoje é "necessidade".[85]

---

85 Ibid., 3, *11*, p.297; cf. Ibid. 22, *15*, p.2179, onde se acrescenta: "sistema de vida 'original' e não de estilo americano".

5.13 Humanismo

No correspondente texto de primeira redação (A)[86] de um texto que já citamos,[87] Gramsci escreve que "na América há a elaboração forçada de um novo tipo humano: mas a fase é apenas inicial". Pode-se pôr o problema: em que relação está essa "necessidade", essa "elaboração forçada" (e, por isso, ainda não desenvolvida) de um "novo tipo humano" com a formação ou criação daquele "novo homem" que, sem possibilidade de equívocos, Gramsci considera idêntico à instauração de "novas relações sociais", expressão, inevitavelmente, de uma "atividade revolucionária"?[88] A questão é complexa porque vai do sentido profundo de "novidade" e "originalidade" constituído pelo americanismo-fordismo em relação ao ponto enfrentado por Gramsci da necessidade de um "novo humanismo". Na continuação do texto que acabamos de citar emerge a direção que o pensamento de Gramsci se articula para tal propósito, pensamento que começa sublinhando o caráter econômico-corporativo, portanto, *ainda indeterminado*, do "novo tipo humano" produzido pelo americanismo. Gramsci escreverá depois (num contexto que diz respeito primeiro a Croce, depois a Dante, e que aqui não interessa): "Disso se deduz também o seguinte: que o velho 'homem', pela mudança, se torna também 'novo', pois entra em relações novas, tendo sido as primitivas invertidas".[89] Nós sabemos que, para Gramsci, com a modernização americanista-fordista, na realidade, "nada muda nas relações econômicas fundamentais", que quer dizer que, com respeito à determinação das "relações [...] fundamentais", o americanismo permanece um desenvolvimento e uma variante

---

86 Ibid., 1, *61*, p.72 A.
87 Cf. item 5.10.
88 Gramsci, *Quaderni del carcere*, 6, *64*, p.733 et seq.
89 Ibid., 6, *64*, p.733.

do capitalismo. A "novidade" do americanismo é um fenômeno de transição, enquanto "inversão" de "relações primitivas". Em termos brechtianos e fortinianos, podemos dizer que o "bom velho" cede a vez ao "mau novo", que, exatamente porque é novo, embora seja mau, quer dizer, parcial, imaturo, precário, é preferível ao velho. O americanismo é expressão dos "tempos modernos" na fase vivida por Gramsci (e paradoxalmente, agora, por nós), assim como se exprime no *Caderno 3*: "O velho morre e o novo não pode nascer".[90] Mas o "novo homem" não poderá nascer até que a liderança hegemônica for daquele velho-novo ou novo-velho que é o tipo americano de produção e humanidade. O ponto é que uma autêntica, isto é, socialista, "economia planejada" – a cujas exigências corresponde, do ponto de vista capitalista, a "revolução" americana – exige a passagem de um homem-massa no sentido do "operário-massa", que o taylorismo queria reduzido a um "gorila amestrado", a um homem-massa ou "homem-coletivo", porém, que seja tal que transponha ou traduza, no "novo conformismo" exigido pela sociedade de massa, as virtudes "renascentistas" do homem-indivíduo: o que Gramsci descreve também como passagem da "necessidade" para a "liberdade". Em suma, o americanismo como "mau novo" é, do ponto de vista de uma filosofia da *práxis*, praticamente inútil para os fins de um "novo humanismo", porque se esforça por conjugar com o individualismo capitalista uma massificação *sofrida* pelas massas mesmas. Nesse sentido, a versão american(ist)a é a versão moderna da "revolução passiva".[91]

---

90 Ibid., 3, *34*, p.311.
91 É preciso sublinhar que Giuseppe Vacca, inserindo "a análise da URSS stalinista", segundo Gramsci, "no processo mundial da 'revolução passiva'", considerou indiretamente esse conceito como uma categoria "geopolítica". Cf. Vacca, *Appuntamenti con Gramsci*, p.207-28.

VI
Subalternos

6.1 Os textos: subalternidade e folclore

A categoria "subalternos" surge com evidência na nova onda de estudos gramscianos: tomou decididamente o lugar que anteriormente cabia ao "folclore". É oportuno reexaminar as duas expressões juntas e, portanto, analisar conjuntamente os "cadernos especiais" 25 e 27 que, respectivamente, são dedicados a elas. Ambas pertencem àquela terceira fase do trabalho de escrita no cárcere, cujo método Fábio Frosini, em sua preciosa periodização, propõe chamar de "estruturação mínima". A "ótica" – diz ele – "[é] sobretudo de recapitulação e ordenação daquilo que, com todos os seus limites, já fora realizado".[1] Aqui me restrinjo a observar que essa autolimitação permite, de qualquer modo, que Gramsci conceba, nos anos 1934-1935, em Formia, por meio das transcrições nos "cadernos especiais" do *Caderno 18* em diante, um ponto de articulação temático nacional-internacional (Ma-

---

1 Frosini, *Gramsci e la filosofia*, p.28.

quiavel-*Risorgimento*-Ação Católica-cultura nacional-literatura popular-lorianismo *versus* americanismo e fordismo), que, sendo contraponteados com zonas de reflexão inerentes à perspectiva de uma nova cultura política (jornalismo-subalternidade-folclore) e concluindo com o caderno de cunho recente sobre o "Estudo da gramática", constitui um importante termo final de comparação em relação ao plano original de trabalho apresentado na primeira página do *Caderno 1*.

Os dois cadernos sobre os subalternos e sobre o folclore têm uma característica em comum. Ambos são compostos apenas de textos C (segunda redação), reelaborando unicamente textos A (primeira redação) dos *Cadernos 1* a *3* (1929-1930); retomam, portanto, a primeiríssima fase de trabalho de escrita no cárcere. Também o *Caderno 4* remonta a essa fase. Mas entre os *Cadernos 1* ao *3*, por um lado, e o *4*, por outro, há uma diferença importante. Uma parte do *Caderno 4* (com os "Apontamentos de filosofia I") inicia uma reflexão eminentemente *teórica* – misturada com a *prática*, no sentido específico marxiano-gramsciano – que será desenvolvida nos *Cadernos 7* e *8* ("Apontamentos de filosofia II" e "Apontamentos de filosofia III"), e se tornará absolutamente central na segunda fase do trabalho de escrita (meados de 1932-meados de 1933), oficina dos *Cadernos 10* e *11*, chamados filosóficos. Os *Cadernos 1* e *3*, porém, como outros cadernos misturados, em particular os *Cadernos 25* e *27*, mas também os outros "cadernos especiais" da terceira fase – que transcrevem-traduzem notas da primeira fase inteira –, abrem o caminho para um empreendimento de "nova cultura". Assim, a especialidade teórico-temática de parte do *Caderno 4*, por um lado, e a miscelânea de tipo altamente jornalístico dos *Cadernos 1* e *3*, por outro, fundam desde o início a combinação que atravessará toda a escrita de Gramsci no cárcere, ou seja, a tensão entre a exigência quase metafísica do *für ewig* e a vontade contingente de *intervenção*, que leva a pensar no programa de uma nova *Ordem Nova*.

6.2 O povo dos subalternos

A interpretação atual da categoria "subalternos" – mas também de outras categorias, como "tradutibilidade" ou "geopolítica" – induz a aprofundar a comparação entre a aventura solitária dos *Cadernos* e aquelas correntes do pensamento contemporâneo (estudos culturais/subalternos/pós-coloniais) que se colocam num espaço interdisciplinar, ou melhor, não disciplinar, ao mesmo tempo interno e externo à lógica acadêmica: um arquipélago, em cujas ilhas mais comprometidas surge um traço politicamente relevante que, com as palavras de Gramsci, poderemos designar como a exigência de um "cosmopolitismo de tipo moderno". Para a sensibilidade atual, trata-se da necessidade de um internacionalismo novo e diferente, depois da implosão daquele tradicional que se seguiu a 1989 e ao Onze de Setembro.

Nota-se um traço de paradoxo na focalização dos subalternos. A etimologia da expressão (*sub-alternus*) implica a acentuação binária de uma relação intersubjetiva. Na ótica gramsciana, a "subalterno" se opõem "hegemônico" e "dominante", do mesmo modo que a "dirigido" se opõe "dirigente". Desse ponto de vista, a expressão usada nos primeiros cadernos, que conjuga "subalterno" com "classes" – expressão marxianamente dicotômica – parece mais apropriada em relação àquela predominantemente adotada nos "cadernos especiais" ("grupos sociais subalternos").

O aspecto paradoxal que indiquei está no fato de que as correntes de estudo lembradas sustentam geralmente a necessidade de ir além ou superar a lógica dicotômico-binária que preside a apresentação dialética do marxismo tradicional. Mas os subalternos de Gramsci são interpretados exatamente em sentido dialético. De fato, "subalternos" são aqueles que, como diz o título do *Caderno 25*, vivem "às margens da história", com uma conotação, portanto, predominantemente sociológica; mas todo o caderno mostra que "subalternos" são, em sentido geral (econômico, cultural e político), os *outros*, privados de identidade e reduzidos a subordinações aos detentores do poder de domínio e hegemonia na sociedade, e que se apresentam, segundo Gayatri C. Spivak, "excluídos de qualquer linha de mobilidade social" e de *agency*.[2] Subalternidade *contra* domínio e hegemonia. É preciso especificar, para iniciar uma possível comparação com as posições de Spivak, que naquele *contra* é acentuada não a dicotomia de um *status*, mas o campo dialético de uma tensão de *luta*, pelo menos potencial.

Surge uma pergunta. Que relação há – para referir-se a Marx – entre "subalterno" e "proletário"?[3] E entre "subalterno" e "subproletário"?

A questão é pertinente em relação à questão que acabamos de tocar. O modelo do subalterno-proletário está na relação dicotômica de fábrica, onde, marxianamente, os operários (proletários), que possuem somente a força-trabalho própria, produzem, por meio do *uso* dessa força-trabalho, por eles cedida aos capitalistas, a riqueza (o capital) que é propriedade dos capitalistas. O subalterno-proletário é, portanto, a exata antítese do capitalista. O sentido do ser subalterno-proletário é, pois, derivado da dinâmica-dialética do capital, da qual nasce o sentido do ser não subalterno, ou seja, dominante-hegemônico (o capitalista-burguês).

O subalterno-subproletário (e ainda mais o *pauper*), encontrando-se no exterior da relação produtiva de fábrica, vive, recorrendo às palavras do título do *Caderno 25*, "às margens da história". Sua relação com o dominante-hegemônico é de maior distância e estranheza em relação ao proletariado: não está diretamente envolvido na lógica produtiva do capital, e em certo sentido é mais "livre". Por isso é um "marginal".

---

2 Spivak, Perché il planeta: In: Adamo (org.), *Culture planetarie?*, p.41-57.

3 Gramsci usa "proletário" numa acepção mais geral do que Marx.

Em qual das duas figuras Gramsci pensa, ou pelo menos pensa mais, quando, desde o *Caderno 1*, fixa a categoria "subalternos"?

A questão é complexa e remete a um ponto problemático, ou seja, à relação entre as categorias de "povo", "classes" e "grupos sociais".

Numa variante inovadora do *Caderno 27*, Gramsci define o "povo" como "o conjunto das classes subalternas e instrumentais de qualquer forma de sociedade que existiu até agora",[4] em que "classe instrumental" significa a "classe trabalhadora" ou, modernamente, "operária". Se interpretarmos "e" como uma pura conjunção, "subalterno" poderia ser assimilado aos estratos marginais da população, excluídos das atividades mais produtivas. Mas podemos também entender aquela conjunção em sentido mais atenuado. "Subalterno" parece então mais amplo que "instrumental", no sentido de incluí-lo no seu âmbito, como uma especificação sua particular.

Um precioso texto B (redação única) do *Caderno 3* dá a chave para entender a relação não rígida ou unívoca que Gramsci vê entre classe operária e classes subalternas; ele abre de fato uma diferenciação dentro da categoria "subalternos", que parece decisiva para designar (querendo usar uma terminologia mais recente) a subjetividade antagônica no seu conjunto.

> Pode-se dizer que o elemento da espontaneidade é, por isso, característico da "história das classes subalternas", ou ainda dos elementos mais marginais e periféricos dessas classes, que não chegaram à consciência da classe "para si" e que, por isso, sequer suspeitam que sua história possa ter qualquer importância e que um valor qualquer deixa vestígios.[5]

Em linguagem marxiana, subalternos instrumentais são os proletários; subalternos marginais e periféricos, os subproletários.

---

4 Gramsci, *Quaderni del carcere*, 27, *1*, p.2312.
5 Ibid., 3, *48*, p.328.

6.3 Operários e camponeses

Tentemos ir além de Marx: em direção a Lênin.

A ótica dos *Cadernos* é fundamentalmente leniniana (teoria da hegemonia), como foi leniniana a ação política do Gramsci dirigente do partido, inspirada na frente unida, que continua a pulsar nos *Cadernos*, exatamente na concepção da hegemonia.

Essa referência nos leva a considerar, a propósito da relação entre classes "instrumentais" e "subalternas", a atuação dos camponeses.

Já nas *Teses de Lyon*, de janeiro de 1926, documento programático para o III Congresso do Partido Comunista da Itália, escrito por Gramsci junto com Togliatti (o texto político-teórico talvez mais importante de toda a história do movimento comunista italiano), Gramsci se mostra mais leniniano que Lênin, concebendo proletários e camponeses não só como "aliados" na frente unida, mas como as "forças motrizes da revolução italiana".[6] O equilíbrio dialético perspicaz, audaz, demonstrado por Gramsci ao perseguir nos *Cadernos* (à luz da hegemonia) esse motivo fundamental de origem leniniana, implica muita maleabilidade em apoiar o "espírito de divisão", expressão da autonomia consciente da classe operária, a mais ampla exigência unitária expressa pela difícil e necessária solidariedade de classe entre operários e camponeses. São evidentes as consequências que resultam de tal observação para a questão da subalternidade.

Comparando o discurso gramsciano sobre os "elementos mais marginais e periféricos" das classes ou grupos sociais subalternos com o discurso sobre os camponeses, emerge um traço comum: os camponeses, do mesmo modo que aqueles elementos, não podem produzir e formar (ao contrário dos operários ou proletários) os próprios "intelectuais orgânicos".

---

6 Gramsci, *La costruzione del Partito Comunista*, p.498.

A massa dos camponeses, embora desempenhe uma função essencial no mundo da produção, não elabora intelectuais "orgânicos" próprios e não "assimila" nenhuma classe de intelectuais "tradicionais", embora da massa dos camponeses outros grupos sociais tirem muitos dos seus intelectuais e grande parte dos intelectuais tradicionais sejam de origem camponesa.[7]

Poder-se-ia sustentar que os subalternos camponeses se encontram numa posição intermédia entre os operários, com os quais partilham a função produtiva, e os marginais periféricos, com os quais têm em comum a impossibilidade de formar intelectuais orgânicos.

A categoria "subalternos" está, portanto, atravessada por uma estratificação e diferenciação que é preciso levar em conta para não cair em abstrações indeterminadas.

6.4 Subalternidade e fordismo

Num ponto, Gramsci, nos *Cadernos*, afasta-se decididamente de Lênin: na avaliação da fase imperialista do capitalismo que, longe de parecer "putrescente", como pretendia Lênin, apresenta, ao contrário, um novo florescimento avançado, graças à América e ao americanismo-fordismo.

A elaboração do *Caderno 22* ("Americanismo e fordismo") está muito próxima cronologicamente daquela dos *Cadernos 25 e 27*. Como estes últimos, o *Caderno 22* transcreve (embora não exclusivamente) notas dos *Cadernos 1 e 3*. É interessante observar que a questão do americanismo e a das classes subalternas são muitas vezes tratadas, já nos primeiros cadernos, em correlação. Considerem-se, por exemplo, as notas 89 e 92 do *Caderno 1* e as notas 11, 12, 14, 16 e 18 do *Caderno 3*. O que mais

---

7 Id., *Quaderni del carcere*, 12, *1*, p.1514.

conta é o fato de que diversos motivos, inerentes à subalternidade e ao folclore, reflorescem na dinâmica de "americanismo e fordismo".

O que é importante nesse contexto em relação ao tema em pauta?

O "novo industrialismo" americanista-fordista, que "luta" contra o "humanismo" do trabalho, representa o esvaziamento completo da identificação, antes possível do que real, do trabalhador com o objeto do seu trabalho. A alienação-estranhamento do trabalho, do qual tinha falado de forma ainda predominantemente ideológica o jovem Marx, torna-se aqui realidade cotidiana nos níveis máximos de produtividade. Nasce o "operário-massa", descrito embrionariamente por Gramsci, antecipando um processo de desenvolvimento que conhecerá manifestações de luta e de cultura de enorme alcance e que culminará, encerrando-se, com a derrota do movimento operário internacional entre o final dos anos 1970 e início dos 1980.

O sistema americanista-fordista apresenta uma racionalização original e heterogênea, embora coerente, de técnicas de produção (taylorismo) e de controle social (por exemplo, na "questão sexual"), de modo a configurar uma tipologia absolutamente inédita de *centralidade* operária. Dela nasce a formação de um "homem novo" (Gramsci o chama também "homem-massa"), caracterizado pela síntese de fatores industrialmente moderníssimos e culturalmente passivos e marginais ou marginalizadores. A problemática migratória e a questão racial aumentam a convergência de centro e periferia (destinada a evoluções recentes então impensáveis). As características sociais e políticas do "operário-massa" variam enormemente tanto de país a país como dentro de um país singular. Dentro do mesmo país, o entrelaçamento da divisão do trabalho e das diferenças-contradições de gênero, de nação, de etnia e de cultura provoca uma estratificação da classe operária que torna extremamente difícil sua unificação sindical e política.

O fato é que, apesar dos "privilégios" do operário fordizado descrito por Gramsci ("altos salários"), começa a surgir entre o "operário-massa" e o subalterno marginal e periférico uma vizinhança muito marcada, muito maior do que tudo o que pudesse haver entre o proletário e o subproletário + o *pauper* na ótica de Marx e Engels. Mas esse processo convive com o delinear-se de tendências corporativas que pressionam pela formação de aristocracias operárias. À grande dificuldade inerente à aliança entre operários e camponeses soma-se aquela ligada aos fatores objetivos e subjetivos de divisão dentro da classe operária.

São ainda mais incisivas as diferenças e, portanto, os motivos de divisão que opõem "os elementos mais marginais e periféricos" das classes subalternas aos estratos operários, os quais, ao contrário, pelo menos potencialmente, "alcançaram a consciência de classe 'para si'" e deveriam estar, portanto, em condição de exprimir autonomia e "espírito de divisão". Apesar da vizinhança objetiva de centro e periferia-marginalidade, que é um resultado natural da formação do "operário-massa", esta distinção é estabelecida claramente, na análise tanto do passado (com dominância nacional) como do presente (com dominância nacional-internacional), sob pena de recaída numa concepção anárquico-genérica de massa = multidão.

Gramsci nunca usa o termo "massa" em sentido rápido, indiferenciado ou anônimo, muito menos em sentido (des)estimativo. A originalidade da sua abordagem está em considerar essa expressão, em nível tanto coletivo ("produção de massa", "cultura de massa") como individual ("operário-massa", "homem-massa", por sua vez diferençável em "elemento de massa amorfo" e "homem ativo de massa"),[8] à luz da "luta hegemônica". Essa luta subtende processos diversos e torna presumíveis vários resultados de tais processos, inclusive aquele que reviraria, do lado cultural-filosófico, a tendência sempre

---

8 Ibid., 11, *12*, p.1392, 1385.

hegemônica na história humana, e que eliminaria, pela raiz, a subalternidade. Refiro-me ao "progresso intelectual de massa", do qual o horizonte do socialismo é indissociável.

6.5 Marginalidade e folclore

O *Caderno 27* inicia com a descrição da figura legendária de Davide Lazzaretti, afim – para fazer um ilustre paralelo literário – ao brasileiro Antônio Conselheiro, imortalizado na epopeia *Os sertões*, de Euclides da Cunha.[9] Gramsci assimila o "movimento lazzarettista", expressão na montanha toscana das "causas do mal-estar geral que existia na Itália depois de 1870",[10] ao clima que determina o banditismo meridional e das ilhas. A análise "político-histórica" (não mais "do ponto de vista do impressionismo literário") do "drama de Lazzaretti", com o caldeirão religioso-social que o caracteriza, leva Gramsci a uma generalização teórica no início da nota 2: "A história dos grupos sociais subalternos é necessariamente desagregada e episódica".[11]

Vem logo à mente uma passagem famosa de "Alcuni temi della questione meridionale": "O Sul pode ser definido como uma grande desagregação social".[12] "Desagregado" é uma qualidade ao mesmo tempo econômica, social e cultural. Tudo o que é expresso pelo povo, ou seja, pelas classes subalternas e instrumentais, é "múltiplo", "justaposto", "grosseiro", neste sentido, "desagregado": o contrário daquilo que é ou pode ser "elaborado, sistemático e politicamente organizado e centralizado".[13]

Desagregação, ausência de organicidade, é um fato, não um desvalor. O problema é político. É preciso organização, que não

---

9 Cunha, *Os sertões*.
10 Gramsci, *Quaderni del carcere*, 25, *1*, p.2279-80.
11 Ibid., 25, 2, p.2283.
12 Id., *La costruzione del Partito Comunista*, p.150.
13 Id., *Quaderni del carcere*, 27, *1*, p.2312.

pode nascer de baixo, mas que também não pode transcender – sob pena de sectarismo – a "espontaneidade" popular, que é outro dado de fato, e que pode/deve ser educada-disciplinada por um processo de osmose com a "direção consciente" do "movimento".[14]

Aqui aparece a exigência estrutural da formação, toda *política*, e de modo algum *espontânea* (como acontece, porém, no âmbito das classes capitalistas), de intelectuais orgânicos das classes subalternas na sua unidade diferenciada: aqui está o que Gramsci chama de "luta hegemônica".

A dialética política, elaborada por Gramsci para analisar a passagem de dinâmica material das classes ou grupos sociais subalternos para a organização do partido e do movimento, traduz-se integralmente na dialética cultural. É nessa tensão político-cultural, presente em todos os *Cadernos*, que é oportuno repensar o discurso gramsciano sobre o folclore.

O *Caderno 27* é um afresco luminoso sobre "cultura popular ou folclore", que, diz Gramsci, "não deve ser concebido como uma bizarria, uma estranheza ou um elemento pitoresco, mas como uma coisa que é muito séria e a ser levada a sério".[15]

A seriedade do folclore diz respeito ao elemento específico de uma linha de pesquisa que só esporadicamente se encontra nos *Cadernos 1* e *3* – fontes do *Caderno 27* – e tem a sua primeira sistematização, como vimos, no *Caderno 4*: a filosofia (concepção do mundo). Lemos na nota 89 do *Caderno 1* um texto de primeira redação (A) menos articulado e preciso, mas talvez mais imediato e eficaz, em relação ao texto de segunda redação (C) da nota 1 do *Caderno 27*:

> O folclore, me parece, foi até agora estudado (na realidade, até agora apenas foi recolhido material bruto) como elemento

---

14 Ibid., 3, *48*, p.328-32.
15 Ibid., 27, *1*, p.2314.

Giorgio Baratta

"pitoresco". Seria preciso estudá-lo como "concepção do mundo" de determinados estratos da sociedade, que não foram tocados pelas correntes modernas de pensamento [...]. O folclore pode ser entendido apenas como reflexo das condições de vida do povo.[16]

Sabemos que aqueles "determinados estratos da sociedade" (que no *Caderno 27*, antes de terem sido "tocados pelas correntes modernas de pensamento", são considerados "em oposição [...] com as concepções do mundo 'oficiais'") são as "classes subalternas" ou "grupos sociais subalternos". Sabemos também que, assim como "todos os homens são filósofos", também "todos os homens são intelectuais", embora "nem todos os homens tenham na sociedade a função de intelectuais".[17] O ponto qualificador do discurso é que as formas expressivas, ou seja, a linguagem dos grupos sociais subalternos – folclore ou cultura popular – já são criação intelectual, quer dizer, cultura, filosofia ou concepção do mundo.

6.6 Uma filosofia molecular

Lemos num dos "Apontamentos de filosofia III":

Será, portanto, preciso demonstrar que todos os homens são filósofos, definindo os limites e as características dessa filosofia ["espontânea"] de "todo o mundo", isto é, o senso comum e a religião. Demonstrado que todos são filósofos, ao seu modo, que não existe homem são e normal intelectualmente sem participar de uma certa concepção do mundo, ainda que inconscientemente, porque toda "linguagem" é uma filosofia quando passa para o segundo momento, o momento da crítica e da consciência.[18]

---

16 Ibid., 1, *89*, p.89; cf. Ibid., 27, *1*, p.2312-3.
17 Ibid., 12, *1*, p.1516.
18 Ibid., 8, *204*, p.1063; cf. Ibid., 11, *12*, p.1375.

O que significa dizer que todos os homens são filósofos (uma tese, como Gramsci lembra, partilhada também por Kant e por Croce, mas numa perspectiva idealista)? O que significa, como se diz desde o *Caderno 1*, assumir o folclore ou a cultura popular como uma concepção do mundo?

Não creio que pudesse ter sido possível um encontro tão aproximado entre as razões últimas do filosofar e as paixões mais elementares do viver, sem a circunstância peculiaríssima graças à qual Antonio Gramsci, violentamente expulso da sociedade civil e da política ativa, "sofreu as impressões mais estranhas e mais excepcionais da [sua] vida".[19] A ideia *für ewig* nasce *hic et nunc* [aqui e agora]. Tentemos um olhar comparativo.

Estamos em 1926. Imaginemos Martin Heidegger passeando entre os sugestivos caminhos interrompidos da Floresta Negra enquanto acaba a sua meditação sobre o ser e o tempo a partir do *fato* da "pré-concepção ontológica do ser". Segregado numa ilha maravilhosa do Mediterrâneo, em contato com "seres reduzidos" à categoria de "moléculas pulverizadas", vemos Antonio Gramsci, num sentido contrário, procurar *pré-compreender* o que poderia finalmente sanar a cisão, fatal para a civilização ocidental, entre quem só "sente" e quem só "sabe". Heidegger sabia muito e tinha pouco interesse por quem só sente, embora se emocionasse com o passo cadenciado das SS. Gramsci, em contato com os degredados, constatava "o que existe de essencial ainda nos estratos populares mais submersos". Os companheiros de exílio mostravam-lhe como "o que de elementar sobrevive no homem moderno flutua de novo irresistivelmente".[20]

Tanto Heidegger quanto Gramsci estavam reagindo, cada um a seu modo, como pensadores europeus à nova hegemonia americana. Ambos perseguiam as vias de uma modernidade não dominada pela técnica, fugindo de uma humilhação de ter de

---

19 Carta de Gramsci a Tania, 11/4/1927. In: Gramsci, *Lettere dal carcere*.
20 Carta de Gramsci a Tania, 19/12/1926. In: Gramsci, *Lettere dal carcere*.

recorrer ao espiritualismo (uma tentação não estranha a Croce). Heidegger redescobria a "pergunta pelo sentido do ser". Gramsci se interrogava: "O que é o homem?", como "pergunta primeira e principal da filosofia".[21] Heidegger *repetia*, de modo original, o solipsismo ontológico da grande maioria dos filósofos ocidentais. Gramsci *sabia*, como Marx, que o único modo de vencer o solipsismo do pensamento é conjugá-lo com a socialidade da prática. Mas não somos nós, filósofos e intelectuais, que, em primeiro lugar, fazemos a prática, mas os *outros*, os proletários de todo o mundo, os subalternos.

Teoria e prática têm, e podem ter, muito em comum. É uma questão de coragem: devemos convencer-nos de que entre os intelectuais e os subalternos, entre quem sabe sem sentir nem compreender e quem sente sem saber nem compreender, há ou pode haver uma osmose, que pode determinar a comunicação ou o contraponto entre as duas dimensões e deste modo (finalmente) determinar uma *pré-compreensão* daquilo que pode tornar possível um *compreender* pleno, até agora excluído da história da cultura ou da civilização. Daqui nasce a modalidade, adequada aos tempos modernos, da pergunta sobre o que é o homem ou, para usar (por que não) a linguagem heideggeriana, sobre o sentido do ser.

Pensemos *com* Gramsci. Não há atividade tão baixa e degradada, não há forma de vida tão humilhante que não faça fulgurar a faísca do pensamento, que não toque uma corda da criatividade, que não represente de algum modo, inclusive misterioso, uma busca de verdade e de vida. Nos anos entre o exílio e as prisões, antes de ter recebido a permissão de fincar "a pena que arranha" sobre as páginas dos suspirados cadernos, Gramsci aprendeu a relativizar a distância de vida e de pensamento entre ele, intelectual profissional, e intelectual orgânico do proletariado, comprometido na luta hegemônica, e os proletários-

---

21 Id., *Quaderni del carcere*, 10 II, 54, p.1343.

-subproletários-camponeses subalternos: relativizar – cuidado –, não eliminar.

Estava determinada uma premissa, uma *pré-compreensão*, a fim de que pudesse nascer o projeto teórico-prático de transformação da filosofia numa filosofia da *práxis*.

6.7 Os subalternos podem falar?

"Todos os homens são filósofos" é a linha de base, o baixo contínuo na polifonia dos *Cadernos*. Mas, então, todos os humanos estão em contraponto com os outros e as outras, porque a filosofia é um hábito lógico-dialógico, relacional, um instrumento de unificação além, ou melhor, através das diferenças de línguas e linguagens nas quais os humanos falam, falam consigo e entre si, também quando se ignoram ou são ignorantes, como era Sócrates, que a cidade condenou à morte.

Que todas as línguas e as linguagens sejam reciprocamente traduzíveis é aparentemente uma petição de princípio. Propriamente, é uma verdade hipotética, quer dizer, uma hipótese que deriva do efeito de verdade que a *práxis* linguística dos falantes produz.[22]

Essa ideia forte, antes fortíssima, implica um otimismo da inteligência – um fermento de otimismo – sem o qual o otimismo da vontade não teria sentido ou seria um contrassenso.

Cada palavra, mesmo dialetal, como cada gesto, mesmo tribal, exprime uma concepção do mundo, uma cultura. Deste ponto de vista a distinção entre língua e dialeto, fundamental com relação à concreta "tradutibilidade" recíproca, é relativa. Assim como, sobretudo, é relativa a "substancial diversidade"

---

22 "Gramsci ama a verdade", mas "geralmente não a quer dizer [...] na maior parte do tempo não a consegue dizer e joga com as hipóteses". Consiglio, *Gramsci e la filosofia*, p.77.

Giorgio Baratta

de línguas e culturas com respeito à "real identidade" de todas elas (e vice-versa).[23] Mas sendo assim, encontramos o abc do *comunismo*: a linguagem, que, enquanto tal, é um sentido diversamente comum a todos os humanos, é aquela ideologia que vive no "corpo como expressão",[24] que dá origem às filosofias e às religiões; é ela mesma uma fé, no sentido humeano de *belief*, que o comunismo político aspira a trazer do céu à terra, apelando para todo "'estrume' da história"[25] a fim de que adube com revolucionária paciência o *húmus* leigo de um humanismo planetário. Lembremo-nos de Marx: o comunismo se faz entre desiguais.[26]

Tudo bem? Nem em sonho. Os subalternos falam. Mas quem os escuta? Já sabemos. Camponeses e subproletários não elaboram intelectuais orgânicos próprios. Sem a mediação dos intelectuais, a hipótese do comunismo linguístico permanece uma abstração. Não se trata aqui da necessidade de uma "consciência externa". É uma questão de hegemonia e democracia. Como veremos no item seguinte (6.8), Gramsci estimula-nos a compreender "todo traço" de autonomia dos subalternos, como premissa para estes poderem entrar no jogo da hegemonia, que coloca em movimento a função dos intelectuais, os quais, se não são ou não querem ser autorreferenciais (como os idealistas), colocam-se em relação com os subalternos. A função da democracia é esta. "Democracia" significa superação tendencial, a partir das regras que a democracia mesma se dá, da separação entre dirigentes e dirigidos, e por isso entre dominadores e subalternos.

O que significa para os intelectuais pôr-se em relação com os subalternos é o "problema dos problemas", cuja solução é antes prática do que teórica: filosofia da práxis.

---

23 Gramsci, *Quaderni del carcere*, 1, *43*, p.33.
24 Cf. Merleau-Ponty, *Phénoménologie de la perception*, parte I, capítulo 6.
25 Como dizia Gramsci. Cf. Gramsci, *Quaderni del carcere*, 9, *53*, p.1128.
26 Cf. Marx, *Kritik des Gothaer Programms*.

6.8 Hegemonia e autonomia

"O mundo é grande, terrível e complicado" – exclamou o jovem Gramsci. Por que "complicado"?

Complicada ou complexa é a *unidade do diverso* que o mundo representa e que impõe ao "historiador do desenvolvimento social" mover-se perenemente em ziguezague, buscando "a substancial diversidade sob a aparente identidade" e "a real identidade sob a aparente diferenciação e contradição".[27] Nasce daqui a exigência de uma teoria da "tradutibilidade", tanto mais necessária e complexa, porém ainda mais problemática hoje, quanto mais emergem as diversidades não redutíveis de que temos falado.

Também o grande microcosmo dos subalternos constitui, segundo Gramsci, uma unidade do diverso. "Nas margens da história" – se a história é aquela conhecida e reconhecida pelos Estados hegemônicos e em particular pelas classes dominantes desses Estados – são pressionadas massas de indivíduos, classes e grupos sociais extremamente variegados: vão das classes mais miseráveis e periféricas da desagregação social até os operários massa do fordismo (até ontem) ou aos operários-sociais (de hoje), que fazem pulsar o coração do desenvolvimento capitalista. Entre uns e outros, o leque da "diferenciação" é muito amplo.

Como podem os subalternos atravessar as margens e apropriar-se da história? Como é possível "o desenvolvimento dessas forças inovadoras de grupos subalternos a grupos dirigentes e dominantes"?[28] É a grande dupla questão da unidade e da hegemonia.

"Subalternos" é uma categoria eminentemente *dialética*. De modo diferente de "povo", que tem, por um lado, um caráter em última análise *ideológico* e, por outro lado, diferente de "escravos",

---

27 Gramsci, *Quaderni del carcere*, 24, 3, p.2268.
28 Ibid., 25, 5, p.2289.

"proletários", "camponeses", "operários", bem como de "nobres", "burgueses" etc., que configuram classes e grupos sociais a partir da economia política de uma determinada sociedade ou modo de produção, a expressão "subalternos" tem um valor, além de econômico, imediatamente político (mais que ideológico). A ampla diferenciação histórica e socioeconômica do mundo dos subalternos é ao mesmo tempo causa e efeito da mobilidade e maleabilidade do conceito, que tem consistência apenas por meio da sua relação com o outro polo do par dicotômico: subalterno *contra* dominante-hegemônico. Eis o motivo da "questão".

A lapidar nota 14 do *Caderno 3* especifica um aspecto importante dessa dialética: "As classes subalternas sofrem a iniciativa da classe dominante ['sempre', dirá a segunda redação no *Caderno 25*, que fala no segundo termo mais de 'grupos sociais' do que de 'classe'] também quando se rebelam; estão em estado de defesa alvoroçada".[29]

Os subalternos são aquela parte da sociedade que, por definição, sofre o domínio-hegemonia (econômico-político-militar--cultural) dos hegemônicos-dominantes.

Entre subalternidade e direção-(hegemonia)-dominância, a categoria-chave, intermédia, é *autonomia*. A sua fenomenologia de desenvolvimento vai "das fases mais primitivas" até à "autonomia integral".[30]

O conhecido prontuário de passagens por meio das quais se desata tal fenomenologia (aliás, luta de classe), deixando de lado algumas especificações de detalhes, permanece substancialmente inalterado entre a nota 90 do *Caderno 3* e a nota 5 do *Caderno 25*, em confirmação de que alguns elementos essenciais do pensamento expresso nos *Cadernos* são claros para o autor desde o início. Vai-se (1) desde o "formar-se objetivo" das classes subalternas "no mundo econômico" (2) passando

---

29 Ibid., 3, *14*, p.300; cf. Ibid., 25, 2, p.2283.
30 Ibid., 3, *90*, p.373.

por sua "adesão às formações políticas dominantes ativa ou passivamente", (3) pelo "controle" delas por parte de "partidos novos da classe dominante", (4) pelas "formações próprias das classes subalternas de caráter restrito e parcial", (5) pela afirmação política da "autonomia delas, mas no quadro velho", (6) e chegando às "formações políticas que afirmam a autonomia integral". E Gramsci acrescenta: "etc.". Preste-se atenção a esse "etc.". Além da autonomia integral – que outra coisa não é senão a constituição de um "moderno príncipe", ou seja, de um partido das classes subalternas capaz de adquirir "a autonomia nos confrontos com os inimigos a abater e a adesão dos grupos que as ajudaram ativa ou passivamente" –, o "etc." antecipa o cenário da luta hegemônica.

Resumindo e simplificando, pode-se sustentar que a conquista da autonomia exige o soreliano (mas na tradução gramsciana) "espírito de cisão", ao passo que a luta hegemônica, até "tornar-se Estado" das classes ou grupos sociais subalternos, implica a estratégia da "frente unida". A distinção é evidentemente metódica, não orgânica. Na realidade, os dois processos são interligados, no entanto, é importante considerar a peculiaridade de cada um.

O "espírito de cisão" é indispensável porque os grupos subalternos, como vimos, aparecem subordinados à iniciativa dos grupos dominantes, em particular quando se revoltam e insurgem. "Qualquer traço de iniciativa autônoma" e, por isso, "de valor inestimável", é, portanto, identificado, captado, estudado em sua particularidade; só assim será possível enveredar o caminho que leva ou deve levar à "autonomia integral".

O espírito da "frente unida" acompanha e sustenta a luta hegemônica, cujo horizonte é a formação, por meio da ação dos grupos sociais subalternos, de uma nova "unidade histórica das classes dirigentes", ou seja, de um novo bloco histórico.

A hegemonia representa por definição, em sentido político em primeiro lugar (mas também econômico, social, cultural etc.), a unidade do diverso: uma unidade complexa. Aqui a complexidade é dada pelo fato de que o processo hegemônico se realiza tanto no âmbito de uma rede de alianças reais ou possíveis *com* e *entre* forças sociais que se opõem ao bloco histórico dominante como nos confrontos das mesmas forças adversárias. Uma vez conseguida a alternância do bloco histórico, esse segundo aspecto do processo hegemônico adquire um peso decisivo. No momento em que as classes subalternas "tornam-se Estado", de fato, a burguesia se torna povo, no sentido de que ela faz parte do povo-nação, que o novo Estado deverá ser capaz de unificar.

6.9 A política dos subalternos

Pode-se e deve-se perguntar o que motiva Gramsci a atribuir à categoria "subalternos" o papel árduo e complexo de recolher e conectar classes/grupos sociais tão diversos, nitidamente diferenciados, como temos verificado, mas todos entrando real ou potencialmente na esfera de oposição ao sistema hegemônico-dominante. Para esse fim era necessária uma categoria menos genérica e menos comprometida do que aquela de "povo". Considere-se também a função historiograficamente ampla que tal categoria, direta ou indiretamente, tem de desempenhar: ela deve permitir a referência aos "excluídos de qualquer vida própria", como os "escravos no mundo clássico" e os "proletários no mundo medieval"; ou também a um grupo social, como as "mulheres na história romana", cuja análise oscila entre o "domínio de classe" e a "história dos costumes".[31]

Sublinha-se o uso de metáforas militares associadas a essa expressão, como a muitas outras adotadas por Gramsci nos *Cadernos*. O aspecto decisivo é que o conceito de subalterno, como

---

31 Ibid., 3, *18*, p.302; cf. Ibid., 25, *4*, p.2286 et seq.

o folclore e de maneira diferente deste, dá voz a uma ampla gama de articulações, passível de determinações bastante diferenciadas, desde a "idade das cavernas" até às ciências e tecnologias mais modernas.

Aqui se deveria abrir o capítulo sobre o que mais interessa a Gramsci (e que exatamente por isso exigiria um tratamento específico): o sentido *político* dessa categoria.[32] Levanta-se o problema: como se pode unificar o que está estruturalmente desagregado?

"As classes subalternas" – escreve Gramsci – "por definição não são unificadas e não podem unificar-se enquanto não puderem se tornar 'Estado'". Gramsci lembra que "a unidade histórica fundamental, pela sua concretude, é o resultado das relações orgânicas entre Estado ou sociedade política e 'sociedade civil'".[33] Estamos no auge da luta hegemônica. A questão política da unidade das classes subalternas – considere-se a referência às classes, termo aparentemente *obsoleto*, nesse texto mais *moderno*, o *Caderno 25* – ataca processos concretamente universais e, poderemos acrescentar, nacionais-internacionais.

Enquanto o "ciclo histórico" da luta hegemônica não estiver "completo", "a história dos grupos sociais subalternos" sempre se apresentará como "necessariamente desagregada e episódica". A "tendência à unificação" sacode a inércia e a dispersão desses grupos, "ainda que seja nos planos provisórios"; todavia, ela se revelará, como sabemos, "continuamente quebrada pela iniciativa dos grupos dominantes".

À questão política da luta hegemônica se associa a questão metodológica da ação historiográfica. Voltemos a um pensamento que conhecemos:

---

32 Buttigieg, *Sulla categoria gramsciana di "subalterno"*, p.27 et seq.; Green, Sul concetto gramsciano di "subalterno". In: Vacca; Schirru, *Studi gramsciani nel mondo 2000-2005*, p.199-232.

33 Gramsci, *Quaderni del carcere*, 25, 5, p.2288; cf. Ibid., 3, *90*, p.372 et seq.

Qualquer vestígio de iniciativa autônoma por parte dos grupos subalternos deveria, por isso, ser de valor inestimável para o historiador integral; disso se segue que uma tal história não pode ser tratada senão por monografias e que toda monografia exige um acúmulo muito grande de matérias muitas vezes difíceis de recolher.[34]

A filosofia da práxis dá bom testemunho de si mesma arriscando-se tanto com o passado como com o presente dos grupos sociais subalternos. Não é uma tarefa a ser realizada por um indivíduo só. Surge, embrionariamente, a figura do "pensador coletivo". Nós o surpreendemos ora atento à pesquisa paciente, desde baixo, de traços de "iniciativa autônoma" dos subalternos, em geral veladas pela escuridão, ora com o olhar voltado para cumes altíssimos, muitas vezes deslumbrados pelo fogo da luta de classes.

---

34 Ibid., 25, 2, p.2284; cf. Ibid., 3, *14*, p.300.

VII
Senso comum

Um processo de desenvolvimento orgânico que conduza do simples
senso comum ao pensamento coerente e sistemático.

Antonio Gramsci[1]

7.1 Uma "coisa em si"?

Um percurso detalhado sobre as ocorrências do termo
"senso comum" nos *Cadernos do cárcere* revela que essa expressão
não tem vida própria, mas adquire o seu significado dentro de
uma família conceitual complexa e diferenciada, não isenta
de contrastes. Poder-se-ia afirmar, seguindo uma indicação de
Guido Liguori,[2] que o senso comum "está no meio" entre um
irmão mau, que é o "'*folklore*' propriamente dito" e uma irmã

---

1 Gramsci, *Quaderni del carcere*, 24, 3, p.2263.
2 Cf. Liguori, *Sentieri gramsciani*, p.69 et seq.

boa, que é, indiferentemente, "a filosofia e a ciência".[3] Mas a família talvez seja menos turbulenta do que possa parecer. E é bom sublinhar que uma estreitíssima existência relacional não diz respeito só ao senso comum e os outros conceitos há pouco citados, mas em geral a todas as categorias gramscianas.

Nada está mais distante de Gramsci que uma concepção *forte* de filosofia e de ciência como aquela proposta por Engels; sua concepção se aproxima mais da filosofia escondida (vitalíssima) que encontramos no Livro I do *Capital* de Marx ou da filosofia "ocasional" (também ela vitalíssima) que Gramsci reconheceu nas teorizações especificamente políticas de Maquiavel e de Lênin. Não que Gramsci não tematize de modo rico e complexo questões também técnicas de filosofia; ele nos deixou, porém, não apenas considerações para uma "introdução à filosofia", mas também uma tematização articulada da "filosofia da práxis" que, no entanto, como se deduz do livro de Fábio Frosini, não exaure o território da "filosofia".[4]

Retomando uma distinção fecunda que Eugen Fink propôs para o estudo do mestre Husserl – entre "conceitos temáticos" e "operativos"[5] –, sustento que, apenas entrando na operatividade, às vezes ocasional e escondida, da trama do pensamento de Gramsci, é possível aproximar-se melhor de seu modo de entender conceitos como aqueles de senso comum, folclore, filosofia (e ciência).

Para ler Gramsci segundo Gramsci é preciso aplicar aos seus textos a, chamada por ele, "filologia viva". Não é fácil associar a filologia à vida; no entanto, há uma modalidade do fluxo de pensamento nos *Cadernos* que convida energicamente a tal associação: o caráter *móvel* e *dinâmico*, além de *relacional*, dos conceitos. Pensemos num termo como "povo", cujo significado

---

3 Gramsci, *Quaderni del carcere*, 1, 65, p.76.
4 Frosini, *Gramsci e la filosofia*.
5 Fink, *Operative Begriffe in Husserls Phänomenologie*, p.321-37.

e valor é evidentemente decisivo no âmbito da discussão sobre o "senso comum". A história das interpretações do pensamento de Gramsci mostra uma oscilação sua entre o destaque dos riscos, ou até de um desvio do tipo, "populistas" e a crítica de um presumido espírito modernizante e racionalizador, portanto, antipopular. O que proponho aqui – chamar *mobilidade* e *dinamicidade* do conceito de "povo"[6] (mas o mesmo vale para "senso comum") – permite explicar essa oscilação e evitá-la. O fato é que o *leitmotiv* dos *Cadernos* – a pesquisa sobre os intelectuais e o espírito público na história e na sociedade italiana – conduz ao projeto de superação da separação tradicional entre os intelectuais italianos e o povo; mas, ao mesmo tempo, e necessariamente, conduz ao projeto de superação, em última análise, do próprio povo – em função de sua natureza tendencialmente amorfa e sua atitude passiva, ainda que potencialmente rebelde – e à sua fusão na sociedade civil.

O senso comum é a filosofia espontânea do povo: afirmação importante, mas extremamente genérica, que é imediatamente traduzida em suas articulações. Assim como não existe *a filosofia*, também não existe *o senso comum*. Existem, em situações e fases diversas, os sentidos comuns dos diferentes estratos: "Cada estrato social tem o seu senso comum".[7] Também os intelectuais – diz Gramsci – têm o seu senso comum. À variedade social se associa a mudança histórica: "O senso comum não é algo rígido e imóvel, mas se transforma continuamente". Em suma, "comum" não quer dizer único: "O senso comum não é uma concepção única, idêntica no tempo e no espaço: é o 'folclore' da filosofia, e como o folclore, se apresenta em formas inumeráveis".[8]

---

6 Baratta, *Le rose e i Quaderni*, p.37 et seq.

7 Gramsci, *Quaderni del carcere*, 1, *65*, p.76; cf. Ibid., 24, 4, p.2271.

8 Ibid., 8, *173*, p.1045; cf. Ibid., 11, *13*, p.1396. Devemos lembrar que Gramsci escreve antes "folklore" (no *Caderno 15*) e depois "folclore", como no título do *Caderno 27*.

Gramsci não se mostra generoso ao considerar o senso comum: "Seu caráter fundamental é ser uma concepção do mundo desagregada, incoerente, inconsequente, conforme com o caráter das multidões das quais ele é a filosofia".[9]

A tal filosofia "espontânea" se opõe à filosofia "sistemática": "Quando na história se elabora um grupo social homogêneo, elabora-se também, contra o senso comum, uma filosofia 'homogênea', ou seja, sistemática".[10]

Aqui Gramsci é implícita, mas também radicalmente severo, porque vê com enorme preocupação o marxismo, por assim dizer, oficial na União Soviética, representado pelo *Manual* de Bukharin, fazer próprios elementos tipicamente "acríticos" e "supersticiosos" do senso comum de tradição religiosa.

Que todos os homens são filósofos e intelectuais – embora nem todos o sejam em sentido "profissional" – é para Gramsci uma verdade profunda e fundamental, na qual tem raiz a *possibilidade* de uma "filosofia democrática" e de um "progresso intelectual de massa". Mas exatamente por isso é absolutamente radical a luta hegemônica que Gramsci acha que é travada, como é dito na mesma nota que estamos citando, *contra* o senso comum, que é "'a filosofia dos não filósofos', ou seja, a concepção de mundo absorvida *acriticamente* dos vários ambientes sociais em que se desenvolve a individualidade do homem médio".

Acentuei o caráter por um lado *aberto* e *dinâmico*, por outro lado *fechado* e *passivo* do senso comum. Levanta-se um problema. É evidentemente difícil considerar dinâmico um conceito que, por sua natureza, tende a ser sorvido numa condição de imobilidade e passividade. Mas é a situação, e não podemos encontrar atalhos.

Leiamos ainda uma passagem da nota já citada do *Caderno 1*, depois transcrita no *Caderno 24*: "Toda corrente filosófica deixa

---

9 Ibid., 8, *173*, p.1045.
10 Id.

uma sedimentação de 'senso comum': este é o documento da sua efetividade histórica".[11]

Para nos aproximarmos do significado dessa ideia de "sedimentação", que parece um fenômeno estrutural na história das ideias e da cultura como Gramsci a concebe, poder-se-ia fazer uma comparação com a maneira husserliana de tratar as "sedimentações" na *Crise das ciências europeias e a fenomenologia transcendental* ou com a concepção do "prático-inerte" na *Crítica da razão dialética* de Jean-Paul Sartre. Mas essa é apenas uma alusão que deveria ser aprofundada. O que interessa evidenciar aqui é que, sob a superfície da oposição (Liguori diz também: inimizade) entre filosofia e senso comum, há o dado de um parentesco estreito entre os dois termos, que se revela tanto na sua gênese histórico-antropológica como na recaída, efetiva e permanente, de um sobre o outro. Penso que a referência à noção marxiana de "divisão entre trabalho manual e intelectual" – que Balibar, na preciosa *Filosofia de Marx*, propõe chamar "diferença intelectual"[12] – poderia permitir-nos dar um passo decidido e decisivo para o esclarecimento do problema. O ponto decisivo é a pergunta: é possível, e como, recompor a separação?

Se essa divisão da sociedade em classes é boa para nós, acabaremos, como faz a religião cristã, enrijecendo e fossilizando o senso comum das massas, porque nos interessa que elas sejam crentes, que não cresçam intelectual e materialmente; ou poderemos, como fazia Kant e faz o neoidealismo, excluí-las do âmbito da subjetividade pensante (em termos filosóficos), salvo reconhecer de vez em quando, com uma petição de princípio, a identidade do pensamento comum com o dos filósofos. Se, porém, luta política e luta cultural são concebidas na direção de uma sociedade sem classes, deveremos então assumir de modo radical a possibilidade de reforma (intelectual e moral)

---

11 Ibid., 1, *65*, p.76; cf. Ibid., 24, *4*, p.2271.
12 Balibar, *La filosofia di Marx*, p.55 et seq.

das massas, não para procurar assimilá-las – como fazia, segundo Gramsci, a cultura francesa – à cultura dos grupos dirigentes, mas para refundar a cultura e a filosofia dos "filósofos" a partir das necessidades e das aspirações das próprias massas, ou seja, dos "não filósofos".

É evidente que, numa tal perspectiva, se abre o caminho de um "novo senso comum", mas também o caminho, correspondente a ele, de uma "nova filosofia" que, porém, ainda não sabemos em que poderá consistir. Por ora nos atenhamos ao senso comum e à filosofia (sistemática) historicamente existentes.

Jacobi destacou, de uma maneira mais dramática, que sem "coisa em si" não se pode entrar na *Crítica da razão pura*, mas com a "coisa em si" não se pode permanecer nela. Poder-se-ia perguntar, gracejando, se o mesmo não acontece com a relação entre senso comum e filosofia em Gramsci. Mas Gramsci, ao contrário de Kant, oferece-nos uma via de escape mais do que honrosa. A chave para a solução do problema são os *limites* da filosofia, que não escancaram o caminho para a religião e a fé, como quer Kant, mas para a política, que é essencialmente leiga e rica, apesar de tudo, de racionalidade. Digamos agora que o senso comum, no horizonte gramsciano, é o limite, por assim dizer, baixo, ou *de baixo* da filosofia, enquanto o comunismo, que não é senão o horizonte do misteriosíssimo "novo senso comum" por vir, é o seu outro limite; que, no entanto, não significa *do alto*, mas elevado, no sentido de um projeto de saída do gênero humano da pré-história.

7.2 Espontaneidade e direção consciente

Por legítimo que seja propor de novo a centralidade da comparação de Gramsci com Croce, não é no tema da relação entre filosofia e senso comum que podem ser encontradas afinidades entre os dois autores. Basta ver "Filosofia come vita morale e vita morale come filosofia" [Filosofia como vida moral e vida moral como filosofia][13] e relacioná-lo com os "Apontamentos para uma introdução e um encaminhamento para o estudo da filosofia e da história da cultura".[14] Também Croce, como Gramsci, relativiza a diferença entre filósofo e não filósofo sustentando (acrescentaria: bondade sua!) que também "homens modestos" e "até [...] populares e camponeses" podem pensar e falar como "sábios e possuem com segurança as verdades substanciais".[15] Mas isso é paternalismo, que não tem correspondência em Gramsci, para o qual não conta a possibilidade de convergências parciais e esporádicas entre o ponto de vista do senso comum e o do filósofo. O *seu* problema é totalmente diferente, como se deduz do âmago da relação entre marxismo e massas populares, que Gramsci exemplifica com a diferença-comparação entre Reforma e Renascimento. O problema nasce da tremenda dificuldade ("o simples que é difícil de fazer" – dizia Brecht) de realizar a ideia guia de um "progresso intelectual de massa e não só de escassos grupos de intelectuais".

A utopia comunista – Gramsci não usa essa expressão, mas nós devemos chamá-la assim – é um "novo senso comum" pelo qual, se não desaparece, se relativiza chegando a anular-se a diferença, que é também oposição, entre dirigentes e dirigidos, como também entre intelectuais e "simples", o que envolve a superação da oposição entre alta cultura e cultura popular (e folclore), mas também, nós interpretamos, entre sociedade civil e povo, e até – mas este é um ponto realmente controverso – entre Estado e sociedade civil. O "novo senso comum" que Gramsci tematiza é, como vimos, um modo entre outros de entender a superação das contradições de classe e da divisão social do trabalho, do ponto de vista da afirmação-elaboração do "pensador coletivo", resultado de uma "filosofia democrática".

---

13 Croce, Filosofia come vita morale e vita morale come filosofia, *La Critica*, n.2.
14 Gramsci, *Quaderni del carcere*, 11, *12*. Cf. Liguori, op. cit., p.75 et seq.
15 Croce, op. cit., p.78.

Tudo isso está no fundo da reflexão de Gramsci no cárcere. Existe, mas está no fundo. No primeiro plano estão as análises circunstanciais e as elaborações pacientes e pontuais, que variam na evolução do discurso.

Um tema-problema, sobre o qual Gramsci reflete continuamente e que faz registrar no tempo abordagens e tentativas de solução pelo menos parcialmente diferentes, é a modalidade do processo que deve levar ao "novo senso comum" e à relacionada "nova cultura".

Na nota 48 do *Caderno 3*, Gramsci reivindica "a fecundidade e justeza" da linha diretiva do "Movimento de Turim" da *Ordem Nova*, que consiste na "unidade da 'espontaneidade' e da 'direção consciente'", unidade em que – continua Gramsci – consiste "a ação política real das classes subalternas".[16]

---

16 Liguori encontra nessa nota, exatamente através da reivindicação da "importância da espontaneidade popular", uma "indubitável revalorização do senso comum" (Linguori, op. cit., p.72). Contudo, segundo Liguori, embora apareça algum outro "vislumbre" de "partilha" do senso comum por parte de Gramsci, como na nota 151 do *Caderno 8*, "o discurso fascinante do *Caderno 3*, nota 48, não é retomado, nem no *Caderno 3*, nem nos cadernos sucessivos, nem ao ser reescrito [é um Texto A]". É uma tese "forte", que tem o defeito da unilateralidade. Em linhas gerais, Liguori não é muito indulgente em relação ao senso comum e acha que Gramsci também não é porque – ele escreve – o senso comum não suporta "uma atividade educativa que manifestasse a própria intenção, e porque ele – enquanto 'filosofia implícita' – desconfia das operações filosóficas hegemônicas explícitas ou, *traduzindo*, porque o 'povo' desconfia dos 'intelectuais' e mais ainda dos intelectuais explicitamente *partidários*". Poder-se-ia replicar que o povo, como o próprio Gramsci reconhecia plenamente, faz muito bem em desconfiar dos intelectuais porque eles, segundo o mesmo Gramsci, geralmente despertam desconfiança! E além de Gramsci se apresentar tão severo e radical contra toda hipostasiação do senso comum – ou seja, contra o "vulgar senso comum", por sua natureza antidialético e dogmático, sustentado tanto pela Igreja católica como pelo marxismo escolar à la Bukharin – quanto se mostra aberto para a dimensão que poderemos chamar *existencial* do senso comum, o qual não é uma ideologia, mas uma realidade. Como poderia germinar também só a hipótese de um "novo senso comum" se o senso comum, na sua realidade de fato, não fosse por si modificável, ainda que para ser

Com uma simplificação talvez arriscada e excessiva, mas capaz de nos fazer entender o alcance do problema, poder-se--ia dizer que, na dificílima relação entre os dois elementos, no Gramsci conselheiro prevalece a "espontaneidade", no dirigente do PCI, a "direção consciente", e no filósofo dos *Cadernos*, enfim, se busca e se alcança um equilíbrio maduro (que Gramsci, porém, como vimos, atribui ao mesmo movimento conselheiro). A realidade não é, obviamente, tão esquemática e, na evolução dos *Cadernos*, se assiste a uma ou mais mudanças de posição.

Numa carta inédita recente (dirigida a mim), Giuseppe Prestipino elaborou a hipótese de que, no andamento dos *Cadernos*, a propósito do problema aqui levantado, registra-se "mais a curvatura de uma parábola parcial do que uma forma linear". Segundo a sua hipótese,

> de uma fase bem representada pela conhecida locução "espírito popular criativo", Gramsci procede passando por uma fase em que prevalece a constatação de uma passividade predominante da cultura popular, chegando, enfim, a revalorizar, pelo menos parcialmente, algumas variantes no mundo político-cultural subalterno.

Prestipino se refere à relação entre cultura popular e alta cultura, mas ele mesmo sublinha como as suas considerações sobre a cultura popular podem estender-se e ser generalizadas para "aquele folclore entre aspas que é para Gramsci o senso comum (e que às vezes pode tomar ares de 'filosofia espontânea')".

Com uma reflexão que convida a reconsiderar a questão da cultura popular, como também a do folclore e do senso comum no âmbito da problemática dos "grupos sociais subalternos",

---

"criativamente destruído", segundo a fórmula gramsciana de extraordinária pregnância da "destruição-criação"? O problema interpretativo proposto por Liguori, numa direção decididamente antiespontaneísta, é de qualquer modo real; a conclusão a que chega apresenta, creio, um exagero, o qual é discutido também à luz do pensamento propriamente político de Gramsci.

Prestipino observa ainda que para Gramsci "a passividade não é uma regra sem exceções ou não é um destino para a cultura ou para a mentalidade subalterna enquanto tal", concluindo com uma passagem que julgo oportuno citar por inteiro:

> Creio poder confirmar a interpretação que atribui ao pensamento mais desenvolvido de Gramsci um conceito de direção consciente distinto daquele da espontaneidade por uma assimetria, mais para uma hierarquia de valores, um subordinado ao outro, ou, pior, para uma ideia totalmente unilateral, portanto, substancialmente adialética, da categoria hegeliana de superação. A assimetria à qual me refiro é tal porque a síntese virtuosa entre espontaneidade e direção consciente (ou disciplina, especialmente se falarmos do artista) é principalmente confiada à consciência da direção consciente e não pode, ao contrário, ter seu lugar de preferência em relação à espontaneidade.

Compartilho inteiramente a linha interpretativa de Prestipino: não se trata, na articulação da necessária "síntese virtuosa entre espontaneidade e direção consciente", de uma "hierarquia de valores", mas de uma "assimetria" que acho que é sempre reconhecida por Gramsci, independentemente das mudanças de rota. Tanto o Gramsci filósofo como o dirigente de partido, mas em última análise também o conselheiro, consideram de fato o terreno da política como o "lugar preferido" para a desejada obtenção daquela "síntese".

7.3 "Espírito popular criativo"

Em 1987, para um número da revista da *Federazione Italiana Lavoratori Emigrati e Famiglie*, Valentino Gerratana escreveu um breve e claro artigo com o título "Gramsci no mundo", no qual destacava como a "extraordinária difusão de Gramsci e da literatura gramsciana é um fenômeno totalmente *espontâneo*".[17] Frosini escreveu um artigo sobre "As massas e os intelectuais",[18] eu sobre "Espírito popular criativo",[19] no qual defendi que com essa expressão Gramsci "estava atacando os fundamentos de um pilar da ideologia burguesa inteira" porque acabava "desmistificando a categoria idealista de criatividade, tão conforme ao individualismo burguês e ao caráter antipopular da cultura transmitida nas escolas e nas academias e difundida pelos *mass-media*". Noutras palavras, essa expressão "era e é um escândalo social: a irrupção da análise de classe no reino da cultura".[20]

Estamos nos habituando, até com razão, mas tranquilamente demais, a tomar distância daquela expressão. Foram mais vezes sublinhadas as razões do seu abandono por parte do próprio Gramsci, que a usa de modo não forte, mas fortíssimo, na carta a Tânia de 19 de março de 1927, onde pela primeira vez revela o projeto dos *Cadernos*.

Prestipino, em sua carta citada anteriormente, considera essa locução um momento fundante da primeira das três fases nas quais ele, com um esquema precioso, descreve a parábola desenhada por Gramsci a propósito da relação entre espontaneidade e direção consciente e, indiretamente, entre senso comum e filosofia.

Liguori considera essa expressão uma manifestação exemplar daquele defeito de subjetivismo que ele identifica, em Gramsci, na *Ordem Nova* e na primeira fase dos *Cadernos*.[21]

Tudo bem, ainda que dentro de limites bem determinados. É verdade que "espírito popular" é uma expressão excessivamente próxima do romantismo. Gramsci se dá conta disso e a abandonou. No entanto, é bom lembrar que Gramsci não a

---

17 Gerratana, Gramsci nel mondo, *Emigrazione*. FILEF, v.XIX, n.8-9, p.5.
18 Frosini, Le masse e gli intellettuali. In: *Gramsci e la filosofia*, p.32-37.
19 Baratta, Spirito popolare creativo. In: *Le rose e i Quaderni*, p.10 et seq.
20 Ibid., p.10-11. Cf. Mordenti, *Gramsci e la rivoluzione necessaria*, p.56 et seq.
21 Liguori, op. cit., p.85.

Giorgio Baratta

usa em sentido abstrato ou geral, mas a historiciza, falando de "espírito popular criativo, nas suas diversas fases e graus de desenvolvimento".[22] O que suscitou perplexidade, além da expressão enquanto tal, é o fato de Gramsci a colocar na "base", como fonte de "homogeneidade", de todos os quatro "assuntos" com os quais tem a intenção de "ocupar-se intensamente" "segundo um plano preestabelecido". Um desses assuntos é "uma pesquisa sobre os intelectuais italianos". Surge espontaneamente a pergunta: como pode o espírito popular estar na base da função e da atividade dos intelectuais? Observe-se que Gramsci introduz a pesquisa sobre os intelectuais como especificação do projeto de pesquisa "sobre a formação do espírito público na Itália", o que, evidentemente, remete diretamente à *dialética* entre povo e intelectuais. Além disso, vale a pena observar que mais vezes, nos *Cadernos*, Gramsci sublinha como portador da Reforma, de modo diferente do que aconteceu com o Renascimento, diretamente o povo alemão. O "espírito popular criativo" – ou aquele que é o núcleo sadio e racional dessa expressão – está, portanto, bem "na base" de um fenômeno altamente cultural, para retomar a terminologia da carta a Tania.

"Espírito popular criativo" – espoliado da sua equivocidade lexical e posto em relação com a ideia de uma *cultura popular alta* – mantém um duplo motivo de interesse e de validade.

Em primeiro lugar, confirma-se de novo que aquele conceito envolve uma crítica de substância à concepção idealista de "criatividade"; e isso é fundamental para Gramsci, assim como foi para Marx a partir das *Teses sobre Feuerbach*: a crítica da noção idealista de "atividade".

Em segundo lugar, aquele conceito acentua o elemento da espontaneidade com respeito à direção consciente, como notou Prestipino. Vimos como Gramsci reforça na segunda fase da evolução dos *Cadernos* o peso do segundo termo, enquanto na

---

22 Carta de Gramsci a Tania, 19/3/1927. In: Gramsci, *Lettere dal carcere*.

terceira fase confirma, ainda que de modo diverso, a importância da "espontaneidade".

Em linha geral, podemos considerar como tipicamente *gramsciana* a busca paciente e sistemática de um equilíbrio entre esses dois termos. Creio que se pode dizer que, a partir da internacionalização da sorte de Gramsci – de que o artigo citado de Gerratana é um documento exemplar –, o motivo da espontaneidade resulta, por razões contingentes, não instrumental, rico de atualidade. O internacionalismo hoje é mais um fato de *movimento* do que de *organização*.

Liguori repropôs a luta contra toda forma de espontaneísmo e populismo como fundamental na situação hodierna.[23] Compartilho essa perspectiva. Mas para vencer radical e racionalmente a *ideologia* da espontaneidade e do povo, é preciso buscar e valorizar a *realidade* de "todo traço de iniciativa autônoma" e espontânea da parte das "classes subalternas", como Gramsci nos convida a fazer no mesmo *Caderno 3* antes citado ("grupos sociais subalternos" no *Caderno 25*). Tanto mais importante parece essa pesquisa – "de valor inestimável" – quanto mais se torna evidente que "a história das classes subalternas é necessariamente desagregada e episódica", como o é o senso comum ou, seria mais apropriado dizer, os sensos comuns das classes subalternas; as quais, como sabemos, "suportam a iniciativa da classe dominante, também quando se rebelam"; estão, acrescenta Gramsci, em "estado de defesa alarmada".[24]

O senso comum se defende da filosofia porque o pensamento organizado tende a enfurecer-se contra a inorganicidade e a desagregação. Mas Gramsci não raciocina à luz de uma lógica dicotômica, em busca de uma síntese superior, onde geralmente um dos termos se mostra capaz de incorporar (superando-a) a sua antítese. Do mesmo modo que elementos de direção

---

23 Liguori, op. cit., cap. 5.
24 Gramsci, *Quaderni del carcere*, 3, *14*, p.299 et seq.; Ibid., 25, 2, p.2283 et seq.

consciente estão *dentro* dos movimentos espontâneos,[25] assim elementos de filosofia estão dentro do senso comum. Podemos apenas intuir de modo vago e puramente conjectural qual deve ser ou será a novidade de uma "filosofia democrática" que brota desse impacto ou contraponto entre senso comum e filosofia "sem fundamento na realidade". É tarefa dos filósofos e dos intelectuais, que se propõem a desenvolver essa intuição, trabalhar para vencer a mais que justificada "defesa alarmada" dos "simples". A primeira coisa a fazer é adquirir plena consciência dos limites da filosofia dos... filósofos, que são os limites intrínsecos de toda filosofia *separada*, e realizar, certamente, uma cabal "crítica do 'senso comum'", mas só "depois de se ter baseado no senso comum para demonstrar que 'todos' são filósofos". A palavra resolutiva não diz respeito, porém, aos filósofos profissionais. "A relação entre filosofia 'superior' e senso comum é garantida pela 'política'."[26]

Qual a conclusão? Que é preciso lutar *contra* o senso comum, não para eliminá-lo (o que seria, aliás, impossível), mas para ajudá-lo a superar a si mesmo, ou seja, a crescer e transformar-se, a autodestruir-se criativamente – no âmbito de um "processo orgânico", fruto de espontaneidade e de direção consciente – conquistando, no interesse de todos, a própria *novidade*.

---

25 Ibid., 3, *47*, p.328.
26 Ibid., 11, *12*, p.1383; cf. Ibid., 8, *220*, p.1080.

VIII
Folclore e filosofia

8.1 2007

Septuagésimo aniversário da morte de Gramsci: a International Gramsci Society, depois dos encontros de Nápoles (1997) e do Rio de Janeiro (2001), chega ao triângulo Cagliari-Ghilarza--Ales. Tema do congresso: "Um sardo no mundo grande e terrível". É um retorno. Guido Melis – autor, em meados da década de 1970, de um trabalho de escavação sobre Gramsci e a questão sarda, tema este ainda não aprofundado por ninguém – reivindica, entre as áreas que registram um "crescimento de interesse" pelo filósofo de Ghilarza, o campo "vastíssimo das disciplinas antropológicas e demológicas".[1] Nos anos 1960 e 1970 ele tinha conhecido na Itália, por impulso de De Martino, uma época feliz.[2]

---

[1] Melis, Attualità del pensiero di Antonio Gramsci? In: Baratta, Grilletti Migliavacca (orgs.), *Terra Gramsci*, p. 89. Cf. *Nuova Sardegna*, 24/4/2007.

[2] Nesses vinte anos foram produzidas contribuições fundamentais: desde a análise estruturalista das "Osservazioni sul folklore" de A. M. Cirese, de que falaremos amplamente mais adiante, ao "folklore como cultura de

Sai um livro importante de Giovanni Mimmo Boninelli, fonte preciosa de conhecimento: *Frammenti indigesti. Temi folclorici negli scritti di Antonio Gramsci* [Fragmentos indigestos. Temas folclóricos nos escritos de Antonio Gramsci]. Pietro Clemente, com paixão e determinação, organiza em 26 de junho, no Instituto Etnográfico de Nuoro, uma renovação com o título "Gramsci recuperado". Intervêm pessoalmente ou por escrito Pietro Clemente, Clara Gallini, Paolo Piquereddu, Giulio Angioni, Berardino Palumbo, Sandro Simonicca, Vincenzo Padiglione, Miguel Mellino, Anne Showstack Sassoon, Annamaria Rivera, Fabio Dei, Cosimo Zene, Antonio Deias, Giorgio Baratta.

O "Gramsci recuperado" é, de fato, um velho Gramsci italiano que, com tranquila produtividade, está em condições de se confrontar com o melhor do que, em nível interpretativo, produziram recentemente em escala internacional os estudos culturais/subalternos/pós-coloniais. Esse Gramsci conheceu o seu clássico, depois dos escritos de De Martino, nos estudos sobre as "Osservazioni sul folklore" [Observações sobre o folclore]

---

contestação" (Lombardi Satriani, *Antropologia culturale e analisi della cultura subalterna*, 1974), até à leitura das *Osservazioni* por parte da "nova esquerda" (Bermani, *Gramsci un'eredità contrastata*, 1979). Mas seria útil uma reconstrução mais atenta dos debates e dos escritos de toda a segunda metade do século passado. Uma primeira contribuição é "Scritti su Gramsci e le culture subalterne", em apêndice a Cirese, *Intellettuali, folklore, istinto di classe* (p.142-4), que reconstrói os acontecimentos até o período precedente à publicação dos *Cadernos* em edição crítica. Nos anos seguintes se assiste à nova proposta do "debate sobre as classes subalternas" logo após à Segunda Guerra, recolhido em diversas obras antológicas: Angelini, *Dibattito sulla cultura dele classi subalterne (1949-1950)*, 1977; Pasquinelli, *Antropologia culturale e questione meridionale*, 1977; Clemente; Meoni; Squillacciotti (orgs.), *Il dibattito sul folklore in Italia*, 1970. O importante debate *Orientamenti marxisti e studi antropologici italiani. Problemi e dibattiti* encontra espaço em diversas publicações editadas nos anos 1979, 1980 e 1982. Dessa rápida e certamente incompleta sequência de trabalhos, pode-se constatar como em torno de dois momentos cruciais – a publicação, primeiro em edição temática (1949-1951) e depois em edição crítica (1975) dos *Cadernos* – foi condensado boa parte dos estudos sobre "Gramsci e o folclore".

contidas no conhecido livro de Alberto Maria Cirese: *Intellettuali, folklore, istinto di classe* [Intelectuais, folclore, instinto de classe].

Fabio Dei, numa contribuição durante o colóquio de Nuoro, mostrou um elemento de fraqueza na análise de Cirese, que pode ser retomado mediante a denúncia de uma visão um pouco fechada, excessivamente disciplinar ou sociológica, das "diversidades culturais". Trata-se, como veremos, de uma questão que nada tem de marginal. Aqui estou interessado em sublinhar, seja qual for a pertinência de tal objeção, que a análise de Cirese mantém uma validade, por assim dizer, absoluta, no sentido – é o meu ponto de vista – de uma plena aderência, ainda que problemática, ao *método* de investigação de Gramsci.

8.2 Estática e dinâmica

Vamos ao essencial. Na primeira parte do ensaio mais importante que consta no seu livro, "Concepções do mundo, filosofia espontânea e instinto de classe nas 'Observações sobre o folclore' de Antonio Gramsci", Cirese, falando sobre folclore, movia-se no mesmo comprimento de onda que recentemente, com perícia, Guido Liguori adotou, como temos acentuado ao analisar a concepção do senso comum em Gramsci:[3] a posição de ilustrar uma maioria de "qualificações depreciativas", diante de uma minoria de "apreciações positivas", que atenuam e complicam, mas não reduzem a "direção negativa" do quadro abrangente.

De notável originalidade é o ritmo capilar estruturalista da análise dicotômico-binária de Cirese.[4] A energia fecunda de seu

---

3 Cirese, Concezioni del mondo, filosofia spontanea e istinto di classe nelle "Osservazioni sul folklore" di Antonio Gramsci. In: *Intellettuali, folklore, istinto di classe*, p.65-104; Liguori, *Sentieri gramsciani*, capítulo V. Cf. item 7.1.

4 "A concepção *folclórica* está para a concepção *oficial* como a classe social *subalterna* está para a classe social *hegemônica*, como a categoria intelectual *simples*

ensaio, hoje quase sempre reprimida, está na capacidade de mostrar a passagem, intrínseca ao estilo de pensamento de Gramsci, da estrutura ao processo, da estática à dinâmica na análise do real: noutras palavras, a evidenciação do caráter *dialético* desse pensamento que, exatamente quando se aventura com o que parece mais fechado, obsoleto, restrito nas formas de cultura, abre um cenário de movimento que visa a "uma gigantesca transformação da situação de fato".

Poder-se-ia resumir o sentido da pesquisa de Cirese sublinhando como, por meio da reconstrução que ele realiza, o que do ponto de vista estático-estrutural e abstratamente estimativo emerge como elemento genuinamente *negativo*, em nível dinâmico-dialético se manifesta ou, melhor, se traduz naquela processual "potência da negação" que Marx não se cansava de sublinhar.[5]

Segundo Cirese, na análise gramsciana, enquanto as "observações positivas [...] dizem respeito de modo claro apenas a *alguns* fatos ou elementos do folclore", as "qualificações negativas dizem respeito também claramente a *todo* o folclore". Noutros termos, as "atribuições positivas" revestem um "caráter particular e *não* universal".[6]

É este o estado das coisas que é ou pode ser submetido a uma mudança radical por meio da política, ou seja, da luta hegemônica.

---

está para a *culta*, como a combinação *desorgânica* está para a *orgânica*, como o estado interno *fragmentário* está para o *unitário*, como o modo de expressão *implícito* está para o *explícito*, como o conteúdo *degradado* está para o *original*, como a contraposição *mecânica* está para a *intencional*, como o contraditório *passivo* está para o *ativo*", Cirese, op. cit., p.78.

5 "Na sua forma racional, a dialética é escândalo e horror para a burguesia e para os seus corifeus doutrinários porque a compreensão positiva do estado de coisas existente inclui simultaneamente também a compreensão da negação dele, a compreensão do seu necessário declínio, porque concebe toda forma evoluída no fluir do movimento, portanto, também de seu lado passageiro, porque nada a pode intimar e ela é crítica e revolucionária por essência", Marx, *Il capitale*, p.45.

6 Cirese, op. cit., p.83 et seq.

No momento em que, opondo-se a certas hipóstases quase românticas de 1968, Cirese reforçava "todos os limites decisivamente negativos do folclore, por progressivos que possam ser certos elementos seus", ele mostrava que, passando "do terreno da constatação estática para o da ação ou processo", o "progressivo (ainda folclórico, ou seja, ainda subalterno, implícito, fragmentário etc.)" torna-se ou pode tornar-se *alavanca* de um "progressivo [...] plenamente hegemônico". Desse ponto de vista, Cirese considera "a concepção folclórica uma forma espontânea" daquilo que Gramsci chama de "espírito de cisão".[7] Mas isso envolve a análise do processo lento, trabalhoso e muito cansativo de aquisição de "autonomia" por parte dos "grupos sociais subalternos": "tocam-se" – conclui Cirese – "os problemas da relação entre intelectuais e massas ou entre espontaneidade e direção consciente".[8]

Aqui são tocadas também questões que, há mais de quarenta anos de distância do escrito de Cirese, foram inchando-se e problematizando-se cada vez mais, quais ambivalências do "progresso" e da "cultura de massa". Também nesses casos, como no do folclore, a análise estática, para usar uma feliz expressão de Raniero Panzieri, se for absolutizada, só pode resultar "fetichista",[9] solicitando uma fetichização quer toda "positiva", quer toda "negativa" do estado de fato. Gramsci tinha plena consciência da necessidade de resolver em sentido político-hegemônico – não politicista – tal problemática. Aqui é oportuno lembrar uma passagem significativa, em parte já nossa conhecida:

A filosofia da práxis não tende a manter os "simples" na sua filosofia primitiva do senso comum, mas, em vez disso, a conduzi-

---

7 Ibid. p.87 et seq.
8 Ibid., p.91.
9 Panzieri, *Lotte operaie nello sviluppo capitalistico*.

-los a uma concepção superior da vida. Afirma-se a exigência do contato entre intelectuais e simples, não para limitar a atividade científica e para manter uma unidade de baixo nível das massas, mas exatamente para construir um bloco intelectual-moral que torne politicamente possível um progresso intelectual de massa e não só de escassos grupos intelectuais.[10]

8.3 Idealismo?

É mérito de Cirese ter desenvolvido, ainda que com outra terminologia, os polos problemáticos da dialética do contraponto entre o um e os muitos, entre identidade e diversidade, entre o "raio" e os "prismas". No período confusamente, mas produtivamente convulso de 1968-1970, Cirese teve – na contracorrente – a percepção claríssima de que Gramsci podia ajudar a pôr o dedo na ferida, mas que, para tornar possível essa ajuda, nós não deveríamos ter escrúpulos de abrir uma ferida em seu próprio "sistema".

A questão política de fundo, depois de 1968, do ponto de vista internacional, era – pelo menos aos olhos de Cirese – por um lado, a desagregação (assim parecia) do sistema capitalista-imperialista e, por outro, a nova, evidentemente irreversível, crise do socialismo soviético e, com este, de toda uma tradição do movimento operário. No ensaio citado, ele não enfrenta esses problemas máximos do momento, que, no entanto, estão no plano de fundo ou no horizonte e motivam uma análise ao mesmo tempo filologicamente irrepreensível e politicamente importante. Vê-se bem, desde a lógica interna do discurso, que *folclore* remete à *filosofia*, e filosofia à *práxis* política.

Já vimos embrionariamente em ação o bisturi de Cirese. Agora queremos ver mais de perto a ferida, que sem ambiguida-

---

10 Gramsci, *Quaderni del carcere*, 11, *12*, p.1384-5.

des ataca o próprio pensamento de Gramsci, mesmo se e antes exatamente porque ele parece como uma bússola numa paisagem rica de incertezas e de potencialidades. Mas como usá-la, com base em quais regras de uso?

Cirese pretende explicar duas teses fundamentais do discurso de Gramsci, não imediatamente conciliáveis: (1) o folclore, assim como uma filosofia sistemática, é uma "concepção do mundo", e desse ponto de vista tem igual dignidade em relação à filosofia; (2) o folclore, enquanto tal, tomado no seu conjunto, é um fenômeno negativo e, portanto, está superado.

Já observamos como a negatividade do folclore, junto com seus elementos parciais, que se tornam positivos e progressivos, se inverte em potência de negação, e neste sentido entra no processo dialético de uma revolução destinada a fazer desaparecer a distância entre cultura popular e alta cultura, e junto com esta o próprio caráter do folclore mesmo. Para que isso seja possível, é necessário, porém, que entre os termos da oposição – folclore *vs.* filosofia, cultura popular *vs.* alta cultura – fique claro o que os torna *homogêneos* e em que consiste, *além* da sua diversidade, a sua identidade. Cirese fala explicitamente daquele "reiterado movimento pendular das identidades às diferenças" que precedentemente aprendemos a reconhecer como determinante na lógica dialética do contraponto, e que Cirese aprofunda como possibilidade da passagem "da continuidade quantitativa para a descontinuidade qualitativa".[11] O coração do problema para Cirese está ligado à questão da relação entre "espontaneidade" e "direção consciente", enfrentada por Gramsci, como sabemos, já no início dos *Cadernos*, quando se pergunta:

> A teoria moderna [o marxismo] pode estar em oposição com os sentimentos "espontâneos" das massas? [...] Não pode estar em oposição: entre eles há uma diferença "quantitativa", de grau, e não

---

11 Cirese, op. cit., p.100.

de qualidade: deve ser possível uma "redução", por assim dizer, recíproca, uma passagem de um ao outro e vice-versa.[12]

Trata-se de um texto B, de redação única. Provavelmente, numa hipotética transcrição, Gramsci teria usado "tradução" em vez de "redução", ou talvez até "compreensão", como aquilo que faz a medição entre saber e sentir. Seja como for, Cirese acha que Gramsci aqui, para evitar o obstáculo que poderia parecer insuperável de *diferenças qualitativas, que despedaçariam a afirmada continuidade"*, esteja buscando um "critério de distinção" "entre *diferenças de quantidade de elementos qualitativos"*, que, ao contrário, não poriam em crise o

> desejado laço entre o filósofo "especialista" e o "vulgar", entre a "direção consciente" e a "espontaneidade", entre intelectuais e "simples", ou seja, para usar termos mais correntes e realistas, entre dirigentes e massas, comitês centrais e base, e assim por diante.[13]

Cirese chega a uma conclusão incômoda: Gramsci não consegue identificar o "critério de distinção" que deveria permitir-lhe fixar positivamente o "desejado laço" do qual se falou, de modo que "o difícil equilíbrio entre continuidades quantitativas e rupturas qualitativas" acaba se rompendo "em favor do segundo termo, deixando [...] substancialmente ilesas certas tradicionais hierarquias temáticas e setoriais da nossa cultura". E conclui: "O que, fique bem claro, vale também como consideração autocrítica".[14]

Quis citar detalhadamente esta passagem da análise de Cirese porque, como é evidente, a sua *autocrítica* representa um ponto de chegada no que diz respeito a toda uma tradição que

---

12 Gramsci, *Quaderni del carcere*, 3, *48*, p.330-1.
13 Cirese, op. cit., p.100.
14 Ibid., p.101.

se definiria como *guardiã* do equilíbrio entre os dois polos do pêndulo, que de vez em quando assume o aspecto da filosofia (espontânea e oficial), da cultura (popular e alta), da vida de partido (base e cúpula), da sociedade (sociedade civil e Estado), e assim por diante. Estamos numa passagem delicada, numa virada. Se abandonarmos a proteção que nos davam certas garantias ideológicas, surge a violência das contradições.

Com o estilo comedido e concreto, Cirese coloca em crise a política do movimento operário, ou pelo menos sua linha historicamente hegemônica e, dentro desta, o *gramscismo*. Não creio que desde então – a partir das "Postille" e dos "Appunti" publicados no livro de 1975 –[15] Cirese tenha enfrentado com paciência tão analítica o pensamento de Gramsci. Querendo condensar (e talvez também forçar) num elemento catalisador o sentido *político* global e complexo daquela intervenção filológica, pode-se dizer que Cirese acabava denunciando, sem apelação, as "misérias" da "gloriosa" tradição do Partido Comunista, isto é, dos partidos comunistas, ou seja, do "centralismo democrático". Sancionava-se, em suma, o fim da "forma partido" ou, melhor, da "forma partido comunista" de uma política de oposição ao capitalismo. Por isso, vale a pena interrogar-nos mais de perto sobre a lógica interna do discurso de Cirese e sobre os êxitos limitados, mas de modo algum negativos e resignados do seu ponto de vista, que ele propõe.

Cirese não cita a metáfora do "raio" e dos "prismas", expressa no *Caderno 1* (1929) e retomada no *Caderno 24* (1934), que introduz o "movimento pendular" entre identidade e diversidade, fundamento do aprofundamento contrapontístico da dialética, de uma dialética que deixa indeterminada a síntese ou a direção da síntese ou até a esvazia de seu sentido. Para usar uma *boutade* [gracejo], poder-se-ia dizer que o contraponto gramsciano--saidiano responde plenamente à exigência feita por Stuart Hall

---

15 Ibid., p.107-27, 142-7.

de um "marxismo sem garantias",[16] sem que se deva, porém, renunciar totalmente à segurança de uma garantia, deslocando-a para um plano não mais de conteúdo, mas de método.

Cirese, porém, coloca em discussão exatamente um princípio vital desse método, aquele que vai da *universalidade* reconhecida de Gramsci para a *qualidade* filosófica e intelectual de "todos os homens". Creio que Cirese, com quanta consciência eu não sei, delimita de modo indébito o alcance dessa afirmação de Gramsci, que nós já conhecemos e da qual sabemos que não é minimamente confundida com as formalmente análogas, mas substancialmente opostas, asserções de Kant e de Croce, que Cirese também cita. Mas isso não nos interessa, porque aqui conta o aspecto específico daquela afirmação acolhida e discutida por Cirese. Radicalizando a questão, pode-se dizer que Cirese contesta a *universalidade* do filosofar humano e da humanidade *tout court*,[17] colocando em crise um princípio linguístico-filosófico da teoria da "tradutibilidade" das linguagens e das culturas, que Frosini readmitiu como combinação ou conexão entre Reforma e Renascimento.[18]

Engels tinha formulado, como princípio da dialética, a passagem da quantidade para a qualidade. Gramsci inverte os termos e funda a passagem da qualidade para a quantidade. O seu problema não é novo na história da filosofia. O jovem Hume

---

16 Hall, Il problema dell'ideologia. In: *Politiche del qutidiano*, p.119-47.

17 Cirese toca num ponto delicado. Acho oportuno lembrar posições como as de Hobsbawm, que num escrito recente denuncia "o antiuniversalismo", que, segundo ele, "seduz, naturalmente, a história dos grupos identitários, nas suas diferentes formas, para os quais o objeto essencial da história não é o que aconteceu, mas em que o sucedido diz respeito aos membros de um grupo particular" (Hobsbawm, *L'iguaglianza sconfitta*). Aqui não é evidentemente possível enfrentar essa polêmica entre "universalistas" e "relativistas" (cf. também Jervis, *Contro il relativismo*). Abre-se uma questão para a qual uma dialética "flexível", como a de Gramsci, poderia oferecer uma tentativa de solução avançada e complexa. Cf. item 8.5 neste capítulo.

18 Frosini, *Una "religione laica"*, parte III.

o tinha enfrentado com ímpeto antimetafísico no *Tratado*, onde edifica a "cidadela do homem", à qual pretende reconduzir o fundamento leigo ou humanista da filosofia e da ciência, a partir, como foi dito, do "mundo de dona Berta".[19] Ali a questão era a passagem das *impressões* para as *ideias*, que recebe um tratamento diferente entre a primeira e a segunda edição do *Tratado*. Na primeira edição – assim como sucede a Gramsci no *Caderno 3* –, Hume se mostra convicto da "continuidade quantitativa" (para retomar a terminologia de Cirese) das oposições qualitativas, como entre impressões e ideias. E é claro que a "continuidade quantitativa" pressupõe uma base de homogeneidade entre as próprias oposições qualitativas: o que, porém, Hume revê na segunda edição, sublinhando a descontinuidade quantitativa das oposições qualitativas, e abrindo assim cenários problemáticos novos e diferentes, que aqui para nós se perdem na névoa que só a filologia pode dissipar.

Como vimos, Prestipino introduziu um precioso exame diacrônico (que seria retomado e desenvolvido) sobre a vicissitude da continuidade/descontinuidade entre "espontaneidade" e "direção consciente", o que diz respeito de perto ao nosso tema. Creio, porém, que a posição de Cirese atravessa e envolve todas as fases da elaboração gramsciana considerada por Prestipino. Cirese vai à raiz do problema que, à luz do seu ponto de vista, poderemos formular assim: numa ótica, como a dos *Cadernos*, que reivindica a concretude empírica da "filologia viva", Cirese proclama o abandono *sic et simpliciter* da *universalidade*. Perguntamo-nos: o que implica essa renúncia para a *universalidade*, sem a qual pareceria não se poder manter algum tipo de

---

19 Cf. Scaravelli, Lezioni sulla Critica della ragion pura. In: *Opere*, v.II, p.272. Por um provável lapso, Scaravelli fala de "Monna Berta", associando-a a "Ser Martino" para indicar com uma citação dantesca "a experiência cotidiana do homem [...] da rua" como *fundamento* das ciências no *Tratado* de Hume. Sobre essa problemática, cf. Baratta, Sartre dialettico?, *Studi urbinati*, LVII, p.73 et seq.

dialética, nem idealista nem materialista, nem sequer algum tipo de "contraponto"?

Cirese exprimiu a sua grande recusa e a renúncia a toda garantia. O que se pode responder a ele? Veremos. Enquanto isso, convém perguntar-nos: O que Cirese propõe como alternativa? Não pouco. Usemos Sartre para enfocar o problema.

8.4 "Para outros"

Como Sartre, Gramsci declarou que "todo idealismo é solipsismo". Sartre dedicou à questão um dos capítulos mais penetrantes de *O ser e o nada*, aquele em que mostra "o escolho do solipsismo", segundo ele congênito a toda a história da filosofia ocidental, que vê comprometida, mas só por tentativas insuficientes por parte de Husserl, Hegel e Heidegger.[20] A referência a Hegel aqui nos interessa, porque Sartre considera a dialética do senhor e do escravo um esforço notável para sair dos bolsões do solipsismo, tornado, todavia, vão pela reafirmação, irrenunciável por parte do Hegel idealista, da unicidade solipsista do espírito ou sujeito universal. Diversa, mas não absolutamente distante daquela de Sartre, foi a crítica do jovem Marx, que nos *Manuscritos econômico-filosóficos* sustenta que na *Fenomenologia do espírito* Hegel ter-se-ia retratado da dialética da *alienação* por causa da sua reabsorção na autoconsciência e universalidade do espírito.

Numa nota da *Crítica da razão dialética*, Sartre retoma o tema do "olhar", que na obra precedente lhe permitira superar no nível existencial o escolho do solipsismo, aplicando-o à necessidade, para um marxismo em risco de esclerose, de aceitar "o desafio de Hume".[21] Comparar-se com Hume envolve, segundo

---

20 Sartre, *L'essere e il nulla*, p.287-98.
21 Id., *Critica della ragione dialettica*, v.1, p.38.

Sartre, o abandono de todo "olhar de sobrevoo" sobre o mundo, realizado a partir de um sujeito universal, "não situado" e não envolvido na contingência do concreto. Na *Crítica* ele propõe uma espécie de trabalhoso e fascinante "empirismo dialético", o qual deveria garantir o materialismo histórico diante tanto do subjetivismo-solipsismo idealista como do objetivismo naturalista do materialismo dialético.

Sartre provavelmente teria achado natural a passagem que estou para relatar, com a qual Cirese mostra a âncora de salvamento que ele oferece ao pensamento de Gramsci, do qual sublinha positivamente a tentativa de "atribuir até aos aglomerados mais indigestos algum tipo de *unidade*", como seria indispensável para "falar de *concepção do mundo*" numa direção antiuniversalista, em relação tanto à filosofia como ao folclore:

> Toda combinação de elementos culturais que forma o produto de um grupo social de alguma maneira identificável vem a constituir uma espécie de "unidade de fato", que pode ser olhada do ponto de vista do grupo que é reconhecido aí e que, portanto, pode ser legitimamente chamada "concepção do mundo" porque, mesmo não o sendo *para nós*, é *para outros*. Não sem razão em Gramsci voltam as expressões "a seu modo" e semelhantes.[22]

Em suma, é preciso, insiste Cirese, "pelo menos por um momento" pôr de lado "o juízo sobre as qualidades formais ou seus conteúdos" e reconhecer que o folclore "existe unitariamente para o 'povo'", lá onde o trabalho de análise e de escavação que Gramsci faz, segundo ele, procede não "segundo distinções de classe muito gerais", mas "*em escala*, por categorias, grupos e subgrupos", até conceber um "grupamento" também "constituído apenas de individualidades isoladas e disseminadas" (nós sabemos que Gramsci sustenta que, nos tempos modernos, um

---

22 Cirese, op. cit., p.103.

"grupo social" pode ser considerado um "indivíduo").[23] O "povo" de Gramsci, ao qual Cirese se refere – num nível de análise motivado por um forte "compromisso teórico-político", capaz de "estabelecer uma constante relação entre os fatos culturais e os grupos sociais que são portadores deles", mas também de opor--se "às concepções tradicionais que identificam a cultura com a cultura *própria* e reduzem a *história* à história das cúpulas" –, é um povo muito denso, absolutamente não "ideológico".[24]

Lembramos no início do presente capítulo como Fábio Dei tinha verificado uma ótica sociológica circunscrita demais – pouco contrapontística, se poderia dizer – nessas conclusões do discurso de Cirese. É verdade que Cirese se mostra bastante cauteloso ao reivindicar – depois e apesar da crítica de "universalismo" em certo sentido idealista feita a Gramsci – uma "presença atual e não puramente histórica de Gramsci no campo das pesquisas socioculturais"; cauteloso no sentido de limitar essa atualidade ao âmbito da campo disciplinar do próprio Cirese: limitar, mas também positivamente sancionar.

No momento em que o discurso de Cirese abre, ou julga abrir, uma fissura não indiferente na lógica interna do "sistema" ou do "método" gramsciano, a qual se converte imediatamente numa instância de *autocrítica* da tradição comunista do movimento operário, ele acentua sem hesitação a força teórica e política do "par fundamental de oposição *subalterno/hegemônico*",[25] cuja determinação e tratamento representariam uma herança gramsciana irrenunciável para a cultura contemporânea, a partir da cultura socioantropológica.

---

23 "Na história moderna, 'particular' não tem mais o mesmo significado que tinha em Maquiavel ou em Guicciardini, não indica mais o mero interesse individual, porque na história moderna o 'indivíduo' histórico-político não é o indivíduo 'biológico', mas o grupo social", Gramsci, *Quaderni del carcere*, 6, *10*, p.690.

24 Cirese, op. cit., p.101 et seq.

25 Ibid., p.94.

Tanto Hall como Said sublinharam na medida do possível o caráter situado, a ótica contingente, a precariedade (sobre a qual Gramsci insistiu mais vezes) do olhar em ação nos *Cadernos*. Poder-se-ia colocar o problema – uma vez acenado em uma fala por De Mauro – se a metáfora do "raio" e dos "prismas" não esconde um vício de centralismo, incompatível num mundo em movimento no qual as periferias são ou se tornam centros. A única centralidade que nos interessa é a da *situação*, no sentido da peculiaridade, da contingência de toda tematização histórico-social ou cultural: creio que esse é o fio condutor do discurso de Cirese. Ele, porém, cita escandalizado, creio que erroneamente, uma passagem dos *Cadernos* onde emergiria "uma das formulações mais fechadas, seja da visão etnocêntrica da história cultural do mundo, seja da restrição do 'processo cultural' europeu para as elites apenas, com incisiva exclusão das 'culturas populares'".[26]

Disse erroneamente, porque Cirese deveria saber (para isso ajuda a edição gerrataniana dos *Cadernos*, publicada depois da redação do seu ensaio) que tanto o etnocentrismo como um certo elitismo intelectual são não uma convicção, mas uma constatação, compartilhada pelo próprio Gramsci, mas só enquanto representam a *situação* da qual se move um olhar precisamente consciente do caráter móvel e transitório, neste sentido transformador, dessa mesma situação. A ótica dos *Cadernos* não é *situada* só por causa da contingência do espaço-tempo da sua redação, mas porque, segundo seu autor, a paisagem histórico-social que eles olham é radicalmente contingente e indeterminada. Contudo, não se pode nem se deve esconder que uma inspiração *universalista*, talvez idealista, talvez também eurocêntrica e elitista, até politicista, circule pelo menos esporadicamente nos *Cadernos*. Afinal, no esforço de reivindicar a modernidade-atualidade de Gramsci, não se deve esquecer, com referência

---

26 Ibid., p.104; cf. Gramsci, *Quaderni del carcere*, 15, *61*, p.1825-7; cf. item 4.5.

aos temas discutidos na "Introdução" do presente volume, que a sua formação se ressente inevitavelmente mais dos extremos desenvolvidos pela forma "sonata" do que pela "filosofia da nova música" e do retorno ao "contraponto".

Há, portanto, um elemento indiscutível tanto na *pars destruens* como na *construens* do discurso de Cirese. Mas um esteio sólido para o pensamento de Gramsci, como espero agora demonstrar, exige algo mais do que Cirese oferece.

As urgências do momento e as exigências do pensamento europeu de irmos procurar a identidade própria e a verdade própria fora da Europa impõem, de qualquer modo, uma atenção muito viva ao "resíduo" *idealista* e *guardião* descoberto por Cirese no pensamento de Gramsci e à sua superação. Desse ponto de vista, seu ensaio pós-1968 é uma crítica salutar com a qual devemos armar-nos.

8.5 Contraponto

Quando Gramsci declarava com plena consciência que o marxismo ou materialismo histórico ou filosofia da práxis não poderia "estar em oposição com os sentimentos 'espontâneos' das massas", seu juízo era motivado e animado por duas convicções de fato: (1) não obstante a epocal derrota da revolução no Ocidente, parecia-lhe incontestável a força de verdade do marxismo, que, da crise de decomposição das ideologias burguesas, emergia como uma perspectiva destinada, no tempo, a afirmar-se, enquanto inata à classe operária considerada nas suas pretensões de hegemonia; (2) ainda lhe parecia possível que no socialismo num só país, embora em gravíssimas dificuldades tanto internas como externas, fosse superada a concepção do mundo então hegemônica, a qual fizera concessões inauditas aos conteúdos mais atrasados do senso comum tradicional das massas, abandonando, pois, a necessidade de "Renascimento" (diria, com Gramsci,

Frosini) que deveria ter levado a elaboração teórico-prática na União Soviética às alturas de Marx, Engels e Lênin.

O gênio da dialética, hegelianamente, é a mediação entre instâncias opostas e contraditórias. A universalidade ou universalismo, do qual acabamos de falar, representa a projeção, no plano dos conteúdos, desse predomínio da forma-mediação. Quando Gramsci define a filosofia da práxis, no seu "Anti-Croce", como uma "teoria das contradições", está reivindicado o seu perfeito ancoramento no pensamento de Marx, para o qual a potência da negação associa-se à universalidade dialética das instâncias de mediação (classe operária-capital, forças produtivas-relações de produção, capitalismo-socialismo e assim por diante).

No início do século XXI o cenário está mudado. Não existe uma classe operária, ou outra classe subalterna, com ambições de hegemonia. Não existe um país socialista. A potência da negação assumiu conteúdos duvidosos e em parte perversos (terrorismo). Se ainda se pode – e se deve – falar de teoria das contradições, é preciso reconhecer que é quase impossível ver aparecer, numa direção ou noutra, uma perspectiva de superação.

Para continuar a raciocinar com Cirese, pode-se dizer que, pelo menos – mas não só – em toda a área de dominação capitalista, em particular no nível político, a "subalternidade" aparece ligada sempre mais estreitamente à "passividade" das massas subalternas.[27] De vários lados foi acentuada a atualidade da categoria gramsciana de "revolução passiva", que Frosini propõe denominar "revolução passiva de baixo".[28] Com Balibar poder-se-ia falar da "constituição de uma 'ideologia dominante' suscetível de ser adotada *pelos próprios dominados*".[29]

---

27 Cirese, Attività e passività, originalità e degradazione dei fatti folklorici. In: *Intellettuali, folclore, instinto di classe*. Aqui Cirese se refere a Prestipino, *La controversia estetica del marxismo*, p.110 et seq.

28 Frosini, *Una "religione laica"*, item 3.8.

29 Balibar; Wallerstein, *Razza nazione classe*, p.14.

Há mil razões para desconfiar *hoje* de qualquer apelo à universalidade, como, aliás, há tempo ensinaram os mais reputados filósofos contemporâneos. E tantas vezes foi mostrada a aderência do universalismo ao eurocentrismo.

Testemunha do declínio sem volta do eurocentrismo, Gramsci é um pensador de transição entre uma dialética rica de mediações e de universalidade e uma dialética "mundana", talvez ainda por vir, que por comodidade, apelando para Said, associamos ao "contraponto".

Não é certamente um acaso que a *atualidade* de Gramsci tenha reaparecido fora da Europa, em áreas do mundo como a Índia, o Oriente Médio, a América Latina. A referência a Cirese volta a ser-nos útil, podemos considerar o seu ensaio um prefácio "italiano" à recepção pós-colonial do pensamento de Gramsci.

Em outra "Postilla" [anotação] de 1974 ao ensaio de 1969-1970, com título significativo de "Instinto de classe, folclore 'como' protesto, folclore 'de' protesto", Cirese – que em outra "Postilla" ainda sublinha o conceito de "conotação" tomado de Hjelmslev "para indicar a 'solidariedade' entre um fato linguístico [ou cultural] e um grupo social" –[30] discute com equilíbrio dialético o escorregadio conceito de "instinto de classe", associando-o a uma categoria gramsciana que ele preza particularmente: o "espírito de cisão". No decorrer da argumentação, Cirese chega a formular o conceito de "pré-consciência de classe" (e até, com cautela, de "consciência de pré-classe"), recordando o seu uso feito por ele nos anos 1950, abandonado depois por uma espécie de autocensura. Não era exatamente disso que tratava com maestria e persuasão *Os rebeldes* de Hobsbawm, publicado em 1959?

---

30 Cirese, La "connotazione" come elemento della concezione materialistica dei fatti culturali e come discriminante tra Gramsci e Croce. In: *Intellettuali, folclore, instinto di classe*, p.119.

Antonio Gramsci em contraponto

O próprio Hobsbawm, por ocasião do colóquio em Londres, de 23 de março de 2007, que deu origem ao "Prólogo" do presente livro, sustentou – a propósito da questão levantada por Gayatri C. Spivak (podem os subalternos falar?) e daquela associável (e cantar?) – que em relação aos tempos de Gramsci hoje as massa subalternas têm, em particular por meio da música, muito mais capacidade de se exprimir e, sobretudo, de se comunicar reciprocamente.[31] É evidente que, se também isso é verdade em nível artístico-cultural, o dado político é muito mais desconfortante. Estão distantes os tempos do "internacionalismo proletário", que nos parecia tão piramidal e, sob muitos aspectos, instrumental!

Puxemos os fios do discurso.

No plano teórico, a hipótese é que a dialética do contraponto, no sentido que evidenciamos desenhando o espaço de um diálogo ideal entre Gramsci e Said, está em condições de considerar seriamente – no sentido de liquidá-lo – o resíduo de universalismo-idealismo do pensamento de Gramsci referido por Cirese em sua crítica. O horizonte geoglobal desse mesmo pensamento pode respirar melhor por meio de uma metodologia que renuncie sistematicamente a toda generalização (de espécie, de gênero, de classe etc.), procurando – a partir dos grupos, subgrupos, indivíduos – as relações, os entrelaçamentos, as integrações cada vez mais complexas às quais obedece a lógica *molecular* do método gramsciano. Creio que aqui está a potencialidade de sentido imanente ao "contraponto".

A hipótese em nível político... não existe, ainda não existe. Gramsci cunhou a expressão "filologia viva" para dar uma concretude e uma empiricidade democrática às relações entre vértices, quadros e base, de fato desconhecidas das concepções hegemônicas nos partidos comunistas historicamente determinados. A implosão do socialismo real, vinte anos depois de

---

31 Cf. Boothman, *Hobsbawm:* la cultura è incontro, p.24-5.

1968, porém, amadureceu uma crise provavelmente sem volta da "forma partido comunista" e, talvez, da própria "forma partido" como motor do plexo Estado-sociedade civil.

Surge uma pergunta: o contraponto tem algo a dizer ou a oferecer, além de para a cultura, também para a política?

TERCEIRA PARTE

Retrato

IX
Um sardo no mundo grande e terrível

9.1 "Todo sardo é uma ilha na ilha"

Em 9 de fevereiro de 1929, um dia depois de ter recebido a suspirada permissão para redigir a primeira página do *Caderno 1* – que singularmente o deixará depois vazio por vários meses –, Antonio Gramsci, escrevendo à mulher em Moscou, revela a sua profunda *solidão expressiva*, que o impede de comunicar-lhe "tantas coisas": "Não consigo vencer-me, superar uma espécie de reserva".

Há algo nessa dificuldade de escrita que não tem relação com a dimensão individual, mas com o espírito da época: "Creio que depende da nossa formação mental moderna, que não encontrou ainda meios de expressão adequados e próprios".

Numa das últimas cartas à mulher, em 5 de janeiro de 1937, Antonio volta a essa reserva e a reconduz à sua origem sarda:

> Creio que sempre soubeste que para mim há uma grande dificuldade, muito grande de exteriorizar os sentimentos e isso pode

explicar muitas coisas ingratas. Na literatura italiana escreveram que, se a Sardenha é uma ilha, todo sardo é uma ilha na ilha [...] talvez um pouquinho de verdade haja.

Trava-se uma "luta hegemônica", no espírito de Gramsci, entre a sua instintiva vocação "dialógica" e "dialética" e a inclinação para certo "solipsismo", que ele denuncia como sinônimo de "idealismo". O cárcere exalta esse contraste, cujos polos remontam à dialética dos *lugares* de formação.

Na dramática carta de 14 de novembro de 1932 a Tania, na qual lhe comunica sua decisão de separar-se de Júlia, ele afirma peremptoriamente: "Voltarei à minha concha sarda".

Superada a crise, confirmará, escrevendo à mulher no verão de 1936, que não tem outra escolha senão se retirar naquela "concha", uma vez livre; o que, porém, mesmo podendo "ser útil" para sua saúde, contudo o levaria a um "isolamento completo", a uma "degradação intelectual mais acentuada que a atual", a uma "anulação, ou quase, de certas formas de expectativa que nestes anos, se me têm atormentado, deram também certo conteúdo à minha vida".[1]

O conteúdo da vida fora plasmado *além* da Sardenha. No entanto, percebe-se constantemente, nas *Cartas* como nos *Cadernos*, o prazer pela sua terra. Para ele, a ilha era fonte tanto de realismo como de "fantasia concreta", local de formação de um humanismo leigo que não desdenhava medir-se com os percursos do mundo mágico e religioso, e, por outro lado, ele devia guardar-se das insídias de nostalgias repressoras.

Na Sardenha, Gramsci adquiriu aquele "instinto de rebelião" que o acompanharia por toda a vida. "A 'questão meridional' e a questão das ilhas" – que é o 9º "tema principal" indicado no início dos *Cadernos* – representa o deslocamento, a transposição, a tradução (em sentido gramsciano), ou seja, a metamorfose do

---

1 Orsi, *Guernica, 1937*, p.72 et seq.

grito juvenil "ao mar os continentais!" numa consciência territorial mais madura que diz respeito ao mundo inteiro, submetido às divisões do colonialismo e do imperialismo.

"Um país é necessário" – dizia Cesare Pavese. Para muitos, essa necessidade traduziu-se numa espécie de amor-ódio. Não para Gramsci, que não creio que ele jamais tenha formulado uma expressão de hostilidade ou distância em relação à Sardenha, mesmo se sua terra natal se tornasse para ele – habitante de um "presente" tão problemático – radicalmente, sem apelo, o "passado": um passado sempre perto, que o fez exclamar na clínica Quisisana, na véspera da morte: *antes* de ser italiano, "eu sou sardo".[2]

Voltando à Sardenha ele teria voltado às origens do que, de algum modo, sempre fora e continuava a ser, "uma ilha na ilha", ainda que para poucos como Gramsci valha o pensamento de John Donne: como nenhuma ilha está sozinha na Terra, assim, mesmo insulano e isolado, na verdade "nenhum homem é uma ilha", um *solus ipse*.

9.2 "A palavra 'comunidade' é das mais difundidas no dialeto sardo"

Quando pensava, caminhando pra cá e pra lá ininterruptamente pela cela, ou escrevia – contou-me Gustavo Trombetti, por nove meses companheiro de cela de Gramsci –, para ele "eu" não existia. Mas, além do pensador-escritor, ele era o bom companheiro, solidário, desesperadamente alegre, sofredor sereno. Noutra área da vida manifestava aquela mesma reserva tão profunda e radical que mantinha para com seus estudos: nos afetos familiares.

---

2 Fiori, *Gramsci, Togliatti, Stalin*, p.195.

A existência de Gramsci no cárcere era, nos seus termos mínimos, uma condensação, um indício, uma metáfora da condição da humanidade: dividida e unida, solitária e compartilhante, viva e ainda jovem em luta contra o perigo de morte. Ele era consciente disso, e essa consciência lhe transmitia uma energia extraordinária. Uma raiz de tal energia era a presença de *tradições* sardas, capazes de dar linfa ao pensamento crítico da *modernidade*. Já em 1919, Gramsci tinha escrito:

> A palavra "comunidade" é uma das mais difundidas no dialeto sardo; existe entre os camponeses e os pastores sardos uma aspiração religiosa à "comunidade", à colaboração fraterna entre todos os homens que trabalham e sofrem, para eliminar os parasitas, os ricaços que roubam o pão do pobre, que fazem o filhinho do pobre trabalhar e lhe dão uma migalha de pão.[3]

Comunidade, senso comum, comunismo... Ainda está por ser feita toda a pesquisa das passagens, das conexões, das transmissões que salpicam a evolução do pensamento entre o Gramsci jovem sardo, o jornalista e o político girando pelo mundo, e o filósofo prisioneiro: de modo mais geral, entre Gramsci *indivíduo* e Gramsci intérprete revolucionário do senso *comum* ou, por outro lado, entre o singular e o coletivo, entre o local e o universal no seu mundo de vida e de pensamento.[4]

Cartas e *Cadernos* são uma coisa só. Toda a escrita no cárcere é o diário de um "filósofo ocasional" que se mede com o nascimento possível de um "pensador coletivo". Não se trata de pura teoria. O "pensador coletivo" ou "democrático" vive – se acaso vive – na prática da sociedade. O teorizar individual coloca apenas trancas. Consideremos uma destas, a partir das notas 48 e 54 do *Caderno 10 II* ("A filosofia de Benedetto Croce").

---

3 Gramsci, La brigata Sassari. In: *Scritti, 1913-1926*, v.III, p.592.
4 Tripodi, Rileggendo le "Lettere dal carcere", *Liceo classico A. di Savoia*, v.II, n.2, p.7-25.

O progenitor da moderna civilização ocidental, o cristianismo, concebe o homem, do mesmo modo que "todas as filosofias que existiram até agora", como "indivíduo limitado à sua individualidade".

> [Mas] se a individualidade tem a máxima importância, não é, porém, o único elemento a considerar. A humanidade que se reflete em cada individualidade é composta de diversos elementos: 1. o indivíduo; 2. os outros homens; 3. a natureza.

Atenção, Gramsci nos adverte:

> Mas o 2º e o 3º elementos não são tão simples como poderiam parecer. O indivíduo não entra em relação com os outros homens por justaposição, mas organicamente, ou seja, à medida que passa a fazer parte de organismos dos mais simples aos mais complexos.[5]

Por isso "o homem há de ser concebido como um bloco histórico de elementos puramente individuais e subjetivos e de elementos de massa e objetivos ou materiais, com os quais o indivíduo está em relação ativa".[6]

É o abc de uma filosofia *relacional*, afim – de tal ponto de vista – àquela que Maurice Merleau-Ponty elaborará num contexto totalmente diferente.

Fonte de resistência e de vida no seu "entrar e fazer parte" daquele "organismo complexo", que o tinha obrigado a peregrinar "por quase todos os cárceres da península", foi "a memória 'ativa' de uma experiência não vivida em vão", a qual lhe indicou as vias de "um modo não superficial e não marginal de ser sardo".[7]

---

5 Gramsci, *Quaderni del carcere*, 10 II, *54*, p.1345.
6 Ibid., 10 II, *48*, p.1338.
7 Pigliaru, L'eredità di Gramsci e la cultura sarda. In: Rossi (org.), *Gramsci e la cultura contemporanea*, p.515. Cf. Id., Per "Un Dodge a fari spenti" di Giuseppe

Não se trata (apenas) de saudade. Não se compreende nada da constelação *relacional* que Gramsci compõe entre a *sua* Sardenha e o *seu* mundo, se não se colhe em toda a sua espessura a verdade do que disse há mais de quarenta anos Antonio Pigliaru, sublinhando o caráter fundamentalmente político e, em sentido gramsciano, "ideológico" com que Gramsci viveu, no plano tanto pessoal como social, a "questão da Sardenha".

O interesse primário de Gramsci é *humanamente político*, político enquanto filosófico e vice-versa. Acerca desse ponto decisivo ele tinha a máxima clareza.

Cada um muda a si mesmo, se modifica, na medida em que muda e modifica todo o complexo de relações de que ele é o nó central. Nesse sentido, o filósofo real é e não pode não ser senão o político.[8]

Trombetti, além de *saber*, *sentia* que Gramsci era um preciosíssimo centro de ligamento. Nós, os leitores, sabemos disso, cada um a seu modo e no seu ambiente, mas todos mantidos juntos por aquele "grande solvente" que é o oceano dos *Cadernos* e das *Cartas*.

9.3 "Que teus filhos suguem todo o sardismo que quiserem"

São diversos os "prismas" pelos quais passa, no espírito do encarcerado, o "raio" Sardenha.

Zuri. In: Mannuzzu, *Un Dodge a fari spenti*, p.173-242, nova edição. É digno de nota o fato que, nesse esclarecedor ensaio, que pode ser considerado uma das mais penetrantes elaborações crítico-literárias de inspiração gramsciana, Pigliaru cite algumas vezes, de modo significativo, e semelhante a tudo quanto aqui se acenou, a filosofia de Maurice Merleau-Ponty (cf. sobretudo Ibid., p.222).

8 Gramsci, *Quaderni del carcere*, 10 II, *54*, p.1345.

9.3.1 A natureza

"O espaço não existe mais para mim" – escreve a Tania.[9] Quem percorreu o espaço – imenso, luminoso, ancestral –, que uma vez por semana o aluno do ginásio atravessava entre Ghilarza e Santulussurgiu, pode entender o sentido desta frase. Edward W. Said sublinhou a novidade fundamental, no âmbito da tradição marxista, constituída pelo horizonte espacial-geográfico da concepção de Gramsci.[10] Seria imaginável essa curvatura de pensamento sem o vivido das origens? Natureza não é apenas espaço. Significa animalidade e infância: uma dimensão profunda no mundo emocional e afetivo, científico e cultural do filósofo sardo. Ele dedicou a ela uma atenção ininterrupta, como demonstra seu exercício de tradução na prisão do *ambiente* dos contos de fada dos irmãos Grimm numa paisagem tipicamente sarda, reconhecível e familiar às crianças daquela região.[11]

Não há nada de "verde" na filosofia de Gramsci. Como Freud, Gramsci via no "industrialismo" um processo doloroso--necessário de progressivo distanciamento entre a civilização e a "animalidade". Esse processo é um dado de fato. Sobre a atuação desse processo se aplica a diferente abordagem à modernidade e à modernização do capitalismo ("americanismo e fordismo") e socialismo (que, no entanto, como veículo de uma modernização diferente e mais humana, jamais existiu). Assim como toda tecnologia nova supera uma velha, a civilização tecnológica, em geral, supera ou abandona progressivamente o enraizamento da sociedade na natureza, da cidade no campo, da indústria na agricultura. O progresso avança, mas coloca ou pode colocar em desordem bens primários, é um destruir-criar. A ânsia do lucro, no modo de produção capitalista, acaba minando não só uma

---

9 Carta de Gramsci a Tania, 1/7/1929. In: Gramsci, *Lettere dal carcere*.

10 Said, History, Literature, and Geography. In: *Reflexion on Exile and Other Essays*, p.453-73.

11 Borghese, Tia Alene in bicicletta, *Belfagor*, v.XXXVI, n.6, p.635-66.

velha modalidade de trabalho e produção, mas, como já dizia Marx, a "fonte de toda produção": a humanidade do trabalhador e a naturalidade da terra. Felizmente, humanidade e naturalidade deixam sempre, na sua historicidade, traços indeléveis, que é possível e obrigatório conservar, cultivar, valorizar, num equilíbrio justo com a exigência de renovação. De outro modo, o progresso corre o risco de transformar-se em regressão, perigoso e espantoso. Desse ponto de vista é observada em contraluz a grande fineza ecológica de tantas referências *naturalistas* sardas (sobretudo nas *Cartas do cárcere*) em correspondência dialética e, portanto, de forma alguma facilmente harmônica, com a concepção da indústria e do industrialismo.

9.3.2 A cultura popular

Além das descarnadas, iluminadoras "Observações sobre o folclore", há uma forte *presença* folclórica nos escritos de Gramsci, como pôs nitidamente à luz Giovanni Mimmo Boninelli.[12] Para colher percursos afins sob tal perspectiva, é preciso pensar em musicistas: num Béla Bartók ou num Heitor Villa-Lobos. A música tanto de um como do outro não *utiliza* com audácia o folclore, como faz, por exemplo, Stravinsky. Pelo menos uma parte da produção de ambos representa mais um contraponto permanente com a música popular dos seus respectivos territórios. Enquanto filosófico-literária, a obra de Gramsci é próxima da deles, mesmo se sua relação com o folclore da sua terra seja menos direto e mais abstrato; nem por isso é menos significativo e criativo. Que o folclore seja uma coisa "muito séria e a ser levada a sério",[13] que "em todo sistema de crenças, superstições, opiniões, modos de ver e de operar que se manifestam naquilo que geralmente se chama 'folclore'" seja encontrada uma forma

---

12 Boninelli, *Frammenti indigesti*.
13 Gramsci, *Quaderni del carcere*, 1, *89*, p.89; cf. Ibid., 27, *1*, p.2314.

de "filosofia espontânea", uma "concepção do mundo",[14] nisso que é um pilar da construção de Gramsci atua uma modalidade vivíssima, ultrapassada, do seu sardismo. O nervo da noção gramsciana de folclore está na qualificação deste como concepção do mundo e da cultura, exatamente "cultura popular", que em mais de uma ocasião Gramsci considera sinônimo de folclore. Uma tese merece particular atenção: "o nascimento de uma nova cultura nas grandes massas populares" cabe essencialmente à "atividade formativa do Estado" e está destinada a produzir uma revolução tal que "desaparecerá a distância entre cultura moderna e cultura popular ou folclore".[15] Note-se bem que ele não diz "desaparecerá a cultura popular ou folclore", mas a "distância" entre ela e a cultura moderna. Não se trata, portanto, de uma repressão ou de uma fagocitose de uma por parte da outra. Vale aqui um raciocínio análogo ao que se dizia no item 9.3.1 a propósito de industrialismo e naturalidade. Como é possível "ser sardo, sem ser obrigado a pensar em dialeto", e como é possível ser "europeu sem ser obrigado a voltar as costas à vida regional",[16] é uma questão dialética de equilíbrio teórico-prático: dificílimo porque o suceder-se das coisas sugere na maioria dos casos atalhos, simplificações e unilateralismos. É necessária a paciência revolucionária da qual falava o Lênin político e que o Gramsci filósofo praticou.

9.3.3 A linguagem

Toda a passagem da carta à irmã Teresina, da qual tiramos o título do presente parágrafo,[17] é uma síntese teórica *in nuce*. "Sugar o sardismo" é uma expressão "forte". Faz pensar no leite

---

14 Ibid., 11, *12*, p.1375.
15 Ibid., 27, *1*, p.2314.
16 Pigliaru, *L'eredità di Gramsci e la cultura sarda*. In: Rossi (org.), op. cit., p.520.
17 Carta de Gramsci a Teresina, 26/3/1927. In: Gramsci, *Lettere dal carcere*.

materno. Aprender uma língua, aprender a escutar e a falar precede a formação do senso comum, é sua premissa e, depois, alimento. Lembramos o papel da escola e da "atividade formativa do Estado", reconhecido por Gramsci no processo de superação do dialeto, folclore, senso comum e na educação para a modernidade do indivíduo menino e adolescente. Teresina corria o risco, segundo o irmão, de valorizar de maneira excessiva e unilateral esse papel. Daqui a provocação do *laissez faire et parler* os pequenos "no ambiente natural" da aldeia. Gramsci sabia bem que o sardo é uma língua (hoje preferimos dizer línguas) com respeito ao conjunto de dialetos que povoa a ilha. Mas a língua da modernidade, também para os sardos, é o italiano.

No pensamento de Gramsci atua, talvez ainda mais do que é tematizada, uma tensão profunda – não resolvida porque insolúvel, porque expressão de um contraponto em estado puro – entre particular e universal, entre "local" e "mundial". A questão linguística é uma indicação original disso. Igualmente marcado é o interesse de Gramsci pelas formas de linguagem que podem tornar-se expressões da unificação cultural do gênero humano, como persistente é a sua atenção à língua "viva falada pelo povo",[18] assim como é sua paixão, por exemplo, pelo teatro dialetal.[19] Acerca disso pode ser considerada emblemática sua avaliação de Pirandello, "escritor 'siciliano', que consegue conceber a vida da terra em termos 'dialetais', folclóricos [...], que ao mesmo tempo é um escritor 'italiano' e um escritor 'europeu'".[20] Gramsci escreve: "A importância de Pirandello me parece de caráter intelectual e moral, ou seja, cultural, mais do que artística",[21] e neste sentido ele não sublinha a universalidade (nacional e europeia). Por outro lado, Gramsci escreve: "A mim

---

18 Id., *Quaderni del carcere*, 3, 73, p.350.
19 Serra, *Gramsci sardo*.
20 Gramsci, *Quaderni del carcere*, 14, 15, p.1671-2.
21 Ibid., 6, 26, p.705.

parece que Pirandello é artista exatamente quando é 'dialetal' e *Liolà* me parece sua obra prima",[22] ao passo que "em italiano não vale nada".[23] Só enquadrando esse julgamento naquilo que chamamos de contraponto local-universal, pode sobressair sua coerência e perspicácia.

A identidade cultural e nacional de Gramsci é essencialmente italiana. Desde a época de Turim, quando frequentou a escola da classe operária, Gramsci não fez mais concessões ao sardismo político, partidário de independentismos anticontinentais. Ele sublinhou com grande energia a exigência de "autonomia", como premissa de democracia e hegemonia, e isso vale certamente também em relação à "questão sarda". Mas não vale a pena endurecer essa categoria numa fixação institucional: seria revirar a inteligência do pensamento gramsciano. Tudo começa com a linguagem.[24] Mover-se e fazer mover os próprios filhos no triângulo constituído pelo dialeto da região, a língua sarda e a língua nacional é uma empresa delicada e complexa. Se formos capazes de enfrentar adequadamente esse problema, teremos delineado racionalmente todo o nó das relações regionais- -nacionais-internacionais, que o Gramsci político e geopolítico tanto prezava.

9.4 Autonomia

Valentino Gerratana, "estudioso leigo de um pensador leigo" (como ele gostava de se definir), espírito sóbrio e comedido, disse com energia em Ghilarza, no aniversário do centenário do nascimento de Gramsci: "O Gramsci sardo, o Gramsci da

---

22 Ibid., 14, *15*, p.1672.
23 Ibid., 3, *73*, p.350.
24 Para esta acepção do termo "linguagem", cf. Pigliaru, *Per "Un Dodge a fari spenti"*, p.233 et seq.

autonomia, permanece sempre um componente fundamental do Gramsci como um todo".[25]

"Qual forma de autonomia?", ele se pergunta. Seu raciocínio, no contexto de uma reunião de estudo dedicada ao triângulo conceitual: *autonomia, hegemonia, democracia,* leva a uma conclusão inequívoca: os *Cadernos* elaboram "uma noção forte de 'autonomia' como sinônimo de 'autogoverno'".

Sobre o "princípio de autonomia" se baseia "a articulação da sociedade civil" e nesse sentido está em estreita ligação "com o princípio de hegemonia que está no centro de toda a construção teórico-política de Gramsci". Lembremos que para Gramsci há, entre sociedade civil e sociedade política, uma distinção puramente *metódica,* não *orgânica.* No entanto, Gerratana sublinha nessa intervenção uma distinção diferente, que é central para o tema em pauta: a distinção entre hegemonia "exercida sobre classes e grupos subalternos" (como a dos moderados sobre o partido de ação) e a hegemonia praticada dentro das "próprias classes subalternas". Gerratana conclui: "Para esse tipo de hegemonia não pode haver outro caminho senão o da autonomia e da educação para o autogoverno".[26]

Gerratana, que naqueles dias discutiu vantajosamente com dois outros grandes intérpretes sardos de Gramsci, Giuseppe Fiori e Umberto Cardia,[27] prezava muito a centralidade do conceito de autonomia – embora pouco estudado, mas também raramente tematizado pelo próprio Gramsci – no universo de pensamento do filósofo. Trata-se de uma das mais delicadas questões interpretativas, que põe em movimento não só uma problemática filologia de compreensão dos textos, mas também uma conexão direta com a história recente do pensamento político.

---

25 Gerratana, Autonomia, egemonia, democrazia. In: Orrù (org.), *Omaggio a Gramsci*, p.32.

26 Ibid., p.32 et seq.

27 Cf. Orrù, op. cit., *passim.*

É mérito de Guido Melis, na sua antologia e reconstrução histórica dedicada a *Antonio Gramsci e la questione sarda* [Antonio Gramsci e a questão sarda], ter enfrentado um problema com um horizonte muito amplo, sem simplificações e cortes. O ponto de vista sustentado por Melis diz respeito a uma atitude essencial, de fundo, de Gramsci, tantas vezes mal entendida e distorcida pela incapacidade de compreender em toda a sua densidade a *convivência dialética* de posições de pensamento dificilmente conciliáveis, numa primeira abordagem, e, no entanto, simultaneamente operantes num *contraponto* conceitual que não conhece "sínteses" conclusivas, mas processos em ato, flexíveis e precários, que seguem os caminhos de um nível superior de realidade.

Melis escreve, tocando o cerne do problema:

> Emergem assim na reflexão gramsciana, especialmente nos anos do cárcere, as duas vertentes fundamentais da sua "sardidade": de um lado, a plena consciência dos limites "históricos" da cultura "regional ou de aldeia" [...] de outro, a convicção de que essa "crítica radical" da cultura regional não deve constituir uma rejeição daquela "concepção do mundo [...] não elaborada e sistemática" própria das classes subalternas na Sardenha. Em certo sentido, se trata exatamente de iniciar uma "reforma" da cultura regional, a partir destas duas observações convergentes, de modo a traduzi-las em "modo de pensar nacional e europeu" [...]. No fundo, toda a elaboração gramsciana sobre a questão sarda poderia reduzir-se à imagem sugestiva das *Cartas*: "ver *tia* Alene de bicicleta";[28] resolver dialeticamente a comparação entre o velho e o novo, entre cultura regional e cultura nacional, entre mundo camponês e mundo ope-

---

28 Cf. Carta de Gramsci a Teresina, 18/1/1932. In: Gramsci, *Lettere dal carcere*. Já Fiori – observa Melis – tinha tido "a ideia de assumir a expressão figurada de Gramsci como síntese do contraste entre velho e novo na Sardenha dos anos 1930", Melis, op. cit., p.39.

rário, entre experiência tradicional e progresso científico, entre rebeldia endêmica e consciência revolucionária.[29]

A elaboração de Melis, que seria muito bom se viesse reapresentada nas condições de hoje, resume o ponto de vista *gramsciano* dos melhores gramscistas sardos, como Laconi, Fiori, Cardia, Pigliaru.[30] Este último, na já citada apresentação ao Congresso de Cagliari de 1967, disse:

> *Agora* [...] a autonomia regional, conseguida dentro de uma ordem democrática, põe o intelectual sardo *numa nova relação de responsabilidade* (e ao mesmo tempo transforma o velho regionalismo *de dique em fronteira*, com tudo o que a circunstância comporta).[31]

Como reativar, *mutatis mutandis*, o modo de pensar de Gramsci a propósito da Sardenha e da autonomia, das relações entre autonomia, hegemonia e democracia, tanto em nível regional espacial como europeu-mundial nas condições de hoje, quando numerosos processos em ato parecem querer transformar de novo as "fronteiras" em "diques"?

9.5 Um "tríplice ou quádruplo provinciano"

A "unificação do gênero humano" representava para Gramsci uma bússola para entrar naquele território escorregadio e cheio de armadilhas constituído pela rede de relações histórico-geográficas nas quais todo indivíduo vive e atua. Enquanto cidadão italiano, ele tinha plena consciência de que "uma das necessidades mais fortes da cultura italiana era a de desprovincializar-se também nos centros urbanos mais avançados e modernos".

O olhar estava voltado em primeiro lugar para a Europa. "Desprovincializar-se" significava começar a habituar-se a

---

29 Ibid., p.39 et seq.
30 Cf., para uma primeira abordagem, Maiorca (org.), *Gramsci sardo*.
31 Pigliaru, *L'eredità di Gramsci e la cultura sarda*. In: Rossi (org.), op. cit., p.516.

raciocinar como europeus, o que exigia, em primeiro lugar, a disponibilidade ao confronto entre "as necessidades culturais italianas" e "as necessidades culturais e as correntes europeias".

Se, para viver bem a própria italianidade, era preciso olhar além do horizonte nacional, quanto mais evidente devia parecer o processo enquanto experimentado por um "tríplice ou quádruplo provinciano" como certamente era um jovem "sardo do princípio do século"?

Aquele jovem estava totalmente tomado pelos

> processos vitais que são caracterizados pela contínua tentativa de superar um modo de viver e de pensar atrasado como aquele que era próprio de um sardo do princípio do século para apropriar-se de um modo de viver e de pensar não mais regional e da "aldeia", mas nacional, e tanto mais nacional (e nacional exatamente por isso) porque buscava inserir-se em modos de viver e de pensar europeus.[32]

Considere-se com atenção: "nacional" é um princípio dinâmico! Alguém é "tanto mais nacional" quanto mais nacional este é capaz de correr (sem pressa, bem entendido) ao passo da cultura *inter*nacional.

O Gramsci sardo viveu como italiano o próprio internacionalismo. O Gramsci dirigente da Internacional viveu como sardo a própria italianidade.

9.6 "Sou um sardo sem complicações psicológicas"

A interlocutora da carta em que aparece tal afirmação[33] é a cunhada russa Tania. Não vale a pena gastar novas palavras

---

32 Gramsci, *Quaderni del carcere*, 15, *19*, p.1776.
33 Carta de Gramsci a Tania, 16/5/1932. In: Gramsci, *Lettere dal carcere*.

sobre o sentido de sua presença, que Aldo Natoli definiu como "sublime",[34] no mundo afetivo, prático e intelectual do prisioneiro. Gostaria de fazer apenas uma anotação sublinhando a paciência monástica de Tania para aceitar e até compartilhar as críticas, as suspeitas, os tormentos que Nino lhe propiciava. Há um momento crucial no seu epistolário, quando Tania confiou a Nino a necessidade de despojar-se de si mesmo, de pôr-se absolutamente de lado para poder dedicar-se à relação com outro ser humano, ou seja, com ele. Nino respondeu mostrando – com agudeza teórica – como qualquer um de nós (de acordo com as considerações que lembramos anteriormente) está sempre necessariamente dentro e fora de si, porque o eu é como um diafragma no acontecimento intrinsecamente relacional de cada indivíduo.[35]

O caráter intenso, mas relativo, da *sardidade*, viva e vital na mente de Gramsci,[36] é situado do ponto de vista agora mencionado. Fazia parte da intimidade do seu eu. Como sabemos, tratava-se também naturalmente de uma parcialidade. Numa carta fascinante, ele apresenta polemicamente sua personalidade sublinhando a fundamentação italiana desta, na qual convivem origens profundamente diversas, sem que disso resulte qualquer dilaceração emocional.[37]

A afirmação contida no título deste item, no contexto um pouco conturbado no qual surge, parece querer pôr fim a uma controvérsia pessoal, mesmo depois, condicionado pelas "complicações" dos outros, ele acabar suspeitando que talvez não seja mais atual a reivindicada ausência de "complicações psicológicas" no seu caráter. A expressão é tomada, de qualquer maneira, em sua importância e seriedade, também e exatamente porque

---

34 Natoli, *Antigone e il prigioniero*.
35 Carta de Gramsci a Tania, 7/4/1932. In: Gramsci, *Lettere dal carcere*.
36 Lussana, Gramsci e la Sardegna, *Studi Storici*, n.3, p.609-35.
37 Carta a de Gramsci a Tania, 11/10/1931. In: Gramsci, *Lettere dal carcere*.

ele tem plena consciência da "máscara dura" que tivera que construir para si na infância, como escreve: "por muito tempo as minhas relações com os outros foram algo enormemente complicado".[38] O aspecto doloroso dessa realidade aparece tanto mais evidente se for confrontado com o valor *ideal* da sardidade, a qual na carta a Tania de 16 de maio de 1932, polemicamente, parece veículo de transparência, secura e rigor. Também se poderia ler: sou sardo *e*, *portanto*, sem complicações psicológicas. Uma chave possível de interpretação leva a reconduzir tal valor à identificação de Gramsci com a mãe, sarda de cima em baixo.

Gramsci é um cidadão do mundo ou, se não quisermos cair na retórica, é uma personalidade, como se diria hoje, intercultural. Aqui entram variadamente em jogo elementos da sua família de origem e da sua família adquirida. Mas é sobretudo o seu percurso de vida que determina uma progressiva participação em organismos cada vez mais complexos, da aldeia à região, à nação, à Internacional: Sul e Norte, Ocidente e Oriente, como também Europa e América. Falando da Europa, Gramsci escreveu que "se dentro de *x* anos esta união [europeia] for realizada, a palavra 'nacionalismo' terá o mesmo valor arqueológico que o atual 'municipalismo'".[39] Ele não conheceu fisicamente a América (como não a conheceu Kafka, genial e problemático profeta do Novo Mundo), mas a sua estada imaginária naquele grande país foi determinante na configuração geográfica do seu pensamento.

Lendo as *Cartas do cárcere*, a sensação exata é que a *maternidade sarda* tem sido um fator essencial de resistência, disciplina, concretude e amor. À presença salutar, generosa, nunca embaraçosa da mãe[40] corresponde à ausência total do pai, por meio do

---

38 Carta de Gramsci a Giulia, de Viena, março de 1924. In: Gramsci, *Forse rimarrai lontana*, p.70.

39 Gramsci, *Quaderni del carcere*, 6, *78*, p.748. Cf. item 16.6.

40 Desde menino, Antonio, que se tornara, "por volta dos 10 anos, um verdadeiro tormento" para a mãe, por causa da sua busca obsessiva de "franqueza e verdade nas relações recíprocas" (Carta de Gramsci a Tania, 15/12/1930.

qual passava uma dimensão multinacional (Albânia e Espanha, além da Itália) da sua origem. Para encontrar um grande intelectual europeu que teve, aliás, a coragem de reivindicar positivamente a ausência do pai, é preciso recorrer a Jean-Paul Sartre e aos seus *Mots*.[41] Nino foi um tanto injusto e pouco generoso para com o pai (pense-se nas cartas dos anos universitários). Sua recusa era provavelmente ditada pela convicção de que o pai era completamente estranho àqueles valores maternos que acabamos de lembrar.[42]

Os afetos familiares de Gramsci são, no conjunto, um pouco nebulosos (um capítulo diverso, aqui fora de questão, seriam os afetos amigáveis e políticos). Nenhum irmão ou irmã, excetuando Teresina, foi um verdadeiro companheiro para Gramsci. Tampouco, certamente, a mulher. Para com os filhos ele se sentia "uma espécie de holandês voador". Resta Tania, cuja atuação no mundo de Gramsci é dificilmente superestimada, embora certamente de peso inferior à presença de Nino no mundo dela.

Creio que o significado de Tania permanecerá sempre um mistério, tão complicado quanto "sem complicações psicológicas" parece, ao contrário, o significado da mãe, mais luminoso e menos contraditório em relação ao significado da Sardenha.

9.7 "Faghere a pezza"

Gramsci não fazia um mito da sua ilha. Ele sabia bem, é óbvio, o quanto "as misérias do povo da Sardenha" tinham uma

---

In: Gramsci, *Lettere dal carcere*), tinha cultivado com decisão sua autonomia. O "menino travesso irônico", tão característico da sua personalidade, se manifesta de modo exemplar nos pensamentos que dizem respeito à mãe.

41 Cf. Sartre, *Le parole*, p.19 et seq.

42 Sobre esse tema, muitos pesquisaram e escreveram a partir de Giuseppe Fiori. Trata-se, todavia, de um capítulo pouco explorado da biografia profunda de Gramsci (cf. Deias, Ghilarza, *Società sarda*, n.2, p.56-77).

dimensão histórico-cultural, além de econômico-social; talvez até psicológica. O que conta, para o nosso discurso, é a força de *imagem* – em sentido pleno – que a Sardenha tinha para ele. Gramsci foi "um combatente que não teve sorte na luta imediata".[43] Nem sequer na sua infância e adolescência ele teve sorte. Na sua Sardenha ele conheceu "quase sempre só o aspecto mais brutal da vida".[44]

De onde brotam a energia e o calor da imagem Sardenha? Como ela se relaciona com a imagem do mundo?

É uma questão de linguagem, mas não só. É como se ele tivesse levado o seu sardismo crítico para dentro do mundo grande e terrível, projetando no planeta todas as "dores da Sardenha", mas também todas as suas emoções e as suas cores-calores, e ao mesmo tempo transcendendo formas e conteúdos da sua ilha numa dimensão suprarregional que impede que a sardidade se cristalize e se feche em suas fronteiras. É uma operação fundamental e complexa em que, no percurso local-regional--nacional-internacional, a aproximação essencial, adequada à dialética histórica, é a realidade "nacional-popular" da Itália e, do ponto de vista linguístico-literário, do italiano enquanto língua nacional, que permite que um povo participe da história mundial. Gramsci sabia bem disso, e refletiu muito sobre o fato de que uma língua e uma cultura "nacional-popular" não são só uma aquisição e um ponto de chegada, mas também uma transição e um *limite* em relação àquela língua e cultura necessária e, no entanto, impossível, que é a internacionalização popular ou, por brevidade, a língua-cultura *da Internacional*. Gramsci considerou deste ponto de vista com muito interesse e com extrema seriedade, mas também com impiedosa contestação, a utopia do esperanto, e ao mesmo tempo mostrou os seus limites

---

43 Carta de Gramsci à mãe, 24/8/1931. In: Gramsci, *Lettere dal carcere*.
44 Carta de Gramsci a Tania, 3/10/1932. In: Gramsci, *Lettere dal carcere*.

estruturais, inerentes a qualquer "língua artificial". O esperanto, na sua inconsistência concreta, é a expressão daquela necessidade-impossibilidade de que se falou.

Acho que a peculiaridade da dialética gramsciana nasce da consciência de que existe um empecilho estrutural, histórico e objetivo, à equivalência hegeliana entre racionalidade e realidade. A incongruência dos dois planos é precisamente o *limite*, materialista, da apropriação da realidade por parte da razão. Podemos constatar uma recaída imediata dessa argumentação sobre a dimensão linguístico-cultural. Segundo Gramsci, a exigência que o esperanto tenta satisfazer é racional e, no entanto, a satisfação dessa exigência é irreal porque a diversidade não é redutível, nem sequer dialeticamente, à identidade. Daqui nasce a consciência, que se torna metodologia tanto teórica como prática, da *relatividade* e *flexibilidade* de todo discurso, que atinge o coração da ambição idealista, ou seja, o olhar universalista--totalitário da dialética hegeliana. A extraordinária oscilação conceitual metafórica, filológica, empírica, que Gramsci realiza com as muitíssimas dicotomias de que sua prosa está cheia, representa a resposta e ao mesmo tempo uma modalidade de solução para a necessidade-impossibilidade da síntese dialética. Não uma saída do pensamento dialético, mas uma autolimitação sua – no sentido do materialismo histórico, *aliás*, filosofia da práxis – é o resultado dessa observação que pode ser resumida no delineamento de uma *dialética sem síntese necessária, rica em alternativas possíveis*. A "tradução" do sardo em italiano, se essa formulação é lícita, é um aspecto não secundário de tal movimento de pensamento.

O sardismo – língua, sociedade, cultura – é o mar em que nadaram o menino e o jovem Gramsci, a partir do qual ele mergulhou no oceano nacional-internacional.

Numerosos aspectos podem ser distinguidos, todos problemáticos e por isso interessantes, dessa tradução-imersão. Elencamos três.

9.7.1 O lado infantil

Gramsci era obcecado pela prova a que a modernidade submete as crianças, as quais, segundo ele, quase não conhecem mais uma verdadeira infância.[45] A civilização do *meccano*[46] aliena as crianças – como, aliás, a humanidade no seu conjunto – da relação com a natureza e com os animais. Por isso o pai fica contente quando fica sabendo pela mãe – ele tivera uma "meninice um pouco selvagem e primitiva, tão diferente" da dela –[47] que "Delio e Giuliano tinham algumas oportunidades de sujar-se de lama agarrando rãs". Ele pede que Giulia os ensine a "distinguir as rãs comestíveis das outras", e recorda uma receita do seu país para preparar "uma comida muito saborosa... e de fácil digestão". "Penso que Delio e Giuliano" – Gramsci conclui brincando – "poderiam já na atual tenra idade deles entrar para história da cultura russa introduzindo esse novo alimento no costume popular".[48] O enorme e infelizmente abstrato esforço educativo que o pai procura de algum modo realizar do cárcere está fortemente ligado com a exigência de transmitir aos filhos alguns elementos, se não da língua (lembremos que Eugênia tinha materialmente impedido que eles aprendessem o italiano), pelo menos de determinadas tradições e, sobretudo, de determinados valores. Tem raiz aqui uma convicção significativa que dá vigor ao *sardismo* de Gramsci: a ideia de que, não obstante "o aspecto mais brutal da vida", tão opressor na experiência sarda, ela contivesse, na sua peculiaridade, elementos positivos e vitais, para cuja transmissão-tradução valia a pena empenhar-

---

45 Cf. item 10.1.

46 Jogo constituído por uma série de elementos de metal que podem ser unidos entre si de maneira variada para construir máquinas e mecanismos em miniatura. (N. T.)

47 Carta de Gramsci a Giulia, 21/3/1924. In: Gramsci, *Lettere dal carcere*. Cf. Id., *Forse rimarrai lontana*, p.289 et seq.

48 Carta de Gramsci a Giulia, 31/8/1931. In: Gramsci, *Lettere dal carcere*.

-se no horizonte intercultural que caracteriza a modernidade progressiva. Deste ponto de vista é exemplar, em sua beleza e profundidade, a fábula que conta "um sublime diálogo entre o rato e a montanha" – uma história, diz ele, "da minha região... arruinada pelo desmatamento" –, que se torna metáfora "de uma verdadeira *piatilietca*", ou seja, de um "plano quinquenal".[49] Não menos significativa é a "cena", que ele lembra à mãe, "daquela mendiga de Mogoro que nos tinha prometido vir buscar-nos com dois cavalos brancos e dois cavalos negros para ir descobrir o tesouro defendido pela *musca maghedda* [mosca diabólica] e que nós aguardamos por meses e meses".

"O mundo civilizou-se" – diz Gramsci – "e as crianças não acreditam mais nessas histórias". De forte interesse é a consequência que ele obtém dessa incredulidade ligada à modernização: "por isso é bom cantá-las; se nos encontrássemos com Mário poderíamos fazer uma competição poética!"[50] É verdade que a música "é a linguagem mais universal hoje existente, [mais do que qualquer outra] comunica imagens e impressões totais".[51]

9.7.2 O lado político

"*Faghere a pezza*" – onde "*pezza* é a carne que se põe à venda" [e *faghere*, fazer] – é "uma frase terrivelmente mais expressiva do que em italiano" para dizer aquilo de que a mãe tinha medo, um "pavor permanente desde o estouro da guerra (três irmãos meus estavam no fronte), e isso porque 'matarão os meus filhos'".[52] Em diversas cartas à mãe, o filho se esforça por fazê-la aceitar sem vergonha, até com orgulho, o seu encarceramento, que para ela é

---

49 Carta de Gramsci a Tania, 29/6/1931. In: Gramsci, *Lettere dal carcere*.
50 Carta de Gramsci à mãe, 27/6/1927. In: Gramsci, *Lettere dal carcere*.
51 Carta de Gramsci a Tania, 27/2/ 1928. In: Gramsci, *Lettere dal carcere*.
52 Carta de Gramsci a Tania, 26/3/1927. In: Gramsci, *Lettere dal carcere*.

uma terrível desgraça um tanto misteriosa nas suas concatenações de causas e efeitos; para mim é um episódio da luta política que se combatia e se continuará a combater não só na Itália, mas em todo o mundo, quem sabe por quanto tempo ainda.[53]

Na luta política nacional-internacional nos níveis da experiência de conselho e de partido e, enfim, na reflexão carcerária, a sigla Sardenha ("o sangue, a fome, a miséria do povo da Sardenha")[54] tem um lugar de destaque, de certo modo fundamental. Desde as páginas admiráveis sobre a Brigada Sassari na Turim de 1919 até o documento-chave de toda a história do comunismo italiano, que são as *Teses de Lyon* (1926), Gramsci sublinhou como a ilha ou as ilhas e, mais em geral, o Sul foram "colônias de exploração" por parte do Norte. A afirmação, nítida e peremptória, de que "as histórias particulares vivem só no quadro da história mundial", contida no último caderno do cárcere, representa também a transposição *geopolítica* da experiência sarda transcrita, de Turim em diante, numa perspectiva sempre mais ampla. A universalidade não anula, mas redimensiona e, hoje em dia, exalta as peculiaridades regionais e nacionais. As dicotomias territoriais, que Gramsci estabelece, combinam-se com aquelas econômico-sociais numa modalidade estrutural, que determina um emaranhado inextricável de geografia e história. Edward W. Said e Stuart Hall evidenciaram plenamente a dívida que a cultura pós-colonial deve reconhecer à análise gramsciana do colonialismo.

9.7.3 O lado filológico-linguístico

É uma verdadeira investigação, um estudo metodologicamente fundamentado, o que Gramsci parece começar no cárcere

---

53 Carta de Gramsci a Teresina, 20/2/1928. In: Gramsci, *Lettere dal carcere*.
54 Id., *La brigata Sassari*, p.521.

sobre a realidade linguístico-cultural da Sardenha.[55] Disso dão testemunho particularmente as cartas à mãe e a Teresina, embora esporadicamente. Certamente se tratava também de um modo *sério*, comprometido em manter os contatos. Poder-se-iam examinar os textos – *Cartas*, mas também notas e apontamentos dos *Cadernos* – que fazem referência à língua, ao folclore, à religião popular, às crenças, às narrações, à música e aos cantos, aos jogos e às diversões, ao teatro popular, à cozinha da Sardenha,[56] do ponto de vista da metodologia comparativa, ainda que embrionária, que Gramsci realiza.

9.8 "Todas as ghilarzas[57] do mundo"

Se imagino Gramsci na cela a imaginar a Sardenha, além de ou junto com a lembrança e a consciência atual de tantos problemas, vejo assomar um sorriso: o mesmo que o seu aluno mais fiel, Valentino Gerratana, exprimiu ao comemorar o mestre, na manhã do centenário de seu nascimento, na praça de Ales, junto com Giuliano e Antonio Gramsci Júnior.

Na tarde precedente tínhamos colocado a questão se poderíamos considerar aquela *Homenagem* itinerante, que em poucos dias nos tinha feito passar pelos principais *lugares* de vida da sua terra, uma "peregrinação leiga". Valentino estava hesitante. De um lado fugia de toda tonalidade que pudesse soar "religiosa". Por outro, dizia: "Essa expressão de peregrinação de Gramsci não me desagrada [...] é difícil estudar Gramsci sem apaixonar-se por suas ideias, sem sentir que é preciso tornar atuante o ensi-

---

55　Selenu, *Alcuni aspetti della questione della língua sarda attraverso la diade storia-gramatica*, p.203-358 (com Prefácio de G. Serra).

56　Boninell, op. cit., nota 9.

57　Ghilarza é a comuna (com menos de 5 mil habitantes hoje) em que Antonio Gramsci nasceu. O nome sardo é Bilartzi. (N. T.)

namento que se obteve daquelas ideias", acrescentando: "este é um sinal do valor hegemônico do pensamento gramsciano: um valor que queremos ver proposto de novo em *todas as ghilarzas do mundo*".[58] Ele reconciliava este pensamento com a representação de uma peregrinação leiga.

Com aquelas palavras, Gerratana repetia uma nota dominante que cadencia a presença da terra natal na mente de Gramsci: o seu constituir-se como metáfora do mundo grande, terrível, complicado, como centro de irradiação.

---

58 Gerratana, Autonomia, egemonia, democrazia. In: Orrù (org.), op. cit., p.31 et seq.

X
Prosa e poesia nas *Cartas do cárcere*

Para a memória viva de Franco Fortini.

10.1 Senhor e escravo

Combinando a teoria sobre a função poética de Jakobson com a dialética escravo-senhor de Hegel, Franco Fortini, num ensaio publicado no n. 1 de *Allegoria*, de março de 1989, chega a uma conclusão original sobre a *identidade* diversa da poesia e da prosa:

> Esta relação entre arte e domínio, como aquela entre Eros e domínio, faz com que as escritas literárias apareçam continuamente divididas entre uma identidade "poética" – que sempre se move para a completude e inviolabilidade e, no limite, se faz ecolalia e êxtase – e uma identidade "prosaica" que é uma ininterrupta exploração e elaboração do incôndito e do ainda não acontecido e, portanto, desafio e busca.[1]

---

1 Fortini, Opus servile, *Alegoria*, v.I, n.1, p.12.

No "Prefácio" às *Cartas do cárcere*, publicado por *L'Unità* em 2 de fevereiro de 1988, Valentino Gerratana escreve: "Se os *Cadernos* permanecem, por explícita vontade do autor, um livro aberto, disponível a verificações sempre novas, as *Cartas* se tornaram, com a morte de Gramsci, uma obra concluída, um breviário moderno para leigos".

Um determinado caráter conclusivo ou *completude estática*, para retomar os termos fortinianos, parece verdadeiramente estrutural ou imanente à própria escrita das *Cartas*, ou a uma parte sua não pequena. É um aspecto ainda mais relevante e surpreendente, diante da urgência e da pressão do existente que se manifestam com evidência na cotidianidade passo a passo de sua gênese.

Se isso é verdade, poderemos distinguir, à maneira de hipótese e de aproximação, uma identidade prosaica dos *Cadernos* de uma identidade poética, pelo menos parcial, das *Cartas*, mas que convive com a dimensão prosaica.

Fortini escreve ainda:

> Levando ao extremo o pensamento de Jakobson [...] a função poética corresponderia, portanto, ao 'já formado', onde o tempo é subtraído ou reduzido ao mínimo ou dobrado em círculo.[2]

O tempo da identidade poética, nessa ótica, é o "da repetição, da conclusão e do retorno", o que pode ser resumido no conceito de uma "tendencial unidade curva sobre si mesma", que coloca uma barreira à variabilidade dos acontecimentos, à emergência do novo, à precariedade do presente, às quais parece exposto o discurso prosaico.

Como se caracteriza no cárcere e nas *Cartas do cárcere*, a cadência inexorável e ao mesmo tempo íntima e familiar do tempo, que Gramsci chama de "pseudônimo da vida"?

---

2 Ibid., p.11.

Numa carta de 1 de julho de 1929 para Tania – onde a informa, com trepidação e com uma ponta de orgulho, sobre o fato, aberto à esperança, do cultivo da rosa no pequeno pátio da prisão – Gramsci escreve:

> Sinto o ciclo das estações, ligado aos solstícios e aos equinócios, como carne da minha carne; a rosa está viva e florescerá certamente, porque o calor prepara o gelo e sob a neve palpitam já as primeiras violetas etc. etc.; em suma, o tempo aparece a mim como coisa corpulenta, quando o espaço não existe mais para mim.

Gerratana afirma que as *Cartas* são "um *todo* inseparável animado por uma luz dramática [...] pelo ritmo do pensamento", que é um "ritmo intenso, mas não frenético".[3]

Essa temporalidade "corpulenta", vivida com "ritmo intenso", está bem distante do tempo "reduzido ao mínimo" de que fala Fortini a propósito da poesia. Então, como estão as coisas?

Pode-se sustentar, na esteira do percurso reflexivo aqui enveredado, que a temporalidade e, portanto, a identidade das *Cartas* está dividida entre um momento prosaico e um momento poético. Por um lado, de fato, o tempo das *Cartas* parece, fortinianamente, expressão do

> escravo, que vive as vicissitudes e o tempo e vive na angústia da morte (o "Senhor absoluto") e na fuga diante dela, trabalha, podemos dizer, na dimensão sintagmática ou horizontal, um passo depois do outro, um gesto depois do outro, como é próprio do discurso predominantemente comunicativo, persuasivo, fático, em suma, das funções metonímicas da linguagem, ou seja, para Jakobson, sobretudo prosaicas.[4]

---

3 Gerratana, Prefazione. In: Gramsci, *Lettere dal carcere*, v.II (suplemento a *L'Unità*, 14/2/ 1989), p.7 et seq.

4 Fortini, op. cit., p.9.

Por outro lado, o caráter acabado ou, como diz Gerratana, "concluído" das *Cartas* aflora prepotentemente em tantíssimas páginas desse *diálogo-diário* de modo que, numa paradoxal inversão da situação de fato, sua tradução literária aparece marcada por aquela "inviolabilidade" que é, creio, o caráter mais forte entre aqueles que Fortini atribui à identidade poética.

Esse caráter deriva de quê? A hipótese que nas *Cartas* emerge dessa inviolabilidade, ou seja, do "momento [poético] senhoril" fortiniano, ao lado e em medida talvez mais incisiva do prosaico "tempo servil do trabalho", é reconduzida, em primeiro lugar, mas não exclusivamente, à energia *poética* expressa nas *Cartas* desde *menino* (o passado, que é o Antonio relembrado, e esses meninos presentes, Delio e Giuliano, com quem o autor se corresponde por vias tortuosas e oblíquas): energia *poética* e *musical*, que dá uma cor-calor inextinguível ao "ritmo intenso, mas não frenético" dessas páginas.

Antonio escreve a Giulia naquele mesmo 1º de julho de 1929 da citada carta a Tania:

> Tu erras se acreditas que eu desde pequeno tive tendências [...] literárias e filosóficas como escreveste. Ao contrário, eu era um intrépido pioneiro e não saía de casa sem ter no bolso sementes de trigo e fósforos embrulhados em pedacinhos de pano encerado [...] Era, depois, um construtor ousado de barcos e carroças e conhecia detalhadamente toda a nomenclatura marinheira [...] Era antes obcecado por essas coisas, porque aos 7 anos tinha lido *Robinson* e *A ilha misteriosa*.

O menino-memória joga e sofre com o menino-vida, ou seja, com os filhos de Gramsci, os quais vivenciam o pai – ele mesmo levanta a hipótese – como um fantasma, ou um "holandês voador".

A tensão entre vida e memória, nas *Cartas*, é fonte de criatividade metafórica em sentido emocional-reflexivo. Na mesma carta a Giulia que acabamos de citar, escreve: "Creio que uma vida infantil como aquela de trinta anos atrás seja impossível hoje: hoje as crianças, quando nascem, já têm 80 anos, como o Lao-Tse chinês".

Atravessa as *Cartas* um sopro vital que brota da qualidade hegemônica que a relação adulto-criança revela no contexto social, tanto do lado dos primeiros (centralidade e complexidade da tarefa educativa) como dos segundos (a fábula, o jogo, a maravilha). Esse sopro vital demonstra-se mais forte que a angústia de morte que paira continuamente sobre as *Cartas*, determinando um contraponto entre a prosa da cotidianidade, com a sua dramaticidade e vaidade (alimentada pela consciência da derrota), e a poesia civil da memória e do projeto.

10.2 A língua da vida

No "Pósfácio" de 1964 a *Para a crítica da violência* de Benjamin, Herbert Marcuse propõe uma tese que poderia colocar em crise a lembrada distinção fortiniana entre identidade-temporalidade poética e prosaica. Ele sustenta, na conclusão de um raciocínio denso e lapidar, que "na grande música e literatura" se dá a mesma "suspensão do acontecer" que nas *Teses sobre a filosofia da história* Benjamim considera "sinal [...] de uma chance revolucionária".[5]

Como temos visto, a identidade prosaica implica, segundo Fortini, uma "ininterrupta exploração e elaboração do incôndito e do ainda não acontecido". Exprime-se aqui um conflito com a "suspensão do acontecer" que Marcuse-Benjamin encontra sempre na grande literatura? Ou, então, essa "suspensão" aproxima a concepção da literatura ao tempo extático do "já

---

5 Marcuse, Nachwort. In: Benjamin, *Zur Kritik der Gewalt und andere Aufsätze*, p.97-107.

formado" que Fortini atribui à identidade poética? A literatura é sempre poesia?

Voltemos a Gramsci. Gerratana sustenta que as *Cartas* são um "autorretrato" e ao mesmo tempo um "ato vivido", são "páginas de um diário" e, ao mesmo tempo, um "diálogo" antes de tudo, mas não só, "consigo mesmo".

E continua:

> O que nos *Cadernos* se adverte através da cautela com que são apresentadas, matizando-as, as colocações teóricas radicalmente novas, nas *Cartas* aflora através do tremor sentimental da expectativa dos novos contatos reais, ao mesmo tempo desejados e tímidos.[6]

Isso é profundamente verdadeiro, olhando todo o desenrolar das relações entre Antonio e Tania. E é ainda mais em referência ao possível encontro com Giulia depois da libertação do cárcere, que ditou a Gerratana as palavras apenas citadas.

É singular, na passagem de Gerratana, a aproximação das novidades teóricas nos *Cadernos* com as novidades de vida nas *Cartas*. Esta poderia ser outra ocasião para sublinhar a dominância da função prosaica naqueles com respeito à função poética nestas?

É uma pergunta delicada porque o raciocínio poderia levar a inverter os termos da comparação entre momento expressivo da poesia e momento comunicativo da prosa nas *Cartas*. "Ato vivido" são, de fato, também as *Cartas* e sobretudo em razão do "diálogo" não tanto consigo como com os outros (e por isso da comunicação) – em particular com Tania – que elas constituem.

Edoardo Sanguineti, numa resenha sobre o *L'Indice* de junho de 1996 para a edição organizada por Antonio Santucci, escreveu que as *Cartas* são "a última imagem de homem italiano que nos

---

6 Gerratana, op. cit., p.13 et seq.

é oferecida [...] a última voz de uma participação intersubjetiva num colóquio de escrita racionalmente mediato".

"Última" porque "a verdade epistolar morre, na Europa quase na mesma época, com as cartas de Benjamin e com as cartas de Gramsci". Nas *Cartas*, continua Sanguineti, Gramsci

insiste quase obsessivamente no elogio, em contraste com toda modalidade de "fantasia abstrata", da "fantasia concreta" que é a sóbria atitude a reviver a vida dos outros, assim como é realmente determinada, com as suas necessidades, as suas exigências etc. [...] [Gramsci] experimenta até o limite, no longo sofrimento carcerário, a terrível força da "imaginação" e da urgência, antes de tudo terapêutica, da sobriedade e da concretude [...] e experimenta simultaneamente os últimos confins que a comunicação epistolar pode tolerar, no conflito decisivo entre o controlado participar concreto e a leveza insinuante do fantasiar. Estamos nas fronteiras do diálogo, e estamos nas provas extremas daquele diário discursivo e orientado que está historicamente em agonia, tecnicamente gasto e esvaziado.

É com Tania – na intimidade dramática de uma relação *extraordinária*, ou seja, estranha a qualquer tipologia, e que talvez se pudesse qualificar como uma metáfora do amor, ou como um amor diferido e sublimado – que Gramsci chega, junto com ela, às "fronteiras do diálogo".

O diálogo que Gramsci estabelece com Tania é também um treino de meditações teóricas fortemente problemáticas, que realizam aquela que Gramsci chama "a pergunta primeira e principal da filosofia": "O que é o homem?".[7]

2 de abril de 1931: Tania confessa a Gramsci, temendo, no entanto, fazer "mal acenando-te o meu humor", como e porque lhe aconteça "estar nervosa, desejosa de não ter nada a ver

---

7 Gramsci, *Quaderni del carcere*, 10 II, 54, p.1343.

Giorgio Baratta

com ninguém", compreendendo, "no entanto, quanto este meu sentimento é injusto, não só, mas até monstruoso, se a vida é considerada na sua realidade material".

Trata-se de Giulia e da insistência de Antonio para que ela se cure. Tania escreve:

> Teria podido escrever daqui ao doutor que cuida de Giulia, mas digo a verdade, não tenho vontade, porque não tenho confiança em ninguém e às vezes provo até um sentido de incômodo com a ideia de que ela se cure; quase seria melhor que não se fizesse nada, dado que certamente ela retornaria imediatamente a outras condições de existência.

Tania chega a uma consideração desanimada de que nasce uma dúvida atroz em comparação com a filosofia cotidiana da *práxis* da qual "o prisioneiro" se alimenta:

> Agora me parece, porém, não saber compreender sequer como Giulia considera a vida em geral e a parte sua que deve explicar. Mas talvez, nunca, em nenhum caso, se possa fazer nada para ser os seus senhores, ou melhor, os criadores?![8]

Declaração de impotência?! A dúvida (já a lembramos) adquire uma importância *metafísica*: "Talvez se devesse viver sempre fora do próprio eu para poder gostar da vida com maior intensidade?"[9]

Antonio responde a Tania no dia 7 de abril:

> A tua carta me interessou muito e me causou muito prazer. Fizeste muito bem em não refazê-la. Por que afinal? Se te apai-

---

8 Gramsci; Schucht, *Lettere*, p.585.
9 Carta de Tania a Gramsci, 2/4/1931. In: Gramsci; Schucht, op. cit., p.685. Cf. item 6.6.

xonas, quer dizer que há em ti muita vitalidade e muito ardor. Algumas considerações tuas verdadeiramente não entendi bem, como esta: "Talvez se devesse viver sempre fora do próprio eu para poder saborear a vida com maior intensidade", porque não sei imaginar como se possa viver fora do próprio eu, dado que existe um eu identificável uma vez para sempre e não se trata da própria personalidade em contínuo movimento, por cujo motivo se está continuamente fora do próprio eu e continuamente dentro. Para mim a questão é muito simplificada e me tornei, na minha altíssima sabedoria, muito indulgente.[10]

Provavelmente, se Maurice Merleau-Ponty, o filósofo que anunciou a concepção transindividual do homem, tivesse lido essas frases, teria dado um pulo da cadeira.

Antonio não é sempre gentil e agradecido a Tania; às vezes falta objetividade e parece até fazer seus os preconceitos antifemininos, como no caso da censura que dirige a ela de ser demasiado "lírica" e "imaginosa" – como em geral são as mulheres, segundo ele –, em suma, dela não possuir aquela "fantasia concreta" que, como vimos com Sanguineti, é, segundo Gramsci, "a sóbria atitude de reviver a vida dos outros". No entanto, os dois compartilham uma realidade, uma participação "apaixonada" – às vezes, também leve e irônica – que dá à relação deles uma centralidade inegável no caso humano e político que produziu os *Cadernos*.

Comparando o epistolário Antonio Gramsci-Tania Schucht na edição apenas gramsciana das *Cartas do cárcere* com aquela bilateral que acabamos de citar, não há dúvida de que neste segundo caso se perde muito daquela *poeticidade* que a solidão do prisioneiro faz emergir e exalta na versão cara a nós. A distinção é, contudo, relativa. A relação entre Tania e Antonio está estruturalmente atravessada pelo contraponto entre uma linha

---

10 Carta de Gramsci a Tania, 7/4/1931. In: Gramsci, *Lettere dal carcere.*

temática poeticamente sublime e outra prosaicamente dramática. O "sublime" e o "dramático" estão antes nas coisas e nas pessoas do que na escrita.

Com Tania (e com Giulia) Antonio vive no presente – "desafio e busca" –, com Delio e Giuliano vive no passado (como com a mãe) e no futuro: "acabado" o primeiro, ainda "inviolável" o outro, para retomar os termos do discurso de Fortini.

Tania estimula Antonio para (não só) a prosa: Delio e Giuliano fazem o pai respirar o ar de uma poesia sofrida e atormentada.

Recordo que Franco Fortini, depois de ter assistido junto com Paolo Volponi, numa, para mim inesquecível, jornada a Urbino em 1993 (durante a ocupação da Pantera) *Gramsci, l'ho visto così*, de Gianni Amico e meu, e *Caro Delio, caro Iulik* de Giulio Latini e Renato Vitatonio, no qual o Giuliano adulto lê as cartas que o pai escrevia para ele e o irmão quando eram meninos, exclamou: "uma poesia atroz".

XI
O construtor

11.1 Romance

Creio que é inevitável, na busca do *leitmotiv* do "ritmo do pensamento", a dimensão psicológico-antropológica capaz de explicar a singular *humanidade* de Gramsci, ancorada nas suas raízes sardas e ao mesmo tempo aberta e cosmopolita. A esse propósito sublinha-se a estreita ligação que existe entre a objetividade reflexiva dos *Cadernos* e a subjetividade vivida das *Cartas*, entre filosofia da práxis e aquela práxis da filosofia que em muitas *Cartas* se exprime como uma curvatura singular, ao mesmo tempo teórica e poética. Em alguns casos, como Bartolo Anglani sugere num livro original, "as águas se confundem e o fluxo que se forma esclarece o quanto a escrita objetiva e científica dos *Cadernos* é, na realidade, pressionada e agredida de todos os lados pela urgência da 'vida'". Anglani chega a teorizar o malogro filosófico dos *Cadernos* em razão da "impossibilidade de 'pensar' o comunismo, na medida em que o comunismo permanece objeto privilegiado" da meditação de Gramsci; e valorizar, pelo contrário, a energia literária com a qual ele se mostraria capaz, nas *Cartas*, de "escrever o romance de seu cativeiro".[1]

Pessoalmente, acho o contrário. Creio que o extraordinário "fluxo" e a materialidade do texto, restituídos pela edição crítica gerrataniana dos *Cadernos*, revelam – seja-me permitido dizer –, como por encanto (em relação à inevitável, embora fecunda fragmentariedade da precedente edição temática), que estamos lidando com uma instância teórica de fundo, que de fato rompe o diafragma entre *Cadernos* e *Cartas*. Refiro-me à possibilidade de pensar o comunismo, que Gramsci persegue, entendido como oficina prático-teórica de um "novo senso comum". Deste ponto de vista se poderia realmente falar de um singular "romance de formação" que atravessa a obra inteira de Gramsci no cárcere, e se apresenta como romance dialógico, ou romance-contraponto. A recepção rara desta obra está na sensação, que ela desencadeia, de *esperar*, desde o seu quase milagroso nascimento, a cooperação apaixonada de um ou muitos interlocutores. Tal expectativa ainda nos diz respeito. Daí o frescor desses textos.

11.2 No estado nascente

Tentemos um exercício de imaginação. Fiquemos perto de Gramsci quando ele descreve a Tania Schucht, de Turi, sua ânsia, esperança e convicção (otimismo da vontade) de que a rosa plantada no pátio da prisão, com as sementes que ela lhe tinha trazido, "está viva e certamente florescerá". "O tempo parece como uma coisa corpulenta, quando o espaço não existe mais para mim" – escreve ele. O tempo é o presente, que da pequena cela marca o ritmo de um universo, de uma história, de uma cotidianidade que conhecem apenas o espaço imaginário do "mundo grande, terrível e complicado".

---

1 Anglani, *Solitudine di Gramsci*, p.301, 146, 188.

"O ciclo das estações" – continua Antonio – "sinto como carne da minha carne".[2] O sentido externo, o espaço, se interioriza, enquanto o sentido interno, o tempo, torna-se corpo, matéria, no esforço supremo de não perder o contato com a realidade. A ação, que era o metro da existência civil e política, é substituída agora pela "fantasia concreta", que ajuda o prisioneiro na evanescente mas não desesperada, solitária mas não solipsista vida social na dimensão carcerária.

A rosa floresce, embora certas plantinhas nascidas das sementes se assemelhem estranhamente mais à salsa e à cebolinha do que às flores. Os estudos prosperam, não obstante tudo e em contato com maus livros, porque o intelectual dividido ao meio aprendeu a tirar água de pedra. O gênero humano está se unificando: é o pensamento apaixonado e paradoxal de quem está separado de tudo e de todos, e sabe que, apesar de tudo, exatamente (ai de mim) por meio de conflitos, divisões, lacerações, a "colaboração entre todos os povos", fundamento objetivo da sociedade dos humanos, está sendo reforçada.

"Viver nas contradições" – admoestava Peter Weiss. Quanto mais subalterna se torna a existência dentro dos muros, em todos os seus aspectos, tanto mais aguda se faz a capacidade de escuta e de interpretação da voz dos subalternos fora do cárcere, no vasto mundo.

Não esqueçamos esse paradoxo ao ler as *Cartas* e, sobretudo, os *Cadernos*. Não há nada de acadêmico, de institucional, talvez nem sequer de científico nessas páginas. Não estamos lendo um livro acabado, mas apenas notas e apontamentos, expressões de um pensamento em estado nascente. Creio que o autor estivesse consciente do caráter indeterminado, ainda que orgânico, daquilo que estava realizando, e que deveria ter aliviado as dores do parto. Isso não aconteceu. Em jogo estava (está) o nascimento do "pensador coletivo", mediante o qual os subalternos teriam encontrado (encontrariam) espaço, tempo, palavra.

---

2 Carta de Gramsci a Tania, 1/7/1929. In: Gramsci, *Lettere dal carcere*.

11.3 Sentido

"Corpulento" é, para Gramsci, o tempo vivido, como projeção, prolongamento, talvez até anulado pelo próprio corpo. Mas o que é o tempo, que ele define como "pseudônimo da vida", para a existência carcerária?

As *Cartas* comunicam uma fortíssima necessidade de concretude e de sociabilidade, como antídoto para a abstração e a solidão do existente. A elaboração complexa que dá à sua redação representa uma satisfação pelo menos mental dessa necessidade. A modalidade é dupla. Por um lado, sobretudo na correspondência com Tania, é o cuidado meticuloso na descrição tanto física como psíquica do *si-mesmo* que fere. Por outro lado, a vivacidade dos detalhes – eventos, situações, problemas – impressiona; com ela mostra querer e saber *viver os outros*. Talvez não seja errado dizer que entre esses outros há agora também ele mesmo, na lembrança de si menino.

Percebe-se, para citar Benjamin, um permanente "salto" num tempo "outro" do que o situacional. A necessidade de que se falava é física e afetiva: física também num sentido simbólico, porque se trata de criar algo que idealmente toma o lugar daquele espaço que, de fato, "não existe mais". Afetivo porque a existência – com a sua "ressequida vida afetiva" – corre agora o risco de apoiar-se toda apenas sobre a vontade e o intelecto, ao passo que o "sentir" é o mais cobiçado, desejado, suspirado *objeto perdido*, cuja falta pesa malditamente.

O tempo voa... para aquela terra comum aos homens de ontem, de hoje e de amanhã que se chama história. A famosa carta a Delio é uma verdadeira viagem que o prisioneiro empreende para chegar até o filho (ou ser alcançado por ele) na terra do "prazer" que a história, na acepção cotidiana de matéria escolar, oferece a ele assim como lhe oferecia quando tinha a idade do filho. Sentir a história, e saboreá-la: é isso que a escola produz e "interessa" a ambos, porque interessa e diz respeito a "quanto mais homens for possível, a todos os homens do mundo na medida em que se unem entre si em sociedade e trabalham, lutam e melhoram a si mesmos".[3]

Como se vê, não há solução de continuidade entre o escritor, o destinatário e os personagens ("todos os homens do mundo") envolvidos na carta.

Há uma ânsia de totalidade talvez excessiva (a ânsia está sempre ligada a um excesso) na necessidade que aqui o pai, mesmo com uma linguagem que tem algo do sublime, comunica. Pede a Delio que lhe escreva "sempre e de tudo o que te interessa na escola".[4] É difícil não pensar que o pedido – tantas vezes expresso nas cartas aos filhos – de escrever-lhe "sempre e de tudo", resultasse um pouco obsessivo, embora rico de amor.

É uma obsessão que corresponde à situação. Quanto mais a vida atual "sabe de nada", tanto mais ele pede tudo e de tudo ao "pseudônimo da vida".

11.4 A linguagem das pedras

A correspondência com Moscou (em particular as cartas aos filhos), assim como a correspondência com Ghilarza (sobretudo as cartas à mãe e a Teresina), está cheia de plantas e de animais, está impregnada de terra, mar e céu. Em 2007, foi fundada na Sardenha uma associação que ganhou o nome de Terra Gramsci, com referência àquela natureza "pedregosa", "livre", "elementar"[5] que a psiquiatra cagliaritana Nereide Rudas vê aflorar constantemente no imaginário rememorativo de Antonio. John Berger, um criador e estudioso de imagens,

---

3 Carta de Gramsci a Delio, sem data. In: Gramsci, *Lettere dal carcere*. Cf. Ibid., p.807 et seq.

4 Id.

5 Rudas, Reclusione, solitudine e creatività in Gramsci. In: Vacca (org.), *Gramsci e il Novecento*, p.29.

acha que a "paciência" de frade de Gramsci seja um sinal da "natureza antidogmática da sua teoria da revolução", e que é possível sentir a "presença viva das pedras" não só na paisagem da sua terra, mas também na escrita sóbria, límpida, pacata, imaginativa, musical tanto das *Cartas* como dos *Cadernos*: uma escrita moderníssima e ao mesmo tempo gotejante de passado.[6]

É uma autêntica evasão do cárcere que ele simbolicamente realiza, em contraponto com ao meticuloso cuidado tanto assistencial como educativo para com seus entes queridos que as *Cartas*, além do trabalho dramático da solidão existencial, testemunham.

Como cada vez mais pesquisas demonstram, como aquelas de Giuseppe Vacca a propósito da Constituinte,[7] Gramsci no cárcere, apesar do seu radical isolamento, nunca cessou de agir como dirigente comunista. O espírito prático o impelia a viver "politicamente" o cárcere, a verificar, apesar de tudo, não só as regras, mas também a lógica, cínica e impiedosa, e o estimulava a (procurar) agir dentro dessa jaula, em sentido racional e funcional. Aqui está a dimensão rigorosa e prosaica que inspirou a ação política dos anos de liberdade civil e depois inspira o planejamento e realização, dia a dia, passo a passo, dos *Cadernos*: *work in progress, für ewig*, mas atado de maneira apertada à realidade.

Pulsava naquela alma também um espírito fantástico e poético, amante do belo, na vida como na literatura, com um traço levemente infantil, quer dizer, criativamente regressivo (que age também como uma defesa ou uma couraça contra os golpes desferidos pelo mal e pela dor). É essa atitude que o faz voar e o faz buscar a poesia. Quem se encontrou pelo menos uma só vez em contato com as cortiças, as pedras, os barrancos, as alturas, as distâncias, os perfumes e os sons de um trecho da estrada

---

6 Berger, Le pietre di Gramsci. In: Baratta; Grilletti Migliavacca (orgs.), *Terra Gramsci*, p.87 et seq.

7 Cf. Vacca, Il "cazzotto nell'occhio". In: Rossi; Vacca, *Gramsci tra Mussolini e Stálin*, capítulo 3.

entre Ghilarza e Santulussurgiu, que como estudante de ginásio Gramsci percorria toda semana, pode melhor intuir as vibrações infinitas de um espírito que constata o desaparecimento, no cárcere, do espaço; e colhe a profundidade da expressão uma vez usada por Eric J. Hobsbawm, quando disse que Antonio Gramsci foi "a mais bela dádiva feita pelo campo à cidade". Creio que as *Cartas do cárcere* representam, se Hobsbawm me permite acrescentar um corolário ao seu pensamento, a mais bela dádiva feita pelo campo à literatura essencialmente citadina dos *modern times*. E deste ponto de vista é novamente sublinhado o mérito do citado livro de Anglani, à luz do qual resultam mais plausíveis o aviso de Gerratana – não ler os *Cadernos* sem ter na frente as *Cartas* –[8] e o convite de Mordente de conceber como uma unidade aquela que ele chama de a "Obra do cárcere".[9]

11.5 Dentro e fora

Com motivações diversas, seja para tranquilizar a mãe, seja para não desvelar o que lhe era proibido revelar aos filhos, o "professor papai"[10] põe entre parênteses ou cala, na relação com eles, seu sofrimento carcerário: privação de liberdade e doença. Isso o leva a se mostrar e se tornar mais disponível e mais leve. Se deste modo evade do cárcere, não sai de si mesmo.

Tanto mais cheio de significado, complexo e trabalhado, mas também crível e eficaz, é o processo de identificação que ele mostra em certos momentos de viver com alguns de seus entes queridos, ou seja, com a mãe de quem ele é filho, e com os filhos dos quais é pai. Creio que esse processo seja uma das

---

8 Gerratana, Prefazione. In: Gramsci, *Lettere dal carcere*, v.II, p.7-14.

9 Mordenti, *Gramsci e la rivoluzione necessaria*, p.157.

10 Giulia em Moscou chamava Antonio simpaticamente de "Professor". Gramsci lecionava, por exemplo, na escola de jovens do Partido Comunista.

Giorgio Baratta

provas mais originais de energia e de caráter oferecidas pelo filósofo prisioneiro.

11.6 Pensar junto

Com a mãe, o percurso se tornou mais fluente por causa da familiaridade com o ambiente natal, que lhe resulta emocionalmente próximo, como calor e como cores. Escrever à mãe (mas muitas vezes, deste ponto de vista, também a Tania e a Giulia) é uma ocasião para sentir-se menino de novo, tanto para o bem como para o mal, certamente, mas com toda a riqueza daquela que eu quereria chamar de afeição crítica, ou seja, profunda, nunca sentimental e nostálgica. Também quando revela ter "conhecido quase sempre apenas os aspectos brutais da vida", não falta o apego à terra. É uma experiência aberta a todos que lembrar pode despertar sensações e experiências muito intensas. Mas ele dá a nós, seus leitores, a impressão de querer fazer algo mais: *entrar* em certas lembranças, ou seja, reviver a partir de dentro o que é lembrado, e, além disso, agir e trabalhar, ou seja, atuar nelas e com elas uma práxis, a práxis do pensamento. Numa carta belíssima, muitas vezes citada, ele propõe à mãe uma espécie de pacto espiritual e religioso, um acordo destinado a estabelecer uma harmonia de fundo a propósito do modo de entender a existência do "único paraíso real [...] que para uma mãe" – diz ele – "penso que seja o coração dos próprios filhos".[11] Não só essa passagem, mas toda a carta parece uma modalidade exemplar da tentativa de *pensar-junto*, em sentido apropriado à filosofia da práxis, que aqui invoca o processo de identificação do qual se falava. Para pensar junto com a mãe, mulher enérgica e inteligente, mas distante de um "modo de viver e de pensar europeu", ele deve construir mentalmente uma imagem viva dela

---

11 Carta de Gramsci à mãe, 15/6/1931. In: Gramsci, *Lettere dal carcere*.

como se ela estivesse ali pronta para responder, não à complicação de uma meditação epistolar (excessiva e talvez impossível), mas à solicitação imediata e direta de um diálogo, ainda que imaginário.

11.7 A práxis dos pequenos

Com os filhos, Gramsci mostra uma vontade, que é, porém, sobretudo, uma esperança de compartilha, conhecimento, participação, empatia, que de vez em quando se manifesta como uma ânsia egoísta, não sem certa obsessão. Tudo isso parece bem compreensível e normal nas condições dadas.

Sentia-se "como uma espécie de holandês voador, que por razões imperscrutáveis" não podia ocupar-se com eles e "participar da vida deles".[12] Antonio tinha sofrido sem solavancos a ausência do pai. Agora sofre (neste caso, sim, com a consciência de um drama inextricável) a ausência dos filhos. E procura exprimir o melhor das suas capacidades humanas a fim de encontrar uma via de escape honrosa e produtiva para comunicar – apesar de tudo – algo de útil a eles.

Na primeira vez – na carta a Delio de 20 de maio de 1929 (o mesmo ano das cartas sobre as rosas) – que chama o segundo filho pelo nome, pergunta: "Deves escrever-me alguma coisa de Giuliano. Que achas dele? Ele te ajuda nos teus trabalhos? É também ele um construtor, ou é ainda pequeno demais para merecer essa qualificação?" Giuliano não tinha ainda 3 anos. A partir de então o tema do "construtor", em formas de expressão diversas, volta amiúde na correspondência com os filhos.

Numa carta escreve que quer realizar uma "paternidade viva".[13] O que significa isso? Pense-se na insistência sobre a

---

12 Carta de Gramsci a Tania, 14/12/1931. In: Gramsci, *Lettere dal carcere.*
13 Carta de Gramsci a Giulia, 9/2/1931. In: Gramsci, *Lettere dal carcere.*

"seriedade" com a qual acha que os seres humanos devem ser considerados desde o nascimento. E escreve isso com energia e perseverança a Delio e Giuliano. Pode-se sublinhar também a tentativa que o pai faz para oferecer-lhes um abc de filosofia da práxis para uso dos pequenos. Propõe a eles o humanista cientista e técnico como protagonista de uma concepção do mundo adequada aos novos tempos, que se revela por meio da figura – bem presente nas vanguardas artísticas revolucionárias da União Soviética – do construtor.

"Construtor" é uma categoria-chave no mundo de Gramsci. É a qualidade do seu ser à qual, como ilustram as *Cartas*, desde menino, ele mais se atinha. E é também a qualidade mais própria, segundo ele, do operário comunista, que, na sociedade de massa, produz em série, mas sem perder-se no conformismo anônimo americanista, expressão da "revolução passiva"; ao contrário, este vai construindo um progresso material e intelectual de massa, via de acesso a uma nova sociedade e civilização.

De um ponto entre a "intoxicação matemática" do americanismo e a burocrática do sovietismo, o construtor no sentido de uma "sociedade regulada" de massa devia vir. Nas *Cartas* aos filhos e sobre os filhos transparecem, talvez ainda mais que nos *Cadernos*, ao lado das certezas, as interrogações e as dúvidas que ele se punha sobre a formação deles. Fábulas como "a árvore do ouriço" e o diálogo "sublime entre o rato e a montanha" têm como fundo o tema do planejamento econômico; anedotas, historietas e probleminhas sobre a práxis e as técnicas de animais como elefantes, raposas, cavalos, melros, pardais, gatos, lagartos são facilmente traduzíveis em "questões" de organização da vida cotidiana; reflexões sobre a rapidíssima "intelectualização" a que são submetidas hoje as crianças, por meio de jogos modernos como o *meccano*, e sobre o abandono de uma relação direta com a natureza ("atirar pedras no pântano", "assobiar") enfrentam de modo altamente problemático a direção do progresso e da modernidade, e assim por diante.

Na fantasmagórica abstração da relação com os filhos emerge com irresistível riqueza e concretude a coluna mestra do Gramsci *educador*, que é o aspecto ainda hoje mais vital, atual e não evitável da sua personalidade: um educador *sui generis*. Como dizia o companheiro de luta do biênio vermelho, Battista Santhià, Gramsci foi um "chefe que sabia escutar".[14] Para poder educar, antes de educar, ele queria escutar. Sabia que a humanidade se encontrava num estado profundo de crise, mas também de perspectivas possíveis de libertação. Sentia que se encontrava, como toda a humanidade, numa passagem, que só podia ser longa e complexa. Daqui a sua capacidade inabalável de interrogação, problematização, estudo.

Na sua experiência solitária, a pesquisa literária o solicitava e o ajudava, eu diria, no estado puro, que é o estado de espírito de quem está descobrindo e reinventando a linguagem.

Há uma questão de *forma* na linguagem e também uma questão de *estilo*. O estilo que Gramsci se propôs é o "sarcasmo apaixonado", que vai muito além do mero preciso exercício crítico da ironia. O sarcasmo tem uma universalidade própria: volta-se tanto contra o adversário de classe como contra as ilusões, ingenuidades, dogmatismos enraizados na consciência da própria classe. Há um lado dialético no sarcasmo que é "espírito de cisão" e ímpeto de negação. Estar "apaixonado" é um sentimento, implica compartilha e participação; é manifestação daquele "ouvir" que Gramsci acha complementar ao "saber", se está dirigido a um "compreender" que reunifique os dois elementos, fatalmente dissociados na história da civilização cristã-burguesa.

Com a feliz resolvida contradição do "sarcasmo apaixonado", Gramsci compôs em sua mente o momento dialético e o momento dialógico da sua abordagem. Como Francisco Fernández Buey observou, nos *Cadernos* Gramsci escreveu poucas coisas com sarcasmo, enquanto as testemunhas documentam um forte

---

14 Santhià, *Lezione di storia*.

sarcasmo nas discussões políticas carcerárias, particularmente em Turi, com os camaradas de partido.[15] Na atual paralisia da discussão política, pode ser um motivo de estímulo não limitar-se a ler os *Cadernos*, mas voltar com a imaginação ao pátio da prisão de Turi para continuar a "pensar com Gramsci".

Em maio de 2007, em Austis, no coração da Barbagia, nos arredores de Orgosolo, mil crianças de toda a Sardenha, depois de ter trabalhado sobre o tema um ano inteiro, fizeram uma demonstração teatral, pictórica, musical, literária de como cada uma delas, individualmente ou em grupo, vive Gramsci.[16] Numa carta a Giuliano Gramsci, Roberta Usai, uma menina da quinta série elementar, escreve:

> Descobri as cartas que o papai mandava para você e para sua família. Fiquei muito impressionada com o modo como falava a vocês quando pequenos, tanto a você como a Delio: tratava vocês como verdadeiros homenzinhos e lhes dava conselhos que foram preciosíssimos para mim, os quais estou procurando também seguir. Por exemplo, a carta que ele lhe mandou sobre o estudo da história é uma coisa justíssima. De fato, se a história não fosse estudada, agora não conheceria seu pai!

É uma expressão viva, para retomar a terminologia do avô, da afeição de uma netinha.

Devíamos sentir-nos, todos nos sentimos um pouco sobrinhos e sobrinhas de Gramsci.

---

15 Cf. Fernández Buey, Gramsci nel mondo di oggi. In: Medici (org.), *Gramsci, il suo il nostro tempo*, p.55 et seq.

16 Carta; Sanna, Gramsci, lo vivo così. In: Baratta; Grilletti Migliavacca (orgs.), op. cit., p.56-8.

XII
O educador educado

Toda relação de "hegemonia" é necessariamente
uma relação pedagógica.

Antonio Gramsci[1]

12.1 Língua e dialética

A novidade da filosofia da práxis se anuncia através de um par de conceitos: hegemonia e tradutibilidade. Um pode ser assimilado ao outro. Os dois conceitos juntos dão como resultado a qualidade eminentemente *educativa* do pensamento de Gramsci. Vejamos como e por quê?

O que afasta Gramsci de Hegel (e relativamente também de Marx) é a dívida que a sua reflexão contraiu com as aquisições dos anos de formação, quer dizer, por um lado, com Croce e, por outro, com os estudos de linguística e glotologia. Em ambos os

---

1 Gramsci, *Quaderni del carcere*, 10 II, *44*, p.1331.

casos define-se um ponto de vista que não permite uma consideração puramente dialética da realidade histórica, mesmo se na centralidade e irredutibilidade das contradições for aplicado todo o profundo marxismo de Gramsci. No pensamento de Gramsci a dialética histórica e temporal, entendida hegeliana e marxianamente como teoria das contradições, é combinada ou complicada com uma perspectiva de matriz espacial-territorial, que de modo simplificado podemos chamar de teoria das distinções ou diferenças. Atuam nessa direção, mas com modalidades bem diversas, a influência de Croce e da linguística "areal" de Ascoli e Bartoli.

Nos *Appunti di glottologia* [Apontamentos de glotologia] do curso de Bartoli, do ano acadêmico 1912-1913, redigidos por Gramsci, se lê: "Quem não dá coisas (em sentido lato) não pode dar palavras".[2] Mas vale também o contrário. Gramsci se convenceu, entre os bancos da universidade, da necessidade para a "tendência de esquerda" de "construir uma linguagem teórica e política nova", ciente que, para dar palavras adequadas às coisas, conte essencialmente a "forma" em que se fala. Fernández Buey escreveu que a "forma" da linguagem que Gramsci "inventa [...] para pensar em continuidade com Marx [...] é acentuadamente dialógica".[3] O diálogo, muito mais que a dialética, mantém-se perto das distinções entre coisas e palavras.

Prestipino falou de uma reforma gramsciana da dialética, diferente das várias outras reformas que se sucederam depois de Hegel.[4] Mas Gramsci não realiza, na minha opinião, uma reforma

---

2 Lo Piparo, *Lingua, intellettuali, egemonia in Gramsci*, p.98, 115.

3 Fernández Buey, Gramsci nel mondo di oggi. In: Medici (org.), *Gramsi, il suo il nosto tempo*, p.47 et seq. O ensaio de Buey demonstra a inconsistência da alternativa que, depois da publicação do livro de Lo Piparo, foi longamente debatida, entre os intérpretes de Gramsci, como fulcro do seu pensamento entre política e linguística. Para Buey, o marxismo de Gramsci passa pela virada linguística.

4 Cf. item 5.4.

da dialética, ao modo, por exemplo, de Gentile, que absolutiza a síntese, ou de Croce, que contamina os opostos com os distintos. Gramsci permanece absolutamente fiel, como outros no século XX (pensemos em Benjamin), ao espírito da negação (e, portanto, da contradição) já considerado por Marx como a alma da dialética. O fato é que, ao lado da dialética histórica, Gramsci desenvolve aquilo que Said chamou de contraponto espacial. Dessa combinação nasce a complexidade da teoria gramsciana, ou a sua capacidade de fazer frente ao desenvolvimento da complexidade social.

Norte e Sul – como também, mas de modo diferente, Oriente e Ocidente (par que para Gramsci tem um significado emblemático-metafórico) – implicam um contraste territorial, não autônomo nem absoluto, mas fruto do desenvolvimento histórico. A gênese histórica não invalida o caráter objetivo, ou seja, socialmente real, dessa oposição que se configura também como uma relação de hegemonia. É evidente que entre Norte e Sul, como entre Oriente e Ocidente, ou entre Europa e América etc., não tem sentido falar de síntese. Trata-se de distinções territoriais que assumiram um caráter de oposição e se combinam, portanto, com contradições socioeconômicas historicamente determinadas, como aquela entre capital e trabalho, que, ao contrário, admitem ou requerem uma síntese.

A complexidade, quer dizer, a combinação da dialética histórica com o contraponto espacial, determina o surgimento de um processo do qual nenhum dos pensadores clássicos da dialética (e da revolução) teve vaga ideia: Gramsci chamou isso de "revolução passiva". É como se a negação, mais do que ser prerrogativa exclusiva da antítese, se insinuasse escondida e lentamente, mas de modo consistente, na articulação da tese. É o que Prestipino registra de maneira aguda, como premissa de um resultado sintético possível, portanto, conservador-restaurador, a partir da tese: isso o leva a pensar numa reforma da dialética. Pessoalmente, prefiro sublinhar um deslize da dialética – que, enquanto tal, não pode faltar à dinâmica das contradições reais – ao contraponto, que permite constitutivamente o entrelaçamento, a superposição, a copresença de processos opostos: como aqueles que estão implicados no verdadeiro oximoro que é uma "revolução passiva" (ainda hoje, um pouco misteriosamente mas ao seu modo racionalmente, expressa pelos Estados Unidos da América).

12.2 "O velho morre"

"Hegemonia" não é um conceito dialético. Gramsci reconheceu a Lênin a paternidade filosófica, além de política, da teoria da hegemonia. Lênin é para Gramsci um "filósofo ocasional", tanto mais filósofo quanto mais político. A hegemonia, como extensão da "frente unida", nasce leninianamente da necessidade do proletariado urbano não apenas de aliar-se, mas também de unir-se às massas camponesas para derrotar a classe patronal (burguesa e proprietária de terra). Nasce, portanto, no terreno de uma distinção territorial que se combina com a contradição dialética capital-trabalho. Gramsci desenvolve e radicaliza essa distinção, generalizando-a e universalizando-a sob aspectos e em campos muito diversos entre si.

Sem o desenvolvimento da frente unida (consideremos as pesquisas de Marcos Del Roio)[5] e da hegemonia, a dialética marxista teria sido condenada a permanecer bordiguiano- -bukhariniana e depois staliniana. Esta é, contudo, a linha que, ou por ingenuidade, ou por oportunismo, acabou prevalecendo na história do movimento operário internacional. Ela pretende aplicar mecanicamente a uma realidade bastante facetada a pureza da contradição dialética. Suas consequências foram devastadoras. A hegemonia gramsciana, fruto de um transvazamento

---

5 Del Roio, *Os prismas de Gramsci.*

da substância marxiana no crisol dos "tempos modernos", representa provavelmente o antídoto mais orgânico para esse veneno. Na vertente oposta, têm sido ou são múltiplas as tentações de desvincular a teoria gramsciana da hegemonia seja da fonte leniniana, seja de qualquer nexo com a tradição marxiana e marxista. Verificamos aqui a manifestação de uma versão sofisticada (liberal democrática) da velha tentativa social-democrata. A teoria da hegemonia foi desnaturada, tornando-se objeto ora de condenação, ora de utilização antidialética.

Se, como dissemos, hegemonia não é um conceito dialético, é, todavia, uma categoria essencial para não deixar a dialética morrer.

Na realidade, são muitas as razões objetivas para que a dialética possa morrer, como de tantos lados se fez e proclamou. A razão decisiva é o surgimento, como recordamos, da "revolução passiva", cujo primeiro efeito é não só afrouxar *objetivamente* a oposição entre tese e antítese, mas também suscitar *subjetivamente*, como se vê em Croce, segundo Gramsci, uma solução ilusória ou mistificada das contradições sociais. É importante sublinhar como a "com-fusão" entre tese e antítese não é apenas uma produção ideológica: é também uma tendência real, constitutiva da sociedade e da cultura de massas.

"O velho morre e o novo não pode nascer" é a célebre expressão que se repete no *Caderno 3*. No plano teórico, Gramsci perseguiu a novidade da hegemonia com o resultado de não jogar fora a criança com a água do banho.

Gramsci *traduziu* a dialética, um aspecto seu, na linguagem da hegemonia. Ou melhor e para sermos mais precisos: Gramsci mostrou como na prática – na práxis – as próprias contradições tendem, por um lado, a cristalizar-se como oposições irredutíveis, objetos de conflito irreconciliável e, no limite, mortal, tradutíveis na linguagem da força e do domínio; por outro, a apresentar-se como oposições afrontáveis com espírito hegemônico, dialógico e democrático, a serem traduzidas em luta hegemônica.

A diferença entre os dois processos é metódica, não orgânica: nem por isso menos relevante. O "bloco histórico" implica uma combinação complexa entre eles. A dialética social real representa uma mescla de contradições e distinções, que frequentemente aparecem como quase contradições e quase distinções...

Gramsci propôs cuidadosamente a equiparação entre hegemonia e democracia, entendida esta última como florescimento político e social de uma conflitividade pacífica, sujeitável a um jogo de procedimentos eleitorais e instituições civis. Todas as contradições tendem a apresentar-se, no nível hegemônico--democrático, como distinções (entre as quais são possíveis e necessárias mediações, alianças, compromissos, com o risco, porém – como Gramsci não se cansou de sublinhar –, de transformismo).

Pacífico não significa harmônico. Pacífica é a forma que não pode deixar de assumir a luta hegemônica, porque, caso contrário, ela se degenera e desaparece.

12.3 Democracia

A tradutibilidade das contradições na luta hegemônica é o fundamento da democracia. Giuseppe Vacca, que desmentiu a pretensa incompatibilidade entre hegemonia e democracia, analisou bem isso.[6]

Há quem, em campo marxista e gramsciano, tenha falado de universalidade da democracia. Mas é uma ilusão. Nem todo o fogo das contradições é sublimável no céu da representatividade ou da participação democrática. A contradição, por exemplo, entre a propriedade latifundiária da terra e a aspiração à terra das massas camponesas não é solucionável, mas apenas politica-

---

6 Vacca, Egemonia e democracia. Introduzione. In: *Appuntamenti con Gramsci*. Cf. item 1.7.

mente enquadrável, no tecido da democracia. No entanto, é justo falar de uma aspiração universalista à democracia-hegemonia. Sem tal tensão não seria possível aquilo que Gramsci chama de reforma intelectual e moral.

O ponto que vale a pena desenvolver é o *como* da passagem das contradições para as distinções hegemônicas. Creio que aqui esteja o segredo daquilo que Gramsci chama de "tradutibilidade". Atenção: traduzir as contradições econômico-sociais em luta hegemônica é exatamente o oposto que traduzi-las, por exemplo, em luta militar. Ambas são formas ou expressões, possíveis e reais, isoladas ou combinadas, de tradução política das contradições. Deste ponto de vista, a tradutibilidade é um processo ou um conjunto de processos ideologicamente neutro. No entanto, há um "primado" da tradutibilidade hegemônica que é reconhecido e analisado. Poder-se-ia dizer assim: a paz contém, ou pode conter (admitir, utilizar e até valorizar) a guerra, mas o contrário não é verdadeiro: a guerra, assumida como *prius*, é negação *tout court*, ou seja, malogro da paz. Do mesmo modo, a tradutibilidade nasce num terreno que poderemos definir como filológico-linguístico, ou seja, humanista, pacífico e discursivo. Proponho chamar este terreno "humanismo da convivência". O "primado" nasce aqui e aqui se desenvolve, mas também aqui fica. A tradutibilidade das contradições se desenvolve, de fato, em todas as direções. Gramsci não demoniza a violência, enquadra-a politicamente. O que Gramsci chama "colaboração de todos os povos", como fundamento da história, é o fundamento de um horizonte pacífico e hegemônico de seu desenvolvimento possível e desejável, mas é tragicamente expresso também pelas perversas "unificações do gênero humano" que têm sido as guerras mundiais e, hoje, pelo menos de maneira tendencial, às vezes misteriosamente, as guerras da globalização.

Poder-se-ia sustentar, e não se afastaria muito da verdade, que hoje está surgindo – em nível imperial-mundial – uma concepção militar da democracia, em sentido técnico, sufragada pelos *mass media*. A opinião pública está se adequando a tal concepção. Deste ponto de vista, repropor uma consideração puramente procedimental-institucional de democracia não basta, porque ela resulta perfeitamente compatível com a concepção militar. A retomada enérgica e rigorosa do par democracia--hegemonia – este é o ponto central do ensaio de Vacca – pode colocar a discussão na direção certa. Serve, para este fim, uma adequada teoria da tradutibilidade.

12.4 Hegemonia

A tradutibilidade, como a língua, é um conceito espacial--territorial, contrapontístico. Se Hegel falava do "espírito do tempo", depois de Gramsci e depois de Said deveremos falar de "corpo do espaço", que vive numa época ou do qual aquela época vive. Hoje se ostenta o "choque de civilizações". Sabemos muito bem quanta ideologia má e quanta mistificação se escondem por trás dessa expressão. Contudo, se anuncia com ela uma dinâmica contraditória real, que aquela locução cristaliza, enrijece e em certo sentido torna vã. Ou melhor: ela traduz uma contradição cultural e civil numa relação não de hegemonia, mas de força. Gramsci, aliás, interpretava o fascismo (expressão de poder autoritário) como um instrumento de congelamento, tanto ideológico como material, da luta hegemônica, e como ele é substituído pela força-domínio. É exatamente o que está acontecendo hoje no mundo globalizado, ainda dominado-hegemonizado, embora com muitos pontos fracos, pela potência imperialista dos Estados Unidos. A novidade da situação hodierna – ou a ameaça de tal novidade – pode ser enunciada como projeção em nível planetário daquilo que Franco Fortini, nos anos 1980, tinha temido que pudesse acontecer na Itália: o advento de um "fascismo democrático". Os elementos constitutivos da "política" se misturam e se confundem perigosamente. Em linguagem gramsciana: a democracia se dissocia da hegemonia e se embrenha numa engenharia burocrático-institucional que é funcional ao domínio dos potentados econômicos e militares. A hegemonia corre o risco de voar alto demais, num céu separado da terra, ou de ser, por sua vez, hegemonizada por novos extremismos ideológicos, possíveis parentes dos extremismos do terror.

Para sermos capazes de restabelecer, pelo menos em nível teórico, o equilíbrio democracia-hegemonia, é preciso perseguir em todos os seus detalhes a tradutibilidade recíproca dos dois termos. O que a dimensão espacial-territorial tem a ver com essa exigência?

Na passagem da qual foi tirada a epígrafe deste capítulo, que logo tentaremos analisar cabalmente, Gramsci escreve:

> toda relação de "hegemonia" é necessariamente uma relação pedagógica e se verifica não só dentro de uma nação, entre as diversas forças que a compõem, mas no interior do campo internacional e mundial, entre conjuntos de civilizações nacionais e continentais.[7]

Aqui nos encontramos, para exprimir-nos em termos saidianos, no coração do contraponto geocultural e geopolítico, que Gramsci retoma no último caderno sustentando que "as histórias particulares vivem apenas no quadro da história mundial".[8]

Hoje assistimos à pretensão de uma "particularidade", a estadunidense, que se autoeleva a porta-voz do Ocidente americano-europeu, de exportar sua própria concepção da democracia – fortemente corrompida por processos militares, tecnocráticos e mediáticos – para todo o mundo. Estamos exatamente nos antípodas daquilo que Said chama de contraponto: "territórios que se sobrepõem, histórias que se entrelaçam". Ou seja, interação objetivo-subjetiva, material-ideal entre diversos. Dramática, no

---

7 Gramsci, *Quaderni del carcere*, 10 II, 44, p.1331.
8 Ibid., 29, 2, p.2343.

limiar da tragédia, é a posição de Said: ele propôs de novo, com toda a energia científica, moral e política de que dispunha, a ideia do contraponto numa situação como aquela palestino-israelense, que pareceria feita especialmente para confirmar as teses mais brutais do "choque de civilizações".

12.5 Práticas de conhecimento

A teoria gramsciana da tradutibilidade, introduzida desde o *Caderno 1* e desenvolvida ao longo do percurso no cárcere, move-se constantemente sobre uma dupla área temático-relacional: entre diferentes linguagens científicas e entre culturas nacionais diversas.[9] A imbricação recíproca desses dois âmbitos permitiu que Gramsci ligasse a questão geocultural com o núcleo central da questão teórica, bem como concretizasse, na situação do seu tempo, a unidade-distinção, herdada de Marx, entre teoria e prática, filosofia e política. Sem a dimensão da circularidade de tempo e espaço, de história e geografia, de dialética e contraponto, a *novidade* da passagem de Marx a Gramsci não teria sido possível, nem teria sido possível a assimilação recíproca entre hegemonia e tradutibilidade.

Um elo importante, decisivo, na aproximação recíproca de filosofia e política é a relevância prática que Gramsci atribui ao *conhecimento* ou, melhor, a relevância político-filosófica das práticas de conhecimento. Frosini formulou a questão acentuando como, para Gramsci, "formulando e praticando a hegemonia, Lênin produziu uma nova verdade filosófica, segundo a qual filosofia e política são a mesma 'coisa' em linguagens diversas";

---

9 Quem analisou isso de modo sistemático foi Boothman, *Traducibilità e processi traduttivi*. O livro de Derek Boothman tem também o mérito de ter recolocado e redimensionado o alcance da descoberta de Lo Piparo sobre a origem linguística do conceito de hegemonia (ibid., p.81-91), alinhando-se nisto à citada observação de Fernández Buey (cf. nota 2).

o que comporta que "o agir, exatamente enquanto tal, é conhecimento, ou seja, constituição de verdade".[10]

Para aprofundar a questão, não é suficiente considerar os *Cadernos*. Seria preciso percorrer de novo o itinerário do jovem Gramsci, em particular desde quando, como ele escreveu, frequentou "a escola da classe operária de Turim": isso é tomado ao pé da letra. O conhecimento da organização material do trabalho, adquirida por Gramsci no contato com os operários, tornou-se, de fato, um fator decisivo da sua personalidade, personalidade de um "chefe que sabia escutar", segundo a perspicaz definição de Battista Santhià, dirigente operário do biênio vermelho.[11]

12.6 Pedagogia

Não seria arriscado falar de um *cognitivismo* gramsciano peculiar, nem sustentar a afinidade da teoria gramsciana da hegemonia com o percurso político-formativo que, na Europa, desembocou na concepção da "sociedade do conhecimento" ou "da aprendizagem".[12]

Chegamos, assim, ao limiar do tema que, em conexão com o par conceitual hegemonia-tradutibilidade, é o *leitmotiv* do presente capítulo: *Gramsci educador*.

Se Gramsci é um teórico puro, como ele dizia de Maquiavel... muitas vezes quando menos se espera, em situações filosoficamente "ocasionais", do mesmo modo ele parece um educador cabal, não só e talvez nem tanto quando fala de educação e de pedagogia *ex professo*, mas quando se ocupa, como é de sua índole, dos temas mais desiguais. A teoria da hegemonia é o principal banco de prova de tal afirmação.

---

10 Frosini, *Una "religione laica"*, no prelo, capítulo 1.7.
11 Cf. item 11.7.
12 Cf. Baratta, *Le rose e i Quaderni*, parte III, capítulo 9.

A passagem citada como epígrafe pertence a uma nota famosa, mas não podemos eximir-nos aqui de propor de novo algumas passagens.

Gramsci afirma que, segundo "a colocação moderna da doutrina e da prática pedagógica", "a relação entre professor e aluno é ativa, de relações recíprocas e, portanto, todo professor é sempre aluno e todo aluno, professor". Poderia parecer uma asserção genérica, de sinal completamente idealista ou ativista.[13] Mas Gramsci esclarece logo a que ele alude:

> A relação pedagógica não pode ser limitada às relações especificamente "escolares" [...] Essa relação existe em toda a sociedade no seu conjunto e para cada indivíduo em relação aos outros indivíduos, entre classes intelectuais e não intelectuais, entre governantes e governados, entre elites e sequazes, entre dirigentes e dirigidos, entre vanguardas e corpos de exército. Toda relação de "hegemonia" é necessariamente uma relação pedagógica.[14]

Valentino Gerratana comentou essa passagem referindo-se ao raciocínio de Gramsci às "classes subalternas que querem educar a si mesmas na arte do governo".

> de modo diferente daquilo que acontece na hegemonia burguesa, onde há sempre um superior que prevalece sobre um inferior, e onde muitas vezes esse prevalecer se resolve em brutal prevaricação (deriva talvez também o pior uso do termo "hegemonia" entendido como sinônimo de prepotência),

As classes subalternas têm a possibilidade, e devem desenvolver o hábito – prossegue Gerratana – de conceber "relações de paridade entre aliados", agindo, portanto, antes, no seu próprio

---

13 Uma leitura "gramsciana" correta desta passagem é proposta por Buttigieg, Educazione ed egemonia. In: Medici (org.), op. cit., p.57-66.
14 Gramsci, *Quaderni del carcere*, 10 II, *44*, p.1331.

interior com uma prática democrática efetiva e uma pedagogia hegemônica em sentido dialógico.[15] Gerratana conclui sustentando que

> as implicações desse princípio gramsciano são portadoras de aspectos múltiplos da relação teoria-prática, conhecer-fazer. [...] É nesse sentido que Gramsci pode dizer que o marxismo, enquanto filosofia da práxis, "concebe a realidade das relações humanas de conhecimento como elementos de 'hegemonia' política".[16]

O raciocínio de Gramsci tem caráter orgânico. A "relação pedagógica" é um transbordamento não tanto de conhecimentos, quanto de "método" de conhecimento; ele tende a colocar quem aprende na condição de prosseguir autônoma e livremente o processo que o levou a conseguir determinados conhecimentos. Nesse sentido é entendida a inversão dos papéis de que Gramsci fala. A "relação de 'hegemonia'" acentua esse modelo pedagógico sublinhando que sua base de partida é sempre uma diferença, um contraste ou uma oposição. Finalidade *democrática* da "relação de 'hegemonia'" – que Gramsci normalmente chama de "luta hegemônica" – é a recomposição relativa do conflito, ou seja, a sua resolução numa capacidade produtiva de convivência.

Utopia? Idílio? Pelo contrário. Gramsci sabe bem que, como aconteceu com a oposição entre Norte e Sul, a ela não "sucedeu uma unidade superior", como teria acontecido se a hegemonia do Norte tivesse "sido 'normal' e historicamente benéfica". Em vez disso aconteceu que "a hegemonia se apresentou como permanente; a oposição apresentou-se como uma condição histórica necessária por um tempo indeterminado e, portanto, aparentemente "perpétua" para a existência de uma indústria setentrional".[17]

---

15 Gerratana, *Problemi di metodo*, p.124 et seq.
16 Ibid., p.125. Trecho citado de Gramsci, *Quaderni del carcere*, 10 II, *6*, p.1245.
17 Gramsci, *Quaderni del carcere*, 1, *149*, p.131.

Ontem como hoje, a hegemonia tende a cristalizar-se numa relação que "permanentemente" se aproxima do domínio, até quase desaparecer como tal. Isso não impede que a luta hegemônica, do ponto de vista das classes subalternas, pressuponha a possibilidade de mudança e transformação desse estado de coisas. Entre Norte e Sul, como "entre dirigentes e dirigidos", "elite e sequazes" etc. (Gramsci acrescenta até "entre vanguardas e corpos de exército"), o cinismo da sociologia burguesa está em considerar o desequilíbrio inevitável e, no limite, produtivo. Não para o marxismo, nem para Gramsci, o qual apela para o "realismo" de Maquiavel – poder-se-ia dizer, o peculiar "maquiavelismo" dos subalternos – para conceber a superação possível da "contradição antagônica" (o Mao filósofo teria dito: a sua transformação em "contradição no seio do povo").

A resposta para a pergunta sobre o que leva Gramsci a esse "otimismo da vontade" não pode ser nem simples, nem simplista. Indubitavelmente, no nível de análise do existente – que é o trabalho de escavação capilar, infatigável, impiedosa que é realizado nos *Cadernos* –, prevalece o "pessimismo da inteligência". Mas inteligência e vontade podem ser dissociadas? Se isso acontecesse, o teórico da hegemonia teria enveredado um caminho antidialético. Não é assim. E então?

Os textos mostram uma combinação singular e, contudo, orgânica, na mente de Gramsci, entre certeza e dúvida, segurança e problematicidade, otimismo e pessimismo. Como se sabe, ele sustenta com igual convicção, e com coerência, tanto a verdade como a precariedade da filosofia da práxis. Na passagem que estamos examinando – onde aparece a frase "a filosofia da práxis concebe a realidade das relações humanas de conhecimento como elementos de 'hegemonia' política" – Gramsci sustenta a "redução à 'política' de todas as filosofias especulativas". A passagem faz parte da nota 6 do *Caderno 10 II*, que é breve, mas extremamente lúcida, articulada em quatro pequenos capítulos numerados: "I. O termo catarse", "II. Concepção subjetiva da realidade e filosofia

da práxis", "III. Realidade do mundo externo" e "IV. Tradutibilidade das linguagens científicas". A tradutibilidade aparece aqui
como "redução" das filosofias especulativas a "momento político
que a filosofia da práxis desenvolve 'politicamente'".

"Tradutibilidade" vale como hegemonia política. Gramsci
escreve, como vimos, "'hegemonia' política". As aspas a hegemonia representam como que uma suspensão sua, uma *epoché*.
Leiamos, portanto: tradutibilidade = política. Política em
sentido pleno, ou seja "grande política", cheia de pensamento,
em última análise – como pensavam Marx e Engels –, idêntica
dialeticamente à filosofia.

Se tirarmos as aspas, a hegemonia flui em toda a sua riqueza
como energia política que traduz e "reduz" – mas, atenção, em
sentido antirreducionista! – as oposições reais em distinções
possíveis, a dialética em contraponto, a especulação em diálogo,
a filosofia em política, a inteligência em vontade.

Se e enquanto a política é possível – creio que tenha sido
essa a bússola de Gramsci – é dado *crer* e *esperar*. A tradução mais
árdua, talvez até a mais extraordinária que ele tinha realizado, foi
a redução leiga da religião (ou seja, a concepção de uma "religião
leiga", como ele diz em relação a De Sactis).[18]

Os padres têm uma vocação pedagógica, pretendem comunicar a verdade. Outra tradução extraordinária, realizada por
Gramsci, foi a redução leiga da pedagogia, o que historicamente,
tendo em mente o sequestro confessional dela, representa a
resolução de um oximoro.

12.7 "A escola dos jogos"

Num brilhante volume – com um primeiro capítulo escrito
por Pier Aldo Rovatti –, Davide Zoletto repensou noções-cha-

---

18 Ibid., 23, *1*, p.2186.

ves daquela que ele chama "escola dos jogos", citando autores conhecidos, de Dewey, Goffman a Winnicott, de Foucault a Wittgenstein. A proximidade das posições expressas por Zoletto, que nunca cita Gramsci (é este o interesse para nós), para a teoria gramsciana da pedagogia-hegemonia e da hegemonia--tradutibilidade, é surpreendente e preciosa.[19]

Como o jogo que, na análise de Zoletto, se torna fenômeno de referência para um exercício crítico de analogia e uma modalidade comparativa de aproximação para entrar na escola, na ótica de Gramsci, a escola assume um papel semelhante para entrar na "sociedade em seu conjunto". Pode-se também dizer: a universalidade do jogo nas análises dos processos de interação social, na linha de pensamento de Zoletto, é assumida em Gramsci pela universalidade da "relação de 'hegemonia'".

Uma questão central para a qual a comparação Gramsci-Zoletto conduz é a seguinte: em que uma "relação de 'hegemonia'" se diferencia de um jogo de poder?

Tanto Hall como Said sublinharam a superioridade da "hegemonia" gramsciana em relação ao "poder" foucaultiano. O que falta no segundo em relação à primeira é, segundo eles, o caráter político, que se conjuga com o caráter analítico. Said sustentou que não se pode dissociar o conceito de "hegemonia" do conceito de "luta hegemônica". Uma vez ele disse, de maneira brutal, como se verá no final do presente item, que pensar na hegemonia comporta a vontade de arrancar a hegemonia de quem a possui. Em termos gramscianos: "hegemonia", como e mais do que qualquer outra categoria dos *Cadernos*, é um conceito teórico-prático. A filosofia da práxis é unidade entre filosofia e práxis, entre teoria e prática.

Dizer que "hegemonia" é um conceito teórico-prático significa sublinhar sua aderência à filosofia da práxis como teoria das contradições sociais, a qual se opõe à ideologia burguesa,

---

19 Rovatti; Zoletto, *La scuola dei giochi.*

representada no discurso de Gramsci pelo idealismo croceano. Por sua vocação, o idealismo é solipsismo (solipsismo da teoria e, portanto, do sujeito), o que inclui a vontade de superar as contradições no nível puro da teoria e, portanto, a anulação ideal das contradições reais. Também o idealismo, como toda filosofia, é ao seu modo unidade de teoria e prática. (Mas a teoria fagocita a prática: nisso Gentile é um idealista mais consequente que Croce.)

Como vimos, a "frente única" ou "frente unida" leniniana foi o canteiro em que se desenvolveu a hegemonia (e a filosofia da práxis); é também a fonte para Gramsci entrar no labirinto da política ativa. Traduzir as contradições em distinções não significa negá-las, mas exatamente traduzi-las, ou seja, levá-las ao nível em que funciona e opera a linguagem ético-política, onde o movimento dialógico-discursivo é fundamental.

É possível que a linha de pensamento na qual Zoletto se move não esteja tão distante da filosofia gramsciana da práxis. No seu ensaio, ele fala de "relação educativa como prática de liberdade", que se opõe a uma "situação de domínio" como "situação bloqueada de poder". Se entendermos o jogo, como diz Winnicott, como "forma principal de toda relação", é preciso ver como nos relacionamos com ele, quer dizer, se somos capazes de assumir uma "disposição para o jogo" como tomada de "distância da atuação", premissa daquela inversão dos papéis de que, como vimos, Gramsci fala.[20] Noutros termos, assim como Gramsci distingue uma modalidade estática (burguesa, para esquematizar) de enrijecer a hegemonia em exercício de poder que tende a perpetuar-se e, por outro lado, uma modalidade dinâmica (proletária) que concebe a hegemonia como passível de transformar e derrubar, Zoletto sublinha a possibilidade-necessidade de opor-se à tradução (diria Gramsci) do elemento *conivente* dos jogos de poder numa situação bloqueada de domínio.

---

20 Ibid., p.72-92.

Giorgio Baratta

É preciso, sustenta Zoletto, uma concepção ampla e generosa do jogo (e do jogar, entendido por Vygotski e Bateson como entrar naquelas "redes de significado que são as culturas").[21] O ponto nevrálgico é opor-se a uma concepção do jogo que, como diz Rovatti no início do seu texto, "infantiliza o discente para depois discipliná-lo num regime de práticas que não têm mais nada a ver com o jogo" e ao mesmo tempo "diminui o próprio jogo infantilizando-o e disciplinando-o, portanto, controlando-o também, e, enfim, programaticamente, expelindo o jogo de si mesmo": o sujeito aqui é o saber.[22] É preciso, em suma, uma concepção do jogo que seja comum a crianças e adultos, no sentido que permita entender uns e outros em suas recíprocas situações e em seus recíprocos papéis, prestando atenção ao que os torna comuns e ao que os distingue, e sobretudo às dinâmicas nas quais os respectivos papéis (por exemplo, como aluno e professor) não aparecem, teórica e praticamente, como absolutamente outros, irreversíveis.

É verificável, como vimos, um *cognitivismo* gramsciano, que concebe as "relações humanas de conhecimento como elemento de 'hegemonia' política" e dá vigor e espessura à nota e tese mal-entendida segundo a qual "todos os homens são filósofos". Exatamente porque aquelas "redes de significado que são as culturas" operam em todo nível do agir humano, é a tradutibilidade dos "jogos de poder" em "jogos de verdade" (para retomar expressões usadas por Zoletto) que assegura a presença do elemento ético-político, ou seja, da luta hegemônica, em todas as fases da luta social.

Voltemos ao caráter político e teórico-prático da hegemonia. Os "dominantes" torcem o nariz, não querem ouvir falar de hegemonia, porque para eles, em fases e situações determinadas, o único modo de reforçar o domínio é impedir a luta hegemônica,

---

21 Ibid., p.91.
22 Ibid., p.13.

anular pela raiz as condições que a tornam possível, traduzir a contradição que os opõe aos subalternos num puro exercício de força e de autoridade. Assim se entende o sentido, que podia parecer sibilino, de tudo o que Said disse na entrevista a mim concedida em 1987:

> Acho que o conceito gramsciano de hegemonia, que tem ramificações políticas, intelectuais, econômicas, culturais, não é, em última análise, a mesma coisa que a ideia de Foucault sobre o discurso e sobre a supremacia do discurso, porque o conceito de hegemonia, assim como me parece que Gramsci o compreende, implica sempre a necessidade de apoderar-se da hegemonia.[23]

12.8 Práticas de liberdade

Se entendi bem um eixo da teoria pedagógica de Paulo Freire, na perspicaz comparação com Gramsci proposta por Giovanni Semeraro,[24] trata-se de sua insistência na dimensão educativa como ato político, como exercício contínuo, sempre precário e por isso sempre renovável, de práticas de liberdade.

A "prática de liberdade" à qual Gramsci dedicou sua vida, como cidadão livre e como prisioneiro político, foi uma relação ao mesmo tempo pedagógica e cognoscitiva com o mundo, onde ele e o vasto mundo foram, de vez em quando, com uma permanente troca de atuações, o aluno e o professor.

A metáfora do "raio" e dos "prismas" ("o mesmo raio luminoso, passando por prismas diversos, dá refração de luz diversa")[25] exprime bem essa relação. Frosini comentou a passa-

---

23 Said, Gramsci e l'unità di filosofia, politica, economia. In: Baratta; Catone (orgs.), *Tempi moderni*, p.355.
24 Semeraro, Freire e Gramsci, *Nae*, v.VI, n.18, p. 85-90.
25 Gramsci, *Quaderni del carcere*, 1, *43*, p.43 et seq.

gem em que aparece essa metáfora, sustentando que ela "contém uma formulação do princípio de tradutibilidade" e que o seu significado é deduzido relacionando-o não com "uma ciência da totalidade", mas com

> uma ciência que, como a linguística (pelo menos a linguística do modo como Gramsci a entende), obtém os traços diferenciais que considera pertinentes e, portanto, significativos, exclusivamente *pela práxis dos falantes* [...], sem nada pressupor a isso, nem sequer a capacidade dos falantes de pensar.[26]

No *Caderno 1*, Gramsci, que, como sabemos, perseguiu uma confluência cultural e pedagógica entre humanismo e ciência, propõe uma ideia de certa superioridade do estudo das línguas clássicas relativamente à matemática (velha questão!), na qual não é tão importante a tese (certamente passível de inversão), mas a lógica do raciocínio:

> Os exercícios de língua que são feitos no ginásio, no liceu, fazem ver isso: nas traduções do latim para o italiano, do grego para o italiano, nunca há identidade entre as duas línguas, ou ao menos essa identidade que parece existir no início do estudo (rosa = rosa) vai complicando-se sempre mais com o progresso da aprendizagem, ou seja, vai afastando-se do esquema matemático para chegar ao esquema histórico e psicológico no qual os matizes, a expressividade "única e individual" prevaleçam. E isso não acontece só na comparação entre duas línguas, mas ocorre no estudo da própria história da mesma "língua", ou seja, nas variações

---

26 Frosini, op. cit., capítulo 3.4. Com esta citação, a mente voa a um ensaio agora antigo – a redescobrir – do linguista alemão Utz Maas, que propunha estudar a concepção gramsciana da língua a partir da própria "práxis linguística" de Gramsci. Cf. Maas, Der Sprachwissenschaftler Antonio Gramsci. In: *Sprachpolitik und politische Sprachwissenschaft*, p.165-89. Entre a vasta literatura sobre o assunto cito aqui ainda Ives, *Gramscis's Politics of Language*.

"semânticas" do próprio som-palavra através do tempo e das suas funções mudadas no período. (Mudanças de sons, de morfologia, de sintaxe, de semântica.)[27]

A "prática de liberdade" torna-se aqui – segundo os princípios da "filologia viva" – um convite para levar em conta a singularidade dos fenômenos, para não se deixar ofuscar por uma homologia aparente, e só relativamente existente, entre eles.

Quanto mais o astro da ciência e da técnica ameaça, tanto mais somos levados de novo, se quisermos agir como "homens em carne e osso" e não como fantasmas eletrônicos, aos "matizes" da "expressividade 'única e individual'", traço essencial da *práxis* linguística dos falantes, que nada tem de remoto ou nostálgico nem de oposto, mas é complementar à unificação matemática: é o fermento que dá vida, hoje como sempre, ao contraponto da história.

---

27 Gramsci, *Quaderni del carcere*, 1, *153*, p.136 et seq.

QUARTA PARTE

Trânsitos e moradas

Quinta parte

Trânsito e moradas

XIII
Terra Gramsci

Caro Nino, você foi muito mais que um sardo.
Mas sem a Sardenha é impossível entendê-lo.

Eric J. Hobsbawm

13.1 Terra (de) Gramsci

O quanto Gramsci era sardo? Em que grau e intensidade ele se sentia sardo? As testemunhas dizem que as últimas palavras dele na clínica Quisisana foram: "Sou sardo, antes de ser italiano". O testemunho autêntico e indiscutido do próprio Gramsci está, porém, contido numa das tantas esplêndidas *Cartas do cárcere*. Escreve a Tania em 12 de outubro de 1931:

> Eu mesmo não tenho nenhuma raça, meu pai é de origem albanesa recente [...] minha avó era uma Gonzalez e descendia de alguma família ítalo-espanhola da Itália meridional [...] minha mãe é sarda por parte de pai e de mãe, e a Sardenha foi anexada ao

Piemonte sardo só em 1847, depois de ter sido um feudo pessoal e um patrimônio dos príncipes piemonteses, que a tinham trocado pela Sicília, que ficava longe demais e era menos defensável. No entanto, minha cultura é fundamentalmente italiana e este é o meu mundo: nunca me senti dilacerado entre dois mundos [...] Aliás, na Itália essas questões nunca são colocadas e ninguém na Ligúria se espanta se um marinheiro traz consigo uma mulher negra. Não vão tocá-la com dedo insalivado para ver se o negro sai, nem acreditam que os lençóis ficam tingidos de preto.

A carta se comenta sozinha. Limito-me a observar o tom brilhante e divertido tanto no uso do termo "raça" como no final. Também se devem sublinhar as precisões sobre a colocação alternada piemontesa e italiana da Sardenha. É evidente como Gramsci se considera do ponto de vista cultural essencialmente italiano, o que é considerado no quadro da convicção de que, se "as histórias particulares só vivem no quadro da história mundial", as particularidades decisivas eram para ele as nacionais. Etnicamente, Gramsci se sentia meio sardo: uma metade, porém, destinada a crescer, como logo veremos.

Quero deter-me sobre o sentimento das origens. Como se sabe, Gramsci viveu os primeiros vinte anos de sua vida, antes de aventurar-se pelo vasto mundo, na Sardenha. Não há como verificar nele – "de origem albanesa", como ele diz – qualquer forma de interesse peculiar pelos territórios da sua origem paterna. O fato é que Gramsci rejeitou substancialmente o pai. Aqui não é o caso de aprofundar as motivações e o sentido dessa rejeição, à qual não é atribuída nenhuma conotação de valor. Queremos acentuar, antes, como a rejeição do pai serve de contraponto a uma valorização da mãe, que tocaria o limite de absoluto se não fosse acompanhada por um senso de equilíbrio nas tonalidades expressivas e não fosse temperada por alguma pequena estocada impertinente como a que se segue: "Oh, essas mães, essas mães! Se o mundo tivesse estado sempre nas mãos delas, os homens ainda viveriam dentro das cavernas, vestidos só de peles de cabras!"[1]

Gramsci cultivou, além do amor pela mulher e pelos filhos – é melhor dizer –, um afeto decisivo por duas mulheres: a mãe e Tania. Esses dois afetos adquiriram uma importância que não hesito em definir de *ideológica*, por causa do sentido que Gramsci deu a esse termo.[2] Já lembrei que Aldo Natoli definiu como "sublime" o sentimento de Gramsci por Tania.[3] A propósito da mãe, destaco antes de tudo a comparação filosófico-religiosa de extraordinária relevância que se anuncia na carta de 15 de junho de 1931, da qual transcrevo uma passagem importante:[4]

> Você não pode imaginar quantas coisas eu recordo nas quais você aparece sempre como uma força benéfica e cheia de ternura para nós. Pensando bem, todas as questões da alma e da imortalidade da alma e do paraíso e do inferno não são, no fundo, senão um modo de ver este simples fato: que toda ação nossa é transmitida aos outros segundo o seu valor, de bem e de mal, passa de pai para filho, de uma geração à outra, num movimento perpétuo. Porque todas as lembranças que temos de você são de bondade e de força, e você deu suas forças para nos levantar, o que significa que está desde então no único paraíso real que existe, que para uma mãe penso que é o coração dos próprios filhos. Vê o que lhe escrevi? Aliás, você não deve pensar que eu quero ofender suas opiniões religiosas e, depois, penso que você está mais de acordo comigo do que parece.

Não se pode sublinhar suficientemente o caráter em tese ousado dessa carta. Aqui, Gramsci está reconduzindo as expres-

---

1 Carta de Gramsci à mãe, 7/11/1927. In: Gramsci, *Lettere dal carcere.*

2 Ideologia é "função cognoscitiva", "o conceito de *maior dialeticidade* de significado do pensamento de Gramsci", escreve R. Fineli, Gramsci filosofo della prassi. In: Baratta; Liguori (orgs.), *Gramsci da un secolo all'altro*, p.191 et seq.

3 Cf. item 9.6.

4 Cf. item 11.6.

sões mais radicais e utópicas do cristianismo à mesma fonte que, racionalmente, é o fundamento do comunismo, entendido como projeção política e ideológica do processo *objetivo* de unificação, no tempo e no espaço, do gênero humano. Imortalidade da alma, paraíso e inferno parecem nomes de uma coisa que brota de maneira consequente do "movimento perpétuo" da história: é a consciência de pertencer, por meio de uma cadeia de passagens e de relações, a tal movimento. Parece genial o trânsito ou a transposição ideológica dessa consciência da religião cristã para a imediatez ou nudeza do sentir que "para uma mãe, penso que é o coração dos próprios filhos". Essa última afirmação, que poderia soar arbitrária ou unilateral se usada impessoalmente e em sentido absoluto, ganha plena legitimidade e pertinência pela sua colocação comunicativa, que acaba confirmando uma convicção profunda de Gramsci: "todos os homens [mas também, acrescentamos nós, todas as mulheres] são filósofos [ou filósofas]". Para ele, a religião era uma filosofia espontânea, no nível de senso comum, e nas *Cartas* ele se esforça por traduzi-la, com elegância e delicadeza, mas também com paixão racional, numa filosofia do sentimento imediato.

Creio que emocional e ideologicamente a afeição de Gramsci pela mãe acompanha ou tende diretamente a confundir-se com a afeição pela sua terra. Pode ser, como sustenta Nereide Rudas, que tal relação não seja insólita entre os sardos. Para a consciência de Gramsci, a questão tem uma importância particular, no sentido de que se põe em jogo aqui o progressivo alargamento do sentido de identidade e de pertença que ele viveu até consolidar, como internacionalista, uma consciência de cidadania cosmopolita.

Uma afeição profunda pela mãe, até o limite – como dissemos – do absoluto ou da exclusividade, pode certamente provocar o que Nereide Rudas chama de "nostalgia imóvel".[5] Não

---

5 Rudas, *L'isola dei coralli*, p.57.

foi assim para Antonio, que aprendeu, para usar a sua própria terminologia, a viver mais de uma consciência, e a mover-se na luta de hegemonias que comporta tal contraponto de consciências. Poder-se-ia sustentar que a mãe, sua mãe, representou para Gramsci um valor de base, algo que a mais cabal e positiva transformação possível do seu sentir, aquele "novo senso comum" que ele persegue, deveria ter trazido consigo, para então ser compreendido de novo ou até transcendido e sublimado numa dimensão "outra" que é o mundo.

O afeto de Gramsci pela mãe, enquanto elemento gerador da sua personalidade de base, como era por ele vivido, é um dado ao mesmo tempo biológico-natural e histórico-social; histórico-social, quero dizer, do mesmo modo que era para os pastores e camponeses do centro da Sardenha o sentido da própria palavra "comunidade".[6]

Uma pesquisa a realizar, um exercício de estudo também para jovens interessados pela relação entre Gramsci e a Sardenha, poderia ser a identificação dos lugares e temas pelos quais se mostra aquela que poderia ser definida como a laicização e desmitificação do *topos* da Mãe Terra, que é depois a mãe real em relação com a terra das origens.

13.2 Trânsitos e moradas

O nono dos "assuntos principais", que Gramsci elenca na primeira página do *Caderno 1*, a propósito das notas e apontamentos que se prepara para escrever, reza "A 'questão meridional' e a questão das ilhas". Gramsci distingue frequentemente os dois conceitos. Comumente assimila os sicilianos (mas também os sardos) a uma população específica, ainda que completamente *sui generis*, do Sul, como na famosa carta a Tania de 11 de abril

---

6 Cf. item 9.2.

de 1927, onde descreve a "academia de esgrima da faca" na prisão. Por representativa que possa ser a descrição literariamente grandiosa dos degredados de Ustica (cuja "vida tão excepcional" demonstra, segundo Gramsci, como "tudo o que de elementar sobrevive no homem moderno volta irresistivelmente à tona"), note-se que Gramsci distingue "quatro divisões fundamentais...: os nortistas, os centrais, os meridionais (com a Sicília) e os sardos", os quais, diz ele, "vivem absolutamente separados do resto".[7]

Sabe-se como Gramsci tinha sublinhado com energia a ligação ilha-isolamento, ele que se sentia "uma ilha na ilha" e nesse sentido, portanto, um sardo puro ou radical. No relatório ao Congresso de Cagliari de 1997, Nereide Rudas, depois de ter fixado o nexo entre "isolamento e solidão" e ter descrito como o (auto)isolamento dos sardos, de "constante histórico-geográfica", tem "se tornado modalidade antropológica", propõe uma tese original e corajosa segundo a qual "a solidão foi para Gramsci vivência individual e, ao mesmo tempo, experiência dialética universal".[8] A importância dessa tese é, em primeiro lugar, metodológica. Nereide Rudas associa a *dialética* à *vivência* e põe em relação o modo como Gramsci viveu a sua individualidade com o horizonte universal da sua experiência. Recentemente, só Edward W. Said, em páginas de excepcional vigor do ensaio "History, Literature, and Geography", inédito em italiano, foi tão à frente.[9] Said afirma que não é possível entender a forma da escrita e do pensamento de Gramsci sem pô-la constantemente em relação, como este mesmo teria pretendido, com a "dramática contingência física da sua pessoa". Se isso é verdade, então a questão que Nereide chama da "grande solidão", como exigência de autenticação e oportunidade de viver plenamente

---

7 Carta de Gramsci a Tania, 19/12/1926. In: Gramsci, *Lettere dal carcere*.

8 Rudas, Reclusione, solitudine e creatività in Gramsci. In: Vacca (org.), *Gramsci e il Novecento*, p.34 et seq. Cf. Rudas, *L'isola dei coralli*.

9 Cf. item 3.1.

a própria história, adquire – com respeito ao anelo ao universal ou ao horizonte universal da sua experiência – um significado totalmente peculiar.

Apesar de todas as dificuldades, os sofrimentos, as atrocidades da sua existência, da infância até a morte, Gramsci teve um temperamento sociável e alegre, extraordinariamente disponível aos outros. Ao contrário do que uma vez sustentou oralmente Giancarlo Pajetta, em relação a um presumido egoísmo e egocentrismo nos anos do cárcere, ele foi – embora para poucos ou para pouquíssimos (mas certamente não era sua a culpa) – um amigo, um grande amigo do coração. Tudo o que me contaram a esse respeito, particularmente, Ercole Piacentini e Gustavo Trombetti – durante o fascinante diálogo com quase todos os companheiros de cárcere e de luta ainda vivos de Gramsci por ocasião do trabalho cinematográfico que tive a oportunidade de realizar há vinte anos junto com Gianni Amico para o filme *Gramsci, l'ho visto così* – deixou-me a impressão indelével, para usar uma expressão cara a Franco Fortini, de uma *memória viva*.

Ao retomar a tese de Rudas, procurando desenvolvê-la, creio que o ponto-chave seja o que ela chama de "experiência dialética universal". O conceito de experiência dialética poderia parecer um oximoro (mas Sartre o usou).[10] A experiência não diz respeito a uma dimensão fenomênica ou fenomenológica, ao passo que a dialética é eminentemente uma configuração ou mediação conceitual, que deixa para trás o mundo dos fenômenos? Lembro que um ponto fundamental da abordagem, seja política seja filosófica, de Gramsci é a superação da separação e distância entre intelectuais e povo, como também (é a mesma coisa) da dicotomia entre o saber dos primeiros e o sentir do segundo. Entre os dois terrenos não há mediações, nem sínteses, mas algo diverso, que se poderia definir como um trânsito, como uma estada em uma região fronteiriça. A aposta é altíssima. Trata-se

---

10 Cf. item 8.4.

da hipótese do fim do pensamento individual, das filosofias dos pensadores singulares e do advento – iluminado por Gramsci – daquilo que ele chama, com uma expressão indubitavelmente sibilina, de "pensador coletivo", preparado (antecipado) pelo "filósofo democrático".

A "vivência individual" do Gramsci pensador no cárcere, ou seja, o seu isolamento radical, como sardo que vive uma "grande solidão", como recluso de quem foram cortados todos os laços com a família, com a sociedade civil e com o Estado (para usar a passagem do espírito objetivo hegeliano), como político condenado por um "organismo muito mais vasto" em relação ao Tribunal especial do regime fascista, essa vivência não pode e não *deve*, como Said disse magistralmente, desvincular-se das coações que Gramsci conhece e pairar sobre ele como algo que pretende uma liberdade de expressão cujas condições não existem. Gramsci tece no cárcere o fio condutor de um novelo que um dia – nas mãos, em tantas mãos ao mesmo tempo conscientes e laboriosas – poderia dar vida a um hábito novo que por ora, como ele escreve, "não pode nascer", mas que representa hoje (o seu hoje) o horizonte de uma "experiência dialética universal".

"O mundo é uno e comum", dizia Heráclito, que acrescentava: "mas entre os que dormem, cada qual se volta ao seu próprio". Gramsci certamente não dormia, mas o mundo, que ele chamava "grande, terrível, complicado", lhe mostrava a sua unidade e comunidade, o seu suspirado comunismo, só de esguelha, de modo absolutamente paradoxal, no centro de uma solidão imensamente grande. Aliás, também na vida dita livre, ele tinha vivido outras vezes a experiência do isolamento e da dúvida radical, como quando escreveu, de Viena, à amada Giulia: "Parece que me tornei um ponto de interrogação no espaço infinito".[11]

---

11 Carta de Gramsci a Giulia, 11/5/1924. In: Gramsci, *Forse rimarrai lontana...*, p.88.

Nereide Rudas escreveu que Gramsci, "doente, com a reclusão se torna também um doente do espaço e do tempo". O que isso significa? Nereide escreve que "a zona rural sarda pedregosa, elementar, mas livre, com a sua vegetação e os seus animais, emerge nas *Cartas*, como região volátil, quase em filigrana, que se imprime sobre o mundo fechado e não natural do cárcere".[12] Poder-se-ia bater longamente sobre essa tecla, que abre uma perspectiva riquíssima e facetada sobre o imaginário tanto sardo como, por outro lado, mundano (e mundial) da escrita do filósofo prisioneiro. Não é disso que pretendo falar agora.

Aqui me interessa analisar uma divergência ou dissociação que se verifica no espírito de Gramsci entre as vivências do espaço e do tempo. Já tive oportunidade de sublinhar a insistência intensa e singular com que Gramsci pediu antes a Tania que levasse para ele sementes de rosa e depois, em algumas delicadíssimas cartas de 1929, descreveu o processo do cultivo das rosas no pátio do cárcere.[13] Vai-se da ânsia e da esperança ao entusiasmo ("a rosa está viva e florescerá certamente") e à desilusão final ("a velha rosa brava morreu e secou faz um tempo"). Levando em conta o que se acabou de dizer, creio que é possível começar a compreender o sentido absolutamente não marginal que o cultivo das rosas tinha para alguém, como Gramsci, "quase simbioticamente ligado" à natureza, como diz Nereide Rudas.

No momento de maior confiança na vitalidade dessas rosas carcerárias, em 1º de julho, Gramsci escreve a Tania:

> O ciclo das estações, ligado aos solstícios e aos equinócios, eu sinto como carne da minha carne [...] o calor prepara o gelo e sob a neve palpitam já as primeiras violetas [...] em suma, o tempo me parece como uma coisa corpulenta, quando o espaço não existe mais para mim.

---

12 Rudas, Reclusione, solitudine e creatività in Gramsci. In: Vacca, op. cit., p.29 et seq.

13 Cf. item 11.2.

Mais que de doença, como se vê, aqui Gramsci fala de morte do espaço. Escrevendo vários anos mais tarde a Giulia, em 25 de janeiro de 1936, referindo-se à transferência do cárcere de Turi para o de Civitavecchia em 19 de novembro de 1933, Gramsci dirá: "Que impressão terrível provei no trem, depois de seis anos [...] ver que durante esse tempo o vasto mundo tinha continuado a existir".

Não é possível deixar de interrogar-se sobre a relação entre esse desaparecimento físico ou vivido do espaço real e o emergir analiticamente denso e profundo daquele geoespaço imaginário sobre o qual discutiu, como vimos, Said: outra prova, para levar--nos novamente às teses de Nereide Rudas, da energia "criativa" desencadeada pela "grande solidão" do encarcerado sardo.

Ao malograr-se do espaço serve como contraponto o encarnar-se do tempo: "o tempo me parece como uma coisa corpulenta". O que significa? O tempo figura como uma quarta dimensão do espaço restrito e enlatado do pátio do cárcere, a única que sobrevive com a sua capacidade de marcar o ciclo das estações, de fluir de modo ainda quase natural sob os olhos queimados do filósofo doente. Fico por aqui.

Falando de "trânsitos" e de "moradas" – uma expressão roubada do amigo fotógrafo Parizio Esposito –,[14] pretendo aqui unicamente levantar as interrogações preliminares para uma pesquisa. Qual? Assim como se começou a interrogar-se pontualmente sobre o nexo entre as vicissitudes biográfico-políticas e histórico-políticas e a construção do pensamento de Gramsci no cárcere, algo de análogo pode e deve acontecer a propósito da ligação entre a sua vivência individual e a extraordinária abertura que ainda hoje, talvez até mais do que ontem, ele suscita, mostrando-se capaz de falar para a nossa mente sedenta de verdade.

---

14 Cf. item 3.8.

XIV
Companheiro de viagem: Stuart Hall

14.1 Intelectual orgânico, pensador "ocasional"

A figura de Stuart Hall suscita admiração, simpatia e respeito. Irradia uma aura de frescor que contagia, como ainda acontece com seu irmão sardo de tempos já distantes, Antonio Gramsci.

Como Gramsci, Hall realizou aos 20 anos a viagem de identidade que, afastando-o de sua ilha, o desarraigou de seu isolamento, mergulhando-o no mundo do contraponto: mundo comum, terra de todos, diversificada e despedaçada como a humanidade, mas sempre em conexão com aquela terra de poucos, lugar de origem, cuja memória particular alimenta a consciência do que é universal. A viagem de Gramsci foi um trânsito modernamente mediterrâneo, regional-nacional-internacional. A de Hall foi um trânsito pós-modernamente atlântico, diaspórico--pós-colonial. Ele é filho de uma terra que transpira por todos os poros um espírito migratório: "diáspora de uma diáspora".

Hall nunca escreveu um livro unicamente seu. Como as de Gramsci, as suas páginas são cada vez mais peças de um mosaico inacabado e irrealizável, *work in progress*. Sua escrita tem um caráter exploratório, interrogativo, experimental. Há uma abordagem dialógica. Solicita o leitor a pensar, intervir, construir junto o sentido de um texto cujo contexto é rico de determinações múltiplas, na fronteira entre a teoria e a prática, entre a escrita e a vida.

Hall é um pensador "ocasional". Suas reflexões mais sistemáticas e orgânicas nascem de vez em quando por ocasião contingente, de uma situação concreta que impõe a interrupção do *continuum*, a suspensão do presente, o exercício da crítica. Há como um limite, intransponível, que ele fixa a si mesmo ao estabelecer o nível de abstração no qual se colocar. E esse limite funciona como uma bússola, que o acompanha em todos os percursos que ele realiza, sóbrio e aguerrido como é, no labirinto acidentado da filosofia e cultura contemporâneas.

Hall enfrenta temas de estudo das mais diferentes áreas temáticas, às quais se refere não como a disciplinas, no sentido científico ou acadêmico do termo, mas como a lugares específicos de interseção dos pensamentos e ações de natureza variada. De modo diferente de Gramsci, outro pensador adisciplinar, que abandonou ainda quando estudante a universidade e foi ocupar-se com muitos outros assuntos, Hall esteve sempre fortemente comprometido com a política universitária, embora não em primeiro lugar, antes combinando-a com uma atividade organizativa que poderemos considerar inspirada por uma "nova cultura", formada *por* e formadora *de* "intelectuais orgânicos", em sentido adequado a hoje.

Frequentemente, Hall não escreve como autor, e sim como quem divulga. Mesmo quando empreende, e não é raro, a aventura da pura teoria, não a sentiu imerso numa reflexão individual. Tanto na didática como na pesquisa, perseguiu sempre com intransigência uma metodologia cooperativa. O ideal do "filósofo democrático" ou do "pensador coletivo" lhe é congenial. Trata-se de um traço típico, de uma metáfora, talvez de um enigma.

Logotipo e diálogo, contraponto de ideias. Audácia teórica para a transformação do senso comum: uma osmose.

Como Gramsci, Hall – organizador das "reuniões democráticas" entre intelectuais, estudantes, cidadãos – tem um sentido claro e muito vivo da organização, como do ambiente mais adequado para o trabalho intelectual, na sua ligação inextricável com a política. Entre os dois autores houve, no meio, o stalinismo e os claro-escuros do socialismo real. E, assim, política, trabalho organizativo e intelectual orgânico deixaram de ser indissociavelmente ligados à construção do partido.

Tanto Gramsci como Hall são pensadores revolucionários que adiaram, pela força das coisas, a urgência da revolução. A análise é interrogativa, filha de uma derrota. Como se explica a apropriação pela direita de ideias norteadoras da esquerda? Como nasceu o consenso de massa ao fascismo na Itália? E ao thatcherismo na Grã-Bretanha? Como reagir? O que fazer?

Hall é um humanista, filho, como Brecht, do espírito científico. Seus textos, suas palavras, são partes de um discurso, nunca autorreferencial, sempre inserido solidamente numa luta hegemônica.

O nascimento dos "Estudos Culturais" deu novamente crédito à política ou, para sermos mais precisos e indo contra a corrente, à "grande política".

14.2 Estruturas do sentir, organização do saber

Intelectual prático, Hall tornou-se um escritor. Cérebro político, ligou o seu nome à cultura, aos *Cultural Studies*.

Há um equívoco, que será considerado, nessa expressão. Podemos referir o adjetivo "cultural" (*a*) ao *objeto*, aos fenômenos que são estudados; (*b*) ao *modo* de estudar determinados objetos.

Poder-se-ia dizer que a originalidade dos "Estudos Culturais" é ter deslocado a noção de cultura de *a* para *b*, mas mantendo uma forte tensão, quase dialética, entre as duas abordagens. O deslocamento de *a* para *b* permanece um dado tanto geneticamente como estruturalmente fundante para os *Cultural Studies*, os quais, deste ponto de vista, se diferenciam essencialmente das *Kulturwissenschaften*, nas quais o conceito de cultural permanece firmemente ancorado ao objeto de estudo.

Podemos perguntar-nos: um modo de estudar o quê? Trata-se da modalidade cultural de estudar fenômenos sociais, ou de uma modalidade, que é específica, de estudar fenômenos culturais? Talvez a noção de cultura subtendida aos *Cultural Studies* seja algo que se coloca num terreno intermediário, no encontro entre as duas abordagens que acabamos de distinguir? Portanto, no sentido que o equívoco, do qual falamos no início, consiste no fato de que, se "cultural" é ao mesmo tempo fenômeno a estudar e modalidade com a qual estudar determinados fenômenos, culturais e não culturais, então é justa esta copresença dos dois percursos que determinam a novidade, e talvez até o caráter enigmático, dos *Cultural Studies*? Poder-se-ia dizer que os *Cultural Studies* analisam fenômenos que são *também* culturais segundo uma modalidade que é *também* cultural? E a que "outro" remete, nos dois casos, esse *também*?

Se recordarmos a concepção de Raymond Williams, inspirador de Stuart Hall, e uma expressão sua que é fundamental para a genealogia dos *Cultural Studies* – "estruturas do sentir" [*structures of feeling*] – não há muitas dúvidas sobre esse "outro". Com uma afinidade singular ao que Gramsci diz a respeito do que distingue a noção específica de uma noção geral de "intelectual" (que diz respeito a "todos os homens),[1] Williams introduz a propósito disso o conceito de "organização" (organização social ou,

---

1 Lembremos: "Todos os homens são intelectuais [...] mas nem todos os homens têm na sociedade a função dos intelectuais"; na continuação da análise se esclarece como a referência é à "função organizativa da hegemonia social". Cf. Gramsci, *Quaderni del carcere*, 12, *1*, p.1516 et seq.

mais em geral, "organização da vida"). A pregnância das "estruturas do sentir" deriva de fato – além da historicidade do "sentir" referido por Williams a um período de revoluções industriais que fez Carlyle exclamar, ao olhar uma locomotiva, "eis os nossos poemas!" – do nexo aqui instituído entre "sentir" e "estrutura" (e "organização"), de modo que a riqueza da expressão está exatamente no fato de que ela concerne a "uma entidade firme e precisa como sugere a palavra estrutura, contudo operante no âmbito mais delicado e menos tangível do sentir".[2] Trata-se de estudar a vivência subjetiva de uma dada sociedade ou de um grupo social num lugar e tempo determinados, do ponto de vista da estrutura objetiva deste ou daquela; e vice-versa, de estudar as estruturas, ou seja, a organização de uma sociedade ou de um grupo social, do ponto de vista do "sentir", isto é, do senso comum dos indivíduos que compõem aquela sociedade ou grupo. Nesta perspectiva, Hall se sentiu e continua a perceber a si mesmo como um intelectual "britânico".

No início de uma conversa, de 1985, com Umberto Eco sobre a relação entre os intelectuais e a crise, Stuart Hall tinha pintado com breves traços de extraordinária pregnância o quadro que levou, na Grã-Bretanha, à ruptura do bloco social e do modelo de consenso que se instaurou depois da guerra e levou à formação de um tipo inédito de populismo autoritário, anticultural e individualista, observando: "A direita recuperou uma linguagem que me parece extremamente velha, à qual foi dada nova vitalidade para o século XXI. Na Grã-Bretanha se tem a impressão que Adam Smith ainda está vivo".[3]

Eco reagia deslocando a discussão para a questão geral dos intelectuais como produtores de crises, portanto, para um nível de maior abstração, e sustentava: "Certamente, eu poderia dizer

---

2 Williams, *La lunga rivoluzione*, p.79 et seq.
3 Hall, *Politiche del quotidiano*, p.111 et seq.

as mesmas coisas também para a Itália, mas preferiria não fazê--lo, dado que nosso país está habituado às crises faz 2 mil anos".[4]

Faltou, na Itália, nos anos 1980, um esforço circunstanciado de análise concreta da situação nutrido por luz teórica, do tipo que Gramsci chamava "filologia viva", e que se encontra lucidamente expresso nos estudos e nas intervenções de Hall e do seu círculo. No início da década de 1960 tínhamos intelectuais como Fortini, Panzieri, De Martino, Pasolini, Volponi, Sanguineti, Cases, Bosio, Pigliaru etc., por meio dos quais o processo de definitiva industrialização neocapitalista do nosso país foi política e culturalmente entranhado e compreendido. No final da década de 1970, porém, a conclusão desastrosa do longo ciclo de lutas operárias e estudantis, que tinha determinado a afirmação da nova esquerda, com o desvio terrorista e a onda neoamericanista que desembocou no transformismo craxiano, não teve como contrapartida a formação de "estudos culturais" nem "políticos" à altura das tarefas da fase histórica. Assim chegamos absolutamente despreparados ao ano de 1989.

14.3 Identidade e diáspora

Numa entrevista a Kuan-Hsing Chen, Stuart Hall conta e analisa "A formação de um intelectual diaspórico".[5] Na longa onda suscitada, na esteira de textos como *Os jacobinos negros*, de Cyril L. R. James, e *Os condenados da terra*, de Frantz Fanon, do mais recente *O Atlântico negro*, de Paul Gilroy, até *Reflexões sobre o exílio*, de Edward W. Said, a "imaginação dialógica", de Hall, para retomar o título de um livro de Mikhail Bakhtin,[6] caro a ele,

---

4 Ibid., p.112.
5 Id., La formazione dell'intellettuale diasporico. In: *Politiche del quotidiano*, p.263-84.
6 Bakhtin, *Voprosy literatury i estetiki*.

propõe "a experiência da diáspora" como modelo e metáfora da "condição arquetípica tardo-moderna". "Cada vez mais" – escreve Hall – "a diáspora é aquilo em que acabou para assemelhar a vida cotidiana de qualquer um".

Se é essa experiência que caracteriza intimamente, embora em graus e tipos muito diversos, a vivência da globalização, são bem esclarecidas, por oposição, as inumeráveis pulsões da mania identitária que suscitam e alimentam fundamentalismos, racismos, *liguismos*,[7] hoje tristemente hegemônicos no mundo tanto imperial como subalterno.

Hall, também graças a sua vivência organicamente multiétnica, sabe captar facilmente a amplitude e a generalidade dos fenômenos migratórios que ancoram a diáspora a uma realidade de massa espalhada por todo o planeta, assim como, por outro lado, dialoga com Gilroy e Said ao reivindicar a afinidade dramática e profunda entre a comunidade diaspórica de destino de povos heterogêneos como os judeus, os negros, os palestinos. Hall tem uma visão sempre realista e filológica, e nunca enfática e simbólica dos fenômenos sociais, políticos e culturais que examina. A problemática que acabamos de esboçar é delicada e complexa: diz respeito à introdução do paradigma espacial--territorial que, na "lógica do capitalismo tardio", acabou suplantando a hegemonia do paradigma histórico-temporal. Como se sabe, essa inversão, ou uma interpretação extremista desta, é o fio condutor de certa argumentação pós-moderna que conduziu aos delírios do chamado fim da história.

A extraordinária energia cultural e política de Hall se mede na capilar luta prático-teórica que ele promove para diferenciar a sua concepção da diáspora – que se alimenta da singularidade universal da experiência caribenha – daquilo que chama de "nomadismo pós-modernista". É possível considerar esse compromisso como emblema do trabalho de reflexão paciente e

---

7 Do italiano *leghismi*, termo originado do movimento político *Lega Nord* (Liga Norte), movimento regionalista conservador do Norte da Itália. (N. T.)

circunstanciado que ele realiza em relação a autores importantes, por alguns aspectos totalmente familiares a ele, de formação diversa e personalidade heterogênea, mas unidos por um clima de destruição (muito mais que de desconstrução) da dialética histórica. Penso em particular em Althusser, Foucault, Deleuze, Lyotard e Derrida. Hall se refere a Gramsci – e em medida subordinada a Benjamin – por manter firme e ao mesmo tempo renovar a dialética marxiana que, para usar termos próprios a Gramsci, despojando-se de toda "garantia", "traduz-se" e "articula-se" numa estrutura sociocultural complexa, onde mobilidade, flexibilidade e reversibilidade das determinações convivem com a centralidade reconhecida e praticada da análise de classe.

14.4 Questão de método

Hall nos propõe uma iluminadora lição de método. Os seus escritos dos anos 1980 são o testemunho analítico de uma turbulenta transição político-cultural que, sobredeterminada pelos fatos catastróficos de significado histórico, acabou produzindo, na Grã-Bretanha e na Europa, como no mundo, uma crise profunda e global da "orientação de esquerda", cujo resultado principal é a hegemonia dos fundamentalismos, de sinal tanto de caráter terrorista como democrático.

Sempre foi exemplar a atenção de Hall ao nexo entre questão nacional e quadro internacional num período histórico determinado pela passagem do "populismo autoritário" de Thatcher para aquela espécie de "populismo corporativo" que caracteriza o New Labour de Blair. Vem à mente o título de dois ensaios de Hall dos anos 1980, que seria precioso meditar de novo e pôr em relação, à luz dos acontecimentos mais recentes: "La crisi del laburismo" [A crise do trabalhismo],[8] "Il grande spettacolo dello

---

8 Cf. Hall, La crisi del laburismo. In: *Politiche del quotidiano*, p.87-98.

spostamento a destra" [O grande espetáculo do deslocamento para a direita].[9]

A substância, bastante paradoxal, da abordagem abrangente de um estranho como Hall, portador de uma sensibilidade muito aguda para a qualidade e a variedade dos novos fenômenos culturais, é ter indicado uma involução desastrosa, nesta nossa "nova época", da função social da *cultura*. De fator de progresso, arma da crítica, antídoto intelectual para o velho economicismo, ela apareceu sempre mais assimilada ou assimilável – por meio da combinação entre ciência, tecnologia, produção e guerra – à linguagem do poder cosmeticamente camuflada pelo poder da linguagem.

Subtraídos a qualquer hipoteca culturalista e anticientífica, restituídos à relação fundadora com o sentido da política, possibilitando ganhos para a crítica imanente (desde sempre presente na mente de Hall) da enciclopédia acadêmica – disciplinar ou interdisciplinar – do saber, os "Estudos Culturais", que já abriram caminhos fecundos na paisagem intelectual e universitária italiana, podem liberar ou educar energias notáveis.

Chegou provavelmente o momento de pensar em possíveis "Estudos Culturais europeus". O *trânsito atlântico*, realizado e pensado por Stuart Hall em toda a sua vitalidade variada e dinâmica, estimula a Europa a refazer a sua viagem de conquista do mundo em sentido inverso: a procurar a sua identidade fora de si mesma, no diálogo com terras e culturas diferentes que possam ajudar o velho continente a ir além das próprias fronteiras tão tenaz e regressivamente enraizadas no seu interior. Emerge com força a exigência de encontrar uma modalidade mais flexível e menos exclusiva de imaginar uma Europa nova, num contexto planetário em que as periferias são ou se tornam centros, procurando identidade e diferenças no continente-mosaico que muda.

---

9 Cf. Id., Il grande spettacolo dello spostamento a destra. In: *Politiche del quotidiano*, p.201-20.

Cidadãos da Europa, cidadãos do mundo, para estar plenamente *dentro* é preciso estar – ter estado, ou estar para ser – contemporaneamente *fora*. Hall recorda o "estrangeiro em sua própria casa" do qual falava Simmel. Ele acha que "o fenômeno das migrações tornou-se o evento histórico do mundo da modernidade tardia".[10]

Os apaixonados pelos *Cultural Studies* são todos um pouco viageiros, mesmo quando não viajam. A ligação com os "estudos pós-coloniais" e "subalternos" demonstra a sua vocação internacional, muito mais poderosa do que os confinamentos nacionais que de vez em quando os caracterizaram.

Diáspora de povos e de pessoas, mas também diáspora de linguagens e disciplinas: a experiência do *trânsito* influencia, enriquece e modifica, até transtornar, toda *morada* intelectual. Precisa-se de determinação e coragem, e também um pouco de sorte. Inundar-se de dimensões e conhecimentos diferentes sem se perder ou naufragar, e, ao contrário, enveredar assim pela rota certa, não é fácil.

A mobilidade cultural poderia atenuar, desdramatizar e orientar a mobilidade demográfica e social e estimular, desse modo, uma inquietude leiga, uma tolerância não repressiva, um *humanismo da convivência*. Todos nos tornaremos mais capazes de "tirar o sapo do coração".[11]

---

10 Id., *Politiche del quotidiano*, p.270.
11 Giorgio Baratta faz referência à expressão *"buttar via il rospo dal cuore"*, utilizada por Gramsci em uma carta escrita para sua esposa, Iulca, em 27 de junho de 1932. (N. E.)

XV
O mistério de Nápoles

15.1 Os não mandriões

Com uma metáfora poética – o "mistério de Nápoles" –, Gramsci introduz, no início do *Caderno 22*, dedicado ao "Americanismo e fordismo", o discurso sobre Norte e Sul, na Itália como no mundo. O que é o mistério de Nápoles? É algo – escreve Gramsci – que já tinha impressionado "Goethe", que, em contato com a cidade, ao contrário do que tinha vindo a saber antes da viagem à Itália, teve

> razão em demolir a lenda da "preguiça" orgânica dos napolitanos e em vez disso destacar que eles são muito ativos e industriosos. A questão consiste em ver qual é o resultado efetivo dessa industriosidade: ela não é produtiva e não se destina a satisfazer as necessidades e as exigências de classes produtivas.[1]

---

1 Gramsci, *Quaderni del carcere*, 22, 2, p.2142.

Devemos pensar no "espírito popular criativo" que, na carta a Tania de 19 de março de 1927 – onde pela primeira vez Gramsci cita o plano de escrever as "notas e apontamentos" que se tornarão os *Cadernos* –, parece manter os fios da complexa fenomenologia do espírito público ou da sociedade civil que, juntamente com "um estudo de linguística comparada" e um sobre a transformação do "gosto popular" teatral e literário na Itália, deverá "absorver e centralizar" a "vida interior" do encarcerado. Emergem aqui, mas em termos mais contraditórios que fenomênicos, a atividade e a industriosidade, ou seja, a criatividade do povo e do populacho napolitano e, em geral, meridional. O "chamado 'mistério de Nápoles'" está na incongruência do caráter improdutivo e parasitário do tecido econômico e social da cidade, à frente da "fantasia concreta" e da vivacidade de ações ("vitalidade", dirá Pasolini) dos seus cidadãos. O fato de relacionar a Goethe a constatação, a qual claramente compartilha, dessa contradição profunda da sociedade partenopeia, indica que Gramsci tem de Nápoles a visão de uma antiga e consistente continuidade entre "passado e presente".

De Nápoles o discurso se alarga "a toda uma série numerosa (as famosas 'cem cidades') de cidades não só da Itália meridional e das Ilhas, mas da Itália central e também da Itália setentrional (Bologna, em boa parte, Parma, Ferrara etc.)", para cuja população se pode repetir o provérbio popular: "quando um cavalo caga, cem pássaros almoçam".[2]

A reflexão sobre o modo de acumulação do capital entre "os mais monstruosos e doentios", governado por alguns milhares de proprietários de terra "com a sua corte de servos e lacaios", que cria um volume enorme de pequena ou média burguesia de aposentados que vivem de renda e, por outro lado, um "esmiuçamento incrível da oferta imediata de mercadorias ou serviços", vai além de Nápoles e do Sul, de onde parte, e acaba atacando

---

2 Ibid., 22, 2, p.2143.

todo o sistema hierárquico das nações num mundo dominado pelo capitalismo.

> Essa situação não existe apenas na Itália; em medida maior ou menor existe em todos os países da velha Europa e em forma pior ainda se dá na Índia e China, o que explica a estagnação da história nesses países e a sua impotência político-militar.

A Europa situa-se num degrau intermédio entre o extremo Norte (ou Oeste mais avançado) e o extremo Sul (ou Leste) do mundo.

Nesse nível de generalidade, semelhantes conceitos geográficos são "construções convencionais e históricas não do homem em geral, mas das classes europeias cultas, que através da sua hegemonia mundial as fizeram aceitas em todo o mundo".[3] Num pano de fundo se entreveem, de um lado, o nó decisivo do imperialismo e do colonialismo (que nas *Teses de Lyon* de 1926 Gramsci trouxera à baila a propósito da questão meridional) e, de outro, a hipótese de um modelo diferente de desenvolvimento e de relação entre regiões e nações: uma hipótese que, como se vê na nota 149 do *Caderno 1* intitulada "Norte e Sul", Gramsci avança com força, sublinhando que o resultado ruinoso a que a hegemonia do Norte conduziu, de modo algum deve ser considerado irreversível.

A citação que Gramsci faz de Goethe a propósito de Nápoles leva-nos a um clima histórico e geográfico de particular importância para a filosofia dos *Cadernos*. Segundo Gramsci, Goethe representava para a Alemanha o que fora Homero para a Grécia, Dante para a Itália, Cervantes para a Espanha, Camões para Portugal, Shakespeare para a Inglaterra: um modelo de literatura nacional-popular num horizonte universal, ou seja, internacional. A obra de Goethe prospera no clima da filosofia clássica

---

3 Ibid., 7, 25, p.874.

alemã. Goethe tem afinidades com Hegel, pensador moderno por excelência, com o qual Gramsci, assim como Marx, não cessa de confrontar-se. Não é sem interesse o fato de que a observação de Goethe sobre a *não mandriice* dos napolitanos toque num tema tratado em *Elementos da filosofia do direito* de Hegel.[4]

É possível encontrar o fio sutil que liga a cultura progressista napolitana – com epicentro na Revolução Partenopeia de 1799, depois nas revoluções de 1848, enfim, na labuta da unidade da Itália –, através do hegelianismo particular atuante nela, a Gramsci. Na carta a Tania, de 13 de janeiro de 1930, ele sublinha a altivez hegeliana de Silvio Spaventa, um "dos poucos (uns sessenta) dos mais de seiscentos condenados em 1848 que nunca quis fazer o pedido de clemência ao rei de Nápoles" e que não "se deu à devoção, mas, pelo contrário, como ele escreve frequentemente, foi sempre mais se persuadindo que a filosofia de Hegel era o único sistema e a única concepção do mundo racional e digna do pensamento de então".

Figura emblemática da imersão napolitana de Gramsci é certamente Francesco De Sanctis, fonte e modelo crítico do *Anti-Croce*; Gramsci recorda a fundação do Círculo Filológico que deveria determinar "a união de todos os homens cultos e inteligentes de Nápoles" como expressão da vontade de De Sanctis de produzir, "depois do fim da democracia de 1848 e o advento de volumosas massas operárias para o desenvolvimento da grande indústria urbana", um movimento necessário de "ir ao povo". É sobre essa base "anti-intelectualista" que De Sanctis, segundo Gramsci, idealizou um novo conceito de filosofia e de cultura, que é também uma "religião leiga", ou seja, "uma coerente, unitária e de difusão nacional 'concepção da vida e do homem'" e "uma ética, um modo de viver, uma conduta civil e individual".[5]

---

4 Hegel, *Vorlesungen über Rechtsphilosophie*, v.4, p.608 et seq.

5 Gramsci, *Quaderni del carcere*, 23, *1*, p.2185 et seq.

Não admira, no horizonte agora relembrado, a acusação drástica e sem apelação dirigida por Gramsci a Croce, de ter cultivado um "hegelianismo degenerado e mutilado", filho da "historiografia da corrente neoguelfa de antes de 1848, revigorada com o hegelianismo pelos moderados" mesmo depois de 1848. *Esse* Croce, o histórico, contrariamente a tudo o que se verifica para o Croce filósofo, ponto essencial de referência, embora crítico e polêmico, para a gênese da filosofia da práxis, Gramsci o corta com o machado. E é natural que seja assim porque, segundo Gramsci, a "preocupação fundamental" da historiografia croceana é o "temor pânico dos movimentos jacobinos, de qualquer intervenção ativa das grandes massas populares como fator de progresso histórico".[6]

Podemos encerrar a lembrança do período da reflexão de Gramsci sobre os grandes eventos napolitanos com a chamada que ele faz à interpretação dada por Vincenzo Cuoco ao "trágico experimento" da República Partenopeia. Tal interpretação, registrada no famoso *Sagio storico sulla rivoluzione napoletana del 1799* [Ensaio histórico sobre a revolução napolitana de 1799], como é conhecido, foi padrinho de uma categoria central da filosofia da práxis, a "revolução passiva". Aqui não é possível aprofundar a articulação interna de tal conceito e das dívidas para com o *Sagio* de Cuoco. No entanto, convém observar que o "valor de advertência" que, segundo Gramsci, o texto de Cuoco deveria e deve ter, a fim de "criar uma moral nacional de maior energia e de iniciativa revolucionária popular". Mas a fórmula da "revolução passiva", sustenta Gramsci,

> se tornou, através do cérebro e do pânico social dos neoguelfos moderados [como vimos, inspiradores da historiografia croceana], numa concepção positiva, num programa político e numa moral

---

6 Ibid., 1 I, *6*, p.1220.

que por trás de rutilantes ouropéis retóricos e nacionalistas de "primado", de "iniciativa italiana", de "a Itália fará por si", escondia a inquietude do "aprendiz de necromante" e a intenção de abdicar e capitular à primeira ameaça séria de uma revolução italiana profundamente popular, ou seja, radicalmente nacional.[7]

Foi exatamente Croce, segundo Gramsci, apesar dos aspectos progressistas do seu pensamento, que prestou com a sua filosofia do espírito o máximo serviço, por parte da cultura europeia, à elevação da "revolução passiva" a "programa político" contrarrevolucionário. De resto, o processo epocal que nos "tempos modernos" encarna em toda a sua importância econômica e cultural o movimento histórico da "revolução passiva" é, segundo Gramsci, o americanismo, o qual representa o novo florescimento, a direção e hegemonia extraeuropeia do capitalismo. Isso confirma a relevância do fato de que o "mistério de Nápoles", expressão emblemática do Sul da Itália, da Europa, do mundo, seja tematizado por Gramsci no coração da sua análise do americanismo, o qual, por sua vez, é introduzido para ilustrar, diante das "sedimentações passivas" e do "exército de parasitas" de que sofriam a velha Itália e, mais em geral, a velha Europa, o que comportaria em termos econômico-sociais aquela "forma moderníssima de produção e de modo de trabalhar" – o americanismo-fordismo exatamente – que mudou o cenário do mundo.

O "mistério de Nápoles" põe em movimento, nos *Cadernos*, a reflexão voltada a mostrar a *internacionalização* da "questão meridional" à qual, como sabemos, no contexto *nacional*, Gramsci dedicara, poucos meses antes de acabar no cárcere em 1926, "Alcuni temi della quistione meridionale", um dos seus escritos – apesar de incompleto – mais orgânico e mais perspicaz.

---

7 Id.

15.2 O mistério do mundo

O "episódio" da Revolução Napolitana representa, segundo Gramsci, "o primeiro exemplo clamoroso" das profundas "contradições aparentes" que conotam no dia seguinte da Revolução Francesa, mas já para todo o Risorgimento, o tecido social daquelas cidades – as "cidades do silêncio" – com respeito às quais Nápoles, com o seu mistério, adquire caráter emblemático. O ponto-chave é que, ao contrário de tudo o que aconteceu na França – que foi unificada graças à ação dos jacobinos –, na Itália "a relação histórica entre Norte e Sul", que é "uma relação semelhante àquela de uma grande cidade com um grande campo", apresenta-se com os traços de um verdadeiro "conflito de nacionalidade". Há de se notar que o esquema de raciocínio territorial gramsciano se aplica tanto aos grandes espaços (Norte e Sul da Itália) como aos espaços particulares (cidade e campo de toda realidade local).

O fracasso da Revolução Napolitana deveu-se ao fato de que a República nascida da Revolução, seja em seus inícios aristocráticos, seja nos desenvolvimentos burgueses, "descuidou completamente do campo", de modo que o cardeal Ruffo teve habilidade para levantar as hordas camponesas contra ela. Aconteceu assim que

a possibilidade de uma revolta jacobina pela qual a propriedade da terra, que gastava renda agrária em Nápoles, podia ser desapossada, privando a grande massa popular de sua fonte de renda e de vida, deixou frio, senão hostil, o populacho napolitano.[8]

O problema é que a "industriosidade" dos napolitanos agia e se manifestava, como Gramsci observa, em presença de uma "indústria produtiva" mísera demais; e isso, acrescenta ele, ape-

---

8 Ibid., 19, 26, p.2037.

sar de as estatísticas oficiais incluírem Nápoles como a quarta cidade industrial da Itália, depois de Milão, Turim e Gênova.

Gramsci toca aqui numa peculiaridade essencial de Nápoles e da sua história: econômica, política e culturalmente Nápoles é uma grande cidade, uma metrópole, cuja vocação internacional--europeia, além de nacional, foi tantas vezes e justamente sublinhada. Exatamente por isso a plenitude das "aparentes contradições e dos espinhosos problemas políticos" que aflige a cidade, e é reconduzida, segundo Gramsci, à "estrutura econômico-social de Nápoles", era já então de tal maneira explosiva.

Quantos são hoje os intelectuais também conhecidos e habilitados, tanto na Itália como no mundo, prontos a avisar o turista da vez, que se prepara para visitar a cidade de Partênope, que este se verá diante de um exército de mandriões?

Se a intuição de Goethe, retomada analiticamente por Gramsci, resiste à crítica, é evidente que o oximoro da industriosidade parasitária dos napolitanos será enfrentado não só como problema de Nápoles, mas como uma questão nacional--internacional. O mistério de Nápoles é um indício do mistério do mundo. Vamos adiante.

Observador agudo das coisas do mundo, Gramsci poderia levar a sua brilhante pedrinha junto com a dos intelectuais e artistas convidados em *Dadapolis: caleidoscopio napoletano*, a bela antologia preparada por Fabrizia Ramondino e Andreas Friedrich Müller.

Não sei se Gramsci compartilha o "respeito quase mítico, de qualquer modo cheio de alegria e de afeto natural" que Pasolini confessou ter por aquela que considerava "a última metrópole plebeia, a última grande aldeia".[9] É certo que Gramsci mostrava uma atenção viva à peculiaridade napolitana e ao seu valor universal, não porém num sentido mitológico e metafísico, mas

---

9 Ramondino; Müller, *Dadapolis*, p.29.

na perspectiva de evidenciar como o Sul e o Norte do mundo, à cuja diversidade ele dedicou muita reflexão, navegam no mesmo barco. Deste ponto de vista é indubitavelmente relevante o fato de que, como notamos, Gramsci tinha falado do "mistério de Nápoles" no momento em que, para enquadrar a dimensão internacional da *crise* tanto italiana como europeia, ele trouxe à baila a originalidade epocal do "americanismo".

Para Gramsci, um "homem um pouco seco, maquinal, burocrático" era o filho natural da "cultura moderna (tipo americano)",[10] esposa fiel do produtivismo fordista, do qual ele sublinhava tanto a "racionalidade" e a "cientificidade" como o "cinismo" e a "brutalidade". Seria absolutamente fora de lugar e errôneo afirmar, como sugere certa literatura crítica, que Gramsci oscilasse, sem chegar a um equilíbrio, entre atração modernista pelo milagre americano e ideologia neo-humanista, nas quais encontrariam lugar tanto a exaltação do trabalho como a reivindicação em sentido sulista do "espírito popular criativo". A verdade histórica do pensamento de Gramsci é mais complexa e mais rica.

As observações descarnadas, mas penetrantes, que ele dedica ao *costume* napolitano – o "ópio do povo", a camorra, o sangue de São Januário, a instrumentalização dos "prelados", a crise de Piedigrotta – evidenciam um interesse e uma preocupação de fundo. O interesse não deixa de ter analogia com o sentimento de Pasolini antes lembrado. A preocupação tem fôlego longo e se refere em primeiro lugar às consequências sociais, políticas e culturais do caráter malsão da estrutura econômico-social da cidade e da zona rural circunstante. Refere-se ao fato de que a média e pequena propriedade de terra esteja em mãos não de cultivadores camponeses, mas de burgueses da cidade pequena e do burgo, e da prática do "arrendamento primitivo a meeiros"[11] e da enfiteuse resulta

---

10 Id.

11 No original: *"mezzadria primitiva"*. (N. E.)

um volume enorme (em relação à renda bruta) de pequena e média burguesia de "aposentados" e "rendeiros", que criou em certa literatura econômica digna do *Cândido* a figura monstruosa do assim chamado "produtor de poupança".[12]

Em segundo lugar, a preocupação de Gramsci é que a unidade da Itália, necessária e objetivamente progressiva, não tendo mudado a natureza "colonial" (como dizem as *Teses de Lyon*, 1926) da relação do Norte com o Sul, não teria em nada atenuado, ou teria até acentuado, a falta de "sentido de Estado" no Sul, que é indispensável – diz ele – tanto para quem o quer manter como para quem quer combatê-lo e mudá-lo. Com respeito a uma "metrópole" como Nápoles, que tem uma centralidade indiscutível para o destino da nação, os efeitos dessa contradição identitária dos cidadãos napolitanos são enormes.

Gramsci não tem papas na língua para marcar um "ambiente primitivo 'escaldado', que crê próxima a impunidade e se revela abertamente" e que, porém, "em tempos 'normais' é sorrateiramente adulador e servil". Não há idílio numa cidade cujas ruas populares – como afirma Salvatore Di Giacomo, recordado por Gramsci – são impraticáveis "para os 'sonhadores' e os 'poetas'"; "das janelas caíam os vasos de flores para achatar os cabelos duros e os chapéus de palha senhoris e também os crânios neles contidos".[13]

Dario Fo tem o mérito de restituir, no ensaio em vídeo por mim dirigido – *New York e il mistero di Napoli. Viaggio nel mondo di Gramsci raccontato da Dario Fo* –, a dimensão crítico-dessacralizadora, o sentido do grotesco e do sarcasmo apaixonado que Gramsci cultivava, o seu temperamento – apesar dos sofrimentos – fundamentalmente alegre, alimentado pelo "espírito irônico" que reconhece dentro de si. Não fugia a ele – é antes

---

12 Gramsci, *Quaderni del carcere*, 22, 2, p.2143.
13 Ibid., 4, *65*, p.508.

um tema básico nas "cartas do cárcere" à mulher a propósito da educação dos filhos – a degeneração da capacidade de rir e de jogar nos "tempos modernos", do que são vítimas sobretudo as crianças que, como ele escreve à mulher em 1º de julho de 1929, "quando nascem já têm 80 anos, como o Lao Tse chinês". No *Caderno 1* ele escreve: "A época moderna não é expansiva, é repressiva. Não se ri mais à vontade: caçoa-se e faz-se piada mecânica tipo campanário".

Gramsci, no entanto, achava que o "espírito popular criativo" não estava morto, ainda que semiparalisado e sufocado por aquele modo de governar a coisa pública que trunca e desmoraliza o público e o privado. Deste ponto de vista,

> a crise de Piedigrotta é verdadeiramente um sinal dos tempos. A teorização de Strapaese[14] matou o provincianismo (na realidade, queria se fixar um figurino tendencioso de provincianismo bastante mofado e tolo) [...] A fonte de Piedigrotta não se secou, ela foi secada porque se tornara "oficial" e os cancioneiros tinham se tornado funcionários.[15]

Certamente, Gramsci pode ser também desconsolado e desconsolador, como mostra o "epigrama" da alcachofra, que aqui relatamos: não sem ter recordado como a passagem foi precedida pela reivindicação do "desenvolvimento teórico-prático" que a "tradição meridional" tinha chegado com De Sanctis, e em relação à qual a posição tanto de Croce como de Gentile, por motivos diversos, teria representado um "atraso". Leiamos essa pequena obra-prima de literatura crítico-irônica:

---

14 Strapaese foi um movimento literário e artístico que se desenvolveu na Itália depois de 1926, de natureza patriótica e de defesa do território nacional. Na linguagem comum passou a significar uma atitude de provincianismo exagerado. (N. T.)

15 Gramsci, *Quaderni del carcere*, 1, *101*, p.95.

A propósito do contraste cultural entre a Toscana e o Sul se pode lembrar (a título de curiosidade) o epigrama de Ardengo Soffici (creio que no *Diário de Bordo*) sobre a "alcachofra". A alcachofra toscana, escreve mais ou menos o Soffici, não se apresenta à primeira vista como vistosa e atraente como a alcachofra napolitana; é insípida, dura, espinhosa, hirsuta. Mas ao desfolhá-la, depois das primeiras folhas lenhosas e intragáveis, de jogá-las fora, aumenta cada vez mais a parte comestível e saborosa, até que, no meio, se encontra o núcleo compacto, polpudo, saborosíssimo. Pegue a alcachofra napolitana; logo desde as primeiras folhas há algo de comer, mas qual aquosidade e banalidade de sabor; desfolhe sempre, o sabor não melhora e no centro não encontrará nada, um vazio cheio de palha sem sabor. Oposição entre a cultura científica e experimental dos toscanos e a cultura especulativa dos napolitanos. Só que a Toscana hoje não tem uma função particular na cultura nacional e se alimenta do orgulho das recordações passadas.[16]

Como se vê, nem sequer a Toscana se salva do naufrágio nacional. Não se trata de "mal de todos consolo é".[17] Há algo mais complexo e eletrizante, que não permitia que Gramsci, como não permite que nós, seus "sobrinhos", adiasse a ruína.

Diante do "pessimismo da inteligência", seria pouca e vã coisa o "otimismo da vontade" se ele não se apoiasse sobre a consciência de que a "fonte de Piedigrotta" – de todas as Piedigrottas do mundo – "não se secou", mas "foi secada". O autor dessa benfeitoria ao contrário é o governo do mundo. Visto que o governo não é coisa da natureza nem de Deus, mas coisa humana, era possível, segundo Gramsci (e talvez ainda seja possível), mudá-lo.

---

16 Ibid., 10 II, *38*, p.1288-9.
17 Em italiano: *"Mal comune, mezzo gaudio"*. (N. E.)

15.3 "Filosofia do roto"

Para o napolitano – observa Alfred Sohn-Rethel, num artigo bastante extraordinário (*"real maravilhoso"* diria Carpentier) publicado num jornal alemão em 1924:

> a essência da técnica reside principalmente em fazer as coisas rotas funcionarem. Ele é habilíssimo em manobrar com destreza as máquinas defeituosas: mais avançado que qualquer técnica, sabe encontrar em todo perigo e frequentemente exatamente nas avarias a solução mais vantajosa, e nisso se assemelha ao americano. Mais do que ele, possui a fantasia das crianças e a sorte destas; e, como as crianças, o acaso lhe vem ao encontro.[18]

Aqui o "espírito popular criativo" dos napolitanos, diria Gramsci, age como uma fantasia "mais avançada do que qualquer técnica", como aquela das crianças, e se apresenta como uma alternativa aos limites inventivos de um "americano" às voltas com a às vezes inevitável disfunção de uma máquina. A descrição de Sohn-Rethel é conscientemente grotesca e zombadora em relação tanto aos fetichistas do cientificismo tecnológico, que exaltam a "magia, inimiga do homem", de uma "máquina que funciona sem dificuldades", como dos românticos apologistas de uma "napolitanidade" feliz "na utopia da própria onipotência", segura de que, ao seu modo, "de um jeito ou de outro tudo sairá bem".

O tom do artigo joga sobre uma linha sutilíssima entre o sério e o chiste. "Americano" é o pragmático que não pode confiar no "automatismo cego e hostil da máquina" e por isso atua paradoxalmente *também* "acima das leis da técnica", enquanto o napolitano é, na caricatura, quem faz valer, como "contrapeso à magia" da técnica, "a circunstância em que as coisas se que-

---

18 Sohn-Rethel, La filosofia del rotto: della tecnica napoletana. In: *Napoli*, p.40.

bram" sempre, e sempre "dá de ombros" àquelas leis, "pura aparência e engano". O napolitano se apropria, com a desenvoltura de uma criança, da "condução da máquina, não tanto aprendendo a usá-la segundo as prescrições, antes descobrindo nela o seu próprio corpo": com todas as situações e exemplos, gostosos e divertidos, que Sohn-Rethel oferece, deixando o leitor do artigo ansioso.

Sohn-Rethel, na realidade, foi o grande pensador crítico da Escola de Frankfurt, autor do fundamental *Geistige und körperliche Arbeit* [Trabalho intelectual e manual]. Quando, numa estadia alegre e relaxante em Nápoles, escrevia *Das Ideal des Kaputten* [O ideal da ruptura] e outras coisas semelhantes – transfigurando benjaminianamente o napolitano, escreve Freytag, num "realista alegórico" – Gramsci estava ainda utilizando positivamente para a escola do partido o *Manual de sociologia* de Bukharin, que poucos anos depois ele criticará asperamente nos *Cadernos*.[19]

Por que fazer a relação de Gramsci com Bukharin em comparação com Gramsci com Sohn-Rethel? Um tema de convergência entre "teoria crítica" frankfurtiana e "filosofia da práxis" e a recusa peremptória e sem apelação do determinismo ou materialismo mecanicista. Certamente, Gramsci não teria compartilhado dos "excessos idealistas" da *Dialética do esclarecimento*. Com respeito a Adorno e Horkheimer, que num primeiro momento apreciaram a "empiria" de Gramsci, rejeitando a sua "teoria", Sohn-Rethel, que destacou a "criatividade" irredutível também do mais ínfimo trabalho manual, parece mais afim ao autor italiano. O aspecto que poderia utilmente emergir do aprofundamento de tal confronto é uma concepção articulada, maleável, flexível e não essencialista da técnica. Já recordamos a denúncia, por parte de Raniero Panzieri, de um duplo fetichismo da técnica, tanto positivo como negativo.[20] Deste ponto de vista as posições *negativas* de

---

19 Cf. item 4.9.
20 Panzieri, *Lotte operaie nello sviluppo capitalístico*.

um Adorno e de um Heidegger não estão tão longe uma da outra. Mas ambas tampouco estão tão longe da visão *positiva*, também ela fetichista, da ciência e da técnica que caracteriza Bukharin. Uma hipótese que seria analiticamente verificada é que Gramsci e Sohn-Rethel compartilham uma concepção mais equilibrada, empírica e antimetafísica, dialética, da ciência e da técnica.

Gramsci critica *organicamente* o *Manual* de Bukharin, sem poder, obviamente, ter a consciência de que este magistralmente fornece o abc teórico-universal daquele sistema de pensamento concluído, fechado, imperfectível que será definido como "stalinismo". Stalin e o stalinismo usam o *Manual*, demonstrando como filosofia e ciência, história e natureza se aliam e reciprocamente se integram, entregando nas mãos de um "chefe" a *técnica positiva* para orientar a humanidade para a conquista do bem-estar, o comunismo.

O ponto delicado é que o *Manual*, como o stalinismo, apoia--se e apela para uma tradição gloriosa e progressiva de pensamento que, da revolução científica e humanista do Renascimento, passando através da Revolução Burguesa e do Iluminismo, chega a Marx, à Revolução de Outubro e a Lênin. Tudo isso é subvertido e revirado no seu contrário. Resta, todavia, e não é um peso insignificante, a referência àquela tradição, que é a tradição da qual parte também o pensamento de Gramsci na sua "Obra do cárcere".

Aqui o discurso deveria entrar numa dimensão complexa e escorregadia, certamente também fascinante, mas que nós agora abandonaremos, depois de termos tocado de leve essa dimensão, para voltar ao "mistério de Nápoles", de goetheana memória, o qual enfrenta uma questão seriíssima e dramática com a leveza do tom poético, o mesmo que usa com refinamento essa iluminadora "filosofia do roto" de Sohn-Rethel.

A conclusão? Que sem uma pitada (uma pitada!) de "napolitanidade" é bom que o mistério do mundo, com a sua magia da técnica, tenha ido por água abaixo.

15.4 Gramsci entre Nápoles e Bahia

Um fio sutil liga o discurso goetheano-gramsciano sobre o "mistério de Nápoles" ao percurso que foi chamado *NapoliBahia: modernità e incanto*, por sua vez alimentado pela *Dadapolis* de Ramondino e Müller. É um emaranhado de textos e de temas que permite colher a verdade profunda do dito de Braudel, segundo o qual "Nápoles é a porta do Oriente para o Ocidente e do Ocidente para o Oriente".[21] O "mistério de Nápoles" é a vocação dessa "cidade animal sem forma", "esgotada pelas carícias" (Gatto) e pelos "barris" (Esposito), a constituir-se como um exemplo – um modelo – da "questão meridional" internacional em sentido gramsciano, que, por sua vez, é entrelaçada com o confronto Oriente-Ocidente, e é um aspecto do mais geral *contraponto* do mundo.

Martone, cujo *Caravaggio, ultimo tempo* atrai extraordinariamente os baianos, apaixonados pelo barroco, escreveu: "Não sei se hoje em Salvador há um corpo tão neurótico, trágico, contraditório, extremo, mas me atrai a ideia que foi posta como emblema do diálogo entre Nápoles e Bahia: modernidade e encanto".[22] O que quer dizer? Max Weber fixou magistralmente o nexo original, fortíssimo, entre *modernidade* e *desencanto*. E o "mistério de Nápoles", como da Bahia, é atravessado por aquele "espírito popular criativo" que poderemos também definir como um encanto que não morre. Perguntamo-nos: esse encanto é puramente residual, ou poderia tornar-se elemento vivificador de uma modernidade alternativa? É uma "desesperada vitalidade" (Pasolini) a dos napolitanos, ou há algo que pulsa ou pode pulsar no presente-futuro? É de se pensar: diferente da pós-modernidade! Pelo menos deste ponto de vista o mundo grande, terrível,

---

21 Braudel apud Ramondino; Müller, op. cit., p.X.
22 Martone, Ferito a morte: Napoli/Caravaggio. In: Baratta (org.), *NapoliBahia*, p.30.

complicado é, numa parte bem majoritária, ainda pré-moderno, e as apostas não foram feitas. Mas é exatamente assim?

O território que estamos percorrendo é rico em minas e armadilhas. O risco é sempre o mesmo de ceder à tentação de *valorizar* teórica e praticamente o mágico-religioso, o misterioso, o tradicional, noutras palavras, o "mau velho". Hoje o mundo está assistindo – brechtianamente, eu diria – à exploração industrial e especulativa desses *valores*, e é um processo assim que alimenta máfia, camorra, mas também fundamentalismo, terrorismo e companhia.

Parece que nos encontramos num beco sem saída. Esta Nápoles (como este mundo), não podemos "querê-la moderna, ou seja, lúcida e inerte, vergonhosa dos esfarrapados e amiga dos malfeitores... tirar dela o odor, o som... querê-la obediente, como um animal doméstico".[23] Mas também não podemos querê-la demasiado *napolitana*, amiga do "roto".

E então?

Não há, não pode haver salvação senão... todos juntos, por meio de um *novo internacionalismo*.

Esposito escreve:

> Parece-me que conheci Nápoles, como nunca antes, olhando alguns bairros de Palermo. Ou vivendo em La Habana ou no Pelourinho da Bahia [...] Tem-se a suspeita de que a convalescência dessas cidades se deva a enfermidades comuns (muitas vezes enfermidades salvíficas).[24]

Também esse último percurso está cheio de armadilhas, e não poderia ser diferente. No entanto, o apelo a possíveis, comuns "enfermidades salvíficas" talvez seja o único que – Gramsci pensador no cárcere nos ensina – pode proteger-nos

---

23 Esposito, Appunti sulle città sorelle. In: Baratta (org.), op. cit., p.31.
24 Id.

do "vento da morte" (Ortese) ou de sermos "feridos de morte" (La Capria) como, por outro lado, da obsessão da vida, de um presente sem história, da repressão do mal, sobre o que Heiner Müller escreveu páginas estupendas, quando lutava por uma *reforma* do socialismo real,[25] depois, porém, engolido e evacuado pelo capitalismo glutão.

Para terminar: napolitanos ou não napolitanos, condenemo--la, mas tenhamos carinho a essa cidade, que num tempo foi, e poderia talvez voltar a ser, "ágil em descobrir a arte da mestiçagem". Percorramo-la em todas as direções, "da luz ao escuro, de alto a baixo" e vice-versa, "em cima e embaixo",[26] e, sobretudo, dentro e fora, a Nápoles que está aqui e aquela que está lá, a Nápoles que existe e a que não existe ou... que não existe ainda, ou... nunca existirá.

---

25 Müller, *Zur Lage der Nation*; Id., *Gesammelte Irrtümer*, v.3.

26 Parrela, *Giùnapoli*, p.61 et seq.

XVI
Para os *European Cultural Studies*

É preciso escolher o caminho árduo, movimentado.
O do "homem inteiro", não mutilado.

Georges Bataille[1]

16.1 Introdução: compromisso e vanguarda

É difícil encontrar o caminho do *homem* depois da Morte do Homem. Ou, o que é a mesma coisa, encontrar o caminho do compromisso depois da vanguarda. Ou, ainda, reatar as relações com a experiência da modernidade depois do pós-moderno. Ou, ainda: reconstruir – ou talvez construir – uma consciência europeia depois do nascimento do mundo. E enfim: entrar na dimensão do tempo histórico depois da explosão do espaço planetário.

---

1 Bataille, *L'expérience intérieure*.

16.2 Comunismo do capital

"O velho morre e o novo não pode nascer": mais que uma crise, a cultura europeia vive uma sensação de impotência. As disputas acadêmicas continuam a florescer. Mas não há diálogo entre os humanos. A "sociedade da informação" renunciou a todo ideal formativo. Nos templos públicos e privados do saber, a educação técnica e especializada corresponde a um vazio sem esperança de cultura geral, de educação orgânica ao conhecer. A atuação dos intelectuais oscila entre subordinação ao mercado e marginalidade. A capacidade de ideação e de "abstração determinada" é dificultada, anda em círculos. É como se o pensamento crítico se tivesse quebrado nas telas televisivas ou permanecesse interpolado nas redes multimediais ou tivesse perdido o sentido do seu abc: a capacidade de tentar, exprimir, comunicar, a faculdade de distinguir, na "virtualização do cultural", entre realidade e ficção. As consciências são átomos.

No entanto, a situação oferece solicitações e perguntas que alimentam imediatamente a necessidade de pensar e de dialogar. O mundo é um evento cotidiano para cada indivíduo. Podemos pensar juntos – mesmo em tempo real – com outros fisicamente muito distantes. O emergir do corpo como dimensão primária do humano, em diversas correntes filosóficas e culturais, representa uma possibilidade de superação de antiquíssimas barreiras, como entre espírito e matéria ou entre civilização e natureza, mas também entre intelectuais e saber popular ou entre Oriente e Ocidente. A potencialidade de "cruzar as fronteiras" para territórios ou linguagens até agora proibidos ou nunca aproximados constitui um tecido fenomênico e problemático de enorme alcance para a dialética da identidade e diversidade e para a dialética da universalidade e particularidade, tão intimamente ligadas à investigação filosófica ocidental, repondo de modo novo sua vocação interdisciplinar e sua aspiração a mediar entre conhecimento e senso comum.

Da consciência dessa ambivalência substancial surge a hipótese de uma pesquisa que visa sondar *se* e *como* – numa contemporaneidade ameaçada pela benjaminiana "perda da experiência" ou pela sartreana tentação para o "solipsismo" da humanidade ocidental (que hoje se configura como um gigantesco solipsismo mediático de massa) – se anunciam todavia novas dimensões e perspectivas do diálogo inter-humano.

Karl Marx usou uma vez a expressão "comunismo do capital". Pretendia sublinhar o objetivo, grandioso e contraditório, perverso, mas destinado a desencadear acontecimentos revolucionários, um processo de unificação do gênero humano posto em ato pelo sistema capitalista. A verdade dramática e também trágica da *objetividade* de tal análise está aos olhos de todos. O grande desafio que o pensamento crítico ou, se quisermos, a imaginação crítica europeia deve hoje saber identificar e enfrentar é a capacidade de opor um discurso nem puramente economicista e factual nem intencionalmente cínico e egoísta ao nó de problemas que o "comunismo do capital" propõe.

Uma primeira questão a se levantar, na hipótese ou na perspectiva de um diálogo inter-humano de tipo novo é se – como está emergindo, aliás, num debate filosófico e crítico ainda minoritário, mas vivo – sob a superfície desse "comunismo" *sui genereis* se esconde a fermentação de um "senso comum" planetário, capaz de abrir a ânsia de universalidade, inata à cultura europeia e ocidental, às particularidades de sujeitos diferentes de nós, destinados a complicar, contaminar e enriquecer a nossa identidade e a construir juntos a identidade diferenciada do gênero humano.

16.3 Mosaico Europa

Um grande germanista, Cesare Cases, a quem propus faz alguns anos aderir ao projeto de "Imaginar a Europa", assumiu uma posição que só hoje consigo intuir em todo o seu conteúdo. Para mim – disse ele – o único modo racional de pensar ou imaginar a Europa é olhar o mundo. O que ele pretendia dizer? Qual o sentido dessa afirmação?

A União Europeia é um mosaico. Poder-se-ia dizer que a dificuldade política e cultural de estabelecer a identidade-unidade desse mosaico, que vai, aliás, se estendendo cada vez mais, seja uma base para entender a dificuldade política e cultural da unidade de um mosaico bem maior, que é o mundo. Mas certamente se pode dizer também que o mosaico Europa já internamente aumenta cada vez mais as parcelas demográficas e culturais provenientes do mundo extraeuropeu ou, como se costuma dizer, extracomunitário. Assim embora cresça a Babel, o problema de fundo não decorre desse aumento, mas da própria existência de uma Babel. (Vale a pena aqui sublinhar o processo verdadeiramente "multicultural" que presidiu a formação dos Estados Unidos da América.) A Europa é, desse ponto de vista, uma metáfora hoje "pacífica" da Babel que o vasto mundo, muito mais conflitivo, tornado comum ou "comunista" pelo capitalismo, representa.

Étienne Balibar mostrou e demonstrou como a dificuldade estrutural da unidade política da Europa reside na incapacidade de idear uma política imigratória comum aos países europeus. O fato é que a própria identidade política supranacional da Europa é dificilmente concebível, hoje, sem resolver a questão de uma forma mais extensa de "cidadania" que permita um modo ou outro de inclusão dos imigrados "extracomunitários" no processo de constituição da União. Mas é possível conceber a constituição de um organismo político, estruturado e operante, que supere a *dicotomia* rígida e absoluta entre "inclusão" e "exclusão" que determina a natureza dos modernos Estados nacionais? É possível superar, no futuro, a "constituição" histórica dos Estados nacionais?

É certamente possível que o pesadelo do terrorismo, que agita terrivelmente a vigília e o sono dos Estados e dos povos do mundo ocidental, e que desencadeou uma verdadeira guerra de proporções indefinidas, inconcebível até algum tempo atrás, favoreça na Europa as políticas que visam reforçar, e até tornar irreversível, aquela dicotomia. Tanto mais importantes são, por isso, nesta fase histórica, a vigilância do pensamento crítico e o seu empenho em medir sua capacidade de agir para a valorização e transformação do "senso comum".

16.4 Um humanismo anticolonial

A Europa vive uma época delicadíssima da sua realidade política e econômica, histórica e cultural. A União Europeia se apresenta quase exangue no cenário mundial em que novamente, desde que os Estados Unidos (já com a primeira Guerra do Golfo) reafirmaram prepotentemente a pretensão hegemônica imperial, a força principal parece ser imediatamente a das armas.

A realidade está em movimento. A tradicional subordinação econômica e militar da Europa aos Estados Unidos mostrou as primeiras rachaduras. No entanto, é um sinal inquietante que um país notoriamente cético em relação à Europa como é a Grã--Bretanha e, por assim dizer, aliado de ferro dos Estados Unidos, tenha podido esboçar recentemente uma pretensão de liderança no contexto da União que, felizmente, parece redimensionada. Ao "materialismo vulgar", ou seja, ao primado do fogo e do dólar que caracteriza a política internacional, faz contraponto, na sociedade civil, o perigoso aguçamento de uma guerra mundial ideológica (que se insinuou durante todo o século passado) que aos argumentos pragmáticos da força econômica e militar opõe o peso de valores que de novo proponham imediatamente uma antiga "centralidade" planetária da Europa: a religião e a cultura.

Numa manifestação organizada no ano 2000 pela associação "Imaginar a Europa" na Universidade de Nápoles L'Orientale, a jornada inaugural foi animada pelo diálogo entre o filósofo francês Étienne Balibar e o promotor dos *Cultural Studies* na Grã-Bretanha, Stuart Hall.

O tema daquela manifestação reatava-se imediatamente com o *humanismo da convivência*. O título geral era *A Europa fora da Europa*; o título específico do debate inaugural era *A viagem do pensamento crítico europeu entre as culturas pós-coloniais*. Na base da iniciativa estava a convicção de que os "Estudos pós-coloniais" introduziram um novo paradigma na modalidade de interrogação da "identidade" tanto na Europa como fora dela. O *depois* não implica aqui uma fuga da história. Pelo contrário, comporta a consciência de que o colonialismo europeu criou as raízes ainda vivas e ainda ensanguentadas do mundo moderno, juntando territórios, povos e culturas num destino comum ou entrelaçado, que hoje explode: entre vontade de libertação, pretensão de hegemonia, anarquia do mercado.

Uma tarefa imprescindível para a construção da Europa, que se opõe ao "materialismo vulgar", hoje hegemônico, no chamado mundo livre ou ocidental, é a capacidade de viver, como se dizia numa época, o "presente da história". Repensar a longa história do colonialismo, que ressurge impetuosamente na dialética do presente, significa propor sem hesitação a qualificação *anticolonial* de uma nova Europa.

O *humanismo da convivência*[2] tem em mente a "conversação civil" entre povos e culturas da Europa, mas também entre civilização e "cidadanias" europeias e extraeuropeias. Um *humanismo* espoliado de todos os ouropéis retóricos e elitistas e um *Iluminismo* crítico de toda abstração, imerso na luz da história, parecem referências essenciais para "pensar" ou "imaginar a Europa" neste início de século.

O humanismo renascentista – cuja tensão geocultural é bom recordar, pois colocou em diálogo, mas também em concorrên-

---

2 A expressão foi usada pela primeira vez num congresso organizado em 2001 na Universidade de Bremen por Hans Jörg Sandkühler. Cf. Primeira Parte.

cia, a tradição mediterrânea de predominância italiana com a da Europa setentrional – tematizou uma humanidade "excelente", que encontra expressão sobretudo no *vir* (viril). A elaboração de uma humanidade mais geral e, se a expressão não estivesse comprometida, mais "democrática e popular" – aquela, podemos dizer, do *homo* (homem) – foi a grande contribuição do Século das Luzes.

16.5 "Conversação civil"

Falar de humanismo da convivência significa sublinhar ou, se quisermos, propor um ideal de vida que se inspira na "conversação civil" renascentista (Leon Battista Alberti) como fundamento tanto do tecido social como da "cotidianidade da existência".

A época da globalização registra uma renovada e aumentada hegemonia econômica e cultural de um americanismo com vocação planetária (com o qual é preciso confrontar-se sem subordinações, nem demonizações), mas também o emergir impetuoso de filosofias e ideologias "pós-coloniais" que atravessam um arco bastante vasto, que vai do ímpeto agressivo e instrumental de fundamentalismos antiocidentais a concepções progressivas e de longa visão de uma autêntica democracia internacional. A Europa pode e deve encontrar um espaço original e autônomo próprio na tensão dialética entre "passado e presente". Num cenário planetário que associa, ao que demasiado frequentemente é apresentado como um brutal pragmatismo dos "fatos" econômicos e militares, uma problemática ideológica e cultural tão complexa – que oculta também ingenuidades, populismos e manipulações de todo gênero –, a dimensão europeia de um projeto civil de fôlego mundial não pode prescindir do chamado à necessidade de uma memória histórica viva. Dessa tensão entre "passado e presente" surge quase espontânea a ideia de interrogar o sentido e a atualidade possível do humanismo. Falamos de "novo humanismo" com a consciência de que é preciso aplicar a esse antigo "valor" europeu a capacidade de criticar e de autocriticar tudo o que de acadêmico, de aristocrático, de evasivo seguiu-se historicamente dele.

Se é verdade que o berço remoto da cultura europeia está em Homero, em Sócrates, em Sófocles, é com a ruptura e a virada do humanismo e do Renascimento que se delineou pela primeira vez em toda a sua concretude o projeto histórico de uma linguagem comum e de valores compartilhados numa dimensão "moderna" (ou, para sermos rigorosos, "pós-moderna"). À luz dos acontecimentos históricos, "modernidade" significa, ou deve significar também, fim ou superação de toda pretensão de "centralismo", da Europa ou do Ocidente no seu conjunto, ou de hegemonismo por parte de países individuais, e, portanto, predisposição a um confronto-encontro entre tradições filosóficas e culturais nacionais ricas de um fôlego "internacional-europeu".

Podemos indicar o nosso objetivo como capacidade de contribuir para reformar na Europa um clima "intercultural" apropriado à necessidade não só de opor-se às ondas fundamentalistas que degradam o mundo, mas também de reequilibrar as recepções do materialismo economicista e tecnológico com um novo humanismo, que reúna as melhores energias de uma historicidade europeia, conscientemente antieurocêntrica, em diálogo produtivo com outras historicidades.

16.6 Povos-nações

Quais são os *sujeitos* do humanismo da convivência? Antonio Gramsci destacou como na sociedade de massa os sujeitos não são mais apenas indivíduos; ou seja, como os demais indivíduos, não somos mais os cidadãos singulares apenas, mas grupos sociais, cada vez mais complexos, chegando aos povos e às nações e, além, aos organismos transnacionais e à dimensão planetária que cada vez mais (in)forma a vida cotidiana. É um processo intuído e sublinhado por Gramsci, que foi radicalizando-se nas últimas décadas.

A ideia central da libertação, no período "clássico" das lutas anticoloniais e anti-imperialistas, foi a autodeterminação dos povos para uma convivência pacífica das nações. Ainda hoje é uma ideia guia que, porém, conhece limitações e instâncias de superação. A realidade em movimento (e paradoxalmente já em crise) da "nova" Europa constitui um exemplar balão de ensaio para tal processo de transformação.

Balibar[3] observou que, seja enquanto *ethnos* (identidade histórico-cultural), seja enquanto *demos* (potência constituinte), um "povo" europeu (ainda) não existe. Aqui surge um problema.

Não poderia exatamente essa falta – que torna tão difícil a Europa – representar não só ou não tanto um defeito, quanto um fato ou fator dinâmico, um elemento estrutural para um processo de *constituição* material e formal de tipo novo, adequado a um mundo em movimento, no qual o progresso implica o abandono ou a rejeição de identidades rígidas, arraigadas a pertenças étnicas unilaterais ou a construções estatais exclusivas e excludentes?

Se fosse assim, a tarefa urgente e objetiva, em sua complexidade, da Europa poderia ser a de "imaginar" concretamente, ou seja, inventar ou construir na práxis cotidiana, o "povo" europeu e o seu *outro*, uma "nova cidadania". Mas isso é possível? E em que direção?

Vem em socorro um grande intelectual europeu do Renascimento, reinterpretado por um intelectual do século XX. Nenhum dos dois é pensador abstrato, antes estreitamente ligado à prática. Refiro-me a Nicolau Maquiavel e a Antonio Gramsci.

---

3 Balibar, *Nous, citoyens d'Europe?*, p.288 et seq.

A hipótese é que seja possível, *mutatis mutandis*, aplicar à Europa o discurso que Maquiavel faz sobre o "príncipe" e Gramsci faz sobre o "príncipe moderno" a propósito da Itália.

Gramsci escreve que a ideologia de Maquiavel é uma "ideologia" que "se torna mito", "uma criação de fantasia concreta que opera sobre um povo disperso e pulverizado para suscitar e organizar a sua vontade coletiva". Para "educar" um povo tão evanescente – o que, segundo Gramsci, é a sua intenção – "Maquiavel mesmo se faz povo, se confunde com o povo". Parece assim que "todo o trabalho 'lógico' seja apenas uma autorreflexão do povo, um raciocínio interno, que se faz na consciência popular".[4]

Imaginar a Itália significa – na modalidade com que Maquiavel vive e revive no pensamento de Gramsci – algo conscientemente, mas fecundamente contraditório: significa "a invocação de um príncipe, 'realmente existente'" – mesmo se este ainda "não existisse na realidade histórica" – capaz de promover "o concretizar-se de uma vontade coletiva" por parte de um povo também por vir, ou seja, a ser formado, se diria, a fermentar.

É como se a teoria se atribuísse o papel da prática, antecipando-a, libertando-a de suas mesquinhezas presentes e lhe indicando os caminhos profundos da história. É essencial que esse caminho não seja quixotescamente fantasiado, mas esteja realmente já em ato, pelo menos embrionariamente, ainda que manchado e escondido pelo poder dominante e pelos processos hegemônicos.

Aqui nasce aquela oscilação entre realidade e imaginação, entre revolução e utopia, ou seja, aquela peculiar dialética entre pensamento e ação de tipo *jacobino* ("no significado integral" – diz Gramsci – "que essa noção teve historicamente e deve ter conceitualmente") que Gramsci reconhece em Maquiavel e faz sua, obtendo, com um evidente salto histórico enorme, mas sem

---

4 Gramsci, *Quaderni del carcere*, 13, *1*, p.1556.

solução *lógica* de continuidade, de poder passar de modo fluido e persuasivo do "príncipe" para o "príncipe moderno".

Gramsci observa ainda:

> O príncipe moderno, ou seja, o mito-príncipe, não pode ser uma pessoa real, um indivíduo concreto, pode ser apenas um organismo; um elemento da sociedade complexo no qual já tenha início o concretizar-se de uma vontade coletiva reconhecida e afirmada parcialmente na ação.[5]

É sabido que um "organismo" desse gênero era, para Gramsci, o partido político. Mas o que mais conta – e que liga estruturalmente a instância do "príncipe moderno" com a formação de "intelectuais orgânicos" – é que esse organismo deve ter um caráter "criativo original", de modo a "endereçar" a sociedade para "uma concretude e racionalidade ainda não verificadas e criticadas por uma experiência histórica real e universalmente conhecida".

"Povo"–"príncipe moderno"–,"intelectuais orgânicos": este triângulo categorial gramsciano, que apareceu (poder-se-ia dizer, desde sempre) tão *passé*, poderia ter hoje muito a ensinar-nos para aprendermos a manejá-lo sem preconceitos ou esquemas pré-constituídos no contexto desta nossa complexa sociedade europeia e global.

A Itália do século XVI e do século XX, e a Europa do século XXI são realidades obviamente incomensuráveis, assim como as problemáticas dos respectivos "povos" e dos respectivos "príncipes". Há, porém, um elemento forte de analogia. O povo europeu é, ainda que por motivos completamente diversos, igualmente "disperso e pulverizado" como o italiano tanto da época de Maquiavel como de Gramsci; igualmente decisiva, para uma construção da Europa não burocrática ou puramente

---

5 Ibid., 13, *1*, p.1558.

institucional parece ser a necessidade política de organismos capazes de "suscitar e organizar a sua vontade coletiva", como também – escreveu Balibar – a necessidade ativa de "intelectuais suficientemente 'orgânicos', ou seja, envolvidos pessoal e institucionalmente (inclusive a Universidade) na luta pela transformação da Europa".[6]

Há mais e diferente. Aquele fenômeno "grande" e "terrível", potencialmente revolucionário mas atualmente dilacerante, que Gramsci chamava "unificação do gênero humano" – que hoje se acelera impetuosamente, em condições não mais classicamente coloniais, mas pós e neocoloniais –, impõe o repensar da categoria que foi central para toda a Idade Moderna e maciçamente para o século XX: "povo-nação".

Pensador e defensor do "povo-nação" – com uma energia e uma radicalidade muito explicáveis numa Itália fascista que tinha feito daquele povo-nação uma caricatura e um fetiche –, Gramsci começa a entrever a superação da sua centralidade *política*.

Ele escreve:

> A história contemporânea oferece um modelo para compreender o passado italiano: existe hoje uma consciência cultural europeia e uma série de manifestações de intelectuais e políticos que sustentam a necessidade de uma união europeia: pode-se também dizer que o processo histórico tende para essa união e que existem muitas forças materiais que só nessa união poderão desenvolver-se. Se dentro de x anos essa união for realizada, a palavra "nacionalismo" terá o mesmo valor arqueológico que o atual "municipalismo".[7]

Poderemos perguntar a Gramsci: qual é ou será o povo--nação da União Europeia? Está em jogo uma nova configuração

---

6 Balibar, op. cit., p.296.
7 Gramsci, *Quaderni del carcere*, 6, *78*, p.748.

popular-nacional ou se trata mais de uma associação-federação de povos-nações diversos? Ou talvez esteja em ato alguma coisa diferente de ambas?

A grandeza de Gramsci está também na sua consciência, que quase não há igual na tradição marxista, de uma profunda e estrutural *ambivalência* do dado nacional numa perspectiva objetivamente internacional e internacionalista. O caso do "seu" país é, desse ponto de vista, emblemático. Pesa, de fato, segundo ele, sobre o maciço atraso histórico da unificação política e cultural italiana, a tradição "cosmopolita" dos intelectuais italianos e até mesmo do povo italiano. Essa tradição parece a ele, porém, não só como um defeito, mas, no panorama atual do mundo, como um possível elemento de progresso. Entende-se, então, por que ele pôde atribuir, historicamente, ao "caráter do 'gênio' italiano" ter tido ou "ter uma função europeia", ou "internacional-europeia"[8] e achar que está compreendido o projeto de um "cosmopolitismo de tipo moderno"[9] traçado pela Itália.

16.7 O príncipe pós-moderno

Na oposição ao populismo grosseiro e ao chauvinismo fascista, Gramsci aprofunda a análise e traça uma estratégia da dimensão "nacional-popular" italiana; no entanto, exatamente essa sua pertença nacional faz nascer nele uma primeira consciência do inevitável, ainda que no seu tempo apenas embrionário, declínio do papel histórico da "nação", assim como do "Estado-nação" e do "povo-nação".

Gramsci entrevê a necessidade, tanto teórica como prática, de uma progressiva dissolução do "povo", com as suas contradições e ambivalências estruturais, na "sociedade civil". É um

---

8 Ibid., 3, *80*, p.360.
9 Ibid., 19, *5*, p.1988.

desenvolvimento inato ao processo de historicização e laicização, portanto, de deformação, do fundamento material da política, ou seja, do Estado. Não se poderia entender a ênfase dos nexos hegemonia-democracia, sociedade civil-Estado – verdadeiros baluartes da filosofia gramsciana – se não se levasse em conta uma tendencial perda de consistência "política" do povo *enquanto tal*.

Sem dever ou poder fazer dele um precursor de Deleuze – que, num clima histórico diferente, declarará que "o povo não existe mais, ou ainda não", e desse "desaparecimento" pensará que deve partir uma filosofia política adequada ao estado do mundo –, é possível considerar Gramsci em alguns aspectos, como neste, um pensador em antecipação ao seu tempo.

É difícil dizer se "'não existe' ou 'ainda não existe' um povo europeu". Valeria a pena aprofundar a hipótese gramsciana de superação ou dissolução do povo na sociedade civil, para interrogar-se, se me for permitida a brincadeira, sobre o "príncipe pós-moderno" que deveria formar a Europa.

É um lugar comum dizer que é necessário construir uma Europa antieurocêntrica. Na realidade, faz quase um século que a Europa perdeu a sua centralidade. O próprio Gramsci sabia muito bem disso.[10] Hoje talvez o objetivo do Velho Continente seja conquistar um espaço reconhecível e reconhecido num mundo fortemente unificado que tem um centro bem diferente ou, como afirmam os autores de *Império*,[11] não tem nenhum.

O *eurocentrismo* é, no entanto, uma verdade histórica que ainda pesa, que *pende* sobre o mundo de hoje. A colonização europeia está nas origens daquela "unificação do gênero humano", cujos desenvolvimentos econômicos e políticos levam hoje o nome de *globalização*. Devemos ser mais precisos: não a colonização sozinha, mas junto com ela, as lutas anticoloniais unificaram e unificam o mundo. Esta é a consciência que ilumi-

---

10 Ibid., 2, *24*, p.181.
11 Hardt; Negri, *Impero*.

na o sentido profundo da expressão "pós-colonial", ao mesmo tempo tão atual e inatual se levarmos em conta a fortíssima onda neocolonial que percorre o Sul do planeta. Poder-se-ia dizer que "colonial", "pós-colonial" e "neocolonial" são "prismas" pelos quais passa um mesmo "raio" (para retomar uma conhecida referência gramsciana). O último prisma é o "descolonial", que não desparece nunca porque deve reaparecer a todo momento.

Há uma *verdade* diferente, não histórica mas atual, do eurocentrismo sobre a qual vale a pena refletir. Não mais diz respeito à Europa "fora da Europa";[12] mas a esse *fora* que viaja e se insere "dentro da Europa" e assim a reconhece novamente, numa modalidade invertida, como um *centro*. É um jogo de palavras, mas toca na substância das coisas.

Imaginemos poeticamente essa verdade, traduzindo ou "transcriando" – como o próprio autor se exprime – o poema do concretista brasileiro, falecido em 2003, Haroldo de Campos, *Finismundo: a última viagem* [de Ulisses]. Mais do que da última, trata-se de uma nova viagem, não mais de volta, mas de ida – de um *Ulisses tropical*, onde "trópico" representa, para o projeto "tropicomediterrâneo" ou "tropicomundo" elaborado pela *network* "Imaginar a Europa em trânsito atlântico", a metáfora de um mundo em movimento onde as periferias são ou fazem o centro, ou se fundem com o centro. Haroldo fala de um "Odisseu multiardiloso" que repõe o mito de quem "quer transgredir a medida [...] ousando o mais: o além da volta – o antes", ou seja, a "ida" para "a proibida geografia do Éden – Paraíso terreno":[13] é a empresa muitas vezes desesperada daquela enorme massa de "viajantes", ou seja, das cidadãs e cidadãos de tantas "periferias" do mundo, que emigram para os "centros" (entre os quais um privilegiado é a Europa) e, desse modo, colocam em discussão essa própria separação.

---

12 Balibar, L'Europa fuori dall'Europa, *Crítica Marxista*, n.5, p.33-8.
13 Campos, Finismundo, *Baldus*, v.6, p.103 et seq.

Balibar insistiu na necessidade de reprimir o *apartheid* interno à Europa, "face negra de uma cidadania europeia transnacional", constituído por aquelas "fronteiras" em geral escondidas que delimitam os lugares de segregação de milhares dos chamados imigrantes "clandestinos".

Em termos mais gerais, uma política migratória europeia capaz de aceitar racionalmente, sem lamentos e sem ênfases, sem empecilhos e sem leviandades, o desafio dessa "última viagem de Ulisses", de um *Ulisses tropical,* é um balão de ensaio decisivo para a "democratização das fronteiras" de que a Europa (como o mundo) precisa.

Se considerar o "presente como história" não é uma declaração retórica, mas uma indicação prática, isso vale de modo particular para aquela que Gramsci chamava de "união europeia" no contexto mundial. É um inevitável e substancial destino histórico que o "príncipe" da "união europeia" deva ter a ver com um "povo disperso e pulverizado" que não provém só da diversidade dos tantos países que a compõem, mas de países de todo o mundo, colonizados pela Europa e hoje, de certo modo, colonizadores ao contrário.

A dialética da colonização e descolonização é a premissa da globalização. A nova Europa nasce – nascerá verdadeiramente – nesta época de globalização. O processo da sua *constituição* material e formal não pode e não poderá não levar em conta essa novidade que tem raízes longínquas. Ideação e irradiação de um *humanismo da convivência* entre indivíduos e povos, como entre grupos e massas sociais (ou "multidões") do planeta inteiro, numa perspectiva relacional, estranha à pretensão de centralidade ou hegemonismo da ou das grandes potências, poderiam ser a contribuição do velho continente para a "unificação do gênero humano". O futuro tem um coração antigo.

XVII
Nuestra América: Gramsci e a Venezuela

17.1 *Nuestra América*, nosso mundo

Quando Kafka escrevia *Amerika* e Gramsci "Americanismo e fordismo", a identidade "americana" parecia monopólio dos Estados Unidos. Hoje não é mais assim. Anglo-saxões e latinos dividem entre si o campo. Os *latinos* não são mais uma minoria insignificante no país hegemônico no mundo. A ideia de uma *"nuestra América... nueva... mestiza... trabajadora"*, com uma expressão usada faz mais de cem anos pelo comunista e poeta cubano José Martí, retomada por Alejo Carpentier na Universidade de Caracas em 1975, começa a abalar a autoconsciência de toda a América. Aliás, a ideia de que a *americanidade* atravessa historicamente e até preceda a diferenciação linguístico cultural, e que "a América é uma forma de sociedade antes de ser uma área geográfica", foi sustentada pelo grande estudioso brasileiro Sérgio Buarque de Holanda em 1940: "Prescindindo de tudo o que nos distingue dos anglo-saxões da América, ainda restam zonas

Giorgio Baratta

de coincidência nascidas nas primeiras épocas da colonização, que o tempo não apagou".[1]

Gramsci era consciente da estratégia estadunidense de tornar a América Latina dependente.

> *América.* É latina a América central e meridional? E em que consiste essa latinidade? Grande fracionamento, que não é casual. Os Estados Unidos, concentrados e que através da política da emigração procuram não só manter, mas aumentar essa concentração [...], exercem um grande peso para manter essa desagregação, à qual procuram sobrepor uma rede de organizações e movimentos guiados por eles.[2]

No texto reproduzido aparece uma expressão emblemática, que Gramsci emprega nas *Teses* de 1926 para descrever no seu conjunto a Itália do Sul como grande zona rural diante do Norte metaforizado como "cidade": "desagregação". É significativo que, segundo o *topos* de aproximar um conceito dicotômico de uma categoria relevante, Gramsci use aqui "concentração", que tem um significado econômico, além de político e social. "Desagregação" se opõe a "organização", outra expressão emblemática nos *Cadernos*, assim como "organismo", sobretudo na sua forma adjetiva de "orgânico". A questão-chave da hegemonia e da luta hegemônica é uma questão de organização, destinada a tornar orgânico o que em nível cultural, além de social e político, parece fracionado ou fragmentário, incoerente, dispersivo, noutras palavras: desagregado. Poder-se-ia dizer que a pesquisa decisiva nos *Cadernos*, de estudar os caminhos e identificar os instrumentos para a construção da "autonomia" por parte das classes subalternas, que por natureza são privadas deles, seja o

---

1 Buarque de Holanda, Considerações sobre o americanismo. In: *Cobra de vidro*, p.27; cf. item 18.1.
2 Gramsci, *Quaderni del carcere*, 3, 5, p.290.

polo complementar para a "hegemonia", sem o qual a própria hegemonia permaneceria uma palavra vazia. Daí a dialética complexa que coloca em conexão "espírito de cisão" e instância da "unidade": momentos diversos, mas complementares, ao mesmo tempo necessários para promover organização e organicidade onde se apresentam desagregação e fracionamento.

Nuestra América é um componente fundamental do processo alternativo à "nova ordem" com a qual os Estados Unidos, correspondendo ao seu inveterado projeto imperial-colonial, esforçam-se por gerir ou guiar a globalização.[3]

Pode ser oportuno abrir um parêntese e ampliar o horizonte territorial do nosso tema.

Refiro-me ao ensaio "On Some Aspects of the Historiography of Colonial India" [Sobre alguns aspectos da historiografia da Índia colonial], manifesto programático de Ranajit Guha no primeiro volume dos *Subaltern Studies* (1982).[4] Se considerarmos o seu estabelecimento estrutural, a sua inspiração resulta afim à de outros dois textos, fundadores para a análise social e política de inspiração marxista do século XX: o *Rapporto di inchiesta sul movimento contadino nello Hunan* [Relatório de pesquisa sobre o movimento camponês em Hunan] (1927), de Mao Tsé-Tung,[5] e "Alcuni temi della quistione meridionale" [Alguns temas da questão meridional] (1926), de Antonio Gramsci.[6] Em todos os três casos, o ponto de referência é a metodologia marxiana de análise da sociedade capitalista, aplicada a situações de capitalismo periférico ou semiperiférico, onde, por isso, a componente

---

3 A propósito da gênese e do significado da expressão *nuestra América*, cf. Batà, *José Martí*, p.119 et seq.

4 Guha, On Some Aspects of the Historiography of Colonial India. *Subaltern Studies*, p.1-8.

5 Mao Tsé-Tung, *Rapporto di inchiesta sul movimento contadino nello Hunan*. In: *Opere*, v.I.

6 Gramsci, Alcuni temi della quistione meridionale. In: *La construzione del Partito comunista*, p.137-58.

camponesa ou marginal, a desagregação do tecido social, a dificuldade da formação de uma consciência de classe representam os nós estruturais para o desenvolvimento de uma estratégia política e intelectual antagônica.

Concentrando a atenção sobre o relatório Gramsci-Guha, acho que a congruência metodológica do pensamento dos dois autores constitui um elemento precioso para estabelecer uma linha de continuidade na crítica do capitalismo e do imperialismo entre a primeira e a segunda parte do século XX, como entre Ocidente e Oriente. Concretamente, pode-se considerar o *leitmotiv* da abordagem de Guha para com os *Subaltern Studies* como uma retomada inovadora do programa de estudo sobre a "história dos grupos sociais subalternos" estabelecido por Gramsci no "caderno especial" 25, mas já expresso no *Caderno 3*, onde se falava de "classes subalternas".

Guha ataca poderosamente o vício fatal inerente a toda análise social conduzida numa ótica "burguesa", exemplarmente posta à luz por Gramsci com o *Anti-Croce*: o ocultamento da "dicotomia estrutural" da sociedade classista e a pretensão de que a burguesia possa "falar pela nação inteira". Segundo Guha (como já segundo Gramsci), não se trata, porém, de propor de novo de modo rígido e simplista uma lógica binária consciente das contradições, e por isso oposta a um universalismo formal que remova ou oculte aquelas contradições reais e negue a dicotomia. Trata-se antes de repensar dialeticamente a centralidade, mas ao mesmo tempo a ambiguidade ou ambivalência intrínseca da interligação entre *Estado, povo e nação*, constitutiva da modernidade europeia e ocidental, assim como da "passagem" para a modernidade dos países ex-coloniais. "Estado-nação" e "povo-nação" são categorias ambíguas, porque implicam geralmente uma *unidade* que não subsiste, e que, no entanto, representa o fundamento ideológico da "democracia" ao qual fazem e devem fazer referência os defensores e os organizadores de qualquer forma de Estado em sentido moderno. (Com a prática ideológica ou ideologia prática da democracia devem agora ajustar as contas, ainda que seja por oposição, também os que apoiam um Estado confessional.)

Parece – e de certo modo é – um curto-circuito enfrentar a análise dos grupos sociais subalternos, em situações de capitalismo marginal, em conexão direta com a questão da democracia e do Estado moderno de direito. O fato é que a globalização aproximou tempos e espaços, história e geografia. Itália, China e Índia, referindo-se à "pátria" dos autores mencionados, são hoje, todas as três, ainda que em níveis e contextos fortemente diferenciados, realidades *modernas*, não menos do que são, em níveis e contextos muito diversos, países como os Estados Unidos e a Inglaterra. Estão distantes os tempos em que um país avançado constituía objetivamente um modelo de desenvolvimento para os países mais atrasados e, portanto, menos modernos. Marx, com o olhar voltado para a Inglaterra, intimava os "outros": *tua res agitur*. Não obstante a antinomia socialista constituída pela União Soviética e a presença de desequilíbrios estruturais, de caráter espacial-territorial, evidenciada por Gramsci nas dicotomias Norte-Sul (no nível econômico) e Oriente-Ocidente (no nível político), de seu ponto de vista o país-guia (no caso, os Estados Unidos) continuava a representar sob diversos aspectos um modelo de desenvolvimento.

Hoje, em particular depois do extraordinário terrível 1989 e a tragédia do Onze de Setembro, a função de modelo do país-guia conserva-se, mas só no nível *ideológico*: o destino (e infortúnios) planetário do neoamericanismo o demonstra. A modernidade contemporânea está intimamente cindida e incoerente: é preciso anotar isso. Não se trata de negar os caracteres constitutivos e comuns da globalização. Pelo contrário. Said, por exemplo, retoma conscientemente a inspiração gramsciana, mas já marxiana (pensemos em *A ideologia alemã*), com relação ao processo objetivo irresistível de "unificação do gênero humano". O contraponto do mundo une o "diverso": exatamente aqui está a diferença da hodierna geopolítica em comparação com o "historicismo" marxista clássico, que considerava a sucessão de épocas segundo um ritmo linear e homogêneo: hoje o "diverso" é por natureza, história, constituição e perspectiva estruturalmente *não redutível*. A enorme fraqueza dos Estados Unidos como país hegemônico – que os leva, aliás, a aventuras de guerra que provocam desventuras em todo o mundo – está na incapacidade, ou melhor, na impossibilidade econômica, social e política de representar *o* modelo de desenvolvimento quer para os países concorrentes (como os Estados europeus, o Japão e a China) quer para os mais atrasados, numa escala que progride para a miséria absoluta.

E assim, na *regressão* do presente, a convivência de direito e violência, de riqueza e pobreza, de desenvolvimento e subdesenvolvimento, de hegemonia e subalternidade se faz sempre mais vistosa, com os seus riscos catastróficos e as barreiras que ela põe aos movimentos de libertação.

Voltemos à América Latina. Torna-se cada vez mais evidente como uma estratégia anti-imperialista capaz de sucesso exige um equilíbrio sábio e não fácil entre as razões que apelam para o orgulho nacional e as que representam a procura de uma progressiva integração de áreas econômicas, em condições de opor--se, para citar a passagem final do texto supracitado de Gramsci, à tentativa dos Estados Unidos de "sobrepor" à "desagregação" da América Latina do Centro e do Sul do continente "uma rede de organizações e movimentos guiados por eles". Daí o paralelo, que começa a abrir caminho de maneira irresistível, ainda que *mutatis mutandis*, com a busca complexa e, pelo que parece, bastante incerta, embora essencial, de uma "união europeia" (para usar mais uma vez uma expressão gramsciana).

Citamos o processo de modernização na Índia e na China que, como Gramsci profetizou no *Caderno* 2, poderia deslocar o eixo fundamental do futuro equilíbrio geopolítico do Atlântico para o Pacífico. Um processo de modernização igual ocorre no continente americano em seu componente latino. É significativo

que os países-guia dessa dinâmica, do ponto de vista econômico-
-social, o Brasil e a Venezuela, sejam aqueles onde mais se impôs
nos anos recentes uma forte política internacional, certamente
diversa nos dois países, mas em ambos os casos voltada para a
independência da América Latina. Isso significa que não uma reviravolta, mas uma perturbação – e talvez um contraponto – entre
centros e periferias representa o fundamento material de uma
"nova cultura" nacional-internacional, como aquela que o "nosso
mundo" espera de uma corajosa e decidida *nuestra América*.

17.2 Chávez, leitor de Gramsci

O interesse da comprometida referência a Gramsci, no discurso do presidente da Venezuela, Hugo Chávez, em 2 de junho
de 2007, está na ótica insólita, para a América Latina, a partir da
qual ele olha o pensador sardo. Os dois grandes sulcos que há
décadas canalizam a grande variedade de abordagens e interpretações de Gramsci no Brasil como na Argentina, no México como
no Chile, para citar só alguns países, são os *movimentos* sociais
e civis, de luta pela terra e pelo trabalho à luta pelos direitos
civis, culturais, educativos, e a *democracia*, como ruptura de uma
tradição autoritária, caudilhista e atrasada do exercício do poder.
Poder-se-ia afirmar que, comparando a recepção de Gramsci nos
Estados Unidos e na América Latina, nesta se acentuou sobretudo a aderência ao seu pensamento da centralidade e da articulação
da sociedade civil, seja separadamente, seja como fundamento do
Estado. Se nos Estados Unidos se olha em geral para a questão
dos intelectuais, para a dimensão institucional e civil, e para o
quadro democrático da luta hegemônica, a partir de uma situação
em que determinadas regras – mas não a substância do próprio
quadro democrático – aparecem garantidas, na América Latina
se acentua a dimensão social, civil e educativa do movimento de
conquista tanto da democracia quanto de objetivos de justiça e

de igualdade. Certamente esta é uma esquematização, que só em parte corresponde a um caleidoscópio fortemente facetado.

O discurso de Chávez parece filologicamente consciente e politicamente eficaz. Ele inicia uma operação nova, cujo significado e interesse não podem ser evitados. Chávez parte lucidamente, a propósito do seu país, de uma situação descritível, para citar Gramsci, como expressão de "afastamento da sociedade civil em relação à sociedade política" e na qual "se colocou um novo problema de hegemonia, ou seja, a base histórica do Estado foi deslocada". Para continuar com Gramsci: "[assim] se tem uma forma extrema de sociedade política: ou para lutar contra o novo e conservar o que está vacilante consolidando-o coercitivamente, ou como expressão do novo para despedaçar as resistências que encontra ao desenvolver-se".[7]

Ouçamos Chávez:

> Gramsci esboçou e desenvolveu a tese do bloco histórico: a hegemonia de uma classe que consegue criar um bloco histórico no qual podem ser bem identificadas as estruturas e superestruturas. Perdoai-me se sou um pouco acadêmico, mas sei que o nível cultural do nosso povo deu um enorme salto de qualidade, e que em cada lugar e momento estamos todos em condições de refletir sobre essas teorias que iluminam a realidade para melhor compreendê-la. Gramsci, quando fala de superestrutura [...] [ou seja], a superestrutura do bloco histórico dominante, diz que ela tem dois níveis: a sociedade política e a sociedade civil. Podemos resumir muito bem a primeira nas instituições do Estado e do governo, portanto, nas instituições políticas; a segunda é um complexo de instituições econômicas, de organismos ou instituições comumente ditas "privadas", por meio das quais a classe dominante pode difundir, estender e colocar em todos os espaços da vida a sua ideologia, e aqui chegamos à realidade venezuelana de hoje. Uma das grandes contradições que temos hoje na Venezuela está, preci-

---

7 Id., *Quaderni del carcere*, 7, *28*, p.876.

samente, [...] [na diferença] entre a sociedade política – o Estado que experimentou um processo de transformação e libertação – e uma sociedade, dita civil, de instituições comumente privadas, que agora não controlam o Estado.

Chávez recorda que a classe dominante da Venezuela tinha estruturado-se em "bloco histórico" conseguindo subordinar "a sociedade política à sociedade civil, entendendo esta em sentido gramsciano". O que aconteceu com a "Revolução" e o que está sucedendo hoje, quais são as tarefas do momento?

> Nós estamos libertando o Estado, porque a sociedade civil burguesa controlava o Estado venezuelano ao seu bel-prazer, manipulava o governo, o poder legislativo, o judiciário, as empresas estatais, o banco público, o orçamento nacional. Ela está perdendo tudo isso, senão totalmente, ao menos na substância. E agora se apegaram aos núcleos duros da sociedade civil burguesa, utilizando, às vezes de modo desesperado, os espaços que sobram naquelas instituições assinaladas por Gramsci: a Igreja, os meios de comunicação e o sistema educativo. Daí a necessidade de entender o cenário da batalha.[8]

Insistindo, dada a delicadeza do assunto, com um discurso esquemático, mas claro, direi que Chávez, que se refere explicitamente à dialética gramsciana entre o velho e o novo, propõe uma ideia "forte" de Estado – definido como "novo Estado socialista e humanista" – que Gramsci poderia ter chamado de expressão de "estatolatria"[9] necessária mas provisória, capaz de promover a transformação em sentido democrático das instituições fundamentais da sociedade civil. Essas instituições são sobretudo a Igreja, a escola e os *media*, que Chávez considera ainda como

---

8 Comício do presidente Hugo Chávez realizado em Caracas, 2/6/2007.
9 Burgio, *Per Gramsci*, p.109-19, abordou a categoria conexa de "cesarismo" e a sua "ambivalência" entre "progressivo" e "regressivo".

expressões da hegemonia e do controle das classes dominantes sobre as classes populares. Não é de importância secundária a proposta de atribuição de categoria constitucional, no âmbito do Estado, ao *Poder Popular*, formado por "conselhos comunitários, operários, estudantis, camponeses", que se somam ao tríplice poder legislativo, executivo e judiciário, e que, junto com as *misiones sociales*, deveria garantir um nexo participativo e democrático entre novo Estado e nova sociedade civil.

Poder-se-ia comparar o discurso de Chávez com a colocação da análise gramsciana da necessidade-dificuldade, para o socialismo soviético filho de Outubro, de fazer avançar junto com a transformação social a "revolução cultural" e política para um envolvimento das massas na gestão do Estado, o horizonte internacional. Atenção, porém. Mais do que para a URSS como realmente se desenvolveu, uma comparação mais apropriada deveria seguir o ritmo que Gramsci desejava. O discurso seria complexo, mas iríamos rapidamente à substância da problemática. Gramsci exprime claramente os riscos objetivos e naturais da "estatolatria" para a União Soviética, país socialista sitiado e socialmente atrasado como situação de partida; e distingue uma "estatolatria" estrutural, fechada em si mesma e autolegitimada, de uma "estatolatria" puramente transitória e consciente da necessidade de abrir-se ao seu contrário: a participação dos indivíduos e dos grupos sociais na propriedade da coisa pública e no exercício do poder. A batalha teórica dos *Cadernos* está voltada seja para a construção de uma luta hegemônica no Ocidente por uma reforma intelectual e moral da sociedade e por um progresso material e cultural das massas, seja à individuação de situações e instrumentos capazes de contrastar com aqueles processos no Oriente soviético que, mesmo sem evidentemente chamá-los pelo nome, Gramsci descreve lucidamente como análogos ao que será definido como "stalinismo".

Gramsci refletia na prisão sobre as causas da derrota e sobre as modalidades de um novo projeto. Gramsci teria dito que Chávez é um "chefe" voltado para a consolidação da vitória e para o envolvimento de grandes massas no seu projeto político. Aqui é preciso lembrar que Chávez não parece procurar "vencer estrondosamente" (censura que Gramsci dirigia aos dirigentes do Partido Comunista da União Soviética – PCUS – já em 1926). As regras de funcionamento da democracia formal parecem garantidas.

É legítimo perguntar-se: em que medida os caracteres do poder, hoje, num país onde já se olha para a "Quinta República Socialista e Bolivariana da Venezuela", são "expressão do novo para despedaçar as resistências que encontra no seu desenvolvimento"? Ou o contrário é verdadeiro, na alternativa indicada por Gramsci?

A temática aqui em jogo diz respeito, evidentemente, em toda a sua importância, à *questão* da hegemonia e da luta hegemônica, e da relação entre ela e categorias centrais do pensamento político gramsciano, como o conceito de "Estado integrado", ou seja, ampliado para a sociedade civil, a "reforma moral e intelectual", o "novo senso comum" e a "nova cultura", que adquirem segundo Gramsci uma centralidade e um caráter peculiar exatamente quando o Estado foi conquistado pelas classes trabalhadoras. É aqui que aparece o sentido preciso do aviso que Gramsci dava aos seus companheiros de Turi nas "lições do cárcere" quando lhes dizia: "não devemos fazer como na Rússia".[10]

Não é tarefa desta breve contribuição responder à questão aqui levantada. Seja como for, não é certamente sem interesse evidenciar um texto rico de cultura, além de eficácia política, como aquele do presidente Chávez, no país natal de Gramsci, o qual parecia ainda agora privilegiar polêmicas baratas e banais sobre sua vida heroica e trágica, em vez de se esforçar por compreender se, como e por que o seu pensamento pode, sem exageros e no espírito da "filologia viva", ajudar a nos orientar no labirinto do nosso mundo grande, terrível e complicado.

---

10 Testemunho oral de Ercole Piacentini.

XVIII
Gramsci e o Brasil

Para Luiz Sérgio Henriques.

18.1 A Europa e as raízes do Brasil

Uma ideia-guia dos *Cadernos do cárcere* é a afirmação do *status* de "nação" como pressuposto para a plena participação de um povo ou de uma cultura no "quadro da história mundial". Deste ponto de vista o pensamento de Gramsci é testemunha e intérprete da centralidade da questão nacional no marxismo e no socialismo-comunismo do século XX: uma centralidade, poder-se-ia acrescentar, que mais do que qualquer outra questão determinou luzes e sombras do movimento operário no século XX.

Como foi a Itália para Gramsci, hoje (mais do que ontem), o Brasil representa um "caso" em certo sentido exemplar para examinar e valorizar, à luz da metodologia gramsciana, a ligação entre questão nacional e dimensão internacional dos fenômenos sociais.

É singular, mas decisivo, para uma tentativa de comparação entre o caso italiano e o brasileiro à luz da problemática gramsciana, o fato de que a questão europeia desempenhe, para o Brasil, um papel paradoxalmente mais fundante do que para a Itália.

Sérgio Buarque de Holanda escreve nas primeiras linhas do seu clássico livro sobre as *Raízes do Brasil*:

> A tentativa de implantar a cultura europeia em extenso território, dotado de condições naturais, se não adversas, largamente estranhas à sua tradição milenar, é, nas origens da sociedade brasileira, o fato dominante e mais rico em consequências.[1]

A verdade desta afirmação de Sérgio (assim o chamam os brasileiros, afeiçoados como são mais ao nome da pessoa do que ao sobrenome), envolve o destino da Europa, além do destino dessa imensa "ilha Brasil": "o outro gigante da América [...] o duplo, a sombra, o negativo da grande aventura do Novo Mundo", como o chamou Caetano Veloso,[2] se acrescenta, ou verdadeiramente nasce, como uma *Europa fora da Europa* (ou, como disse Gilberto Freyre, como "uma Europa nos Trópicos").[3]

Em um instigante ensaio, Carlos Nelson Coutinho articulou em termos histórico-materialistas (mesmo sem citá-la) a tese, não sem dramaticidade, de Sérgio, sublinhando também a particularidade ou "diferença" do "caso brasileiro", que saltaria imediatamente aos olhos comparando-o "com o mundo árabe, com a China e com a Índia, até com o Peru e com o México". Coutinho escreve:

> A nossa pré-história como nação – de cujos pressupostos somos o resultado – não reside na vida das tribos indígenas que habitavam

---

1 Buarque de Holanda, *Raízes do Brasil*, p.31.
2 Veloso, *Verità tropicale*, p.10.
3 "O Brasil como civilização europeia nos Trópicos" é o título do capítulo V de Freyre, *Novo Mundo nos Trópicos*.

o território brasileiro antes da vinda de Cabral: colocam-se no contraditório processo de acumulação primitiva do capital, que tinha o seu centro dinâmico na Europa ocidental.[4]

Salvas as devidas proporções, e descontadas todas as distâncias dependentes da diferença temporal entre as obras de Sérgio e de Carlos, talvez não deixe de ser útil tentar uma comparação entre elas com respeito à análise da questão nacional-internacional.

Identificada a *gênese* "europeia" da "nação" Brasil, o que interessa a Sérgio e a Coutinho – de modos certamente diferentes, mas com algumas afinidades não irrelevantes – é a questão do *desenvolvimento* da nação e do Estado-nação. Como foi delineado (se assim o foi), e como pode ulteriormente desenvolver-se o que, em termos gramscianos (retomados explicitamente por Coutinho), se apresenta como a conquista de uma autônoma consciência "nacional-popular" no Brasil?

Tanto Sérgio como Coutinho são duríssimos com a "tradição" nacional hegemônica – que no caso de Sérgio pode ser retomada de modo simples nas qualidades antropológicas, sociais e culturais do brasileiro como "homem cordial" (que contrastam com o desenvolvimento da "coisa pública"),[5] enquanto no caso de Coutinho remete ao *leitmotiv* econômico-social da história do Brasil (com os seus tardios vínculos pré-capitalistas) – uma vez que o país teria chegado à modernidade só por meio do que Gramsci chamava de "revolução passiva" e Lênin e Lukács de "via prussiana".[6]

Os dois autores são conscientes dos riscos gravíssimos ligados às tentativas repetidas de solução autóctone do problema nacional, e apontam de maneira enfática a dimensão internacional do desenvolvimento, além da gênese, daquele mesmo problema.

---

4 Coutinho, *Cultura e sociedade no Brasil*, p.41 et seq.
5 Buarque de Holanda, op. cit., capítulo V.
6 Coutinho, *Gramsci*, capítulo VIII.

Em ambos parece inevitável a necessidade de distinguir o desenvolvimento de uma moderna sociedade brasileira dos *modelos* hegemônicos no mundo. Aqui se abre a distância entre os dois: Sérgio está interessado na relação do Brasil com o liberalismo europeu-ocidental; Coutinho com o socialismo, o qual apresenta a complicação das duas "vias", a "oriental" e a "ocidental".

É difícil – dificílimo – conceber o justo equilíbrio dinâmico entre peculiaridades nacionais e horizonte internacional. Fernando Henrique Cardoso, no seu Prefácio para a edição italiana de *Raízes do Brasil*, tem facilidade em mostrar a imersão de Sérgio no oceano liberal universal. Mas perde assim o essencial: não percebe que – para retomar a expressão de Roberto Schwarz – o liberalismo-americanismo[7] representaria uma "ideia fora do lugar"[8] para o contexto brasileiro, sem o contraponto dialético seja com a superação do "familismo amoral" – que é uma expressão, que se impôs na Itália, afim ao "homem cordial" – seja com o seu contrário, igualmente necessário, que é a valorização política e social do "ritmo espontâneo" da vida popular.

A grandeza de Sérgio foi ter pensado até o fundo aquilo que ele mesmo, nas últimas linhas do seu livro, chama de "contraponto" entre "o Estado" e a "ordem natural", mas também entre a socialidade pública de uma democracia moderna e a tradição da "cordialidade" privada.

Em *Raízes do Brasil* se assiste a um desenvolvimento, primeiro, lento e subterrâneo, enfim livre e impetuoso daquele contraponto: tendo chegado ao fim do percurso, o pensamento liberal democrático ocidental, com a sua benthamiana "impessoalidade", revela os seus limites assim como a sua incapacidade de valorizar as antigas e fundantes "ideias da Revolução Francesa", que, no contexto brasileiro, de modo particular "encontram am-

---

7 Como complemento de Sérgio Buarque de Holanda, *Raízes do Brasil*, cf. Id., Considerações sobre o americanismo. In: *Cobra de vidro*, p.23-8.

8 Schwarz, *Ao vencedor as batatas*.

paro" – segundo Sérgio – "numa propensão que não é estranha ao temperamento nacional". Depois da impiedosa repreensão que sofre contra os males e os incômodos produzidos por ele mesmo, o "homem cordial" encontra – ao preço de uma conversão dos seus defeitos em virtude – uma *possibilidade* de resgate, ou seja, uma "possibilidade de articulação entre os seus sentimentos e as construções dogmáticas da democracia liberal".[9]

Nessas páginas aparece cautelosamente, no plano de fundo, o fantasma do socialismo.

Seria um acaso (ou não é um acaso) que a tradução que o pai de Chico Buarque apresenta da tradição "cordial" num desenvolvimento antagônico à traição secular dos grupos dominantes em relação aos interesses populares utilize metáforas musicais ("ritmo espontâneo" do povo, "contraponto" entre natureza e sociedade)? A música, que Gramsci chamava "a linguagem mais universal hoje existente",[10] tem – como sabemos – uma importância não secundária no cenário cultural e social brasileiro.

Também considera isso, como veremos, Coutinho, o qual faz uma *comparação* aprofundada e articulada entre o caso italiano e o brasileiro, numa ótica gramsciana, "retraduzindo" gramscianamente o pensamento de autores como Caio Prado Júnior e Florestan Fernandes e identificando importantes pontos de ligação entre as metodologias gramsciana e lukacsiana.

Coutinho estabelece afinidades precisas entre os "casos" da Itália e do Brasil. Destaco aqui três pontos:

1. "revolução passiva", "transformação a partir do alto", "revolução-restauração" e "via prussiana" no *Risorgimento* italiano e na *independência-consolidação do Estado-nação* no Brasil;
2. *peculiaridade* do horizonte cosmopolita (para a Itália) e europeu-ocidental (para o Brasil), na gênese como nas

---

9 Buarque de Holanda, *Raízes do Brasil*, p.199.
10 Carta de Gramsci a Tania, 27/2/1928. In: *Lettere dal carcere.*

perspectivas da unidade nacional e, por isso, no nexo entre desenvolvimento da consciência nacional-popular e dimensão internacional dessa mesma consciência;

3. centralidade da questão cultural pela ampliação da democracia; laços territoriais dessa mesma questão; e sobretudo relação orgânica entre tarefas dos intelectuais e dos artistas e retomada-valorização daquilo que Gramsci chamava "espírito popular criativo", que é o equivalente do que Sérgio chama "ritmo espontâneo" do povo.

Referindo-se expressamente ao *instinto de nacionalidade* de Machado de Assis, Coutinho percorre de novo todo um período complexo e contraditório que caracteriza a consciência nacional-popular, desde a "doença infantil" das degenerações populistas (naquele tempo romances-folhetins, hoje as telenovelas e a música de consumo) até às alturas de uma "cultura popular" que, nos melhores casos, se propõe como uma expressão plenamente nacional-internacional.[11] Recorde-se que Gramsci indicava, como exemplos de literatura nacional-popular, nomes como Shakespeare, Goethe, Tolstoi. Não se trata obviamente de "modelos", mas de casos extremos de realização orgânica da relação entre povo e nação, assim como entre intelectuais e povo: exemplos de uma perspectiva destinada a opor-se à tendência a propor de novo cores populistas nacionalistas.[12]

---

11 Uso aqui "cultura popular" no sentido "forte" entendido por Caetano Veloso em *Verdade tropical*, que *funde* tradição popular e elaboração intelectual.

12 Um aspecto particular do estudo de Coutinho é a sua correta análise do movimento musical-intelectual tropicalista nascido no final dos anos 1960 no Brasil, inicialmente como expressão do "modo 'prussiano' de afirmação do capitalismo monopolístico de Estado" no Brasil, depois como desenvolvimento de uma "dialética interna" que conduziu à superação das tendências "intimistas", "alegóricas" e "irracionalistas" a favor de "uma dura crítica, nada populista nem ingênua, da cotidianidade capitalista moderna que o capitalismo monopolista de estado estava implantando no nosso país" (Coutinho, *Cultura e sociedade*, p.196).

18.2 Quando as periferias são centro

Num estudo sobre a "nossa revolução" tematizada por Sérgio Buarque de Holanda na conclusão de seu livro, Roberto Vecchi define o Brasil como uma "nação polifônica". É a aproximação de uma análise complexa, que valoriza o percurso feito por Sérgio desde a fermentação modernista ("O lado oposto e outros lados", 1926) à maturação de *Raízes do Brasil* (1936), por meio da riquíssima articulação de metáforas diversas, espaciais--cartográficas e temporais-musicais. Vecchi chega a acariciar o coração do problema, já tocado de leve por Antonio Candido numa resenha do clássico de Sérgio, e ao qual, com Paulo Eduardo Arantes, podemos dar o nome de "sentimento da dialética".[13]

Vecchi examina a interligação das metáforas musicais – "ritmo espontâneo", "falsa harmonia", "contraponto" – com as quais Sérgio dá força de imagens à "nossa revolução", ou seja, ao processo que o Brasil dividido "entre dois mundos: um definitivamente morto e um que luta para vir à luz"[14] está vivendo.

Qual é o centro do problema? O que suscita o "sentimento da dialética"?

Poderemos responder sinteticamente a essas perguntas retomando o esclarecimento que Vecchi dá ao "contraponto", introduzido por Sérgio a propósito da relação entre "ordem espiritual do Estado" e "natureza": relação conflitiva e dicotômica, no entanto, não apenas opositiva, ou seja, não hegelianamente, mas gramscianamente dialética, levando em conta que Gramsci repensou a dialética concebendo uma combinação complexa e articulada entre oposição e distinção.

Vecchi explica o "contraponto" de Sérgio – associando-o cautelosa, mas claramente, com o de Said – como "combinação

---

13 Arantes, *Sentimento da dialética na experiência intelectual brasileira.*
14 Vecchi, Atlas Intersticial do tempo do fim: "nossa revolução". In: Pesavento, *Um historiador nas fronteiras*, p.161-93.

complexa entre ordens distintas". Mas pode haver distinção e não oposição entre ordem estatal e ordem natural, espírito e corpo, dialética e sentimento?

Formulações de Sérgio como aquelas da cultura brasileira "exilada em sua própria terra" ou da necessária "organização da nossa desordem" implicam, segundo Vecchi, uma "problemática oximórica" (determinante para a constituição material da "nação polifônica"), que tem a tarefa de "harmonizar dissonâncias e consonâncias", como souberam fazer e fazem de maneira estupenda a bossa nova e tantas "músicas populares brasileiras".

Vecchi verifica uma problemática semelhante na "contemporaneidade" brasileira, na qual convivem "um tempo regressivo e outro progressivo", determinando aquela "temporalidade opaca, onde os conflitos permanecem abertos, sem uma conciliação praticável, uma temporalidade *trágica* por excelência".

Talvez o próprio Brasil – ou o nexo entre os "dois Brasis", como os chama Gianni Amico –[15] seja um conjunto estruturalmente contraditório, como periferia que é centro, ou centro que é periferia.

A questão de fundo é política. Trata-se de subtrair o Brasil – com a conservação evidentemente necessária da natureza mais profunda das suas "raízes" – daquela pura e simples e por isso americanista ou neoliberal "modernização da sociedade brasileira" que, como revelamos, Fernando Henrique Cardoso apontava na conclusão do seu Prefácio à edição italiana do clássico de Sérgio Buarque de Holanda.[16]

A *tragédia* do Brasil convive com a sua *alegria*. São as tragédias das periferias do mundo, de toda periferia, que se tornam ou podem tornar-se centros – como começou a acontecer com a "nossa revolução" brasileira – e que correm o risco de serem

---

15 Amico, G., Os dois Brasis. In: Amico, O.; Giovanelli Amico, F.; Vincenti (orgs.), *Gianni Amico*, p.59-66.
16 Cf. Cardoso, Prefácio. In: Buarque de Holanda, *Radici del Brasile*, p.5 et seq.

arrastadas, ou seja, assimiladas ou "fagocitadas" pela ideologia, além de pelo poder material dos centros do mundo.

A *alegria* do Brasil é corpo, é sentimento, é natureza. Mas dizer isso não representa um exotismo puro, ou até vulgar? Talvez queiramos dizer que o Brasil pode e deve defender-se das tentações e ameaças da modernização, recorrendo ao arsenal do seu velho e persistente atraso?

É não apenas legítimo, mas necessário, apresentar esses questionamentos. No entanto, não há dúvida de que a alegria do Brasil, assim como o "espírito popular criativo" do qual falava Gramsci, é um recurso criativo, do qual não só o Brasil, mas também o mundo, com a melancolia glacial de suas classes dominantes, precisa.

A grande "novidade" do Brasil – para retomar o título do esplêndido texto da canção homônima escrito por Gilberto Gil –[17] está no fato de que a periferia já se tornou centro para todos os efeitos, embora continue periferia, determinando, assim – como demonstram as problemáticas, mas também os ricos acontecimentos destes últimos tempos –, uma crise extremamente densa de potencialidades e de ameaças, ao mesmo tempo sinal inequívoco tanto de progresso como de possível regressão.

18.3 Dialética da cultura

Num livro de grande valor, *Dialética da colonização*, Alfredo Bosi usou, a propósito da "cultura popular brasileira", a expressão "materialismo animista". À luz desse conceito ele retoma sua análise precedente de *Grande sertão: veredas* de João Guimarães Rosa, o estupendo romance *real maravilhoso* publicado em 1956, que mostra uma relação não weberianamente *desencantada*

---

17 Cf. item 19.5.

com a natureza e a materialidade da vida cotidiana por parte do povo brasileiro (pelo menos de seus largos estratos), o que condiciona a sociedade brasileira em seu conjunto.

Creio ser legítimo e oportuno perguntar-se qual poderia ser o impacto, sobre a concepção gramsciana de "alta cultura e cultura popular", do mundo social e literário de Guimarães Rosa, que vive nos confins, como diz Bosi, entre oralidade e escrita, e em quem, para retomar uma expressão gramsciana já citada, "tudo o que de elementar sobrevive no homem moderno, flutua irresistivelmente".[18] Estão em jogo uma noção e ainda mais uma experiência não residual nem pitoresca de "folclore", e uma presença viva da "cultura popular" (que creio ter agora desaparecido, enquanto cultura autônoma, no mundo ocidental). Bosi não se detém sobre a cultura popular em si mesma, mas examina sua articulação variegada e complexa com a "cultura erudita" e a "cultura de massa", e também com a "indústria cultural", por um lado, com a "criação cultural individualizada", por outro.

Guimarães Rosa escrevia há mais de cinquenta anos, quando ainda não tinha explodido o tropicalismo, o qual retraduziu ("transcriou", dizia Haroldo de Campos) a experiência modernista em relação não mais com os indígenas tupis, mas com as massas urbanas modernas. A sociedade e a população rurais, descritas por Guimarães Rosa, mudaram profundamente. No entanto, é provável, ou pelo menos possível, que os *Subaltern Studies*[19] devam reconhecer um nível de autonomia e de "imediatez" (em sentido literal: ausência de mediações) aplicando-se à cultura lusitana, superior ao que se pode admitir para a literatura "subalterna" de língua inglesa e francesa.

---

18 Carta de Gramsci a Tania, 19/9/1926. In: *Lettere dal carcere.*

19 Green, Gramsci Cannot Speak, *Rethinking Marxism*, v.14, n.3, p.1-24. Esse artigo tem tradução italiana em Vacca; Schirru (orgs.), *Studi gramsciani nel mondo 2000-2005*, p.199-232.

Seja qual for a validade do conceito de pós-moderno e a possibilidade de sua aplicação, ainda que parcial, à sociedade brasileira, é de qualquer modo verdadeiro, e é mérito de Bosi tê-lo demonstrado, que ela está ainda agora vivendo (talvez levando à plenitude) a sua modernização, ou seja, um processo plurissecular de *formação*. Nesse processo o "povo", que na análise de Gramsci progressivamente se dissolve na "sociedade civil", mantém, no contraponto brasileiro, uma existência concreta sua.

O interesse do livro de Bosi para o nosso discurso é que ele parece encher uma lacuna: refiro-me a uma análise *estrutural* do conceito de cultura na sua conexão com a realidade colonial e imperial. Associando construtivamente filologia a filosofia, Bosi enfrenta o triângulo categorial *colônia-culto-cultura*: três expressões consanguíneas – diz ele – em força da raiz verbal comum:

> "Colonização" indica o processo pelo qual o conquistador ocupa e explora novas terras e domina os nativos. "Culto" se refere à memória dos deuses e dos predecessores celebrados tanto pelos vencedores como pelos vencidos. "Cultura" é não só a herança de valores, mas também o projeto de uma convivência mais humana. A cada um desses três conceitos corresponde uma dimensão temporal: presente, passado, futuro.[20]

A "nossa revolução", de que falava Sérgio, é certamente também uma revolução cultural na acepção leiga de Bosi; ele apresenta aos intelectuais "críticos" brasileiros, embora sem chamá-la pelo nome, a necessidade salutar de uma "viagem ao interior" no sentido de Said, onde verdadeiramente se torna difícil estabelecer a distinção entre interior e exterior, como entre centro e periferia. A viagem ao interior por excelência, para um brasileiro, é certamente aquela entre as duas Américas.

---

20 Bosi, *Dialética da colonização*, apresentação na quarta capa.

18.4 A questão americana

Um brevíssimo e esclarecedor texto de Sérgio Buarque de Holanda, escrito entre 1940 e 1941, tem como título "Considerações sobre o americanismo". Pode ser lido em contraponto com *Raízes do Brasil*. A *alienação* original do Brasil, que *Raízes* atribui à sua "gênese" europeia, é comparada com a "ameaça" de uma nova forma de "colonização um pouco mais tolerável que a anterior: colonização de ideias, de comportamentos, e até de entusiasmos e de ódios".[21] Com a finíssima atitude dialética que caracteriza o seu estilo de pensamento – como sublinhou Antonio Candido no Prefácio à quinta edição de *Raízes* –[22] e utilizando "uma admirável metodologia dos contrários",[23] Sérgio delineia em poucos traços a complexa fenomenologia das figuras que assume ou pode assumir a consciência nacional brasileira quando posto em relação com o americanismo. Os dois polos opostos são neste caso a afirmação orgulhosa da própria singularidade "lusitana", diante de uma presumida estranheza à "América", por um lado, e a reivindicação de um "monopólio de autêntico americanismo", por outro: *"Brasilia sive America,* diziam os velhos cartógrafos e as velhas crônicas".[24]

A dialética de Sérgio Buarque de Holanda é totalmente diferente de uma "dialética negativa". O seu "sentimento da dialética" tem um andamento, por assim dizer, clássico: ele vê ou entrevê, prefigura ou propõe diretamente soluções para as contradições que com o seu "senso agudo das estruturas" (Antonio Candido) perscruta o fundo da realidade (pensemos na *dialética*

---

21 Buarque de Holanda, Considerações sobre o americanismo. In: *Cobra de vidro*, p.23 et seq.

22 Candido, *Post-Scriptum*. In: Buarque de Holanda, *Raízes do Brasil*, p.23 et seq. (depois em Candido, *Teresina etc.*, p.123-39).

23 Id., *Teresina etc.*, p.127.

24 Buarque de Holanda, Considerações sobre o americanismo. In: *Cobra de vidro*, p.24.

do "homem cordial"). Sérgio escreveu esse breve ensaio ao voltar de uma viagem aos Estados Unidos, em que o convenceram da necessidade de combater "simplificações extremas" deletérias sobre a América e o americanismo, as quais corriam (e correm) o risco de burlar o senso comum dos brasileiros – como dos cidadãos de todo o mundo – numa insanável oscilação entre a aceitação quase admirada de uma subalternidade neocolonial e o desdém por um "mundo absurdo e inumano, onde o excepcional se tornou regra".

"O antiamericanismo é cômico, antes de ser estúpido" – escreveu Antonio Gramsci.[25] Creio que é também o ponto de vista de Sérgio. Ambos têm em comum a firme consciência da necessidade de opor-se a nacionalismos e autodefesas banais e reacionárias nas relações com o Novo Mundo que avança, e junto, a reivindicação de uma "originalidade" das energias populares ainda adormecidas nas respectivas sociedades de origem, que para se afirmarem cultural e politicamente contra a hegemonia dominante devem também se confrontar ativamente com as aquisições (tanto no bem como no mal) da "nova ordem" americanista.

Há mais. A "questão americana" é, tanto para Gramsci como para Sérgio, uma "questão nacional". Em que sentido?

Gramsci considera o fascismo um "americanismo de retorno",[26] o qual procura conciliar a *eficiência* da modernização com a *conservação* dos piores "sedimentos passivos" da tradição tanto italiana como europeia ("o barril cheio com a mulher bêbada"), uma empresa destinada, a longo prazo, à falência. Como sair do fascismo? Simplificando, poder-se-ia dizer que Gramsci vê a necessidade, para o desenvolvimento de uma consciência nacional-popular italiana, de retomar os aspectos progressivos da sua própria tradição "internacional-europeia", da qual é ou

---

25 Gramsci, *Quaderni del carcere*, 5, *105*, p.635.
26 Fritz Haug, Il doppio volto del fordismo e il metodo gramsciano. In: Baratta; Catone (orgs.), *Tempi moderni*, p.257-63.

deve ser portador o movimento operário, que, por sua vez, é chamado a afirmar uma alternativa econômica e social, cultural e política ao americanismo... dos americanos.

Sérgio parte da constatação de que "o Brasil, entre todos os países do Novo Mundo, talvez seja, ainda hoje, o menos convencido da sua posição continental".[27] Ele exprime a convicção de que "a América é uma forma de sociedade antes de ser uma área geográfica".[28] Creio que Sérgio identificasse na "americanidade", contraditória e ainda embrionária, do Brasil a ocasião histórica real para sacudir dos ombros o seu estrutural *made in Europe*.

Outro elemento que Sérgio destaca na "América" é a urgência de uma consciência continental *alternativa*, trazendo à mente uma nobre tradição de pensamento, em particular cubana, de Martí a Carpentier. Mas a "nossa América" de Sérgio não é só a "latina". Ele afirma que "prescindindo de tudo o que nos distingue dos anglo-saxões da América, ainda restam zonas de coincidência nascidas nas primeiras épocas da colonização, que o tempo não apagou".[29]

18.5 O "sentimento da dialética"

"Nascido no momento em que se forma o mercado mundial, e como consequência da sua expansão, o Brasil, a partir da sua origem, já é herdeiro potencial daquele patrimônio cultural universal de que falam Marx e Engels."[30] Essa afirmação lapidar de Carlos Nelson Coutinho pode ser tomada como fundamento daquele peculiar "sentimento da dialética" que suscita ou deveria suscitar o *diálogo* entre intelectuais brasileiros e europeus.

---

27 Arantes, op. cit., p.16.
28 Ibid., p.27.
29 Id. Cf. item 17.1.
30 Coutinho, *Cultura e sociedade*, p.180.

Não só as "raízes do Brasil", mas a sua realidade e as suas contradições atuais envolvem de modo imediato a realidade e as contradições da Europa. A questão da "herança", "daquele patrimônio cultural universal de que falam Marx e Engels", toca de perto o destino do velho continente, hoje dramaticamente dilacerado entre um ímpeto fortíssimo de aceitar uma atuação cada vez mais subalterna em relação à nova universalidade "de marca americana" (diria Gramsci) e a busca de um espaço de autonomia, na direção de um mundo rico em sua pluralidade e diferenciação. É exatamente essa riqueza ameaçada que se exprime hoje no "sentimento da dialética" *enquanto tal*, qual expressão de uma cultura milenar e entrelaçada entre populações e civilizações diversas, e que é posta em dúvida por tantos fundamentalismos antidialéticos que em todo o mundo minam o possível desenvolvimento de um *humanismo planetário*.

"Nós somos o Outro e o Outro é necessário para a identidade do Mesmo" – escreveu Candido. A Europa, como mais em geral o Ocidente, tem hoje, mais do que nunca, a necessidade desse "outro", porque só interrogando as sociedades e as culturas *pós-coloniais* – no sentido polivalente de nascidas depois da rapina colonialista, mas também libertada dessa rapina, porém cada vez mais ameaçadas pelo imperialismo e neocolonialismo – ela pode interrogar a si mesma como num espelho. A Europa em busca de si mesma fora da Europa? Na realidade, como escreveu Étienne Balibar, "já no momento inicial" da descoberta, "ou seria melhor dizer conquista" da América, "a Europa pensou e viveu a si mesma 'fora de si'".[31]

Entre Itália-Europa e Brasil passa uma corrente que torna profundamente *híbrida* a identidade de uma como do outro.

Roberto Schwarz esclareceu de modo magistral a *má-fé* implícita na reivindicação de uma presumida necessidade de emancipar a cultura nacional brasileira do hábito de "imitar" ou

---

31 Balibar, L'Europa fuori dall'Europa, *Crítica Marxista*, n.5, p.33.

de "copiar" a cultura europeia. Na verdade, o problema é outro. Por trás da parcial verdade de tal reivindicação, esconde-se, de fato, a muito mais consistente verdade de uma cisão inveterada e estrutural, na história brasileira, entre elites intelectuais e massas populares.[32] É o problema que Gramsci, a propósito da história e da sociedade italiana, define como a construção falha de uma cultura e de uma consciência "nacional-popular".

O ensaio citado de Coutinho – talvez até privilegiando excessivamente o seu lado programático que na realidade é subordinado ao analítico – fornece uma leitura brasileira do "nacional-popular", na sua interligação vital e imprescindível com a dimensão internacional (e internacionalista). Acenamos para um encontro virtual entre Coutinho e Sérgio Buarque de Holanda. O encontro deveria ser estendido à linha Candido- -Schwarz-Arantes, que é subtendida por *O sentimento da dialética*. Retomemos esse percurso e o assumamos em primeira pessoa como intelectuais europeus que acham que podem aprender muito com a "experiência intelectual brasileira".[33] Tal encontro nos pode ajudar a transportar Gramsci – entre Itália e Brasil – para a dialética daquela "novidade problemática" que o novo século nos está fazendo conhecer.

---

32 Schwarz, Nacional por subtração. In: *Cultura e política*, p.108-35.
33 Trata-se do complemento do título de *Sentimento da dialética*.

XIX
Corpo-música:
ritmo e resistência
no Brasil anticolonial

Para Luiz Sérgio Henriques.

19.1 Escravo e senhor

A interpretação da dialética hegeliana escravo-senhor, desenvolvida por Fanon do ponto de vista do conflito colonial,[1] pode favorecer uma leitura ulterior, quase um corolário, que sublinha a sujeição do corpo ao espírito, que o escravo sofre. O escravo é oprimido pelo *desejo* do senhor, que o reduziu a *corpo que produz* coisas capazes de satisfazer aquele desejo. Essa redução a corpo e exclusão do espírito na vida do escravo passa por meio do "tremor no profundo de si", ou seja, o pavor que o escravo provou diante da "morte, senhora absoluta". O escravo introjetou na (própria) autoconsciência a ameaçadora presença exterior do senhor. O medo da morte implicou para o escravo

---

1 Fanon, *Peau noire, masques blancs.*

a renúncia da satisfação do desejo, exatamente no surgimento do desejo na sua consciência. O desejo se torna desse modo "inibido", "refreado".

Satisfazer um desejo, diz Hegel, é um puro desaparecer. O que é que não desaparece, ou melhor, o que "retém" o desaparecer? A resposta de Hegel, como sabemos, é que ao desaparecer se opõe o trabalho do escravo, o qual renuncia à satisfação do desejo, mas exatamente por isso *forma* "algo que permanece", um objeto ou uma coisa. Realiza-se desse modo o resgate do escravo? Não exatamente, porque se é verdade que o escravo, produzindo, "formando" uma coisa independente de si, chega por isso mesmo "à intuição do ser independente", é também verdade que ele produz por imposição de uma "essência estranha, diante da qual a consciência servil tremeu", até vacilar diante da estranheza enquanto tal, que atingiu o coração.[2]

A autoconsciência do escravo é atravessada por dois processos inseparáveis, cuja combinação constitui a universalidade daquela mesma autoconsciência: *ter medo e formar mediante o trabalho*. Sem o segundo lado, o medo – sustenta Hegel – permaneceria "interior e mudo", assim como, sem o medo, o formar não forneceria ao escravo "consciência de si como essência". O trabalho é transformação e, por isso, negatividade: cria ânsia, mas uma coisa é estar acrescido de "ansiedade particular" de algo que é exterior, e outra coisa é "estar imbuído pelo medo absoluto" que leva o escravo a "compenetrar-se intimamente de essência negativa". Entre a ânsia particular e a angústia absoluta da morte articulam-se as formas da "liberdade ainda enredada dentro da escravidão" que caracteriza a autoconsciência do escravo ou colonizado.

Do ponto de vista teórico e prático do senhor, o corpo do colonizado é assimilado ao de uma besta, todavia continua a ser um "corpo próprio" – no sentido de corpo humano – graças

---

2 Hegel, *Phänomenologie des Geistes*, p.141 et seq.

à autoconsciência servil que *não pode* ser dobrada ou reduzida à materialidade do corpo que produz. Acontece algo análogo e mais radical, *mutatis mutandis*, ao que acontecerá ao operário da esteira de montagem que Taylor – lembra Gramsci – queria reduzir a um "gorila amestrado", o qual, ao contrário, como os próprios "industriais americanos compreenderam muito bem [...] permanece 'infelizmente' homem", de modo que "ele, durante o trabalho, pensa além ou pelo menos tem muito mais possibilidades" de deixar-se levar a "um curso de pensamentos pouco conformistas".[3]

19.2 Música, corpo, resistência

O operário colonizado, o escravo, não tem uma possibilidade evidente de articular "pensamentos pouco conformistas", mesmo se a "mecanização" do "gesto físico" pode deixar o seu "cérebro livre e vazio para outras ocupações".[4] Provavelmente, mais do que no pensar, a "liberdade" restante do seu cérebro, capaz de oferecer alternativas ao seu "mumificar-se", se realiza no tocar, dançar e cantar. Longe de permanecer "interior e mudo" – para retomar as palavras de Hegel –, o terrível medo do colonizado se exprime fundamentalmente na música, mais exatamente no espírito criativo do movimento dançante do próprio corpo. A repetição rítmica "paciente e sistemática", vivida "em todos os seus aspectos positivos" e por isso "não mecânica, 'obsessiva', material"[5] – como era, ao contrário, a repetitividade do seu trabalho – representa para ele a mais preciosa forma de resistência à angústia mortal da condição escravista.

---

3 Gramsci, *Quaderni del carcere*, 22, 12, p.2171.
4 Id.
5 Ibid., 24, 3, p.2268.

A noção de ritmo, como bem ilustrou Giovanni Piana, tem a ver com o movimento: o ritmo é "movimento *pulsante*, que avança num coerente alternar-se de momentos de ímpeto e de *repouso*".[6] Mas esse movimento é tempo: "o ritmo surge da ruptura da continuidade temporal e por isso de um jogo variado e complexo entre continuidade e descontinuidade", que remete ao jogo/alternância entre mecanicidade e vitalidade da gestualidade rítmica. "Aquilo a que se dá ritmo é o próprio tempo."[7] Mas *quem* dá ritmo? A resposta pode ser: o corpo próprio, no sentido da *Fenomenologia da percepção*, o "corpo como expressão".[8] O ritmo é expressão do corpo que se move no tempo, cadenciando, organizando, modulando o fluxo temporal, segundo a alternância do bater e do levantar, portanto, do som e do silêncio. Tal alternância é obtida no modo mais imediato e direto por meio da percussão ou golpe percussivo. O corpo que toca se move percutindo. O corpo que escuta, se com o som se identifica, se move dançando.

No esforço de arrancar a noção de criatividade da hegemonia idealista, um lugar de absoluto destaque cabe a *The Long Revolution* [A longa revolução], de Raymond Williams, em particular à sua primeira parte dedicada à *mente criativa*. A análise de Williams dá crédito ao conceito de "espírito popular criativo" usado por Antonio Gramsci numa conhecida carta de planejamento dos *Cadernos*, e depois abandonado provavelmente por causa das sugestões idealistas que esta corria o risco de evocar.[9] Na obra citada, Williams sublinha a natureza comunicativa e socializante das experiências artísticas; entre estas, diz ele, a mais poderosa é a expressão rítmica, exatamente pela sua capacidade de "recriar a experiência rítmica no receptor", em particular pelos seus

---

6 Piana, *Filosofia della musica*, p.148.

7 Ibid., p.176 et seq.

8 Merleau-Ponty, *Phénoménologie de la perception*, p.203 et seq. Cf. Firenze, *Il corpo e l'impensato*.

9 Cf. item 15.1.

"efeitos sobre o organismo, sobre o sangue, sobre a respiração, sobre os mecanismos físicos do cérebro".[10]

O próprio Gramsci, numa outra carta, falou, referindo-se ao "ritmo sincopado das jazz-bands", da linguagem musical como a "linguagem mais universal hoje existente", aquela que

> mais rapidamente exprime imagens e impressões totais de uma civilização não só estranha à nossa, mas certamente menos complexa que a asiática, primitiva e elementar, ou seja, facilmente assimilável pela música e pela dança a todo o mundo psíquico.[11]

Essa consideração parece plenamente crível se for relacionada com a experiência inovadora, do ponto de vista seja artístico seja social, que representou, em todo o mundo, a criatividade rítmico-musical afro-americana em geral, tanto o jazz nascido nos Estados Unidos como o samba nascido no Brasil.

"Espírito popular criativo"... espírito musical criativo.

19.3 O samba na consciência nacional-popular do Brasil

Entre as analogias na história das lutas hegemônicas entre Itália e Brasil, destacadas por Carlos Nelson Coutinho,[12] com certeza se pode incluir também o papel decisivo da música na

---

10 Williams, *La lunga rivoluzione*, p.56; Sodré, *Samba, o dono do corpo*, p.19 et seq.

11 Carta de Gramsci a Tania, 27/2/1928. In: *Lettere dal carcere*. "É possível" – continua Gramsci – "imaginar que a repetição continuada dos gestos físicos que os negros fazem ao redor dos seus fetiches dançando, que ter sempre nos ouvidos o ritmo sincopado das jazz-bands, permaneça sem resultados ideológicos." Explica-se assim como o jazz, embora nascendo de uma civilização "estranha à nossa", resulte "facilmente assimilável e generalizável pela música e pela dança a todo o mundo psíquico".

12 Coutinho, *Cultura e sociedade no Brasil*.

determinação dos aspectos altos da cultura nacional-popular (embora tão fraco em ambas as experiências históricas).

Hermano Viana chegou a considerar o advento e a difusão do samba como o elemento fundador da consciência nacional brasileira. Em páginas cativantes do seu *O mistério do samba*, ele conta sobre uma "serenata ao violão" no Rio de Janeiro em 1926 entre grandes intelectuais (embora em formação) como Gilberto Freyre e Sérgio Buarque de Holanda e musicistas tanto "eruditos" como "populares" como Heitor Villa-Lobos e Pixinguinha. Esse encontro histórico, que estabeleceu um diálogo também entre "boas famílias brancas" e "musicistas negros ou mestiços", é tomado por Viana como acontecimento simbólico de um processo amadurecido já antes, a "transformação do samba em ritmo nacional brasileiro, isto é, em elemento central para a definição da identidade nacional, da 'brasilianidade'".[13]

Retomando uma terminologia gramsciana, poder-se-ia dizer que a expressão "rítmico-melódica" sobre a qual se funda a especificidade daquela que Muniz Sodré chama de "síncope brasileira",[14] representou, num primeiro momento, um fato de resistência, um "traço de iniciativa autônoma por parte dos grupos subalternos" negros de origem africana transportados com violência para um continente estrangeiro; mais tarde e lentamente, aquela "síncope" tornou-se um fator verdadeiro de luta hegemônica não mais, como nos primórdios, em larga medida inconsciente, até constituir um centro de unificação da consciência do povo-nação.

Não é segura a etimologia do termo "samba". Talvez tenha a sua origem num dialeto falado pelos indígenas do sertão nordestino. É possível a derivação de *semba*, que em língua angolana significa "umbigo", centro de irradiação motora da *ginga*, símbolo e imagem essencial de todo "sambar". *Ginga* é uma

---

13 Vianna, *O mistério do samba*, p.28.
14 Sodré, op. cit., p.25.

espécie de remo, com o qual, apoiado na popa, se manobra uma embarcação com meias voltas para a direita e para a esquerda. Em sentido metafórico, *ginga* é o movimento oscilatório ou de balanço realizado, a partir do umbigo, sob a influência do samba, pelo "corpo próprio", que se torna assim como um barco dançante no oceano da vida cotidiana. Realmente, sambar é gingar, ou seja, ocupar o tempo vazio – grande protagonista da música sincopada – para imitar com o corpo a aventura da vida. Gingar significa mover-se, evitar os obstáculos, superar as dificuldades, vencer a ansiedade, afastar a angústia, comunicar, amar... Talvez só o drible no futebol possa ser assemelhado ao gingar do samba.

Um conde se lamentava na Bahia em 1807:

> Os escravos nesta cidade não têm sujeição alguma às ordens ou disposições do governo; unem-se quando e onde querem; dançam e tocam os seus tamborins barulhentos e dissonantes por toda a cidade a toda hora; acampam e festejam em qualquer território, interrompendo outros sons ou cantos.[15]

Como é sabido e evidente na complexa e multiforme vicissitude mitológico-mágico-religiosa, de modo particular mas não exclusivo na Bahia, a conservação e a resistência de cultos e ritos africanos no Brasil se tornaram possíveis pelo amálgama sincretista com a religiosidade cristã. Provavelmente, a música é o âmbito expressivo no qual a cultura negra, ora entrando em contraponto, ora mesclando-se (são duas modalidades diferentes) com a cultura dos colonos brancos e com as formas indígenas residuais, pôde exercer e desenvolver principalmente as suas potencialidades criativas.

Da Bahia (cidade e zona rural) o centro de hibridação cultural se deslocou progressivamente, durante o século XIX,

---

15 Nina Rodrigues, *Os africanos no Brasil*, p.233.

sobretudo na segunda metade, para a cidade do Rio e Janeiro. Do ponto de vista musical, ao lado do samba, afirmaram-se a modinha, o lundu e o maxixe.

Essas são apenas algumas rápidas sugestões para uma análise histórica, obviamente impraticável aqui, das grandes transformações socioeconômicas, mas também antropológico-culturais, pelas quais o Brasil moderno, independente desde 1822, e que aboliu oficialmente a escravidão em 1888, passou.

A imaginação rítmico-musical exerceu e exerce um papel importante na configuração do corpo social brasileiro.

19.4 A metáfora antropofágica

Valentino Gerratana mostrou com muita clareza como Gramsci "por meio da crua metáfora dos náufragos que se tornaram antropófagos" – contida na célebre carta a Tania de 6 de março de 1933 e retomada em "Notas autobiográficas" dos *Cadernos* – tinha introduzido de modo original o tema da "pessoa", qual "sujeito perecível" que "como tal pode ser destruído, salvo ou defendido", mas pode também ser exposto a uma mudança de identidade, e mostrou como Gramsci para desenvolver este tema serviu-se de uma noção peculiar do seu léxico, o conceito de "transformação molecular".[16]

Alguns anos antes, um intelectual "rico e contraditório", "ponta de lança do espírito de 22"[17] (o ano da chamada semana de São Paulo fundadora do modernismo brasileiro), Oswald de Andrade tinha lançado o *Manifesto antropófago*. Leiamos o início:

> Só a Antropofagia nos une. Socialmente. Economicamente. Filosoficamente.

---

16 Gerratana, *Gramsci*, p.127.
17 Bosi, *História concisa da literatura brasileira*, p.355 et seq.

Única lei do mundo. Expressão mascarada de todos os individualismos, de todos os coletivismos. De todas as religiões. De todos os tratados de paz.

Tupi, or not tupi that is the question.[18]

O *Manifesto* conclui com a indicação da sua data de publicação no n. 1 da *Revista de Antropofagia*, maio de 1928, que corresponde ao "ano 374 da deglutição do Bispo Sardinha", o primeiro bispo brasileiro. (Recorde-se, incidentemente, que em 1920, dentro do movimento dadaísta, Francis Picabia tinha publicado o manifesto e a revista *Cannibale*.)

Num ensaio complexo, de notável valor, Ettore Finazzi Agrò – apesar de uma avaliação abrangente, prudente e problemática, bem diferente da enfática de Andrade e do "movimento antropofágico" brasileiro – declara imediatamente que "a antropofagia, a exaltação do índio devorador de europeus, é, exatamente, a resposta em si genial mesmo na contraditoriedade da sua formulação primitiva" para a "questão não resolvida da origem" de um percurso que leva um país como o Brasil, depois de séculos de dependência cultural, a tornar-se um "país exportador de cultura". A "dúvida hamletiana", que vimos expressa no *Manifesto*, representa o coração do "paradoxo" oswaldiano, no qual, segundo Finazzi Agrò, "a relação entre as culturas e/ou entre tradições diversas dentro de cada cultura nacional continua ainda hoje a encalhar". Convém citar na íntegra uma passagem do ensaio de Finazzi Agrò, que parte de "Tupi or not tupi" ("tupi", como é sabido, é a maior etnia indígena do Brasil):[19]

> Opção radical que significa, exatamente, a impossibilidade de pensar e de dizer a relação entre cultura dominante e cultura domi-

---

18 Andrade apud Finazzi Agrò; Pincherle (orgs.), *La cultura cannibale*, p.31.
19 Em língua tupi, uma das expressões artísticas mais bem sucedidas da metáfora antropofágica é o filme *Como era gostoso o meu francês*, de Nelson Pereira dos Santos (1970).

nada a não ser dentro da segunda [...]. Opção insolúvel e aparentemente sem saída, aliás, que acentua como qualquer identidade pode revelar-*se* plenamente só na relação contínua com o outro, no "morar" perto dele; ou melhor, só parando naquele espaço intermédio e não localizável, naquela parada de "terra de ninguém" que divide e une o idêntico pelo diverso de si e que encontra na corporeidade, enquanto dimensão liminar e aberta, a sua metáfora mais consistente.[20]

É mérito de Finazzi Agrò ter proposto uma interpretação e valorização do *Manifesto antropófago* à luz da questão teórica talvez mais inflamada dos nossos tempos, desencadeada pela chamada globalização: é a questão que nasce da crise, provavelmente sem apelo, de uma noção "forte" ou dialética de identidade (e de identidade nacional), e da necessidade de pôr em relação orgânica a identidade com a diversidade (talvez mais do que com a diferença). Um desenvolvimento adequado de tal problemática se move entre os extremos, ambos redutivos e superficiais, do "multiculturalismo" e do "conflito de civilização".

Considere-se que o "caso Brasil" é proposto por Andrade no momento em que ele acha que o seu país pode estar orgulhoso de ter sacudido dos ombros (pelo menos tendencialmente) aquela herança constitutiva, verdadeira alienação original, que faz Sérgio Buarque de Holanda dizer, no início do seu célebre livro, pensando na colonização europeia, que nós brasileiros "somos ainda hoje uns desterrados em nossa terra".[21] Nesse sentido, o *Manifesto antropófago*, no seu núcleo racional, aparece como um modelo para um processo que é fundamental a fim de que uma cultura subalterna possa considerar e modificar a relação com a cultura dominante *a partir de si mesma*, e que o próprio Gramsci chamava de "destruição-criação".[22]

---

20 Finazzi Agrò; Pincherle (orgs.), op. cit., p.87.

21 Buarque de Holanda, *Radici del Brasile*, p.39 et seq. Cf. item 18.1.

22 Aqui se poderia fazer uma comparação com as posições tomadas por Gayatri Chakravorty Spivak quando se põe a questão: "Pode o subalterno falar?" (Spivak, *Critica della ragione postcoloniale*).

19.5 "De um lado esse carnaval, de outro a fome total"

O tropicalismo, que surgiu no final dos anos 1960, em plena ditadura militar, foi – como reconheceu um dos seus protagonistas, Caetano Veloso – uma vasta "ação antropofágica" em relação aos elementos heterogêneos e desiguais, musicais ou não, do passado como do presente, europeus e norte-americanos como brasileiros, tanto populares como erudito, inclusive o modernismo e o próprio *Manifesto antropófago*.[23]

É preciso acolher *cum grano salis* essa consideração, porque sobre a "criatividade antropofágica" foram pensadas e podem ser pensadas muitas banalidades e suscitados equívocos. No entanto, há um aspecto do tropicalismo[24] que talvez só essa ascendência "antropofágica" possa ressaltar em toda a sua importância. Críticas e falta de generosidade, por exemplo, de um intelectual de prestígio como Roberto Schwarz,[25] são explicadas exatamente pelo desconhecimento desse aspecto. Do que se trata?

Refiro-me ao aspecto alegre-irônico-grotesco do tropicalismo, mais precisamente ao seu caráter *carnavalesco*, exatamente no sentido em que Bakhtin elevou à categoria cultural quase universal o carnaval de origem medieval e renascentista.[26] Não que Schwarz não perceba esse momento. Mas os ânimos se dividam acerca do seu *sentido*. Considerando que a qualidade artística mais profunda do tropicalismo consiste no modo *alegórico-benjaminiano* de tratar os "materiais documentais", como se fossem "rochedos da história real", Schwarz considera elemento

---

23 Veloso, *Verità tropicale*, p.10. Cf. Favaretto, *Tropicália*.
24 Caetano Veloso reconheceu a pertinência ("uma pérola") dessa expressão, que fora por ele criticada quando foi anexada ao original *tropicália* (cf. *Caetano soteronapoletano*, videoensaio de G. Baratta, Trópico Mediterrâneo, 2002).
25 Schwarz, Cultura e política, 1964-1969. In: *Cultura e política*, p.26 et seq.
26 Bachtin, *L'opera di Rabelais e la cultura popolare*.

formal decisivo do tropicalismo a "justaposição" (adialética) de elementos contrastantes, em particular do "novo absoluto", exaltado na sua modernidade internacional, e do "velho atrasado", expressão de um "destino" brasileiro e latino-americano. Nessa interpretação se perdem, da cultura tropicalista, os elementos de crítica social valorizados por um crítico igualmente severo como Carlos Nelson Coutinho.[27] Perde-se, sobretudo, do grotesco tropicalista, o elemento carnavalesco que, com referência a Bakhtin, podemos resumir – pelo que diz respeito ao nosso tema – assim: aproximação, diálogo, contraponto entre "alto" e "baixo", seja em sentido cultural (alta cultura e cultura popular), seja numa dimensão mais geral (espírito e corpo, rico e pobre etc.); especificamente, valorização do corpo nas suas partes que o senso comum reconhece como baixas (sexo, barriga, intestinos).

Aqui nos aproximamos do coração do problema. A crítica mais radical que já foi feita, não só ao tropicalismo, mas também à bossa nova e, mais em geral, àquela que se afirmou como "moderna música popular brasileira" (MPB ou MMPB), é a de um estudioso autorizado, José Ramos Tinhorão,[28] que falou de uma verdadeira "traição de classe" (média) em relação à qualidade autenticamente social da música popular brasileira. A análise de Tinhorão foi julgada a partir de diversas perspectivas não apenas errada, mas insensata. Mas devemos considerar aquilo do que ela é expressão. É um fato inegável, e decisivo, na consideração do tropicalismo, a *abertura*, que não é instrumental, mas constitutiva do seu sentido, para a indústria cultural multinacional.

Então como fica a relação do tropicalismo com aquela que Glauber Rocha – um dos seus grandes mestres inspiradores – chamava "estética da fome" e em relação a qual o próprio Schwarz, em contraposição às experiências artísticas tropicalis-

---

27 Coutinho, op. cit.
28 Tinhorão, *História social da música popular brasileira*, p.323 et seq.

tas, cita o cinema de Nelson Pereira dos Santos, em particular *Vidas secas*? Creio que a questão é reconsiderada no âmbito de um repensamento abrangente de uma série "clássica" de dualismos, como desenvolvimento e subdesenvolvimento, Norte e Sul, modernidade e tradição, nacional e internacional etc.[29]

Para "não concluir" o discurso, em homenagem à metodologia tropicalista – se poderia dizer, gracejando –, em vez de tomar posição, prefiro reproduzir um poema, na minha opinião extraordinário, de um dos pais fundadores do tropicalismo, Gilberto Gil. Trata-se do texto para a canção *A novidade* (1986, música de Bi Ribeiro, Herbert Vianna e João Barone).

A novidade veio dar à praia
Na qualidade rara de sereia
Metade, o busto d'uma deusa Maia
Metade, um grande rabo de baleia

A novidade era o máximo
Do paradoxo estendido na areia
Alguns a desejar seus beijos de deusa
Outros a desejar seu rabo prá ceia

Oh!, mundo tão desigual
Tudo é tão desigual
Oh!, de um lado esse carnaval
De outro a fome total

E a novidade que seria um sonho
O milagre risonho da sereia
Virava um pesadelo tão medonho
Ali naquela praia, ali na areia...

---

29 Arantes, *Sentimento da dialética na experiência intelectual brasileira*.

A novidade era a guerra
Entre o feliz poeta e o esfomeado
Estraçalhando uma sereia bonita
Despedaçando o sonho prá cada lado...

Oh!, mundo tão desigual
Tudo é tão desigual
Oh!, de um lado esse carnaval
De outro a fome total.[30]

---

30 Gil, A novidade. In: *Todas as letras*, p.310.

Intervalo
Tropicus Mundi

Antes do naufrágio, como é natural, nenhum dos futuros náufragos pensava em tonar-se... náufrago e, portanto, menos ainda pensava em ser levado a cometer os atos que os náufragos, em certas condições, podem cometer, por exemplo, o ato de tornarem-se antropófagos. Cada um deles, se interrogado com frieza o que teria feito na alternativa entre morrer ou se tornar canibal, teria respondido com a máxima boa-fé, que, dada a alternativa, teria certamente escolhido morrer. Acontece o naufrágio, o refúgio na chalupa etc. Depois de alguns dias, vindo a faltar os víveres, a ideia do canibalismo se apresenta sob uma luz diferente, até que num certo ponto, daquelas pessoas referidas, um certo número se torna realmente canibal. Mas, na realidade, trata-se das mesmas pessoas?

Carta a Tania, 6 de março de 1933.

1. (Para um) manifesto contra-antropofágico europeu

Antropofagia: destruição-criação, quebra de todo tabu (sem transformar os tabus em totem), ingestão-digestão-expulsão... incorporação que dá corpo ao outro.

Obrigado, Terra Brasil: nos deu, nos dá corpo!

A Europa é evanescente, não tem (mais) corpo. Precisa de água, ar e fogo, mas sobretudo de terra, matéria corpórea, para não se perder na realidade fantasmática do passado ou na virtualidade irreal do presente ou num desejo sem futuro.

Viajamos como europeus para fora da Europa, em busca das nossas raízes numa identidade outra, aquela que roubamos, saqueamos, massacramos e que agora nos volta *contra* depois de termos alegremente devorado, assimilado, evacuado...

Trata-se de um "contra" que pode transformar-se em encontro.

Seremos capazes de ir contra/encontro esse desencontro? Sem falsa consciência ou falsos pudores?

Seremos capazes de *morar* perto do outro e assim *transitar* nessa terra dos confins, onde a identidade coabita com a diferença?

Contra-antropofagia

Trópico: metáfora de um mundo em incessante movimento

As periferias são ou se tornaram centros

Trópico Mediterrâneo, Tropicus Mundi

Incorporemos a incorporação

Inundemos de samba os nossos ouvidos martelados por ritmos sem ritmo

Alarguemos o cânone: Assis, Rosa, Melo Neto

Uma identidade desfibrada volta a nadar no oceano do contraponto

Aparecem novas ondas nos confins da diferença

Emerge a terra prometida

As histórias se entrelaçam, os territórios se sobrepõem

Espírito popular criativo

Espírito musical criativo

Mas Nada de Ilusões

De um lado esse Carnaval

De outro a Fome Total.

2. *Tropicus Mundi*: 10 teses[1]

> O pensamento revolucionário conhece uma dupla modalidade:
> a racionalidade científica de Marx, a imaginação visionária de Hölderlin.
>
> Peter Weiss

1. *Trópico Mundo... quando as periferias são centros.*

"Trópico" é metáfora de uma "revolução cultural" que implica a inversão da tendência hoje hegemônica de concentração do poder – nos níveis econômico, político, militar – no âmbito de um processo objetivo de "unificação do gênero humano" (Gramsci).

2. *Trópico Mundo é uma luta metafórica, metáfora de uma luta.*

A linguagem do poder se casa cada vez mais com o poder da linguagem, de certa linguagem, que é a linguagem multimediática dos hipermodernos meios de comunicação de massa. A luta metafórica de *Tropicus Mundi* nasce da necessidade de oposição ao solipsismo televisivo de massa, que como um veneno polui a sociedade civil planetária, fazendo seu a energia do pensamento crítico do século passado. Tal possibilidade aparece como fragmento nas telas da televisão. Pode renascer sob forma de "imaginação crítica".

3. *Terra do Sol*

Sócrates, nas origens da civilização ocidental, mostra a busca da verdade por meio do diálogo inter-humano. Leonardo, nas raízes pré-modernas da modernidade, desenvolve o caminho de uma amizade profunda e duradoura entre artes

---

1 Universidade de Marília (São Paulo), 21 de novembro de 2002. Contribuição de Giorgio Baratta à manifestação *Tropicus Mundi* organizada por Célia Tolentino e Marcos Del Roio.

Giorgio Baratta

e linguagens, entre as formas de comunicar e de exprimir: "Poesia... pintura muda, pintura... poesia cega, música... figuração das coisas invisíveis".

4. Como promover a imaginação crítica?

A leonardina *Comparação das artes*, primeira parte do *Livro de pintura*, se complica no início do século passado com a descoberta-invenção da imagem em movimento. Discípulo de Leonardo, Eisenstein fala do cinema como "música para os olhos". Nos anos 1970, o coreano Nam June Paik, formado na escola musical da dodecafonia, fundador da videoarte, fala de "intermedialidade", ou seja, de uma ligação entre médias e linguagens, respeitoso da autonomia de cada uma delas, mas também capaz de estender leonardinamente a força expressiva e comunicativa de cada uma delas sobre as outras. Na época caracterizada pelo caldeirão televisivo-multimedial, o fordista "gorila amestrado", evocado por Gramsci, se transforma no súdito da sociedade do espetáculo que Dario Fo chama de "coelho amestrado". A intermedialidade pode tornar-se forma expressiva, instrumento linguístico e técnico de uma luta hegemônica rica de imaginação crítica.

5. Espírito popular criativo.

O "mistério de Nápoles" – de que Gramsci fala no primeiro caderno do cárcere na esteira de Goethe, propondo de novo a "questão meridional" no nível internacional, num cenário dominado pela América e pelo americanismo – é o *mistério* de todo Sul do mundo. Como é possível que a "atividade" e a "industriosidade", a "criatividade" dessas populações pensem em sociedades improdutivas? Porque o "espírito popular criativo" se exprime com força exatamente lá onde se apresentam maciçamente "parasitismo" e "sedimentações sociais passivas", fontes de miséria e de "irracionalidade" demográfica e econômica?

6. *Mundo uno e comum*.

Edward W. Said, o crítico literário militante palestino--americano, descreveu o "mundo" – que, diz ele, está hoje mais do que nunca presente e próximo da experiência pessoal de cada indivíduo – como um vasto espaço comum em que as histórias "se entrelaçam" e os territórios "se sobrepõem". As análises tradicionais dos dualismos – cada vez mais reais – cidade-campo, centro-periferia, desenvolvimento-atraso não resistem mais. A "situação" (para usar uma expressão de Sartre) mudou. Todo centro é rico, às vezes saturado de periferia. Sobre toda periferia pairam, como uma esperança, mas muito mais como uma ameaça também mortal, um ou mais centros. "O mundo é uno e comum" – dizia Heráclito. "Comum" não quer dizer único. Said propõe articular com a *metodologia* do "contraponto" a unidade complexa, diferenciada e interligada do mundo.

7. *O método do contraponto*.

Said diz que a dialética de origem hegeliana é como uma forma "sonata" que por meio do "desenvolvimento" de um tema e um contra tema – centro motor – se articula e irradia em direções múltiplas, incorporando os detalhes na totalidade do conjunto. O "contraponto" de Said – como já a "polifonia" de Bakhtin – se desenvolve por meio de uma pluralidade original de vozes que não admitem um centro, nem qualquer hierarquia. Não obstante e contra a arrogância do "pensamento único", assim como da "nova ordem mundial" se entrevê o horizonte de uma "ordem nova... não de marca americana" (Gramsci).

8. Senso comum planetário

Marx falou do "comunismo do capital" como de um processo econômico-social irreprimível, premissa necessária, não suficiente, da empresa comum dos "indivíduos associados". Gramsci retomou o discurso de Marx mostrando a tendência objetiva à "unificação do gênero humano". "As histórias particulares" – escreve Gramsci – "vivem só no quadro da história mundial". A dialética de Gramsci é flexível, natural ao método do contraponto, que explica toda identidade – regional, nacional, continental... mundial, mas também identidade de gênero, de idade, de etnia e de cultura... – como determinação autônoma, mas relativa, necessitada de enriquecimento, mais como processo em movimento do que como resultado, como um dos inumeráveis "prismas" nos quais se refrata a "luz diversa" daquele "raio" que é o "mundo uno e comum" de Heráclito. Como estimular, plasmar, formar um *novo* senso comum, um imaginário comum planetário?

9. Trópico Mediterrâneo.

A luta metafórica de *Tropicus Mundi* parte de um diálogo cultural e musical entre Nápoles e Bahia, entre o Mediterrâneo e os Trópicos. A viagem que nos anos 1960 Gianni Amico – "amigo querido" – fez entre Itália e Brasil, América, África, Europa, cinema, música, política, inscreve-se num diálogo contra-antropofágico que a cultura europeia iniciou nos confrontos do Brasil, denominado por Caetano Veloso como o "gigante paralelo" do continente americano. A experiência da *tropicália* é a de um movimento nacional-internacional--popular que ainda hoje suscita dúvidas, mas também certezas. A grande aquisição do tropicalismo é a necessidade--possibilidade de pôr em circuito – ou em rede – o "espírito popular criativo" no grande rio da hipermodernidade.

10. *Ulisses tropical.*

Haroldo de Campos ideou uma "última viagem de Ulisses": a viagem de quem parte – não de quem retorna – para o coração do Ocidente; viagem salpicada de luzes e de sombras, de esperanças e de ameaças – para muitos uma viagem sem volta, até sem conclusão – da massa viajante dos imigrantes de todo o mundo, fundamento real e material da nossa metáfora: *Trópico Mundo.*

3. *Tropicus* hino

Voz recitante
Todas as histórias particulares vivem só no quadro da história mundial

Canto
Tro
Tro
Trópico!
Túrgidos
Trucidas
Bacilos
Vilões
Globais
Glóbulos
Domundobush
Ai de mim!

Voz recitante
Todo raio passando por prismas diversos dá refrações de luz diversa

Canto
Tro
Tro

Trópico!
Trópico
Trópico
Tropo
Antientrópico
Bahia
A Nápoles
Estai perto de
Mmim!

Voz recitante
Música: a linguagem mais universal hoje existente, a que mais
do que qualquer outra comunica imagens e impressões totais

Canto
Tro
Tro
Trópico!
Música
Fúlgida
Lúdica
Mágica
Modernidade
Encanto
O canto de
Payé![2]

Voz recitante
Territórios que se sobrepõem, histórias que se entrelaçam

Canto
Tro
Tro

---

2 *Payé* é fruto da contaminação entre os nomes das sereias arquétipo de Nápoles
(Partênope) e Bahia (Yemanjá): a expressão nasce do videoensaio homônimo
de Giorgio Baratta e Robert Cahen, Edizioni Tropicus Mundo, 2006.

Trópico!
Rítmicos
Amáveis
Povos
Móveis
Poderes
Instáveis
Tropicusmundi
Oilé!

Voz recitante

O mundo é grande, terrível e complicado. Toda ação lançada sobre a sua complexidade desperta ecos inesperados

Tro
Tro
Trópico!
Ética
Estética
Sonho
Da arte
Pedagogia
Do desejo
Viva o Projeto
Axé![3]

---

3 O Projeto Axé é uma organização para apoio dos "meninos e meninas de rua". Fundado em Salvador, Bahia, em 1990 por Cesare La Rocca, inspira-se nos princípios da "pedagogia do desejo" e da "arte-educação". Os textos citados são de Antonio Gramsci, exceto o penúltimo, que é de Edward W. Said.

Conclusões
Da Sardenha para o mundo, do mundo para a Sardenha

Foi dito que a Sardenha foi para Gramsci uma espécie de "ilha laboratório" para uma política mais geral, que diz respeito à nação e ao mundo. Essa intuição, além do célebre destaque de Togliatti no discurso de Cagliari de 1947, inspirou no decorrer do tempo a reflexão de alguns dos mais autorizados intelectuais sardos.

Guido Melis, a quem se deve a expressão citada, a reconduz a uma dupla ordem de considerações. Por um lado, mediante uma análise de classe da peculiar "insularidade da Sardenha" no contexto meridional e nacional, Gramsci teria perseguido desde o pós-Primeira Guerra Mundial "uma grande reivindicação de autonomia regional", fazendo da Sardenha uma nítida bancada de prova da nova política de alianças. Por outro, o desenvolvimento possível na ilha de um grande, maduro, movimento de massa, capaz de articular de modo unitário as diversas instâncias – regional, nacional, internacional – teria parecido a Gramsci como a projeção sobre a Sardenha do trabalhoso mas produtivo percurso pessoal, que o tinha levado de Ghilarza a Turim e a Moscou. Melis destaca com acerto que desde jovem, como nos *Cadernos*,

Gramsci indica o "ponto focal" da relação Sardenha-Mundo na contradição produtiva que pode transformar o antiestatismo espontâneo dos pastores e camponeses em sentimento anticapitalista, a rebeldia em ciência revolucionária, a hostilidade aos "continentais" numa posição internacionalista.[1]

Manlio Brigaglia revelou a dupla polaridade – "história da Ilha"/"história do mundo" – que caracteriza "a articulada atenção" gramsciana.[2] Giovanni Lilliu fez um raciocínio sutil para explicar como o sardo se apresentava a Gramsci, para todos os efeitos, como uma língua "por natureza e por plenitude expressiva", capaz de representar a base e o instrumento comunicativo de uma visão específica do mundo, a da civilização camponesa e pastoril.[3]

O reverso da medalha, com respeito a essa potencialidade política que vai além da Sardenha, está no histórico atraso da burguesia e em geral dos estratos sociais superiores da ilha. Para adquirir uma consciência nacional e internacional Gramsci teve de lutar tenazmente contra um "modo de viver e de pensar regional ou de aldeia", e isso tem a ver com a condição econômica e social da ilha que a tornava ainda menos imediatamente penetrável do que outras regiões meridionais de cultura unitária tradicional italiana.

Devemos agradecer a Renzo Laconi por ter enquadrado magistralmente, há cerca de cinquenta anos, as razões do nexo "radical" e "premente" entre "a experiência sarda de Gramsci" e o seu "largo e profundo processo de maturação nacional e universal".[4]

Não é por acaso que a Sardenha tenha apresentado Gramsci como um "grande intelectual" em vez de um Croce ou um For-

---

1 Melis, Gramsci e l'isola laboratorio (2004). In: Maiorca (org.), *Gramsci Sardo*, p.300-6.
2 Brigaglia, Come è stato letto Gramsci da una generazione di sardi. In: Maiorca (org.), op. cit., p.122-5.
3 Lilliu, Gramsci e la lingua sarda. In: Maiorca (org.), op. cit., p.237-9.
4 Laconi, Note per una indagine gramsciana. In: Maiorca (org.), op. cit., p.78.

tunato. Tampouco é por acaso que o primeiro intelectual a ter assumido a fisionomia de dirigente orgânico de tipo nacional revolucionário da classe operária tenha sido um sardo em vez de um piemontês ou um siciliano. Havia duas condições favoráveis a essa origem e formação do filósofo sardo: a experiência direta de um movimento camponês de tipo meridional e a proveniência de um ambiente intelectual extremamente sensível a essa influência, e também em posição de revolta aberta contra o *conformismo* nacional.

Devemos concluir disso que a condição de "tríplice e quádruplo provinciano" de "um jovem sardo do princípio do século", como era Gramsci, tenha representado para ele uma *vantagem*, a de cobrir o período histórico-geográfico mais amplo possível para chegar a uma consciência nacional-internacional concretamente "universal"? Que, em suma, a mais enraizada subalternidade tenha favorecido uma possibilidade mais avançada de consciência e de autonomia?

Também aqui está o reverso da medalha. A palavra sobre esse assunto está com um dos maiores, senão o maior intérprete sardo de Gramsci, Antonio Pigliaru. Lembramo-nos dele através de um escrito particularíssimo e iluminador, de 1963, no qual como crítico literário ele descobria a novidade substancial de um livro, expressão do salto decisivo da narrativa sarda para além dos limites da província e, ao mesmo tempo, de uma abordagem madura e fecunda do pensamento de Gramsci: Un Dodge a fari spenti [Um Dodge com os faróis desligados], obra-prima de Giuseppe Zuri, pseudônimo então usado por Salvatore Mannuzzu, que é há muito tempo um estimadíssimo autor *gramsciano* cabal.

Pigliaru revela que em "uma sociedade rural arcaica e residual (bilinguismo), 'familista' como é a sociedade sarda em sentido próprio [...] até a chamada classe hegemônica, bem definida no romance, é na realidade ela mesma subalterna". E isso pesa como uma rocha sobre a condição "de alienação

Giorgio Baratta

e de estranhamento" do protagonista, Mariolino, com a sua "história desconexa, mas autêntica", que Pigliaru assimila ao "subversivo [...] morto de fome, pequeno burguês", com "uma posição negativa e não positiva de classe",[5] do qual Gramsci fala no *Caderno 3*.[6]

O ensaio de Pigliaru é exemplar sob diversos aspectos, como quando sustenta (profeticamente) a potencialidade de um "encontro decisivo com Gramsci" por parte de Zuri-Mannuzzu: "um Gramsci aberto, livre, lido com uma filologia atenta, mas também livremente articulada e, portanto, não dogmática"; ou quando reivindica – "poesia é coisa situada" – a relação literatura-vida que Pigliaru sublinha exatamente em referência ao *gramscismo* de Mannuzzu, lembrando a tal propósito o De Sanctis da maturidade, enquanto podemos igualmente bem lembrar Edward W. Said.

Tendo em conta o tema que aqui nos interessa, é significativo o fato que Pigliaru, exaltando a figura de Mannuzzu pela capacidade de romper finalmente com a temporada literária pós-deleddiana (retórica acrítica cheia de veleidade, com exceção apenas de Dessi e Cambosu), considera a sua saída do provincianismo rica de uma forte "presença europeia", além de italiana (são citados Pavese e Eliot). Entre as linhas se nota que o que conta, na *novidade* representada pelo romance, é o seu valor não só para a Sardenha, mas para a cultura contemporânea de modo mais geral.

A Sardenha não é mais aquela. A questão dos subalternos e da luta hegemônica se deslocou, na ótica de uma metodologia gramsciana, do terreno regional-nacional para o global pós-colonial. Mas são exatamente os elementos de base de tal

---

5 Pigliaru, Per *Un Dodge a fari spenti* di Giuseppe Zuri [pseudonimo di Salvatore Mannuzzu]: un bilancio sulla nuova narrativa sarda. In: Mannuzzu, *Un Dodge a fari spenti*, p.217, 231, 198.

6 Gramsci, *Quaderni del carcere*, 3, *46*, p.323 et seq.

metodologia que nos levam a tentar uma comparação entre a condição da Sardenha/Itália de Gramsci e a das "ilhas" emergentes no vasto mundo de hoje.

Há um componente eclético no método de Gramsci que parece particularmente precioso: o seu pensamento é uma das principais expressões e testemunhos da *centralidade operária* numa perspectiva marxista que poderia ser definida como "clássica"; no entanto, ele raciocina sob muitos aspectos numa ótica camponesa que se infiltra com força e com paciência nos meandros de uma paisagem predominantemente urbana. Essa mestiçagem é que produz a energia e o frescor das páginas que ele dedica a temas como "folclore" e "classes subalternas", por um lado, "americanismo", "Oriente e Ocidente", "Norte e Sul", por outro.

O diálogo entre Gramsci e Said, que neste livro foi tentado, e que em parte o inspirou, tem uma estreita ligação com a mestiçagem social e cultural, que caracteriza cada vez mais a realidade de todos os dias, e que chamamos, com Said, "contraponto". Said, e também Guha e Spivak – do mesmo modo, *mutatis mutandis*, que Gramsci – transportaram politicamente a ótica *também* camponesa para dentro da centralidade capitalista de um mundo hegemonizado pela América e pelo americanismo.

A *esperança* de Gramsci-Said é que ainda seja possível atingir com as armas da dialética e da luta hegemônica uma realidade que se mostra refratária ao materialismo histórico porque naufragou no materialismo vulgar do dinheiro e das armas. Brecht, que apontava para uma análise complexa e ampliada das relações de produção, queria que se raciocinasse antes com a barriga do que com a mente, porque auspiciava uma mente iluminada pelas necessidades da barriga. Deixando de lado a metáfora, hoje o economicismo está de tal modo enraizado que parece deveras difícil propor de novo – brechtianamente – uma economia crítica, quer dizer, uma análise científica das necessidades e do modo de satisfação das necessidades da barriga.

Lembremos os últimos versos do poema musical *A novidade*, de Gilberto Gil, citado: "De um lado esse carnaval, de outro a fome total". Podemos e poderemos tornar-nos e também divertir-nos de modo sadio e feliz quanto queiramos e quisermos, mas os subalternos têm, em primeiro lugar, fome. A fome da Sardenha foi uma presença imperiosa e constante na evolução do pensamento de Gramsci. A fome generalizada, hoje como ontem, mas hoje de modo mais visível e vistoso aos olhos de todos, não pode deixar de ser uma presença igualmente imperiosa (foi para Said) numa cultura que por comodidade definimos "pós-colonial".

A questão-chave é a atualidade da metodologia gramsciana. Poderemos exemplificar: a atualidade das necessidades da barriga (ótica camponesa) numa situação cada vez mais rica de cultura e de intelectuais (centralidade capitalista). Já que não funcionam mais por mil razões as categorias do dualismo clássico Norte-Sul, desenvolvimento-atraso, que contavam com a eficácia de uma lógica de *mediação*, somos levados a radicalizar de vez em quando os problemas de um polo e do outro, apontando para a potencialidade de uma lógica de *mestiçagem*.

Considerando a energia que a fonte-Sardenha desencadeou no pensamento de Gramsci, poderemos tentar fazer nossa fonte-subalternos. O problema não é tanto "se os subalternos podem falar" porque, como bem resumiu Said numa bela entrevista com Leghissa, os subalternos falam e basta, quer nós queiramos ou não.[7] O problema é antes se somos capazes de falar como os subalternos, quero dizer, perder a nossa palavra extenuada, abraçar o silêncio e recomeçar com híbridos, sem ênfase nem retórica, com espírito científico, para uma nova luta hegemônica.

---

7 Said, Gli intellettuali e l'alterità. In: Leghissa; Zoletto (orgs.), Gli equivoci del multiculturalismo, *Aut Aut*, n.312 (n. monográfico), p.88-96.

Posfácio
As rosas e os Cadernos em contraponto

Fábio Frosini

Quando Giorgio Baratta publicou, em 2001, o livro *As rosas e os Cadernos*, repisando com este o fio de um interesse assíduo por Gramsci por um período de quinze anos, parece-me evidente que só em parte se tratava de um livro sobre Gramsci, e que a sua especificidade provavelmente devia ser buscada alhures, num plano em que os motivos e as novas verdades provinham não tanto da pesquisa analítica e da contextualização histórica do *corpus* gramsciano, mas da sua aproximação de sugestões de outra proveniência. Dessa tendência, o livro que agora é publicado é uma continuação e uma acentuação. Não só porque a filosofia é aqui relida pela música e a Europa, pelas muitas "Américas", mas porque, justamente, Baratta coloca em seu centro, logo no início e clamorosamente, uma questão que nasce apenas da aproximação dos problemas de Gramsci com outros, de proveniência diversa: intitulando o livro em "contraponto" e dedicando a introdução a explorar essa noção.

Deste modo, todos os temas dos *Cadernos do cárcere* aqui levados em consideração – do humanismo ao americanismo, da democracia ao senso comum – são revisitados a partir da perspectiva do contraponto; e, vice-versa, toda a última parte é dedicada a pôr à prova essa abordagem neogramsciana na análise de situações, conjunturas e fenômenos que fazem parte ou do nosso presente, ou de um mundo de qualquer modo estranho à perspectiva do autor dos *Cadernos*. Creio, por isso, oportuno discutir brevemente essa abordagem, sintetizada no título da introdução: *Dialética, tradutibilidade, contraponto.*

Segundo Baratta, esse título tem as suas raízes na ideia de uma "filologia viva", se esta for lida, de modo extensivo, como ideia limite da "comunicação" do autor com os seus leitores potenciais e, portanto, como horizonte que abrange toda a complexa temática dos *Cadernos do cárcere*, da política à filosofia, à história, à cultura, e que é uma herança, um ensinamento proveniente da profundeza da experiência teórico-política precedente de Gramsci. Baratta sublinha a centralidade e a importância dessa ideia como "método" da circulação do empírico e do individual ao universal e ao total, e vice-versa, sem nunca fechar o círculo ou chegar a uma conclusão definitiva ou definitória. Trata-se, portanto, de um ideal de comunicação distante de qualquer mito da transparência, e que investe com a própria luz a mesma noção de dialética que Baratta vê em ação nos *Cadernos*.

Aqui tocamos num ponto delicado, que qualifica o próprio sentido do marxismo, cuja paternidade Baratta atribui a Gramsci, e com isso, evidentemente, a sua relação com a tradição filosófica e, em primeiro lugar, com Hegel. Sobre a dialética em Gramsci existe certa bibliografia que tende a destacar o momento da continuidade em relação à tradição: pensemos na contribuição de Norberto Bobbio para o congresso romano de 1958 ou na intervenção de Livio Sichirollo na mesma ocasião. Mais recentemente, o tema foi predominantemente tratado de modo novo não de um ponto de vista filosófico, mas literário-

-cultural, sobre o pano de fundo de um panorama teórico anglo-
-europeu dominado pelo desconstrucionismo, portanto, pelo
senso comum da radical descontinuidade em relação a Hegel e
à dialética.[1] Obviamente, Baratta não ignora esses precedentes,
antes me parece que se coloca tendencialmente ao lado da segunda dessas posições. No entanto, a sua maneira de tratar é
original, porque fala *sempre* de dialética, uma dialética, porém,
"flexível, [...] natural ao método do contraponto", porque capaz
de deslocar-se continuamente da universalidade do particular
para o questionamento dessa pretensa universalidade, sem perder a capacidade de "manter juntos" os dois momentos.

A propósito disso, quero destacar a presença de uma dificuldade objetiva com a qual Baratta lutou em todo o livro,
e que não era, aliás, sequer ignorada por Gramsci: entendo a
dificuldade de trabalhar com uma terminologia que pertence a
uma determinada cultura e a uma determinada posição filosófica
(totalidade, unidade, contradição, particular/universal, diferença
e diversidade – categorias amplamente utilizadas no livro), às
quais ele se esforça por conferir um novo significado, *sem por
isso* renunciar à "herança" da qual aquela terminologia é portadora. Toda a constelação conceitual da dialética está submetida
a esse trabalho de transformação, e há de se notar que (esta é
a minha opinião) o trabalho de Baratta é reflexo, pelo menos
em parte, de um trabalho análogo do próprio Gramsci. Quando
digo "pelo menos em parte", quero insistir sobre o caráter não
tanto gramsciano quanto neogramsciano deste livro. Deste
deslocamento teórico brotam formulações ambíguas, como a já
lembrada "dialética flexível", ou o fato de colocar junto com o
princípio da contradição o princípio (retomado de Edward W.

---

1 Para dar um exemplo, penso em Joseph Buttigieg, o editor e intérprete dos
Cadernos nos Estados Unidos. Além disso, também Giuseppe Prestipino
(Dialettica. In: Frosini; Liguori (orgs.), *Le parole di Gramsci*, p.55-73) insiste, *en philosophe* e partindo de pressupostos totalmente diferentes, sobre a
originalidade da dialética desenvolvida nos *Cadernos*.

Said) do "contraponto", ou ainda a tentativa de integrar os Estudos Culturais (Stuart Hall) numa perspectiva (neo)gramsciana.

Desse deslocamento teórico provém, também, como insinuei no início desta pequena nota, uma insistência fortíssima sobre o *hoje* por parte de Baratta, uma atualidade não acrescentada de modo sub-reptício ao texto, mas como aquilo sobre o que ele constitutivamente se debruça. Tudo isso apresenta implicações filosóficas importantes, e constitui o verdadeiro corpo do neogramscismo do qual falei. A interação (às vezes verdadeira montagem, aproximação) do instrumentário e dos problemas de Gramsci, com os de Said, de Hall, do manifesto antropofágico brasileiro, desloca toda a discussão para um plano constitutivamente mundial e, numa dimensão não tecnicamente filosófica, da qual a ideia de contrapontos se alimenta essencialmente e sem os quais não é sequer pensável.

Uma pergunta para concluir. Para quem, como eu e (espero) muitos outros, compartilha em grande parte uma das exigências das quais parte a meditação de Baratta, isto é, demarcar nitidamente a dialética marxista da hegeliana, este livro representa um estímulo para pensar de modo novo velhas categorias. Mas (esta é a pergunta que desejaria dirigir a Giorgio Baratta) em que direção é preciso repensar a dialética? Ou, de outro modo, que atuação tem e deve ter a "realidade" nesse repensar? Digo isso porque o risco, sempre presente todas as vezes que se afasta da categoria de "totalidade", é exatamente o de perder contato com a realidade, reduzindo-se a pensá-la em formas regionais ou diretamente metafóricas, em formas, em suma, que possam dar lugar a algum exercício acadêmico ou a uma política social caritativa e "pontual", mas não certamente capazes de pensar aquele grandioso projeto revolucionário que Gramsci chama de "reforma intelectual e moral". Para dizer de modo simplificado e conciso, deixar o moderno para o pós-moderno não corre o risco de deixar escapar pela mão aquele instrumento que, com mil limites, tinha permitido "pegar" na realidade? O moderno mostra infinitas rachaduras, mas qual direção tomar para sair desse espaço político?

Precisemos alguns pontos. Que a verdade possa ser possuída na forma da *luta pela* verdade, e de nenhum outro modo (o que Gramsci pretendia exprimir falando de uma futura obsolescência histórica da filosofia da práxis, e do seu caráter de cima embaixo "crítico"), é um conceito não simples de compreender, é um conceito dialético, de uma dialética, porém, bastante original, se Baratta sentia a necessidade de voltar com insistência, em *As rosas e os Cadernos*, em particular na Terceira Parte, significativamente intitulada "Europa-América-Mundo". Ademais, sua insistência na dialética aumentou sensivelmente na passagem da primeira edição de *As rosas* (publicada pela Bamberetti em 2001) para a segunda (publicada pela Carocci em 2003). Nesse livro era posta à prova a capacidade daquela "captura" das categorias dos *Cadernos do cárcere* sobre os grandes temas do americanismo, da relação Norte-Sul (ou melhor, Sul-Norte, como se exprimia Baratta) no mundo globalizado, nas novas fronteiras entre produção e vida na "sociedade da aprendizagem" (costumeiramente chamada "pós-fordista"), enfim, da Europa como crise do Estado nacional e como terreno atual da luta pela democracia. É nesse terreno concreto, *histórico*, fortemente articulado e complexo, seja no plano teórico seja no plano político, que a dialética pode mostrar a própria força ou abdicar à própria tarefa de "transformar o mundo", tanto mais porque o panorama atual do pensamento crítico é dominado pelas temáticas da diferença. Nesse terreno, Baratta preferia então (na minha opinião, com justiça) correr o risco, com Balibar, de dialogar com aquela "linha nominalista e factual de pensamento que, focalizando o corpo, rejeita mediações, dialética e totalidade", e "ajustar as contas com um 'ponto de heresia' como Foucault", mais do que "continuar a 'ruminar Marx'". Que era, definitivamente, o mesmo método – desinibido até o limite da impertinência – com o qual Gramsci se coloca diante do marxismo – e do próprio Marx – no cárcere de Turi: Gramsci, com o americanismo e o fascismo diante dos olhos, nós, hoje, com o saber como força produtiva e as novas lógicas globais do poder. Só que (detalhe não secundário) Gramsci repensava Marx antes e depois daquele grande evento "metafísico" que era a teorização e realização da hegemonia por parte de Lênin. Em suma, o seu repensar Marx não nascia nem de um gosto pessoal, nem da percepção de uma obsolescência, nem sequer, sobretudo, de uma derrota, mas da realização na história real daquilo que Marx tinha "sozinho" pensado: a unidade entre teoria e prática, filosofia e política. Sobre qual evento fundamental nós apoiaremos hoje um repensar Gramsci?

Referências bibliográficas

ADORNO, T. W. *Immagine dialettiche. Scritti musicali, 1955-65.* G. Borio (org.). Tornino: Einaudi, 2004.

AMICO, O.; GIOVANELLI AMICO, F.; VINCENTI, E. (orgs.). *Gianni Amico.* Torino: Torino Film Festival, 2002.

ANGELINI, P. (org.). *Dibattito sulla cultura delle classi subalterne (1949-50).* Roma: Savelli, 1977.

ANGLANI, B. *Solitudine di Gramsci.* Politica e poetica del carcere. Roma: Donzelli, 2007.

ARANTES, P. E. *Sentimento da dialética na experiência intelectual brasileira.* Dialética e dualidade segundo Antonio Candido e Roberto Schwarz. Rio de Janeiro: Paz e Terra, 1992.

BACHTIN, M. M. *L'opera di Rabelais e la cultura popolare.* Riso, carnevale e festa nella tradizione medievale e rinascimentale. Traduzido do russo por M. Romano. Torino: Einaudi, [1965] 2001.

_____. M. *Voprosy literatury i estetiki.* Isseledovanija raznyekh let. Moskva: Chudožestvennaja literatura, 1975 (Trad. inglesa: *The Dialogic Imagination:* Four Essays. Austin: University of Texas Press, 1986; trad. italiana: *Estetica e romanzo.* Torino: Einaudi, 1997).

BALIBAR, E. *La filosofia di Marx.* Trad. A. Catone. Roma: Manifestolibri, 1994 (ed. original: *La philosophie de Marx.* Paris: La Découverte, 1993).

_____. *Nous, citoyens d'Europe?* Les frontières, l'État, le Peuple. Paris: La Découverte, 2001 (trad. italiana: *Noi cittadini d'Europa?* Le frontiere,

lo Stato, il popolo. A. Simone; B. Foglio (orgs). Roma: Manifesto-
-libri, 2004).

BALIBAR, E. L'Europa fuori dall'Europa. *Critica marxista*, n. 5, 2001.

_____; WALLERSTEIN, I. *Razza nazione classe*. Le identità ambigue. Trad.
A. Catone, prefácio de G. Baratta. Roma: Edizioni Associate, 1996.

BARAN, P. A.; SWEEZY, P. M. *Il capitale monopolistico*. Saggio sulla struttura
economica e sociale americana. Torino: Einaudi, 1968 (ed. original:
Monopoly capital: An Essay on the American Economic and Social
Order. New York, Monthly Review Press, 1966).

BARATTA, G. Sartre dialettico? Con un'appendice su: Hume tra naturalismo e materialismo. *Studi urbinati*. B2, Filosofia, Pedagogia,
Psicologia. v.LVII, 1984.

_____; CATONE, A. (orgs.). *Tempi moderni*. Gramsci e la critica del
americanismo. Atti del Convegno internazionale organizzato dal
Centro di iniziativa politica e culturale di Roma. Roma: Edizioni
Associate, 1989.

_____. *Le rose e i Quaderni*. Il pensiero dialogico di Antonio Bramsci.
Roma: Carocci, 2003. (Trad. brasileira *As rosas e os Cadernos*. O pen-
samento dialógico de Antonio Gramsci. G. Semeraro (org.). Rio de
Janeiro: DP&A, 2004).

_____. (org.) *NapoliBahia*. Modernità e incanto. Napoli: Università
"L'Orientale", 2006.

_____; GRILLETTI MIGLIAVACCA, A. (orgs.). *Terra Gramsci*. Dalla Sardegna
al mondo, dal mondo alla Sardegna. Cagliari: AD-Arte Duchamp,
2007.

_____; LIGUORI, G. (orgs.). *Gramsci da un secolo all'altro*. Roma: Editori
Riuniti, 1999.

BARENBOIM, D.; SAID, E. W. *Paralleli e paradossi*. Pensieri sulla musica, la
politica e la società. A Guzelimian (org.). Trad. P. Budinich. Milano:
Il Saggiatore, 2004 (ed. original: *Parallels and Paradoxes*: Explorations
in Music and Society. New York: Pantheon Books, 2002).

BATÀ, C. *José Martí*. Il maestro delle due Americhe. Prefácio de A. Riccio.
Verona: Achab, 2002.

BENJAMIN, W. *Zur Kritik der Gewalt und andere Aufsätze*. Frankfurt a.M.:
Suhrkamp, 1965.

BERMANI, C. *Gramsci un'eredità contrastata*. La nuova sinistra rilegge
Gramsci. Milano: Ottaviano, 1979.

BONDINI, L. L'idea Ford. *La Nuova Italia*, v.III, n.7, p.256-63, 1932.

BONINELLI, G. M. *Frammenti indigesti*. Temi folclorici negli scritti di Antonio Gramsci. Roma: Carocci, 2007.

BOOTHMAN, D. *Traducibilità e processi traduttivi*. Un caso: A. Gramsci linguista. Perugia: Guerra, 2004.

BOOTHMAN, D. Hobsbawm: la cultura è incontro. *Liberazione della domenica*, 29 abr. 2007.

BORGESE, G. A. Strano interludio.*Corriere della Sera*, 15 mar. 1932.

BORGHESE, L. Tia Alene in bicicletta: Gramsci traduttore dal tedesco e teorico della traduzione. *Belfagor*, v.XXXVI, n.6, p.635-66, 1981.

BOSI, A. *História concisa da literatura brasileira*. São Paulo: Cultrix, 1994.

_____. *Dialética da colonização* (1992). São Paulo: Companhia das Letras, 2002.

BRECHT, B. *Kleines Organon für das Theater*. In: _____. *Gesammelte Werke*. Frankfurt a.M.: Suhrkamp, 1967, v.XVI, p.659-708.

BUARQUE DE HOLANDA, S. *Cobra de vidro*. São Paulo: Perspectiva, 1987.

_____. *Raízes do Brasil* (1936). São Paulo: Companhia das Letras, 1999 (trad. italiana: *Radici del Brasile*. O. Arcella (org.), Prefácio de F. H. Cardoso. Firenze: Giunti, 2000).

BUCHARIN, N. I. *Teoria del materialism storico*. Manuale popolare di sociologia marxista. Trad. D. Ferreri. Firenze: La Nuova Italia, 1977.

BURGIO, A. *Per Gramsci*. Crisi e potenza del moderno. Roma: Derive-Approdi, 2007.

BUTTIGIEG, J. A. *Introduction*. In: Gramsci, A. *Prison Notebooks*. J. A. Buttigieg (ed.), trad. por J. A. Buttigieg e A. Callari, v.1. New York: Columbia University Press, 1992.

_____. Sulla categoria gramsciana di 'subalterno'. In: INTERNATIONAL GRAMSCI SOCIETY. *Gramsci da un secolo all'altro*. C. Bratta, C. Liguori, (orgs.). Roma: Editori Riuniti, 1999.

CAGE, J. *Silence: Lectures and Writings*. Middletown (CT): Wesleyan University, 1961.

CAMPOS, H. de. Finismondo. L'ultimo viaggio [di Ulisse]. Trad. A. F. Bernardini. *Baldus. Quadrimestrale di letreratura*. v.VI, 1996.

CANDIDO, A. *Teresina etc*. Rio de Janeiro: Paz e Terra, 1992.

CAPASSO, A. Un libro di Daniel Rops. *La Nuova Italia*, v.IV, n.2, p.68-72, 1933.

CÉSAIRE, A. *Discours sur le colonialism*. Paris: Réclame, 1950 (trad. italiana: *Discorso sul colonialismo*. Roma: Lilith, 1999).

CIRESE, A. M. *Intellettuali, folklore, istinto di classe*. Note su Verga, Deledda, Scotellaro, Gramsci. Torino: Einaudi, 1976.

CLEMENTE, P.; MEONI, J. L.; SQUILLACCIOTTI, M. (org.). *Il dibattito sul folklore in Italia*. Milano: Edizioni di Cultura Popolare, 1970.

COMETA, M. *Dizionario degli studi culturali*. R. Coglitore; R. Mazzara (orgs.). Roma: Meltemi, 2004.

CONSIGLIO, F. *Il procedimento scientific in Marx*. In: GEYMONAT, L. (org.). *Lavoro, scienza, potere*. Milano: Feltrinelli, 1981, p.161-181.

_____. Gramsci e la filosofia. *Il Cannocchiale*, n.3, p.77, 1995.

Cospito, G. *Stuttura-superstruttura*. In: Frosini, F.; Liguori, G. (orgs.). *Le parole di Gramsci*. Per un lessico dei *Quaderni del carcere*. Roma: Carocci, 2004, p.227-46.

Coutinho, C. N. *Gramsci*. Um estudo sobre seu pensamento político. Rio de Janeiro: Civilização Brasileira, 1999 (trad. italiana de A. Pelliccia, *Il pensiero político di Gramsci*. Milano: Unicopli, 2006).

_____. *Cultura e sociedade no Brasil*. Ensaios sobre ideias e formas. Rio de Janeiro: DP&A, 2000 (trad. italiana de A. Infranca, Cultura e società in Brasile, *Rivista di Studi Portoghesi e Brasiliani*, v.III, 2001).

_____. Gramsci e i Sud del mondo: tra Oriente e Occidente. In: *Convegno Immaginare l'Europa nel mondo postcoloniale*. Università di Napoli "L'Orientale", 8-10 maio. 2003.

Crehan, K. *Gramsci, Culture, and Anthropology*. Berkeley: University of California Press, 2002.

Croce, B. Filosofia come vita morale e vita morale come filosofia. *La Critica*, 2, 1928.

Cunha, E. da. *Os sertões*. Campanha de Canudos (1901). Rio de Janeiro: Francisco Alves, 1999.

Deias, A. Ghilarza: inizia Il camino. *Società sarda*. n.2, p.56-77, 1997.

Del Roio, M. *Os prismas de Gramsci*. A fórmula política da frente única (1919-1926). São Paulo: Xamã, 2005.

Esposito, P. *Tropico mediterraneo*. Napoli: Immaginare l'Europa, 2004.

Evangelisti, F. *Dal silenzio a un nuovo mondo sonoro*. Roma: Semar, 1991.

Fanon, F. *Peau noire, masques blancs*. Paris: Seuil, 1952 (trad. italiana: *Pelle nera, maschere bianche*. Il nero e l'altro. Milano: M. Tropea, 1996).

Fanon, F. *Les damnés de la terre*. Paris: Maspéro, 1961 (trad. italiana *I dannati della terra*. Torino: Einaudi, 1962).

Favaretto, C. F. *Tropicália*. *Alegoria, Alegria*. São Paulo: Kairós, 1979.

Felice, F. de. Libri e articoli indicati da Gramsci. In: Gramsci, A. *Quaderno 22*. Americanismo e fordismo. F. de Felice (org.), Torino: Enaudi, 1978.

Finazzi Agrò, E.; Pincherle, M. C. (orgs.). *La cultura cannibale*. Oswald de Antrade: da Pau-Brasil al "Manifesto antropófago". Roma: Meltemi, 1999.

Fink, E. Operative Begriffe in Husserls Phänomenologie. *Zeitschrift für philosophische Forschung*. XI, p.321-337, 1957.

Fiori, G. *Gramsci, Togliatti, Stalin*. Roma-Bari: Laterza, 1991.

Firenze, A. *Il corpo e l'impensato*. Saggio sul pensiero di Merleau-Ponty. No prelo.

Ford, H. *Aujourd'hui et demain*. Paris: Payot, 1926.

_____. *Ma vie et mon oeuvre*. Paris: Payot, 1925.

FORTINI, F. Opus servile. *Alegoria*. Per uno studio materialistico della letteratura, v.I, n.1, 1989.

FRANCIONI, G. *L'officina gramsciana*. Ipotesi sulla struttura dei *Quaderni del carcere*. Napoli: Bibliopolis, 1984.

FREYRE, G. *Novo Mundo nos Trópicos*. Rio de Janeiro: Topbooks, 1971.

FROSINI, F. *Gramsci e la filosofia*. Saggio sui "Quaderni del carcere". Roma: Carocci, 2003.

FROSINI, F. *Una "religione laica"*. Verità e politica nei "Quaderni del carcere" di Antonio Gramsci. No prelo. CONFERIR

FROSINI, F.; LIGUORI, G. (orgs.). *Le parole di Gramsci*. Per un lessico dei "Quaderni del carcere". Roma: Carocci, 2004.

GERRATANA, V. Gramsci nel mondo. *Emigrazione. FILEF*, v.XIX, n.8-9, 1987.

_____. *Gramsci. Problemi di metodo*. Roma: Editori Riuniti, 1997.

GIL, G. *Todas as letras*. C. Rennò (org.). São Paulo: Companhia das Letras, 1996.

GILROY, P. *The Black Atlantic:* Modernity and Double Consciousness. Cambridge (MA): Harvard University Press, 1993 (trad. italiana: *The Black Atlantic*. L'identità nera tra modernità e doppia coscienza. Roma: Meltemi, 2003).

GRAMSCI, A. *Lettere dal carcere*. A. A. Santucci (org.), 2 v. Palermo: Sellerio, 1966.

_____. *L'Ordine Nuovo (1919-1920)*. V. Gerratana, A. S. Santucci (orgs.). Torino: Einaudi, 1987.

_____. *Quaderni del carcere*. Valentino Gerratana (org.), 4 v. Torino: Einaudi, 1975.

_____. *La costruzione del Partito comunista*. 1923-1926. E. Fubini (org.). Torino: Einaudi, 1978.

_____. *Quaderni del carcere, 1*. Quaderni di traduzione (1929-1932). G. Cospito: G. Francioni (orgs.). Roma: Istituto della Enciclopedia Italiana, 2007.

_____. *Forse rimarrai lontana...* Lettere a Iulca, 1922-1937. M. Paulesu Quercioli (org.). Roma: Editori Riuniti, 1987.

_____. *Scritti*. 1913-1926. Vol.1: Cronache torinesi. 1913-1917. S. Caprioglio (org.). Torino: Einaudi, 1980.

_____; SCHUCHT, Tatiana. *Letere*. 1926-1935. A. Natoli; C. Daniele (orgs). Torino: Einaudi, 1997.

GREEN, M. Gramsci Cannot Speak: Presentations and Interpretations of Gramsci's Concept of the Subaltern. *Rethinking Marxism*, v.14, n.3, 2002.

_____. Sul Concetto gramsciano di 'subalterno'. In: VACCA, G.; SCHIRRU, G. *Studi gramsciani nel mondo 2000-2005*. Bologna: Il Mulino, 2007, p.199-232.

GUHA, R.; SPIVAK, G. C. *Subaltern Studies*. Modernità e (post)colonialismo. Verona: Ombre Corte, 2002.

HALL, S. Gramsci's Relevance for the Study of Race and Ethnicity. *The Journal of Communication Inquiry*, v.10, n.2, 1986, p.5-27.

_____. *Politiche del quotidiano*. Cultura, identità e senso comune. G. Leghissa (org.), prefácio de G. Baratta, trad. de E. Greblo. Milano: Il Saggiatore, 2006.

_____. *Il soggetto e la differenza*. Per un'archeologia degli studi culturali e postcoloniali. M. Mellino (org.). Roma: Meltemi, 2006.

HARDT, M.; NEGRI, A. *Impero*. Il nuovo ordine della globalizzazione. Milano: Rizzoli, 2001.

HEGEL, G. W. F. *Phänomenologie des Geistes*. Hamburg: Meiner, 1952.

_____. *Vorlesungen über Rechtsphilosophie 1818-1831*. Hrsg. von K.-H. Ilting. Stuttgart-Bad Cannnstatt: Frommann-Holzboog, 1973.

_____. *Aesthetik*. Berlin: Aufbau Verlag, 1976.

HOBSBAWM, E. J. *I ribelli*. Forme primitive di rivolta sociale. Trad. B. Foà. Torino: Einaudi, 1966 (ed. or. *Primitive Rebels: Studies in Archaic Forms of Social Movement in the 19th and 20th Centuries*. Manchester: Manchester University Press, 1959).

_____. *L'ugualglianza sconfitta*. Scritti e interviste. Roma: Datanews, 2006.

_____. *Imperialismi*. Trad. D. Didero. Milano: Rizzoli, 2007.

IVES, P. *Gramsci's Politics of Language*. Toronto-Buffalo-London: University of Toronto Press, 2006.

JAMES, C. L. R. *The Black Jacobins*. New York: Dial Press, 1938 (trad. italiana: *I giacobini neri*. Roma: Derive Approdi, 2006).

JATHAY PESAVENTO, S. (org.). *Um historiador nas fronteiras*. O Brasil de Sérgio Buarque de Holanda. Belo Horizonte: Editora UFMG, 2005.

JERVIS, G. *Contro il relativismo*. Roma-Bari: Laterza, 2005.

KANOUSSI, D. (org.). *Gramsci en Rio de Janeiro*. Trad. C. O. Kanoussi. México DF: Plaza y Valdés, 2005.

KEBIR, S. *Antonio Gramscis Zivilgesellschaft: Alltag, Ökonomie, Kultur, Politik*. Hamburg: VSA, 1991.

LACORTE, C. *Il primo Hegel*. Firenze: Sansoni, 1959.

_____. *Kant*. Ancora un episodio dell'alleanza di religione e filosofia. Urbino: Argalia, 1969.

LEGHISSA, G.; ZOLETTO, D. (orgs.). Gli equivoci del multiculturalismo, *aut aut*, n.312 (monográfico), 2002, p.88-96.

LEWIS, S. *Babbitt*. Paris: Librairie Stock, 1930.

LIGUORI, G. *Sentieri gramsciani*. Roma: Carocci, 2006.

LOMBARDI SATRIANI, L. *Antropologia culturale e analisi della cultura subalterna.* Rimini: Guaraldi, 1974.

LO PIPARO, F. *Lingua, intellettuali, egemonia in Gramsci.* Roma-Bari: Laterza, 1979.

LUSSANA, F. Gramsci e la Sardegna: socialismo e socialsardismo dagli anni giovanili alla Grande Guerra. *Studi Storici*, n.3, p.609-35, 2006.

MAAS, U. *Sprachpolitik und politische Sprachwissenschaft.* Frankfurt a.M.: Suhrkamp, 1989.

MAIORCA, B. (org.). *Gramsci sardo.* Antologia e biografia 1903-2006. Cagliari: Tema, 2007.

MANNUZZU, S. *Un Dodge a fari spenti.* Com ensaio de A. Pigliaru, Prefácio de S. Maxia. Nuoro: Ilisso, 2002.

MARX, K. *Il capitale.* Trad. D. Cantimori. Roma: Editori Riuniti, 1970.

_____. Kritik des Gothaer Programms. In: MARX, K.; ENGELS, F. *Werke.* v.XIX. Berlin: Dietz, 1962 (trad. italiana: *Critica del programma di Gotha.* Roma: Editori Riuniti, 1990).

_____; ENGELS, F. *L'ideologia tedesca.* Trad. F. Codino, Introdução de C. Luporini. Roma: Editori Riuniti, 1983.

MEDICI, R. (org.). *Gramsci, il suo il nostro tempo.* Bologna: CLUEB, 2005.

MELIS, G. (org.) *Antonio Gramsci e la questione sarda.* Cagliari: Della Torre, 1975.

_____. Attualità del pensiero di Antonio Gramsci? In: BARATTA, G.; GRILLETTI MIGLIAVACCA, A. (org.). *Terra Gramsci.* Dalla Sardegna ao mondo, dal mondo alla Sardegna. Cagliari: AD-Arte Cucham, 2007.

MERLEAU-PONTY, M. *Phénoménologie de la perception.* Paris: Gallimard, 1945 (trad. italiana: *Fenomeologia della percezione.* Milano: Bompiani, 2003).

MORDENTI, R. *Gramsci e la rivoluzione necessaria.* Roma: Editori Riuniti, 2007.

MÜLLER, H. *Zur Lage der Nation.* Berlin, Rotbuch, 1990 (trad. italiana: *Sullo stato della nazione.* Milano: Feltrinelli, 1990).

_____. *Gesammelte Irrtümer.* v.III, Texte und Gespräche. Frankfurt a.M.: Verlag der Autoren, 1994.

NATOLI, A. *Antigone e il prigioniero.* Tania Schucht lotta per la vida di Gramsci. Roma: Editori Riuniti, 1990.

NINA RODRIGUES, R. *Os africanos no Brasil.* Rio de Janeiro: Companhia Editora Nacional, 1935.

ORRÙ, E. (org.). *Omaggio a Gramsci.* Atti del Convegno "Autonomia, egemonia, democrazia" tenuto a Ghilarza, Oristano, Ales e Gagliari nel 1991. Cagliari: Tema, 1994.

ORSI, A. de. *Guernica, 1937.* Le bombe, la barbarie, la menzogna. Roma: Donzelli, 2007.

PALADINI MUSITELLI, M. *Brescianesimo.* In: Frosini, F.; Liguori, G. (orgs.). *Le parole di Gramsci.* Per un lessico dei *Quaderni del carcere.* Roma: Carocci, 2004, p. 35-54.

Giorgio Baratta

PANZIERI, R. *Lotte operaie nello sviluppo capitalistico*. Torino: Einaudi, 1976.

PASQUINELLI, C. *Antropologia culturale e questione meridionale*. Ernesto De Martino e il dibattito sul mondo popolare subalterno negli anni 1948-1955. Firenze: La Nuova Italia, 1977.

PERRELLA, S. *Giùnapoli*. Vicenza: Neri Pozza, 2006.

PHILIP, A. *Le problème ouvrier aux* États Unis. Paris: Alcan, 1927.

PIANA, G. *Filosofia della musica*. Milano: Guerini e Associati, 1991.

PIGLIARU, A. Per "Un Dodge a fari spenti" di Giuseppe Zuri [pseudônimo de Salvatore Mannuzzu]: un bilancio sulla nuova narrativa sarda. In: MANNUZZU, S. *Un Dodge a fari spenti*. Nuoro: Ilisso, 2002.

PRESTIPINO, G. *La controversia estetida del marxismo*. Palermo, Palumbo, 1974.

_____. Idee e parole gramsciane: riforme o rivoluzioni? *Nae*, n. 18, 2007.

_____. *Dialética*. In: Frosini, F.; Liguori, G. (orgs.). *Le parole di Gramsci*. Per un lessico dei *Quaderni del carcere*. Roma: Carocci, 2004, p.55-73.

RAGAZZINI, D. *Leonardo nella società di massa*. Teoria della personalità in Gramsci. Bergamo: Moretti Honegger, 2002.

RAMONDINO, F.; MÜLLER, A. F. *Dadapolis*. Caleidoscopio napoletano. Torino: Einaudi, 1989.

ROSSI, P. (org.). *Gramsci e la cultura contemporanea*. Atti del Convegno internazionale di studi gramsciani tenuto a Cagliari il 23-27 aprile 1967. V.1, Roma: Editori Riuniti, 1975.

ROSSI, A.; VACCA, G. *Gramsci tra Mussolini e Stalin*. Roma: Fazi, 2007.

ROVATTI, P. A.; ZOLETTO, D. *La scuola dei giochi*. Milano: Bompiani, 2005.

RUDAS, N. *L'isola dei coralli*. Itinerari dell'identità. Roma: Carocci, 2004.

SAID, E. W. *Musical Elaborations*. New York: Columbia University Press, 1991.

_____. *Dire la verità*. Gli intellettuali e il potere. Milano: Feltrinelli, 1995 (ed. original: *Representations of the Intellectual: The 1993 Reith Lectures*. London: Vintage, 1994).

_____. *Cultura e imperialismo*. Letteratura e consenso nel progetto colonial dell'Ocidente. Trad. S. Chiarini e A. Tagliavini. Roma: Gaberetti, 1998 (ed. original: *Culture and Imperialism*. New York: Knopf, 1933).

_____. *The World, the Text, and the Critic*. Cambridge (MA): Harvard University Press, 1983.

_____. *Umanesimo e critica democratica*. Cinque lezioni. Trad. M. Fiorini, Introdução de G. Baratta. Milano: Il Saggiatore, 2007 (Ed. original *Humanism and Democratic Criticism*. New York: Columbia University Press, 2004).

_____. *Reflections on Exile and Other Essays*. Cambridge (MA): Harvard University Press, 2000.

SAID, E. W. *Orientalismo*. L'immagine europea dell'Oriente. Trad. S. Galli. Milano: Feltrinelli, 2005 (ed. original: *Orientalism*. New York: Pantheon Books, 1978).

SANTHIÀ, B. *Lezione di storia*. Ensaio em vídeo organizado por G. Amico e G. Baratta, Arquivo audiovisual do movimento operário e democrático. Roma, 1988.

SARTRE, J.-P. *L'essere e il nulla*. Saggio di ontologia fenomenologica. Trad. G. Del Bo. Milano: Il Saggiatore, 1965.

_____. *Questions de méthode*. Marxisme et existentialisme. Paris: Les Temps Modernes, 1957.

_____. *Le parole*. Trad. L. de Nardis. Milano: Il Saggiatore, 1980 (Ed. or. *Les mots*. Paris: Gallimard, 1963).

_____. *Critica della ragione dialettica*. 2 v. Trad. P. Caruso. Milano: Il Saggiatore, 1982).

SCARAVELLI, L. *Opere*, v.II, *Scritti kantiani*. Firenze: La Nuova Italia, 1968.

SCARFONE, M. *La ricezione del pensiero di Gramsci nei "Subaltern Studies"*. Bologna: Università di Bologna, 2005-2006.

SCHWARZ, R. *Ao vencedor as batatas*. São Paulo: Duas Cidades, 1997.

_____. *Cultura e política*. São Paulo: Paz e Terra, 2001.

SCUOLA DI SCIENZE CORPORATIVE DELL'UNIVERSITÀ DI PISA. *L'economia programmatica*. Firenze, Sansoni, 1933.

SELENU, S. Alcuni aspetti della questione della lingua sarda attraverso la diade storia-grammatica: un'impostazione di tipo gramsciano. In: ASSOCIAZIONE CASA NATALE GRAMSCI (org.). *Antologia premio Gramsci*. IX edizione: Ales – gennaio 2005. Sassari: EDES, 2006, p.203-358.

SEMERARO, G. *Freire e Gramsci*: liberazione e egemonia nel processo democratico brasiliano. *Nae*, v.VI, n.18, 2007.

SERRA, G. Gramsci sardo. In: CONVEGNO DELLA INTERNATIONAL GRAMSCI SOCIETY. *Gramsci, un sardo nel mondo grande e terribile*. Cagilari-Ghilarza--Ales, 3-6 maio 2007.

SINCLAIR, U. *Le pétrole*. Paris: Michel, 1928.

SODRÉ, M. *Samba, o dono do corpo*. Rio de Janeiro: Mauad, 1998.

SOHN-RETHEL, A. *Napoli*. La filosofia del rotto. Com uma nota de C. Freytag; S. Custoza (org.). Napoli: Alessandra Càrola, 1991 (ed. original: *Das Ideal des Kaputten*. Über neapolitanische Technik. Bremen: Bettina Wassmann, 1979).

_____. *Geistige und körperliche Arbeit*: zur Theorie der gesellschaftlichen Synthesis. Frankfurt a.M: Surhrkamp, 1970 (trad. italiana: *Lavoro intellettuale e lavoro manuale*. Per la teoria della sintesi sociale. Trad. V. Bertolino; F. Coppellotti. Milano: Feltrinelli, 1979).

Giorgio Baratta

SPIVAK, G. C. *Critica della ragione postcoloniale*. Verso una storia del presente in dissolvenza. Roma: Meltemi, 2003 (ed. original: *A Critique of Postcolonial Reason*: Toward a History of the Vanishing Present. Cambridge, MA: Harvard University Press, 1999).

_____. *Perché il pianeta?* Un'autobiografia intellettuale. In: ADAMO, S. (org.). *Culture planetaire?* Prospettive e limite della teoria e della critica culturale. Roma: Meltemi, 2007, p.41-57.

TAGLIAGAMBE, S. Il marxismo tra Oriente e Occidente. In: LABICA, G. *Dopo il marxismo-leninismo. Tra ieri e domani.* Roma: Edizioni Associate, 1992, p.9-55.

TIMPANARO, S. *Antileopardiani e neomoderati nella sinistra italiana.* Pisa: ETS, 1982.

TINHORÃO, J. R. *História social da música popular brasileira.* São Paulo, Editora 34, 1998.

TORTORELLA, A. Il socialism come idea-limite. In: INTERNATIONAL GRAMSCI SOCIETY. *Gramsci da un secolo all'altro.* Roma: Editori Riuniti, 1999, p.120-140.

TRIPODI, G. Rileggendo le "Lettere dal carcere": luoghi e cose del cosmo sardo nella memoria di Gramsci detenuto. *Liceo classico A. di Savoia.* Tivoli, v.II, n.2, p.7-25, 1989.

TROUILLOT, M. R. *Silencing the Past:* Power and the Production of History. Boston: Beacon Press, 1995.

VACCA, G. *Appuntamenti con Gramsci.* Introduzione allo studio dei "Quaderni del carcere". Roma: Carocci, 1999.

_____. (org.). *Gramsci e il Novecento.* Roma: Carocci, v.II, 1999.

_____; SCHIRRU, G. (orgs.). *Studi gramsciani nel mondo 2000-2005.* Bologna: Il Mulino, 2007.

VELOSO, C. *Verdade tropical.* São Paulo: Companhia das Letras, 1997 (trad. italiana: *Verità tropicale.* Musica e rivoluzione nel mio Brasile. Trad. M. Sales de Oliveira, Milano: Feltrinelli, 2003).

VIANNA, H. *O mistério do samba.* Rio de Janeiro: UFRJ, 1995.

VOZA, P. Rivoluzione passive. In: FROSINI, F.; LIGUORI, G. (orgs.). *Le parole di Gramsci.* Per un lessico dei *Quaderni del carcere.* Roma: Carocci, 2004.

WILLIAMS, R. *La lunga rivoluzzione.* Variazioni culturali e tradizione democratica in Inghilterra. Roma: Officina, 1979 (ed. original: *The Long Revolution.* London: Chatto & Windus, 1961).

WISNIK, J. M. *O som e o sentido.* Uma outra história das músicas. São Paulo: Companhia das Letras, 2005.

ZAMBELLI, P.; TORTORELLA, A.; FROSINI, F; BARATTA, G. (orgs.). Valentino Geratana, filosofo democratico e comunista laico. *Crítica marxista,* 2001, n.6, p.10-41.

Índice onomástico

A

Adamo, S., 154n2

Adorno, T. W., 11-5, 73, 76, 84, 314-5

Alberti, L. B., 46, 325

Alembert, J.-B. Le Rond, dito d', 106

Almeida Filho, N. de, 53n2

Almond, G. A., 47n16

Althusser, L., 29, 298

Amico, G., 244, 287, 354, 382

Amico, O., 354n15

Andrade, O. de, 370-2

Angelini, P., 188n2

Anglani, B., 245, 246n1, 251

Arantes, P. E., 353, 360n27, 362, 375n29

Ascoli, G. I., 258

Auerbach, E., 50, 55-8, 67

B

Bach, J. S., 13-4, 24

Bachtin (Bakhtin), M. M., 296, 373-4, 381

Balibar, É., 19, 177, 203, 322, 324, 327, 330, 333n12, 334, 361, 397

Baran, P. A., 89

Baratta, G., XI-IV, XVI, 1, 4, 188, 197n19, 300n11, 373n24, 379n1, 384n2, 393-97

Barenboim, D., 75, 82

Barone, J., 375

Bartók, B., 216

Bartoli, M. G., 258

Batà C., 337n3

Bataille G., 319

Bateson G., 274

Bennett W., 52

Beethoven L. van, 12, 72-7, 82

Benjamin W., 78, 148, 239, 241, 248, 259, 298

Berger J., 249

Bermani C., 188n2

Blair T., 298
Bloom A., 52
Bobbio N., 37, 394
Bondini L., 118n2
Boninelli G. M., 2, 188, 216
Boothman D., 2, 144, 266n9
Bordiga A., 106
Borgese G. A., 145
Borghese L., 215n11
Bosi A., XII, 355-7
Bosio G., 296
Boulez P., 76
Bourdieu P., 58
Braudel F., 316
Brecht B., 293, 391
Brigaglia M., 388
Bruno G., 46
Buarque C., 351
Buarque de Holanda S., XII, 348, 353-5, 358, 362, 368, 372
Bucharin (Bukharin) N. I., 106, 176, 180n16, 314-5
Burgio A., 343n9
Burzio F., 133
Bush G. W., 33
Buttigieg J. A., XIII, 268n13, 395n1

C

Cabral de Mello Neto J., 378
Cage J., 76-7
Cambon V., 118n2, 142
Cambosu S., 390
Camões L. Vaz de, 303
Campos H. E. Browne de, 333, 356, 383
Candido A., 310, 353, 358, 361-2
Capasso A., 118n2
Caputo R., 2
Cardia U., 220, 222
Cardoso F. H., 350, 354
Carlyle T., 142, 295
Carpentier A., 313, 335, 360

Carta P., 256n16
Cases C., 59, 296, 321
Catone A., 275n23, 259n26
Cervantes Saavedra M. de, 303
Césaire A., 78
Chambers I., 62
Chávez Frías H. R., 341-5
Chen Kuan-Hsing, 296
Cirese A. M., 189-99, 200-05
Clemente P., 111n56, 188
Cometa M., 89n8
Conrad J., pseud. de J. T. K. Korzeniowski, 79
Conselheiro A., 160
Consiglio F., 2
Cospito G., 124n18
Coutinho C. N., XII, XIV, 348-52, 360, 362, 367, 374
Crehan K., 99, 100
Croce B., 19, 20, 29, 70, 126, 138, 140-2, 149, 163-4, 178-9, 196, 203, 212, 257-9, 261, 273, 304-6, 311, 338, 388
Crowther S., 118n2
Cunha Euclides da, 160
Cuoco V., 305
Curti L., 62

D

Dahl R. A., 46n16
Daniele C., 403
Dante Alighieri, 6, 9, 149, 303
De Felice F., 118n2, 147n83
Dei F., 188-9, 200
Deias A., XIX, 188
Deleuze G., 81, 298, 332
Del Roio M., 260, XIn1
De Lutiis L., 2
De Martino E., 187-8, 296
De Mauro T., 201
Derrida J., 56, 298
De Sanctis F., 85, 106, 304, 311, 390

De Prés J., 13-4
Dessì G., 390
Dewey J., 272
Diderot D., 106
Di Giacomo S., 310
Donne J., 211
d'Orsi A., 210n1
Dugo S., 3
Durante L., 2

E
Eco U., 295
Eisenstein S. M., 380
Eliot T. S., 390
Engels F., 159, 174, 196, 203, 271, 360-1
Heráclito de Éfeso, 288, 381-2
Esposito P., 62, 290, 316-7
Evangelisti E., 73

F
Fanon F., 71, 296, 363
Favaretto C. F., 373n23
Fernandes F., 351
Fernández Buey F., 255, 258, 266n9
Finazzi Agrò E., 371-2
Fineli R., 283
Fink E., 174
Fiori G., 220, 222, 226n42
Firenze A., 366n8
Fo D., XIII, XVIII, 310, 380,
Foglio B., 400
Ford H., 118n2, 137
Fortini F., 16, 44, 235, 244, 264, 287
Foucault M., 29, 43, 53, 56, 72, 78, 89, 272, 275, 298, 397
Francioni G., 120
Freire P., 275
Freud S., 215
Freyre G., 348, 368
Freytag C., 314
Frosini F., 89, 151, 174, 183, 196, 203, 266, 275, 393

G
Gallini C., 188
Garin E., 61
Gatto A., 316
Gentile G., 140-2, 259, 273, 311
Gerratana V., 236-8, 240, 251, 268-9, 370
Geymonat L., 114
Gianquinto A., 2
Gil G., XII, 355, 375, 392
Gilroy P., 296-7
Giovanelli Amico F., 354n15
Gödel K., 56
Goethe J. W. Von, 301-4, 352, 380
Goffman E., 272
Gonzalez, família, 281
Gramsci A. Junior, XI
Gramsci D., 229, 238, 244, 248, 249, 253-4, 256
Gramsci G., 229, 232, 238, 244, 253-4, 256,
Gramsci T., 217-8, 221n28, 226, 231n53, 232, 249
Green M., 171n32, 356n19
Grilletti Migliavacca A., 187n1, 250n6, 256n16
Grimm J., 215
Grimm W., 275
Guattari F., 81
Guha R., 79, 337-8, 391
Guicciardini F., 200n23

H
Hall S., XV, 3, 43, 46, 59, 60, 65, 195, 201, 231, 272, 291-9, 300, 324, 396
Hardt M., 28,
Haug W. F., 359n26
Haydn F. J., 12
Hegel G. W. F., 364-5, 394-6
Heidegger M., 163-4, 198, 315
Henríques L. S., 2, 347, 363
Hjelmslev L. T., 204

Hobsbawm E. J., XV, 2, 5-6, 26, 196n17, 204-5, 251, 281
Hölderlin F., 379
Homero, 75, 303, 326
Horkheimer M., 314
Hume D., 196-8, 400
Huntington S. P., 52
Husserl E., 174, 198

I
Ilting K.-H., 404
Ives P., 276n26

J
Jacobi F. H., 178
Jakobson R., 235-7
James C. R. L., 296
Jameson F., 58
Jathay Pesavento S., 353n14
Jervis G., 196n17

K
Kafka F., 147, 225, 335
Kant I., 19n12, 163, 177-8, 196
Kebir S., 88n6

L
Labica G., 408
La Capria R., 318
Laconi R., 222, 388
Lacorte C., XVII, 19n12
Lai M., 2
Lao-Tze, 239, 311
La Rocca C., 385n3
Latini G., 244
Lazzaretti D., 160
Lears T. J. Jackson, 52
Leghissa G., 392
Lênin N., pseud. de V. I. Ulianov, 29, 89, 121, 127, 156-7, 174, 203, 217, 315, 349, 360, 366, 398
Leonardo da Vinci, 69

Leopardi G., 65
Lewis S., 118n2, 145
Liguori G., 16n16, 107n51, 173, 177, 180n16, 183, 185, 189, 283n2, 395n1
Lilliu G., 388
Lombardi Satriani L., 188n2
Lo Piparo F., 266n9
Lucrécio Caro T., 65
Lukács G., 15, 65, 68, 349
Luperini R., 11
Luporini C, 405
Lussana F., 224n36
Lyotard J.-F., 56, 298

M
Maas U., 276n26
Machado de Assis J. M., 353
Maquiavel N., 327-9
Maiorca B., 222n30, 388n1
Mann T., 73, 76
Mannoni O., 79
Mannuzzu S. (G. Zuri), XIX, 389, 390
Mao Zedong, 270
Marcuse H., 239
Marotta G., 62
Martí J., 30, 335, 360
Martinelli R., 107n50
Martone M., 62, 316
Marx K., 19, 20, 28, 45, 69, 90, 93, 102-5, 121, 129, 133, 136, 138, 140, 148, 154, 156, 158-9, 164, 166, 174, 177, 184, 190, 198, 203, 216, 257-9, 266, 271, 304, 315, 321, 339, 360-1, 370, 382, 397-8
Maxia S., 405
Medici R., 96n23, 97n25, 256n15, 258n3, 268n13
Melis G., XIX, 187, 221-2, 387
Mellino M., 188
Meoni M. L., 188n2

Merleau-Ponty M., 10, 56-7, 213, 217n7, 243
Michels R., 47n16
Mordenti R., 2, 10
Mosca G., 47n16
Mozart W. A., 12
Müller A. F., 308, 316, 318
Müller H., XIX

N
Natoli A., 224, 283
Negri A., 28
Nietzsche F. W., 55
Nina Rodrigues R., 369n15
Novalis, pseud. de F. von Hardenberg, 106

O
Orrù E., 220n25, 233n58
Ortese A. M., 318
Oz A., 84

P
Padiglione V., 188
Paik Nam June, 380
Paladini Musitelli M., 144n72
Palumbo B., 188
Panzieri R., 191, 296, 314
Pareto V., 47n16
Pasolini P. P., 10, 99, 296, 302, 308-9, 310
Pasquinelli C., 188n2
Paulesu Quercioli M., 403
Pavese C., 80, 211, 390
Pereira dos Santos N., XII, 375
Perrella S., 406
Philip A., 132
Piacentini E., 123, 287
Piana G., 366
Picabia F., 371
Pigliaru A., XVII-XIX, 214, 222, 296, 389, 390
Piquereddu P., 188

Pirandello L., 218-9
Pixinguinha (A. da Rocha Viana), 368
Poirier R., 50
Prado Júnior C., 351
Prestipino G., 2, 16, 18, 126, 181-4, 197, 258-9, 395n1
Proust M., 76

R
Ragazzini D., 107n50
Ramondino F., 308, 316
Renan E., 79
Ribeiro B., 375
Riccio A., 400
Rivera A., 188
Rocha G., 374
Rolland R., 106
Romains J., 79
Rosa J. Guimarães, 355-6
Rossi A., 250
Rossi P., 59, 213, 217, 222
Rovatti P. A., 271, 274
Rudas N., 2, 249, 284, 286-7, 289, 290
Ruffo di Bagnara F., 307
Rushdie S., 58

S
Said E. W., XIII, XV, XIX, 3, 15-7, 23, 27, 30-3, 37, 42-3, 45, 47, 49, 50-9, 60-3, 65-8, 70-3, 75-9, 80-2, 84, 201, 204, 215, 231, 259, 264-6, 272, 275, 286, 288, 290, 296-7, 339, 353, 357, 381, 385, 390-2, 396
Salvemini G., 106
Sandkühler H. J., 324n2
Sanguineti E., 240-1, 243, 296
Sanna M. A., 256n16
Santhià B., 255, 267
Santucci A. A., 4, 240
Sartre J.-P., XVIII, 92, 177, 198-9, 226, 287, 381

Scaravelli L., 197n19
Scarfone M., 2, 79n28
Schirru G., 171n32, 356n19
Schönberg A., 14, 72-3, 76
Schucht T., 243, 246
Schwarz R., 350, 361-2, 373-4
Selenu S., 232n55
Semeraro G., 2, 275
Serra G., 218n19, 232n55
Shakespeare W., 6, 303, 352
Shavit A., 24n1, 84
Showstack Sassoon A., 188
Sichirollo L., 394
Silva P., 106
Simmel G., 300
Simone A., 400
Simonicca S., 188
Sinclair, L., 118n2, 145
Sinclair U., 118n2
Smith A., 295
Sócrates, 1, 106, 165, 326, 379
Sodré M., 368
Soffici A., 312
Sófocles, 326
Sohn-Rethel A., 313-5
Sólon, 106
Spaventa S., 304
Spitzer L., 50
Spivak G. C., XV, 154, 391, 205
Squillacciotti M., 188n2
Stálin I. V. Djugachvili, dito, XVIII, 315
Stravinsky I. F., 216
Sweezy P. M., 89
Swift J., 59

T
Tagliagambe S., 114
Taylor F. W., 132, 137, 365
Teixeira A., 53n2
Thatcher M. H., 33, 298
Thompson R., 77

Timpanaro S., 65, 114
Tinhorão J. R., 374
Tripodi G., 212n4
Togliatti P., 25, 114, 156, 387
Tolentino C., 379n1
Tolstoi L. N., 352
Tortorella A., 112n61
Trombetti G., 211, 214, 287
Trouillot M.-R., 79

U
Usai R., 256

V
Vacca G., 36, 150n91, 250, 262, 264
Vecchi R., 353-4
Veloso C., XII, 30, 348, 352n11, 373, 382
Vianna H., 375
Vico G., 50, 54-8, 65, 106
Villa-Lobos H., 216, 368
Volponi P., 10, 244, 296
Voltaire, pseud. de F.-M. Arouet, 106
Voza P., 16n8
Vygotski L., 274

W
Wagner R., 72, 76-7
Weber M., 7, 316
Webern A., 76
Weiss P., 247, 379
West C., 60
Whitman W., 7
Williams R., 55, 111, 294-5, 366
Winnicott W. D., 272-3
Wisnik J. M., 74
Wittgenstein L., 272

Z
Zambelli P., 115n70
Zene C., 188
Zoletto D., 271-4

SOBRE O LIVRO

Formato: 14 x 21 cm
Mancha: 27,5 x 49 paicas
Tipologia: Iowan Old Style 10/14
Papel: Off-set 75 g/m^2 (miolo)
Cartão Supremo 250 g/m^2 (capa)
1ª *edição:* 2011

EQUIPE DE REALIZAÇÃO

Capa

Edição de texto
Frederico Ventura (Copidesque)
Gustavo Ferreira (Preparação de original)
Thaisa Burani (Revisão)
Editoração Eletrônica
Eduardo Seiji Seki (Diagramação)
Assistência Editorial
Alberto Bononi